Tom Robbins, geboren 1936 in Blowing Rock, Virginia, wuchs im Süden der USA auf, lehrte während des Koreakrieges als Soldat der Air Force Meteorologie, studierte danach Kunst, Musik und Religion. Er arbeitete als Reporter bei verschiedenen Zeitungen und schrieb 1971 seinen ersten Roman «Ein Platz für Hot Dogs». Tom Robbins avancierte zum Kultautor. Es folgten weitere erfolgreiche Bücher wie «Buntspecht», «Pan Aroma» und «Sissy – Schicksalsjahre einer Tramperin». Die Fans lieben ihn für seinen klugen und warmherzigen Humor, seine verrückten Figuren und seine sprachlichen Purzelbäume. In «Tibetischer Pfirsichstrudel» erzählt er von seinem eigenen Leben – das genauso bunt, wild und voller skurriler Begegnungen ist wie seine Romane. Tom Robbins lebt als freier Schriftsteller in dem kleinen Fischerdorf La Conner bei Seattle.

«Der wildeste Schriftsteller der Welt.» The Financial Times

«Danket dem Herrn, dass es Tom Robbins gibt, diesen pfiffigsten, ausgeflipptesten Schriftsteller seit Kurt Vonnegut und Richard Brautigan.» The Chicago Sun-Times

TOM ROBBINS

Tibetischer Pfirsichstrudel

Die wahre Geschichte eines fantastischen Lebens

Aus dem Englischen von Pociao
Rowohlt Taschenbuch Verlag

Die Originalausgabe erschien 2014
unter dem Titel «Tibetan Peach Pie»
bei Ecco Press, HarperCollins, New York.

Deutsche Erstausgabe
Veröffentlicht im Rowohlt Taschenbuch Verlag GmbH,
Reinbek bei Hamburg, Mai 2017
Copyright © 2017 by Rowohlt Verlag GmbH,
Reinbek bei Hamburg
«Tibetan Peach Pie» Copyright © 2014 by Thomas E. Robbins
Umschlaggestaltung Anzinger und Rasp. München
Umschlagabbildung Cade Martin
Gesetzt aus der Minion PostScript
Gesamtherstellung CPI books GmbH, Leck, Germany
ISBN 978 3 499 26955 4

Für meine Schwestern
Rena, Mary und Marian.
Und für meine Cousinen
Martha und June.

Seine spirituelle Natur verbirgt sich hinter zahllosen
verschlungenen Pfaden der Erotik, dem Streben nach dem
Sagenhaften und der Liebe zum Geheimnisvollen
Roger Shattuck (über Guillaume Apollinaire)

Es bedarf eines bestimmten Bewusstseins,
um Schönheit in einem Hamburger zu sehen
Ray Kroc (Gründer von McDonald's)

vorwort 7

von anfang an durstig 15
futtern & frauen 18
tommy rotten 21
blowing rock, mon amour 24
verbrechen, kunst & tod 33
lebende schlangen 41
hereinspaziert 51
ja, virginia 66
schreck oder speck 80
heilige tomate! 90
zauberstäbe 104
fortunas flammen 109
und jetzt im programm: *satori* 124
washington, lee & wolfe 131
der richtige snief 144
weinen vor spaß 152
gott segne die künstler 176
fan man 191
friss & stirb 213
roll over, rossini 230
jiminy critic 246
weiße kaninchen 252
acid reflux 264
der karottenbomber 273

sprachradromanze 278

manhattan transfer 281

der brief 306

ablenkungen 310

das buch 322

leute vom gleichen schlag 341

amerikanische lebensart 354

«lass tom laufen» 360

hollywood, hollywouldn't 370

aufstieg des buntspechts 376

süchtig nach wundern 389

die guten, die bösen & die spinner 413

die welt ist klein 422

russia with love 428

der fluch von timbuktu 442

tusch für two bunch 461

schwanengesang 466

nachbemerkung des autors 475

ein paar endnötchen 477

vorwort

Dies ist keine Autobiografie. Gott behüte! Autobiografien zehren vom Ego, und ich könnte eine lange Liste von Leuten aufstellen, deren Nabel ich lieber betrachten würde als meinen eigenen. Ohnehin sollten nur Autoren, die aller Welt bekannt sind, Autobiografien schreiben. Mein Name landet extrem selten in der Edelsteinschleifmaschine des öffentlichen Bewusstseins, und die wenigen Räume, in denen er erwähnt wird, stehen mit hoher Wahrscheinlichkeit unter polizeilicher Überwachung. Ich habe mich immer bemüht, alles Autobiografische aus meinen Romanen herauszuhalten, da ich weder die Fantasie missbrauchen noch mein eigenes Leben als Literatur verheizen wollte.

Ich würde mir gern einbilden, dass man die Stücke des *Tibetischen Pfirsichstrudels* nicht als «Memoiren» bezeichnen kann, obwohl sie je nach Lichteinfall genauso aussehen wie Memoiren. Genauer gesagt, handelt es sich um eine ausführliche Version der ausnahmslos wahren Geschichten, die ich über viele Jahre hinweg den Frauen in meinem Leben erzählt habe – meiner Ehefrau, meiner Assistentin, meiner Fitnesstrainerin, meiner Yogalehrerin, meinen Schwestern, meiner Agentin usw. Die haben mich dann so lange bekniet, bis ich schließlich alles einmal aufschrieb. Um mich einigermaßen zu erinnern, musste ich die Begebenheiten in eine mehr oder weniger chronologische

Form bringen, was natürlich zur Ähnlichkeit dieses Buches mit Memoiren beiträgt, ebenso wie die Tatsache, dass es sich, wie bereits gesagt, um meine eigenen Erfahrungen, Erlebnisse, Dummheiten oder Beobachtungen handelt und nicht um die von, sagen wir, Abraham Lincoln.

Wenn sich der *Tibetische Pfirsichstrudel* nicht so liest wie übliche Memoiren, dann liegt es sicher daran, dass ich nicht das hinter mir habe, was die meisten Leute unter einem normalen Leben verstehen würden. (Mein Verleger behauptet, manches von diesem Zeug sei so verrückt, dass nicht einmal ich es mir hätte ausdenken können.) Zudem ist mein Schreibstil nun mal mein Schreibstil, und da spielt es keine Rolle, ob es um Fakten oder Fiktion geht. Ein Buntspecht ist ein Buntspecht, egal, welches andere Federvieh noch auf der Hühnerstange sitzt.

Trotz meiner Behauptung, die hier beschriebenen Begebenheiten seien «ausnahmslos wahr», gab es in meinem ganzen Leben lang nichts, was auch nur ansatzweise einem Tagebuch ähnelt, deshalb sind sie zumindest teilweise von Gedächtnisschwund geprägt, sodass Leute, die dabei waren, sie womöglich ein bisschen anders in Erinnerung haben. Das ist der *Rashomon*-Effekt. *C'est la vie.* Zufällig verfüge ich aber über ein ziemlich gutes Gedächtnis und kann auf ein Stichwort hin die Aufstellung der Brooklyn Dodgers im Jahr 1947 aufsagen oder bis auf ein oder zwei Ausnahmen die Namen all meiner Ehefrauen.

Was immer das Buch über mich und den persönlichen Affentanz meines Lebens preisgeben mag (etwa wie ich aus einem Milieu südlicher Baptisten auftauchte, um, abgesehen von unzähligen Artikeln für Zeitschriften und Zeitungen, neun unkonventionelle, aber populäre Romane zu schreiben, die in mehr als zwanzig Ländern veröffentlicht wurden), es liefert auch (und das ist vielleicht noch wichtiger) intime sprachliche Schnappschüsse, unter anderem von den Appalachen während der Weltwirtschaftskrise, von der Westküste während der psychedelischen Revolution der sechziger Jahre, von Ateliers und Schlafzimmern der amerikanischen Boheme, bevor die Technologie die Privatsphäre zum Teufel schickte, von Timbuktu, bevor die fanatischen Islamisten die Party sprengten, von internationalen Streifzügen, bevor der «Heimatschutz» ein feuchtes Tuch über das Thema Reisen breitete, oder von der New Yorker Verlagslandschaft, bevor die Elektronen zugunsten der Bäume intervenierten.

Ach ja, und was den Titel betrifft: Tibetischer Pfirsichstrudel ist das *pièce de résistance* (oder der Heilige Gral, sagen wir es mal so) in einem alten Witz ohne Pointe, Erfinder unbekannt, den sich ein paar Zen-Cowboys am Verpflegungswagen erzählten, eine Art Parabel über die Weisheit, die darin liegt, dass man immer nach den Sternen greifen soll, und der noch größeren Weisheit, dass man sich fröhlich geschlagen gibt, wenn man stattdessen nur den Mond erwischt. Eine gekürzte Version davon habe ich 1976 in meinem zweiten Roman *Sissy – Schicksalsjahre einer Tramperin* erzählt. Jeder, der sich eine ausführlichere Wiedergabe wünscht, kann mir an folgende Adresse schreiben: PO Box 338, La Conner, WA, 98257, USA. Früher oder später wird er sie bekommen.

von anfang an durstig

Ich war sieben oder acht Monate alt – ein kribbeliges kleines Krabbelchen –, als mein Vater eines Tages zum Lunch nach Hause kam und mich blutüberströmt fand.

Zumindest hielt er es für Blut und schrie entsetzt auf. In Wirklichkeit war es keins. Meine Mutter war nur kurz aus dem Haus gegangen – ein verhängnisvoller Fehler: Bis heute ist es riskant, mich unbeaufsichtigt zu lassen –, und in ihrer Abwesenheit hatte ich versucht, ein Fläschchen Mercurochrom auszutrinken, und dabei den größten Teil über das Vorderteil meines süßen kleinen Strampelanzugs aus weißem Flanell gekippt.

Heute, in Zeiten diverser antibakterieller Tinkturen, ist Mercurochrom so gut wie verschwunden, doch es gab eine Zeit, in der es zur Sterilisation und Heilung von kleineren Schnitten, Schrammen oder Kratzern weit verbreitet war. Es hatte eine kirschrote Färbung, roch besser und brannte weniger als Jod. Warum ich auf die Idee kam, es zu trinken? Irgendwer hat einmal behauptet, ich hätte einen extrem großen Wissensdurst, worauf ich antwortete: «Stimmt! Ich trinke *alles*.»

Zum Beweis versuchte ich es in den Monaten nach dem Mercurochromtest auch mit Tinte (symbolisch vielleicht?) und Little Bo Peep Household Ammonia. Ammoniak ist giftig, bestimmt habe ich nicht mehr als einen winzigen Schluck genommen, ehe der beißende Geruch mich abstieß. Aber der Vorsatz war da.

Als ich zwei war, hätte mein angeborener, unstillbarer, willkürlicher Durst um ein Haar ein Ende gefunden, und mein irdisches Dasein gleich mit.

Ich war in die Küche getappt, verführt von dem Duft nach etwas Süßem, Schokoladigem und, nun ja, Flüssigem. Die Quelle dieses Lockstoffs war ein Topf mit Kakao, der auf dem Herd brodelte. Ich hatte schon damals nichts für Formalitäten übrig, deshalb stellte ich mich auf die Zehenspitzen, tastete nach dem Henkel und stieß dabei den Topf von der Flamme, sodass sich der kochend heiße Inhalt über meine Brust ergoss.

Eine Notaufnahme gab es nicht: Es war während der Weltwirtschaftskrise in den Appalachen von North Carolina. Der einzige Arzt weit und breit säuberte die verbrühte Stelle und wickelte dann einen festen Verband darum, keine besonders schlaue Idee. Nach ein paar Tagen war meine Mutter so besorgt über mein hohes Fieber und meine offensichtlichen Schmerzen, dass sie ihn entfernte. Dabei löste sich die Haut auf meiner Brust gleich mit ab. Und nicht nur sie, auch das Fleisch.

Im Krankenhaus von Stateville, etwa hundert Kilometer entfernt, bezog ich ein Sauerstoffzelt und meine Mutter ein Zimmer in einer Pension auf der anderen Straßenseite. Irgendwann rief der diensthabende Arzt meine Mutter an, um ihr zu sagen, ich sei tot. Sie nahm gleich nach dem ersten Klingeln ab, doch es meldete sich niemand. Während er versuchte, sie zu erreichen, war eine Krankenschwester in sein Zimmer gestürzt, weil sie glaubte, bei mir ein Lebenszeichen entdeckt zu haben. Daraufhin hatte er gleich wieder aufgelegt, um sich selbst ein Bild zu machen.

Bis meine zu Tode erschrockene Mutter, alarmiert von dem unterbrochenen Anruf und beflügelt von ihren mütterlichen Instinkten, im Krankenhaus ankam, hatte man mich offiziell wieder in die Liste der Lebenden aufgenommen. Nach wie vor in kritischem Zustand, klar, aber friedlich schlafend. Wahrscheinlich träumte ich schon von meinem nächsten Zechgelage.

futtern & frauen

Meine frühkindliche Leidenschaft galt Getränken aller Art, doch entwickelte ich auch eine erstaunliche Vorliebe fürs Essen und für weibliche Gesellschaft: anhaltende Begierden, deren Befriedigung sich als nicht minder riskant entpuppte.

Eines sonnigen Herbstnachmittags in meinem dritten Lebensjahr hörte meine Mutter lautes Gezeter auf der Straße. Sie machte das Fenster auf und sah mich die Straße entlangrennen und selig an einem rohen Kohlkopf knabbern, der etwa so groß war wie mein eigener Schädel. Ein paar Meter hinter mir lief eine aufgebrachte Hausfrau, die mich jeden Moment einholen würde.

Offensichtlich hatte ich den Kohl von der vergitterten Veranda hinter dem Haus der Nachbarin stibitzt, wo sie ihn gelagert hatte. Die gewaltige Empörung der Frau lässt sich damit erklären, dass ein frischer grüner Kohlkopf in einem Appalachendorf des Jahres 1935 mehr wert war als ein Kilo Beluga. Natürlich haben sie mich geschnappt und streng bestraft, allerdings erst nachdem ich meinen Appetit zumindest teilweise befriedigt hatte.

Nicht lange nach dem großen Kohl-Coup beschwerten sich die Männer, die im nahegelegenen Möbelgeschäft meines Großvaters arbeiteten (sonntags ritt er auf einem Maultier in die «Niederungen», um kleinen Gemeinden von Bergbewohnern zu predigen, unter der Woche aber fertigte er wundervolle handgemachte Möbelstücke an), dass Teile ihrer Lunchpakete, die sie gewöhnlich auf einer Bank vor dem Geschäft deponierten, einfach verschwanden.

Das Geheimnis blieb etwa eine Woche lang ungelöst, bis der Dieb eines Morgens zwischen einem Haufen wilder Rhododendronbüsche gefasst wurde, wo er ein Wurstbrot verputzte, das er offensichtlich nicht selbst gemacht hatte. Verbotene Früchte schmecken am süßesten, heißt es. Ich kann bestätigen, dass ein geklautes Wurstbrot erheblich besser mundet als andere.

Meine gastronomischen Abenteuer setzten sich sicher fort, doch ich war schon fünf, als das nächste einen öffentlichen Skandal provozierte.

An einem Sommertag, der so warm und still war, dass weder mein Lieblingsspielzeug noch mein eleganter brandneuer Spielanzug (so nannte man diese einteiligen, ärmellosen Outfits mit kurzen Beinen damals) die allgemeine Trägheit beleben konnten. Irgendwann drang das leise Bimmeln eines Eiswagens aus der Ferne in mein Bewusstsein vor, sodass ich mich aus dem Garten stahl und anderthalb Blocks bis zu einer relativ belebten Einkaufsstraße rannte (es war Hochsaison in unserer Sommerfrische), wo ich die Quelle des verführerischen Gebimmels auch im Nu entdeckte.

Ein Eis kostete nur fünf Cent, aber ich besaß keine einzige Münze der Landeswährung. Unbeirrt ging ich auf eine Gruppe von Touristen in der Nähe zu und bot ihnen meinen Spielanzug zum Kauf an. Vermutlich fanden sie das niedlich, denn sie warfen mir ein Fünf-Cent-Stück zu.

Auf der Stelle und ohne weiteres Aufhebens streifte ich den Anzug ab, händigte ihn dem Mann aus, gab bei dem ungläubigen

Eisverkäufer meine Bestellung auf und schlenderte splitterfasernackt nach Hause, wobei ich genüsslich ein Orangeneis verputzte.

Natürlich muss es zu einem häuslichen Donnerwetter gekommen sein – neue Spielanzüge wachsen nun mal nicht an Bäumen –, doch sämtliche Erinnerungen an eine Strafe habe ich erfolgreich verdrängt.

Meine lebenslange Vorliebe für die Gesellschaft des anderen Geschlechts machte sich möglicherweise zum ersten Mal bemerkbar, als man mich mit zwei Jahren auf der Hauptstraße entdeckte, die aus der Stadt hinausführte, Hand in Hand mit meiner Cousine Martha, die erst ein Jahr alt war und nur eine Windel trug. Dieses provinzielle Nest war zu klein für uns, Baby! Wir waren unterwegs! Und keinen von uns beiden störte es, dass Martha kaum einen molligen kleinen Fuß vor den anderen setzen konnte.

Unsere Flucht wurde von lästigen Wichtigtuern durchkreuzt, die uns zur Bestürzung unserer beiden Moms in einem Polizeiwagen nach Hause brachten.

Cousine Martha wurde mit Anfang zwanzig zur Miss America School Teacher gekürt, der schönsten Grundschullehrerin im ganzen Land. Und was mich betrifft … nun ja, es war nicht das letzte Mal, dass ich mit einem hübschen jungen Ding im Schlepptau eine Stadt verließ, und meistens waren die Resultate nicht viel besser.

tommy rotten

Als ich klein war, rief mich meine Mutter meistens, wenn nicht sogar immer, mit dem Kosenamen «Tommy Rotten». Ich sage bewusst «Kosename». Zwar war er in einem Moment der Verwirrung und Verblüffung entstanden, doch benutzte sie ihn stets liebevoll und gelegentlich sogar mit kaum verhohlener Bewunderung.

Damit niemand auf die Idee kommt, Tommy Rotten als einen Prototyp von Bart Simpson zu charakterisieren, möchte ich darauf hinweisen, dass ich trotz aller (gewöhnlich hedonistischen) Flausen im Kopf mindestens ebenso viel Ähnlichkeit mit Lisa wie mit Bart hatte. Mit anderen Worten, ich war mit dem Fluch eines Gens geschlagen, das die betroffenen Kinder unverhohlen sensibel macht, sie zu allerlei kreativen Dingen bewegt (etwa Bilder zu malen, Puppentheater zu organisieren, auf das Klavier einzuhämmern) und dazu, sich im Extremfall so zu verhalten, als wäre der Thermostat ihrer Fantasie permanent auf Hoch gestellt.

Es hatte fast den Anschein, als hätte eine verrückte literarische Fee, die vielleicht in einer Mohnblüte aus Oscar Wildes Garten ausgebrütet worden war, mich schon in der Wiege mit ihrem Zauberstab berührt, denn ich verliebte mich Hals über Kopf in Bücher, sobald ich mitkriegte, was Bücher waren, und hatte noch nicht lange in ganzen Sätzen gesprochen, als ich meinen Eltern eröffnete, dass ich Schriftsteller werden wolle.

Ich war zu ungeduldig, um zu warten, bis ich Worte buchstabieren und auf ein Stück Papier kritzeln konnte, deshalb ernannte ich Mom zu meiner Privatsekretärin. Wenn die Muse mich biss, was ziemlich häufig vorkam, da ihr die gesetzlichen Vorschriften für Kinderarbeit schnurz waren, erwartete ich, dass meine Mutter alles stehen und liegen ließ und mein Diktat aufnahm. Die Tatsache, dass sie so bereitwillig mitspielte, hatte möglicherweise damit zu tun, dass sie selbst eine verhinderte Schriftstellerin war. Mit achtzehn hatte man ihr ein Stipendium an der Columbia University angeboten, doch sie war zu ängstlich gewesen, um nach New York zu ziehen.

Zweifellos bewegte der sublimierte literarische Ehrgeiz meiner Mutter sie dazu, gelegentlich den Wortlaut meines Diktats zu verändern, um meinen Prosastil (in ihren Augen) zu verbessern. Ich erinnerte mich jedoch ausnahmslos an jeden Satz, den ich gesagt hatte, und bekam Tobsuchtsanfälle, bis sie alles wörtlich so hinschrieb, wie ich es diktiert hatte. Als ich das 1975 Ted Solotaroff erzählte, dem Lektor von *Sissy – Schicksalsjahre einer Tramperin*, rief er: «Mein Gott, Robbins, Sie haben sich in vierzig Jahren kein bisschen verändert!»

Wie auch immer, zu meinem fünften Geburtstag bekam ich ein Sammelalbum zu *Schneewittchen und die sieben Zwerge* geschenkt. Statt Bilder einzukleben, füllte ich es mit meinen diktierten – und unredigierten! – Geschichten. Es existiert heute noch. Die allererste Story handelte von einem Piloten, dessen Flugzeug auf einer winzigen, verlassenen Insel abstürzte, einem kargen Stückchen Land, dessen einzige Bewohnerin eine braune Kuh mit hellen Flecken war. Die Kuh konnte nur überleben, weil sie gelernt hatte, Sand in Nährstoffe zu verwandeln. Mit der Zeit brachte sie auch dem Piloten bei, sich von Sand zu ernähren, und wenn sie nicht gestorben sind, so leben sie noch heute.

Welche Bedeutung verbirgt sich wohl in diesem ersten Schreibversuch? Dass das Glück diejenigen begünstigt, die zu improvisieren verstehen? Dass wir Menschen eine Menge von Tieren lernen können? Dass wir uns trotz allem die Freude nicht nehmen lassen sollen? War die Tatsache, dass der Pilot die Kuh nicht sofort schlachtete und ihr Fleisch verarbeitete (was seinen sicheren Hungertod bedeutet hätte, sobald die Vorräte verbraucht waren), ein Musterbeispiel für Nachhaltigkeit, eine prophetische Fabel, die zukünftige Generationen ermutigen sollte, Alternativen für den raffgierigen, gedankenlosen Konsum zu suchen, der eines Tages den Planeten in den Selbstmord treiben würde? Da hätte man den kleinen Tommy Rotten fragen müssen. Der aber schwieg.

blowing rock, mon amour

Als meine Eltern merkten, dass ich schielte, wenn ich Comics las, gingen sie mit mir zu einem Augenarzt. Infolgedessen musste ich zu meiner größten Verlegenheit mit einer Nickelbrille auf der Nase zu meinem ersten Schultag gehen. Nach kaum einem Monat schlug mir Charley, unser Klassenrüpel, die Faust ins Gesicht und zerschmetterte die Brillengläser.

Ich weiß beim besten Willen nicht mehr, was ich gesagt hatte, um den kleinen Rotzlöffel dermaßen zu provozieren. Auf alle Fälle blieb ich körperlich unversehrt, doch bei dem wuchtigen Schlag war ein Glassplitter (oh, was für eine köstliche Ironie!) in *sein* – Charleys – rechtes Auge geflogen und musste operativ entfernt werden.

Hütet euch, ihr gottverfluchten Kritiker. Hinterhältige Anschläge können ins Auge gehen.

Wie bereits erwähnt, fing ich mit fünf an zu schreiben. Doch der Erfolg ließ auf sich warten, denn veröffentlicht wurden meine Geschichten erst, als ich sieben war.

Ich ging auf eine große Verbundschule, die sämtliche Klassen, vom ersten bis zum zwölften Schuljahr, in einem dreistöckigen Gebäude unter einem Dach beherbergte. Alle zwei Wochen erschien eine Schülerzeitung, die nahezu ausschließlich von älteren

Jahrgängen zusammengestellt und verfasst wurde. Nun hatte ich vor kurzem eine ziemlich melodramatische Story in eins meiner Schulhefte geschrieben (das Schneewittchen-Sammelalbum war längst voll). Sie handelte von einem waghalsigen kleinen Jungen, einem unerschrockenen Hund und einem gefährlichen Wasserfall. Eines Tages spazierte ich also während der großen Pause in die Redaktion im zweiten Stock, knallte dem überraschten Redakteur die Story auf den Schreibtisch und sagte: «*Das* solltet ihr abdrucken.»

Sie erschien in der nächsten Ausgabe. Und ich dachte: *Hmmm. Das war leicht. Vielleicht könnte ich daraus einen Beruf machen.*

Beflügelt von meinem Erfolg als gefeierter Autor in der zweiten Klasse, dachte ich ans Heiraten. Zum Beweis meiner Ernsthaftigkeit überreichte ich meiner Angebeteten einen Ring, ein kitschiges Stück mit einem wackligen Stein aus Glas. Er hatte mich fünfundzwanzig Cent gekostet, und ehe man das für billig hält, sollte man bedenken, dass man im Jahr 1939 im Bynum's Café für einen Quarter zwei Hamburger und einen Hot Dog bekam, inklusive Senf, Zwiebeln und Soße (ganz zu schweigen von fünf neuen Spielanzügen bei Tommy Rotten).

War es Nancy Lentz, der ich den Antrag machte, oder ihre Cousine Toni? Ich kann mich nicht daran erinnern – beide waren überwältigende Schönheiten –, und auch nicht daran, ob die Betreffende angesichts meiner Geste nicht mehr tat, als rätselhaft zu kichern. Aber ich weiß genau, dass ich im selben Jahr mit Gwendolyn Berryman Postamt spielte (ein «Brief» war ein Kuss, ein «Paket» eine Umarmung), und zwar auf dem Beifahrersitz des Wagens der Berrymans, der in unserer Einfahrt parkte, während unsere Mütter nichts ahnend im Wohnzimmer saßen und ein Schwätzchen hielten.

Nun könnte man sich fragen, was in einem so kleinen Jungen so übertrieben romantische Impulse ausgelöst hat. Es gibt Schlimmeres, als Bob Dylan zu Rate zu ziehen. Denn *the answer is blowin' in the wind*. In der Tat. Blowing. Blowing Rock.

Nach vielen entscheidenden, bewegenden Jahren in diversen Städten behaupte ich, fünf Heimatstädte zu haben (ohne mich davon abhalten zu lassen, dass keine einzige Anspruch auf mich erheben würde). In umgekehrter Reihenfolge aufgelistet sind es La Conner und Seattle in Washington State, Richmond und Warsaw in Virginia sowie Blowing Rock in North Carolina, die Stadt, in der ich zur Welt kam, letzte Ruhestätte meiner Vorfahren und Schauplatz aller Ereignisse, die ich bislang beschrieben habe.

Es wäre ein ziemliches Understatement zu sagen, Blowing Rock läge in den Bergen. Blowing Rock ist die höchstliegende selbständige Gemeinde östlich der Rocky Mountains. Blowing Rock liegt *auf* den Bergen, auf den Gipfeln der Berge. Von Blowing Rock, Baby, geht es nur noch bergab.

Den Namen erhielt die Stadt von einer geologischen Formation, einem echten Felsen, einer gewaltigen Klippe aus metamorphem Gestein, einem ausladenden Vorsprung, der sich wie Gottes wunder Daumen mehr als tausend Meter über den Johns River Gorge erhebt. Man kann ihn relativ leicht erklettern und das Panorama bestaunen, nach dem sich jede Postkarte die Finger lecken würde; allerdings ist das nichts für Leute, denen schnell schwindlig wird. Okay, aber warum «Blowing»?

Die Felswände der Schlucht bilden einen Kanal, durch den mit erheblicher Wucht lautlose Winde fegen, obgleich hier oben normalerweise kein Lüftchen geht. Als Besucher kann man ein Taschentuch, einen Pappbecher oder ein anderes leichtes Objekt von der Klippe werfen und zusehen, wie es Hunderte von Metern spiralförmig in den rötlichen Dunst weiter unten fällt, fällt,

fällt, bis es plötzlich von einer geheimnisvollen Strömung erfasst wird und steigt, steigt, steigt, um schließlich über dem Kopf des Werfers wieder aufzutauchen, der sich dann umdrehen, ein paar Schritte zurückgehen und es wieder einfangen kann, sofern er, was ich hoffe, nicht hinuntergekotzt hat. Im Winter fällt der Schnee am Rock von unten nach oben.

Unvorstellbar, dass ein natürliches Phänomen solchen Ausmaßes, das ebenso rätselhaft wie spektakulär ist, nicht irgendwelche lokalen Mythen hervorbrächte. In jüngster Zeit hat der Mythos, der den Felsen umgibt, so komplexe und filmreife Eigenschaften erlangt, als hätte ein Handelskammer-Werbefritze mit einem Gespür für Fernsehtauglichkeit seine Finger im Spiel gehabt, doch die schlichtere und irgendwie schönere Legende, die ich als Kind gehört habe, ging so:

Ein junges Cherokee-Mädchen hat mittels des Tomtom-Telegrafen erfahren, dass sein Geliebter und Ehemann in spe auf dem Schlachtfeld umgekommen ist. Untröstlich begibt sich das Mädchen auf den Felsen und stürzt sich mit einem durchdringenden Schrei in den Abgrund. Doch ehe es unten aufprallt, heben mitfühlende und allwissende Windgeister es wieder empor, wirbeln es auf den Felsen und geradewegs in die Arme seines herbeigeeilten Liebhabers, der nur verwundet war und nicht tot, wie die Trommeln irrtümlich gemeldet hatten.

Meine Kumpel und ich wuselten auf diesem Felsen herum wie Ameisen auf einem Stück Brot, und meine Fantasie schwamm in seinen Mythen wie Spermien in einem Liebesbad. Wie hätte man sich in dieser Landschaft und umgeben von solchen Geschichten romantischen Einflüsterungen entziehen können?

Diesen dunklen Wäldern, den murmelnden Bächen, den mit Händen zu greifenden Sternen, den großen Steinschiffen, deren Bug in alle Ewigkeit *anderswohin* zeigte? Die Luft war so sauber wie frisch gewaschene Bettwäsche, Eulen riefen aus verborgenen

Wäscheschränken, hu, huu, wer traut es sich zuu, der Fährte des Bärengotts zu folgen, auf verschlungenen Pfaden, wo die Wirklichkeit ein Netzwerk aus Schatten ist und selbst die Zeit gelegentlich die Orientierung verliert? Und überall zwischen den Kiefern verstreut – wie die topasfarbenen Harztropfen, die im Sommer unsere nackten Fersen verzierten – waren uralte unsichtbare Cherokeeküsse. Küsse, die, wie hier jeder wusste, über den Tod triumphiert hatten.

Wenn wir der natürlichen Umgebung und der hier beheimateten Folklore noch die Märchen mit ihren liebestollen Prinzen und Prinzessinnen hinzufügen, die galanten Erzählungen von den Rittern an König Arthurs Hof und die Filme, in denen sich Tarzan mit Jane auf der Hüfte durch die Vegetation schwingt, kommen wir zu einem Algorithmus, der möglicherweise erklärt, warum Tommy Rotten sein Herz an Nancy Lentz verschenkte (oder war es doch Toni?) und seine bleichgesichtigen Küsse an Gwendolyn Berryman.

Ja, es gab Tarzan-Filme in Blowing Rock. (Seitdem ich Johnny Weissmuller zum ersten Mal mit einem Lendenschurz bekleidet und mit einem wilden Jodler den leeren Raum zwischen Himmel und Erde durchfliegen sah, war Jesus ein für alle Mal von seinem Sockel in meinem persönlichen Pantheon gestürzt worden.) Allerdings nur im Sommer. Lassen Sie mich das erklären.

Blowing Rock war ein Erholungsort für Sommerurlauber, und zwar ein ziemlich luxuriöser. Angelockt von der Schönheit der Landschaft und der kühlen Bergluft, bezogen reiche Familien aus dem ganzen Südosten hier ihre Sommerresidenzen. Die Textilbarone Cannon besaßen ein riesiges Anwesen, ebenso der Tabak-Clan R. J. Reynolds und die Coca-Cola-Snyders von weit unten im schwülen Atlanta. Anfang Juni sah man die ersten Fußgänger in weißer Tenniskleidung, mit Gold behängt, und unsere Asphaltstraßen breiteten die Arme aus, um europäische Sportwagen und Luxuslimousinen willkommen zu heißen. Es gab Boutiquen mit Hauptsitz in West Palm Beach und Boca Raton, einen Gemüsestand mit Obst (Avocados, Papayas, gelbe Pflaumen), die kein Hillbilly identifizieren oder sich gar leisten konnte, und es gab dieses Kino, das die neuesten Filme zeigte, sobald sie in Los Angeles und New York angelaufen waren – das heißt, bis zum Dienstag nach Labor Day, wenn es in unserer Stadt wieder so finster wie im Grab des Unbekannten Beleuchters wurde.

So ging es Jahr für Jahr. Im Juni begann die fröhliche Maskerade, und im September senkte sich die Appalachen-Realität mit einem langen, traurigen Seufzer wieder über unsere Gemeinde. Die Geschäfte wurden verbarrikadiert, die Golfplätze lagen verlassen da, das letzte noble Auto cadillacte den Berg hinunter und verließ die Stadt. Selbst die Louis-XVI.-Farben des Herbstlaubs konnten nicht darüber hinwegtäuschen, dass viele Einwohner neun Monate mit dem auskommen mussten, was sie in den letzten drei eingenommen hatten. Jetzt würde es wieder Nackenspeck zum Abendessen geben, Kater vom Fusel, unterernährte Kinder, Mehlsackmode und gelegentliche Messerstechereien, auf alle Fälle aber Ausbrüche von Masern, Keuchhusten, Krätze und Kopfläusen. Und dann … dann würde der Juni aus der Torte springen und das Leben fröhlich und gesund weitergehen.

Ohne es zu merken, lernte Tommy Rotten eine großartige Sache aus diesem jahreszeitlichen Hin und Her. Während sein Gehirn unwillkürlich dem Bogen zwischen Glanz und Schäbigkeit und wieder zurück folgte, gewöhnte er sich an den Rhythmus der Veränderung, die Balance der Gegensätze, das Yang und Yin, an Aufschwung und Niedergang des kosmischen Kürbis, und am Ende fand er so etwas wie Trost in dem Wissen, dass das Paradoxe der Motor ist, der das Universum antreibt. In den Romanen, die er als Erwachsener schreiben würde, war *Transformation* (zusammen mit Liberation und Zelebration) ein großes Thema.

Es wäre falsch zu glauben, die Nebensaison in Blowing Rock oder die damit verbundenen Entbehrungen wären uninteressant gewesen. Im Gegenteil. Selbst in den langen Dezembermonaten während der Weltwirtschaftskrise hatte der Ort etwas Faszinierendes. Für einen Jungen mit kinetischer Fantasie war es die reinste Magie.

Da ich auf den Straßen und im Wald ungehindert umherstreifen durfte, beobachtete ich nicht nur die Wunder der Natur, sondern kommunizierte auch mit einer Reihe von Eichhörnchenjägern, Hasenfängern, Beerenpflückern, Banjospielern, Schwarzbrennern, Herumtreibern, echten Zigeunern, Schlangenbeschwörern, Maultierpredigern (wie mein Großpapa), exzentrischen Figuren mit Namen wie Pink Baldwin oder Junebug Tate und, was möglicherweise den größten Einfluss hatte, Geschichtenerzählern in Latzhosen, von denen viele ihre Storys so mühelos und virtuos ausspuckten wie andere Leute Tabaksaft.

All das verstärkte meine Lust, mich verführen zu lassen – und dabei habe ich noch nicht mal die kleinen Töchter des Pastors erwähnt, mit denen ich auf ihre Einladung hin Doktorspiele machte. Dabei übernahmen die Teilnehmer abwechselnd die Rolle von Patient und Arzt. Es war ein überaus lehrreiches Spiel, praktisch, anatomisch korrekt, und auf beiden Seiten des Untersuchungstischs wurde auf Versicherungsfragen gepfiffen. Die Harvard Medical School wäre vor Neid geplatzt.

Jede Betrachtung des Einflusses von Blowing Rock ohne einen Hinweis auf The Bark wäre unvollständig. The Bark, also die «Borke», war ein Wirtshaus in den Ausläufern der Stadt und verdankte seinen Namen den unbearbeiteten Zedernschindeln, mit denen es gedeckt war. Sein Inneres war berüchtigt, das Äußere rustikal. Hinter der rauen Fassade tranken die Gäste Bier und tanzten – Aktivitäten, die für jeden braven Südlichen Baptisten den Teufel in Person heraufbeschworen.

Meine Mutter, eine treue Anhängerin der Kirche (ihr Vater war wie mein Großpapa väterlicherseits Baptistenprediger gewesen), unterrichtete in der Sonntagsschule eine Schar überzeugter Christen um die zwanzig. An Mittwochabenden traf sich die Klasse bei uns zu Hause. Diese Versammlungen waren teils religiöser, teils gesellschaftlicher Natur. Nach dem Gebet, wenn die jungen Baptisten Kekse knabberten und Punsch schlürften, machte allerlei Klatsch und Tratsch die Runde (offensichtlich war das keine Sünde). Unweigerlich platzte dann irgendwer mit gedämpfter Stimme – falls das möglich ist – heraus: «Übrigens hat man Mary Jones am Freitag aus The Bark kommen sehen!», oder: «Am Samstag ist Daddy aufgefallen, dass John Does Pickup stundenlang vor The Bark geparkt war.»

Bei solchen Informationen schnappten die anderen hörbar nach Luft, schüttelten den Kopf oder schnalzten mit der Zunge. Da The Bark zu den verbotenen Früchten gehörte, verliehen ihm der Schrecken und die Scheu, mit denen man von ihm sprach, einen solch prächtigen Glanz, dass es in meiner Fantasie (ich war damals acht oder neun) leuchtete wie ein Pfirsich aus purem Gold. Dieses Wirtshaus faszinierte mich genauso wie der Dschungel von Tarzan und Jane.

Auf dem Weg zum Rock oder zu einem anderen unserer diversen Geheimverstecke im Wald kamen meine Kumpel und ich oft an The Bark vorbei. Meistens blieben wir eine Weile stehen und starrten das Haus an, als wäre es ein verhextes Schloss, in dem ein großer Schatz versteckt lag. Hin und wieder sahen wir ein paar Gentlemen herauskommen (nachdem sie, das wussten wir, Bier getrunken und getanzt hatten) oder einen tätowierten Typen mit einer Zigarre zwischen den Zähnen und dem, was man in der Sonntagsschule unter einem Flittchen verstand, am Arm. Dann beobachteten wir, wie das Pärchen eine große Harley-Davidson bestieg und dröhnend den lehmroten Parkplatz verließ, umweht vom Wind einer Freiheit, von deren Gefahren und Verheißungen wir uns keine Vorstellung machen konnten. In solchen Augenblicken wollte ich nur eins: schnell alt genug werden, um Bier trinken, tanzen, mich tätowieren lassen, Zigarren rauchen, Motorräder fahren und ein Flittchen am Arm haben zu können.

Eines Tages sollte ich all das erreichen – und es erwies sich in keinster Weise als Enttäuschung. Aber noch steckte ich, sozusagen, zwischen Baum und Borke.

verbrechen, kunst & tod

Die Brüder Georgie und Jimmy Hannah waren irakische Juden, die in Bagdad das Licht der Welt erblickt hatten. Ihr Vater, ein Teppichhändler, verkaufte feinste Orientteppiche: im Sommer in Blowing Rock und den Rest des Jahres in Florida. Den Tag im Juni, an dem Georgie und Jimmy nach Blowing Rock zurückkehrten, erwartete ich sehnsüchtiger und aufgeregter als Weihnachten. Mit diesen beiden spielte ich lieber als mit allen anderen, denn ihre Fantasie kam meiner eigenen gleich. Die Brüder Hannah bastelten die tollsten Holzschwerter und Strahlenkanonen oder erfanden ausgefallene Kostüme (Cowboys, Indianer, Piraten, Raumfahrer, Dschungelkönige usw.), die wir offensichtlich brauchten, um unsere bizarr improvisierten Versionen der neuesten Filmszenen nachzuspielen. Außerdem waren wir Meister darin, uns in die Vormittagsvorstellungen des Kinos zu schmuggeln, wo wir diese Szenen mit weit größerer Aufmerksamkeit studierten, als wir für Arithmetik je aufgebracht hätten.

Den ganzen Sommer lang versuchten wir uns mit kreativen Variationen unserer Film- oder Comicstoffe zu übertrumpfen. Wir benutzten Hinterhöfe und Bergpfade als Bühne, ramponierte Veranden von verlassenen Häusern, in denen es «spukte» und die zu betreten wir uns gegenseitig anstachelten, die Gegend rings um den Golfplatz und die Gärten des Mayview Manor Hotels, wo wir manchmal einen flüchtigen Blick auf berühmte Leute erhaschten, die dort Ferien machten. (Wir sahen Bob Hope, Jimmy Stewart und General Eisenhower, nur leider, leider nicht Johnny Weissmuller.)

Wenn Georgie und Jimmy nach dem Labor Day in ihre Heimatstadt Sarasota zurückkehren mussten, machte die grenzenlose Galaxie der Fantasie nur allzu schnell wieder dem nüchternen Schulalltag Platz. Allerdings blieben mir meine Bücher und das Schreiben. Außerdem hatte ich noch Johnny Holshauser, der das ganze Jahr in Blowing Rock lebte, mein nächstbester Freund und – welche Schande! – Komplize bei einem echten Verbrechen.

An einem halbwegs warmen Frühlingsnachmittag bliesen wir beide zusammen Trübsal. Der aufgestaute Stumpfsinn in Kirche und Schule langweilte uns zu Tode, und unser chronischer Geldmangel brachte uns zur Verzweiflung. Wir hatten weder zehn Cent für ein Comicheft noch fünf für einen Schokoriegel oder auch bloß einen Penny für Kaugummi, und mit sieben, fast acht Jahren wäre der Versuch, unsere Hosen zu verkaufen, weder niedlich noch profitabel gewesen. Doch dann entwickelten wir plötzlich, oder vielleicht auch erst nach und nach, eine Idee, eine Strategie, einen Plan. Es war kinderleicht. Wir würden eine Bank ausrauben.

Klar, eine originelle Lösung war das nicht. Während der gesamten Weltwirtschaftskrise hatten findige junge Burschen ohne Geld oder sonstige Aussichten entdeckt, dass sich ihr Kassenbestand mit Banküberfällen positiv beeinflussen ließ, wenn auch nicht immer nachhaltig.

Johnny und ich besaßen jeder eine Spielzeugpistole, die große Ähnlichkeit mit einer echten Waffe hatte. So bewaffnet marschierten wir in die Northwestern State Bank an der Hauptgeschäftsstraße von Blowing Rock, zielten mit den Dingern auf den verblüfften Kassierer und forderten «jede Menge Geld». Glauben Sie bloß nicht, dass dies ein dummer Streich war! Wir meinten es todernst. Für ein oder zwei Sekunden wurde es mucksmäuschenstill. Dann begann die Schießerei.

Zumindest hielten wir es für eine Schießerei. Damals gab es einen Knallkörper namens «Torpedo», eine irreführende Bezeichnung, denn er erinnerte in Größe und Gestalt eher an die Kaugummis, die wir uns nicht leisten konnten. Sie waren wie trockene, graue Wunderkugeln, die mit einem lauten Knall explodierten, wenn man sie gegen eine harte Oberfläche schleuderte. Ohne dass wir es wussten, hatte die Bank einen Vorrat besagter Torpedos, die nun ein oder mehrere Bankangestellte heimlich gegen die Wände oder den Boden aus Marmor pfefferten. Johnny stürzte zur Tür, ich hinter ihm her, beide überzeugt, dass uns die Kugeln bereits um die Ohren flogen.

Wir rasten durch die Stadt, über eine Nebenstraße und einen steilen Hang in den Wald und hielten erst wieder an, als wir einen primitiven Unterstand erreichten, eins der besagten Geheimverstecke. Dort brachen wir keuchend auf einem Teppich aus Tannennadeln zusammen. Und warteten. Warteten. Horchten auf Sirenen oder andere Hinweise, dass uns die Polizei oder ein Trupp der Bürgerwehr auf der Spur war.

Stunden vergingen. Es wurde dunkel. Die frostige Kälte klapperte wie ein Pferd mit Eishufen zwischen Rhododendren und Heidelbeerbüschen umher. Käuzchen riefen. Wir hörten etwas knurren – vielleicht war es ein Bär. Ein Berglöwe. Der schwarze Mann. Oder unsere leeren Mägen. Schließlich hielten wir es nicht länger aus und stahlen uns hungrig, nervös und kleinlaut zurück nach Hause.

Die Nachricht von dem verhinderten Überfall hatte sich wie ein Lauffeuer in der ganzen Stadt verbreitet. Die meisten Bürger lachten darüber; meine Eltern waren allerdings weniger zu

Späßen aufgelegt. Nach einer kurzen Standpauke, die garantiert noch eine Fortsetzung haben würde, setzte man mir Toast und Milch vor – möglicherweise mit Blick auf die Genfer Konvention – und schickte mich zu Bett.

In meinem Zimmer lag ich wach, geplagt von Schuldgefühlen, glühend vor Scham, beunruhigt wegen des unausweichlichen Nachspiels, das mich erwartete. Dennoch konnte ich mir ein heimliches Grinsen nicht verkneifen. *Wären Georgie und Jimmy Hannah bei uns gewesen, hätten wir es geschafft!*

Als ich in meinen Siebzigern ein verspätetes Interesse an meiner Herkunft entwickelte, heuerte ich eine professionelle Ahnenforscherin an. Zu meinem Entzücken entdeckte sie ein paar schräge Vögel in meinem alten Familienstammbaum (falls deren Namen als Hinweis dienen können). Da gab es beispielsweise Smallwood Marlow, Marvel Greene, Mountain Issac Greene, Nimrod Triplett, Commodore (sein Vorname, kein Rang) Robbins und, die Faszinierendste von allen, Elizabeth Gotobed. Viele dieser glanzvoll getauften Individuen wohnten in North Carolina, keines jedoch direkt in Blowing Rock.

Daniel Defoe (1660–1731) lebte bekanntlich auch nicht in Blowing Rock, doch wie sich herausstellte, bin ich ein direkter Nachkomme dieser Koryphäe. Die Entdeckung bewegte mich dazu, erneut *Robinson Crusoe* zu lesen, und anschließend war ich entsetzt darüber, was für ein Imperialist, Rassist, Sexist und irgendwie auch literarischer Schmierfink Defoe gewesen war. Kurz gesagt, es gibt in dem ganzen Buch keinen Satz, der so gewagt, so schön, so lustig oder weise ist, dass ich fünfundzwanzig Dollar dafür berappen würde, ihn selbst verfasst zu haben (eine seltsame Art, über Talent zu urteilen, ich weiß, aber so ist es!).

Letztendlich bin ich weit weniger begeistert von meiner Verwandtschaft mit Defoe als von der mit Polly Elrod (1833–1924), meiner Urgroßmutter und möglicherweise der ersten Pop-Art-Künstlerin in Amerika.

Polly lebte in fußläufiger Entfernung von Blowing Rock – sofern man nichts gegen einen Zweitagesmarsch pro Strecke einzuwenden hatte. Mein Vater hatte diese Wanderung einmal mit seinem Pa gemacht, als er noch klein gewesen war. Die Hütte der Elrods lag mitten in den Bergen, oberhalb einer der tiefen Schluchten, die wir Hillbillys als «Niederungen» bezeichneten, und war ausschließlich zu Fuß erreichbar. Daddy und Papa verbrachten die erste Nacht ihres Ausflugs in der Scheune eines gastfreundlichen Bauern.

Damals war Polly schon Witwe. Die Ein-Zimmer-Blockhütte hatte sie eigenhändig zusammen mit ihrem Mann gebaut. Das hervorstechende Merkmal war ein massiver Kamin aus unbehauenem Stein, der zum Heizen und Kochen diente und eine ganze Wand der Hütte einnahm. Sowohl Polly als auch ihr Mann waren Liebhaber von Kautabak. Damals kaufte man ihn geräuchert und gepresst in Riegeln, die in Größe und Form an ein Kartenspiel erinnerten. Sie waren weder in Papier eingeschlagen noch sonst wie verpackt. Die verschiedenen Marken unterschieden sich durch kleine Blechembleme mit Zinken, die in die Rückseite gedrückt wurden, jeweils eins pro Riegel. Das von Red Apple beispielsweise hatte die Form eines Apfels, das von Red Dog sah aus wie ein Windhund.

Polly und ihr Mann bevorzugten eine Marke namens Red Jay. Ihr Emblem, dunkelrot mit schwarzer Beschriftung, hatte – wen wundert's – die Form eines Eichelhähers. Polly war aus weiß Gott welchen Gründen auf die Idee verfallen, diese Embleme in die Lehmritzen zwischen den Steinen des Kamins zu stecken. So wurden im Lauf der Zeit – und sie starb mit einundneunzig, hatte also Zeit genug für einen enormen Tabakkonsum – buchstäblich Hunderte von kleinen rotglänzenden Eichelhähern aus Blech in die Wand eingebettet.

Der Gesamteindruck bewegte sich laut Aussage meines Vaters irgendwo zwischen Kitsch und echter Ästhetik. Mal in regelmäßigen Linien, dann wieder in völlig willkürlichen Arrangements, mussten die kombinierten Embleme so etwas wie ein optisches Flimmern auslösen, ein visuelles Hintergrundrauschen, das beruhigend und schrill zugleich war. Die Wiederholung reduzierte möglicherweise die Konzentration auf eine individuelle Einheit (das winzige rote Eichelhäher-Icon) und verstärkte die Wahrnehmung des Displays als Ganzes, eine Art dreidimensionaler Tapete, die mit hoher Wahrscheinlichkeit nicht nur überzeugend, sondern auch komisch und fremdartig wirkte.

War Pollys Absicht nur dekorativer Natur? Wollte sie ein nostalgisches Verzeichnis ihrer zahllosen mit Kauen verbrachten Stunden schaffen? Oder war die Wand eine Würdigung des Vergnügens, das der Kautabak ihr in einem mühseligen Leben mit nur spärlichen und kargen Annehmlichkeiten geboten hatte? Wie auch immer, wenn ich an diesen Kamin denke, fallen mir unweigerlich Andy Warhols *Two Hundred Campbell's Soup Cans* oder *Green Coca-Cola Bottles* ein, Gemälde, die 1962 für so viel Aufruhr in der Kunstwelt sorgten. Es erfüllt mich mit Stolz, dass ich Polly Elrods Blut in den Adern habe. Und ich bilde mir gern ein, dass die roten Blutkörperchen darin kleinen Eichelhähern aus Blech ähneln.

Meine Schwester Rena hatte nie von diesem Pop-Art-Meisterstück ihrer Urgroßmutter gehört. Aber vermutlich kannte sie auch die Legende der Cherokee-Prinzessin nicht, obwohl sie das Happy End sicher zu schätzen gewusst hätte. Rena war ein süßes, flachsblondes Kind mit einem sonnigen Gemüt, dessen Leben sich hauptsächlich um seine Puppenfamilie drehte.

Es war an einem herrlichen Tag im Mai, zwei Monate vor meinem siebten Geburtstag, als Rena mit vier Jahren in die neue Klinik von Blowing Rock eingeliefert wurde, wo man ihr die Mandeln herausnehmen sollte. «In ein, zwei Tagen kommt sie wieder nach Hause», beruhigte mich meine Mutter. Doch als Rena nach Hause kam, lag sie in einem hübschen kleinen Sarg, der mit Engeln geschmückt und mit weißem Satin ausgeschlagen war. Man hatte ihr eine Überdosis Äther verabreicht.

Wenn jemand, den ich liebe, das Haus für länger als ein paar Stunden verlässt, habe ich bis heute Angst, er könnte nicht wiederkommen.

Als Mutter etwa einen Monat nach Renas Tod schwanger wurde, betete sie immer wieder inbrünstig darum, zwei kleine Mädchen, Zwillinge, zur Welt zu bringen: Eine einzelne Tochter hätte unausweichlich Vergleiche mit Rena heraufbeschworen, und noch ein Sohn … vermutlich war ein Tommy Rotten mehr als genug für einen Haushalt. Im März des folgenden Jahres kamen meine Zwillingsschwestern Mary und Marian zur Welt.

Das gibt einem zu denken, nicht wahr? Man muss es nicht unbedingt in einem religiösen Kontext sehen, wir können gern die ganze Nacht über die wahre Identität ihres Ursprungs streiten, aber für mich besteht kein Zweifel daran, dass hier ein Gebet erhört wurde.

Abgesehen von der Liebe, nach der jeder Mensch, außer vielleicht hartgesottene Psychopathen, in der einen oder anderen Form strebt, wünschen sich durchschnittliche amerikanische Christen (mit denen ich einen ganzen Hof von Hühnern zu rupfen hätte) im Grunde nur zwei Dinge: dass sie reich werden und dass sie in den Himmel kommen (offenbar in dieser Reihenfolge). Und das, obwohl ihr eigener Herr und Erlöser sie ausdrücklich gewarnt hat: Eher geht ein Kamel durch ein Nadelöhr, als dass ein Reicher in das Reich Gottes gelangt.

Doch wie steht es damit? Meinen sie etwa, dass Jesus einfach nur gescherzt und herumgeblödelt hat? Oder glauben all die Christen, die so gern reich wären, dass man für sie eine Ausnahme machen und ihr angehäuftes Vermögen an der Himmelspforte bloß ein verständnisvolles, mitfühlendes Zwinkern auslösen wird, während sich das Nadelöhr für einen Augenblick so weitet, dass sie hindurchschlüpfen können?

Rena hatte dieses Problem nicht. Der einzige Besitz, den sie zurückließ, war ihre Puppensammlung – und das winzige Teeservice, mit dem sie die Puppen Tag für Tag bewirtet hatte.

lebende schlangen

Pink Baldwin hatte behauptet, unweit von Blowing Rock befinde sich ein Gebirgskamm, auf dem die Heidelbeerbüsche so dicht sprössen wie die Bartstoppeln auf dem Kinn des Weihnachtsmanns. Es gab nur ein Problem: Fast genauso dicht war dieser Kamm von Klapperschlangen besiedelt. Wenn die Familie Baldwin dort zum Beerenpflücken hinging, musste sie ihre Beine in Ofenrohre stecken, um sich zu schützen. Pink zufolge erinnerte der Ton der gegen das Rohr prallenden Klapperschlangen an auf ein Blechdach prasselnden Regen.

Einmal fuhren meine Eltern, ein Onkel, eine Tante und ich nach einem malerischen Picknick-Lunch auf dem Mount Mitchell Highway über den höchsten Gipfel östlich der Rocky Mountains, als wir eine große Diamantklapperschlange erblickten, die sich mitten auf der Straße vor uns in der Sonne rekelte. Daddy hielt an, und ich sprang ohne nachzudenken hinaus, um sie genauer zu betrachten. Ebenso blitzschnell kam Daddy hinter mir her, packte mich am Kragen und schleuderte mich praktisch zurück in den Wagen.

Mein Vater und mein Onkel machten sich aus Gründen, die sicher so instinktgeleitet wie in diesem Fall überflüssig waren, daran, die Schlange zu töten. Das ist eine vor Urzeiten in die

DNS des Homo sapiens eingebaute Reaktion. Sie bewarfen die Schlange mit Steinen, was sie rasch aus ihrer Erstarrung weckte. Sie flüchtete quer über die Straße, glitt in den Straßengraben, eine steile Böschung hinauf und verschwand schließlich im Dickicht. Natürlich dachten wir, damit hätte sich die Sache erledigt, und abgesehen von mir, der immer scharf auf ein Abenteuer war und meinem Vater die unsanfte Behandlung noch nicht verziehen hatte, war niemand enttäuscht.

Kurz darauf jedoch erlebten wir eine Überraschung. Die Schlange hatte im Unterholz kehrtgemacht und schoss jetzt zornig klappernd die Böschung hinab, geradewegs auf ihre Angreifer zu. Das Klappern klang wie die Maracas des Teufels beim Karneval der Hölle und sorgte dafür, dass mein Vater und mein Onkel Hals über Kopf in den Wagen zurücksprangen. Die große Schlange rollte sich zusammen und riss das Maul mit den glänzenden Fangzähnen auf, als wollte sie ihre Peiniger zum Kampf herausfordern. Klugerweise verzichteten sie.

Als Nächstes überfuhr Daddy das wütende Tier mehrmals mit dem Wagen, bis er glaubte, dass es tot war. Doch war es das wirklich? Irgendwie hatte der ganze Zwischenfall etwas Übernatürliches, verstärkt von der Tatsache, dass niemand, auch Herpetologen, denen ich später davon erzählte, je von einer Klapperschlange gehört hatte, die, einmal in Sicherheit, mit Absicht zurückgekommen war, um ihre menschlichen Feinde anzugreifen. Die meisten Experten glaubten mir, offen gestanden, kein Wort.

Vor ein paar Jahren aber kam ein Amateur-Herpetologe mit Erfahrung in den Appalachen auf eine noch erstaunlichere Erklärung. Er stellte die These auf, die Schlange, die so kämpferisch die Böschung hinuntergekommen war, sei nicht dieselbe gewesen wie die zuvor hinaufgeflüchtete.

«Diamantklapperschlangen leben oft zu zweit», erläuterte er, «besonders in Paarungs- oder Brutzeiten. Durchaus möglich, dass entweder das Männchen oder das Weibchen demonstrieren wollte, es würde eine Bedrohung seines Partners nicht hinnehmen.»

War das kaltblütige Reptil also ohne Rücksicht auf Verluste die Böschung hinuntergeflitzt, um die Steinigung seines Partners zu rächen und Satisfaktion für die Störung und den Angriff zu verlangen? War es um der Ehre willen gestorben? Aus *Liebe*? Wenn ja, erscheint die Episode in einem ganz neuen Licht: Sie ist nicht nur außergewöhnlich und geheimnisvoll, sondern auch romantisch. Mit anderen Worten, sie liegt genau auf meiner Schlangenlinie.

Einmal war mein Vater daran beteiligt, eine neue Stromleitung von Lenore den Berg hinauf nach Blowing Rock zu verlegen, als die Wegerecht-Mannschaft eine ziemlich große Klapperschlange aus ihrem Bau scheuchte. Einer der Arbeiter hielt ihren Kopf mit einer Schaufel fest, während sein Kollege ihr mit einer Zange die Giftzähne ausriss. Die erregte, aber nunmehr unschädliche Schlange verstauten sie in einem großen Werkzeugkasten aus Holz auf der Ladefläche ihres Lastwagens.

Nach der Arbeit kehrten sie zurück in die Pension in Lenore, wo die ganze Mannschaft untergebracht war, und schickten den Gehilfen des Kochs, einen Farbigen, zu dem Lastwagen, um einen «Haufen Heidelbeeren» zu holen, den sie angeblich an diesem Tag gepflückt hatten. Sie sind im Werkzeugkasten, sagten sie und ließen durchblicken, sie hätten große Lust auf Pfannkuchen mit Heidelbeeren.

Zur Belustigung der Spaßvögel erklang wenig später ein Schrei des Entsetzens, dann folgte das Knirschen des Kieses in der Einfahrt und schließlich das Flop-Flop flacher Sandalen auf dem Highway. Von ihnen aus mochte der arme Kerl bis nach

Afrika gerannt sein; in der Pension tauchte er jedenfalls nie wieder auf.

Zumindest wurde es so erzählt. Mein Vater war ein grundehrlicher Mann, der seine Geschichten nur selten unnötig ausschmückte, doch es fällt schwer, in dieser Anekdote, insbesondere in ihrem Höhepunkt, nicht einen Hauch von Übertreibung zu finden. Ganz zu schweigen von einem Hauch Rassismus.

Rassenkonflikte waren damals in Blowing Rock sicher kein Thema. Nicht ein einziger Afroamerikaner lebte in der Stadt oder ihrer Umgebung. Selbst die reichen Sommertouristen ließen ihre schwarzen Bediensteten zu Hause, wenn sie hier Ferien machten, denn es war billiger und weniger lästig, Dienstmädchen und weiteres Personal unter der örtlichen weißen Einwohnerschaft zu rekrutieren. Ich kannte Schwarze nur aus dem Kino, und ob es ein ambitionierter Tänzer wie Bill Robinson war (hey, immerhin fand Shirley Temple ihn cool), ein Komiker wie Buckwheat in «Die kleinen Strolche» oder die Stammesangehörigen (so fremd, so weit weg), die in Tarzans Dschungel beheimatet waren; sie alle hatten mit meinem normalen Alltag nichts zu tun.

Natürlich hörte ich hin und wieder den Ausdruck «Nigger» und kapierte, dass er nicht gerade ein Kompliment war, doch selbst dieses Epitheton konnte für mich damals durchaus mehrdeutig sein. Etwa wenn sich die gute Tante Mary darüber aufregte, wie ich mich morgens angezogen hatte: «Liebe Güte, Tommy! Du kannst doch nicht Rot mit Orange mixen. Das sind Niggerfarben.»

Ich habe keine Ahnung, wie Tante Mary an dieses interessante Modedetail gekommen ist, aber ich weiß, dass mehr als zwanzig Jahre später, als ich im King Williams County, Virginia, das trotzig für die Rassentrennung eintrat, an einer Bürgerrechtsversammlung teilnahm, ich als Einziger von beiden Rassen Rot mit Orange trug.

In einer unserer Flitterwochen ritten meine Frau Alexa und ich auf Elefanten vom Norden Thailands bis zur Grenze von Burma (aus humanitären und poetischen Gründen wollen wir darauf verzichten, es Myanmar zu nennen), ein Trip im Dickhäutertempo, der mindestens drei Tage dauert. Auf dem Kopf eines Elefanten zu hocken ist nicht ganz das wilde, freie, ekstatische Erlebnis, als das es sich in Tarzanfilmen oder im Zirkus darstellt. Zum einen ist das Haar des Elefanten zwar kurz, aber auch steif und drahtig. Ich hatte das Gefühl, mein Hintern hopse auf einem Sitzsack voller Stahlwolle herum.

Zum anderen haben Elefanten die Angewohnheit, sich abzukühlen (und es war Sommer in Thailand), indem sie sich mit jeder Art von Wasser besprühen, das sie finden können, oft aus irgendeinem Graben. Dabei bekommt natürlich auch der Reiter seinen Teil ab. Es ist tatsächlich erfrischend – bis einem auffällt, dass der Schauer eine ganze Menge Schleim enthält. Ein Elefant besprüht sich mit dem Rüssel, der, wie einem plötzlich wieder klarwird, eigentlich seine Nase ist. Am Ende des Tages waren meine Braut und ich mit einer dünnen, schleimigen Schicht Elefantenrotze bedeckt.

Doch vergessen wir die klebrigen Nasensekrete. Ich sprach über Schlangen. Eines Tages kreuzte ein sehr langes, sehr schweres Reptil unseren Weg. Einer der Elefantentreiber verfolgte es und erledigte es mit seiner Machete. Man erklärte uns, es handele sich um eine *sing*-Schlange. *Sing* ist das thailändische Wort für «Löwe». Sollten Sie sich mit importierten Biersorten auskennen, wissen Sie vielleicht, dass Thailands Landesmarke Singha heißt. «Singha» war der Name einer mächtigen Löwenfigur aus der südostasiatischen Mythologie, obwohl das Bier, ein schwaches buddhistisches Gebräu, eher ein Symbol für Kaninchen als für den König der Tiere zu sein scheint. *Sing?* Ha!

Jedenfalls erzählte unser Guide, die Elefantentreiber würden die *sing*-Schlange zum Abendessen verputzen, woraufhin ich mir ein Stück zum Probieren erbat. Die Männer hackten also ein Stück ab, knapp zwanzig Zentimeter lang und zweihundertfünfzig Gramm schwer, wickelten es in ein Bananenblatt, und als wir unser Lager aufschlugen, überreichten sie es unserem Koch.

Der bereitete es hübsch zu, mit Klebreis, Bambussprossen und, wie es dort Brauch ist, so viel roter Chilipaste, dass selbst Human Torch davon Sodbrennen bekommen hätte. Nachdem Alexa und ich im Fluss die Rotzschicht abgewaschen hatten, setzten wir uns mit der Schale auf dem Schoß und gezückten Essstäbchen auf den Stamm einer Palme und bereiteten unsere gastfreundlichen Gaumen auf die Bekanntschaft mit einem kulinarischen Exoten vor.

Nun, ich kann in meinem Lebenslauf wahrheitsgemäß behaupten, ich hätte echte Löwenschlange verspeist. Aber wie schmeckt Löwenschlange? Ich habe keine Ahnung. Keinesfalls wie das sprichwörtliche Hühnchen – es sei denn wie eines, das gerade wieder in die Erdatmosphäre eingetreten ist. Jede einzelne meiner neuntausend Geschmacksknospen war damit beschäftigt, sich vor Verbrennungen dritten Grades zu schützen. Mindestens eine Stunde hatte ich das Gefühl, mit Napalm gegurgelt zu haben, und keine Menge Singha-Bier konnte diesen Brand löschen.

2004 wurde ich im afrikanischen Namibia von einer Schwarzen Mamba angegriffen, einer der tödlichsten Schlangen der Welt. Verglichen mit dem Biss einer Schwarzen Mamba, ist der einer Klapperschlange nicht mehr als ein Knutschfleck. (Schlagen Sie in Barbara Kingsolvers wundervollem Roman *Die Giftholzbibel* nach, dort finden Sie eine anschauliche Beschreibung der physischen Schrecken, denen sich das Opfer einer Schwarzen Mamba gewöhnlich in den fünfzehn Minuten zwischen Biss und Tod ausgesetzt sieht.)

Da ich diesen Bericht verfassen kann, wurde ich offensichtlich nicht gebissen. Der Angriff scheiterte. Er scheiterte, weil der offene Elektrokarren, in dem mein Guide und ich saßen, (wir waren in den Busch hinausgefahren, um mit eigenen Augen ein Mutterrhinozeros mit seinem Jungen aus der Nähe zu beobachten) genau im richtigen Moment einen Satz machte und wir den Giftzähnen so um Haaresbreite entkamen. Es erübrigt sich, darauf hinzuweisen, dass wir der Mamba keine zweite Chance gaben. Beim Schwarze-Mamba-Baseball gilt: Ein Fehler, und du bist *out*.

Die Mamba war lang, schmal und anmutig. Als sie angriff, stand sie buchstäblich aufrecht, als balancierte sie auf dem Schwanzende. In diesem Augenblick erinnerte sie an eine selbstgetriebene Lakritzpeitsche aus dem Süßigkeitenladen des Marquis de Sade, ein geschmeidiges, fast zwei Meter großes, fettes kursives Ausrufezeichen zur Hervorhebung einer einzigen Botschaft: STIRB! STIRB! STIRB!

So aufregend ich diesen Vorfall in den Stunden nach seinem guten Ausgang fand, er rief auch, ob Sie es glauben oder nicht, das alte Zischeln romantischer Wehmut in mir wach: die zärtliche Erinnerung an eine andere schwarze Schlange in einem ganz anderen Kontext vor langer Zeit.

Als ich neun und im vierten Schuljahr war, zog meine Familie vorübergehend nach Burnsville, North Carolina, ebenfalls eine Stadt in den Bergen, allerdings nicht ganz so hoch gelegen wie Blowing Rock und ohne dessen malerische Aussicht und saisonale Gentrifizierung. Unser Mietshaus am Stadtrand von Burnsville grenzte an das Grundstück eines ehemaligen, inzwischen geschlossenen Internats. Eines Morgens erwachte ich von einem Höllenlärm und beobachtete aus dem Fenster, wie eine lange

Schlange bunt bemalter Lastwagen und silberner Wohnwagen das mit Unkraut überwucherte Gelände nebenan füllte.

Als die Männer anfingen, schwere Taue, Holzstangen und gewaltige Leinwandrollen aus den Pritschen- und Kastenwagen zu entladen, fielen mir die Plakate wieder ein, die ich vor kurzem in der Ortsmitte gesehen hatte, und ich begriff, dass praktisch in meinem Hinterhof ein Zirkus seine Zelte aufschlug! Vor Aufregung zitternd, nahm ich mir kaum Zeit zum Anziehen (trug ich Rot und Orange?) und raste mitten hinein in das Getümmel. Vielleicht konnte ich einen Job ergattern und die Vorstellung sehen. Beides klappte. Was aber noch wichtiger war: Ich begegnete dem fleischgewordenen Werkzeug geheimen Wissens und kosmischer Liebesqualen, das meine Fantasien beflügeln und den Funken meines Verlangens für den Rest meines Lebens in Brand halten sollte.

Sie hieß Bobbi und war elf – eine «ältere Frau». Sie hatte blondes Haar, das ihr bis zu den Hüften reichte, und trug Reithosen und schwarze Lacklederstiefel, die fast die Lockenspitzen berührten. Und sie hatte eine Schlange: eine Schwarznatter, die sie überall mit sich herumschleppte, so wie andere kleine Mädchen ihre Puppe. Bobbis rechter Arm war mit kleinen Narben übersät, Andenken an die unzähligen Male, an denen die Schlange sie gebissen hatte. (Es war eine American Racer, wahrscheinlich aus der ziemlich verbreiteten Unterart *Coluber constrictor* und also nicht giftig.)

Bobbi war das exotischste und romantischste Geschöpf, dem ich je begegnet bin, eine vorpubertäre, lebende Verkörperung von Tarzans Jane oder von Sheena, der Königin des Dschungels, und jenes femininen Archetyps, dem ein Hauch von verborgenem Wissen anhaftet, etwas seltsam Bedeutungsvolles, das nährend und gefährlich zugleich ist, obwohl ich damals noch keine klare Vorstellung davon hatte.

Bobbi war der Grund, warum ich in diesem zarten Alter zu einem lebenslangen Mitglied eines exklusiven Herrenordens wurde, der glaubt, eine Frau mit pinkfarbener Zirkusstrumpfhose kenne alle Geheimnisse des Universums. Sie trug noch keine Strumpfhose, aber man musste seine Vorstellungskraft nicht übermäßig bemühen, um sich ihr Leben im Rampenlicht auszumalen, wenn sie an ihrem Haar unter der Zirkuskuppel hin und her schaukelte oder auf dem bloßen Rücken eines durch die Manege tänzelnden Hengstes Pirouetten vollführte. Unter dem Beifall zahlloser Zuschauer.

Bobbi war ein Zirkuskind, dort geboren und aufgewachsen. Ihr Vater war dessen Direktor, ihre Mutter – auf den Plakaten als «Die unverwüstliche Frau» angekündigt – begab sich zweimal am Tag spärlich bekleidet in eine sargähnliche Kiste, durch die dann nach und nach etwa ein Dutzend schwerer Klingen gestoßen wurde. Bobbi war schön, furchtlos und immer dramatisch, eine junge Zirkusgöttin. Ich konnte mir damals und kann mir bis heute einfach nicht vorstellen, wie sie sich im Erwachsenenleben als sogenannte «exotische Tänzerin» in der armlosen Umklammerung einer burlesken Boa constrictor über eine schäbige Bühne hätte schlängeln sollen.

Vergessen waren Toni und Nancy, vergessen war auch Gwendolyn. Bobbi war ein ganz anderes Kaliber und ich eher ehrfürchtig als verliebt. Natürlich wurden meine Gefühle nicht erwidert, obwohl Bobbi gewöhnlich ohne Spielkameraden auskommen musste und meine Gesellschaft offenbar schätzte. Wenn ich nicht gerade Lamas tränkte, Affenscheiße wegschaufelte oder irgendwelche anderen jener Aufgaben in der Menagerie erledigte, mit denen ich mir den Eintritt in die Vorstellung verdiente, trieb ich mich meistens mit Bobbi auf dem Zirkusgelände herum, und wenn ich ganz fertig war, gingen wir die kurze Strecke zu unserem Haus und spielten Brettspiele oder improvisierten Szenen mit meiner Spielzeugeisenbahn. Aus Rücksicht auf meine Mutter ließ sie die Schwarznatter in ihrem Käfig zurück.

Am zweiten Tag (und ich bin nicht sicher, wie sich das ergeben hatte) waren Bobbis Eltern zum Lunch zu uns nach Hause gekommen. Es muss ziemlich surreal gewesen sein: der extravagante Zirkusdirektor und die Unverwüstliche Frau saßen in unserem Esszimmer, verspeisten die Suppe und diskutierten mit meinen Eltern über den Krieg (Pearl Harbor war sechs Monate zuvor bombardiert worden). Dennoch war der Lunch ein Erfolg, ein so durchschlagender Erfolg, dass mich Bobbis Vater (sicher auf Anraten seiner Tochter) einlud, mit dem Zirkus auf die Reise zu gehen. Und meine Eltern sagten ja!

Weit kam ich nicht. Nur bis zum nächsten Ort, etwa siebzig Kilometer entfernt. Nach den dortigen Aufführungen, nach ein paar Tagen Gratis-Zuckerwatte, kuriosen Gesprächen mit Clowns und so viel Affenscheiße, wie ich nur schaufeln konnte, kam Daddy, verfrachtete mich in den Wagen und brachte mich wieder nach Hause. Meine Mutter hatte sich Sorgen gemacht. So viel zum Thema «Durchbrennen mit dem Zirkus».

hereinspaziert

N ein, ich bin nicht mit dem Zirkus durchgebrannt, aber vielleicht sollte ich fairerweise zugeben, dass er mit mir durchgebrannt ist. Als Teenager in Virginia trat ich in Nebenvorstellungen für die Hunt Brothers auf oder erledigte Aufgaben in den Ställen. Hier gab es mehr Tiere und Mitwirkende, aber leider keine Bobbi. (Außer von weitem oder in meiner Fantasie sah ich so jemanden wie sie nie wieder, obwohl ich als Erwachsener mehrmals den Fehler machte, unfairerweise ihr Bild, ihren Archetypus auf junge Frauen zu projizieren, die zwar lebhaft und exzentrisch genug, aber für die Rolle äußerst ungeeignet waren.) Außerdem arbeitete ich vorübergehend als Kartenverkäufer und Konzessionär auf dem Gelände zahlreicher Jahrmärkte und Zirkusse. Kaum rollten die ersten Wagen der knallbunten Karawane in eine der kleinen Städte im Süden, wo wir wohnten, sauste ich mit dem Fahrrad zum entsprechenden Aufbauort, immer mit dem Hintergedanken, «mitzureisen», wie die Zirkusleute sagten; jedes Mal wünschte ich mir, die Stadt mit ihnen verlassen zu können.

Die Hauptattraktion für mich machten weniger die unerschütterliche Individualität und Freiheit von allen Konventionen aus, die das Wanderleben mit sich brachte – obwohl die Faszination der großen weiten Welt im Lauf der Zeit noch zunahm. Es war die schiere, überbordende, übertriebene Poetik des barocken Spektakels, die Einladung, sich im Regenbogenprisma eines beweglichen Oz zu sonnen, hinter dessen prächtigem Vorhang fast immer echte Zauberer warteten.

Der Zirkus offeriert einem eine separate Wirklichkeit, und wenn man ehrlich ist, muss man das *Wirkliche* daran hervorheben. Im Text eines populären Songs wurde einmal der Begriff «Barnum & Bailey world» als Synonym für alles, was unecht und falsch ist, geprägt. Gewiss gab es jede Menge Blendwerk, Schwulst, Tamtam und bei ein paar kleineren Shows sogar ausgewachsenen Schwindel, aber letztendlich war der altmodische Zirkus in einem Ausmaß real, an das die meisten modernen Unterhaltungsformen, einschließlich des «Reality-TV», kaum je herankommen. Die fauchenden Tiger, die in der Manege nach dem Dompteur schlugen, waren keine Pixar-Animationen, sondern aus Fleisch und Blut, und sie hatten Zähne und Krallen. Die Luftakrobaten riskierten ohne Netz und doppelten Boden buchstäblich bei jeder atemberaubenden Darbietung ihr Leben. Schönheit, Überraschung, Freude und Gefahr vermischten sich in Echtzeit, im wirklichen Raum, nur wenige Meter entfernt von dem Platz auf der Tribüne, und warfen die Frage auf, was unwirklicher war, Barnum & Bailey oder die Hollywood-Blockbuster, die Great Wallendas (deren Sieben-Personen-Pyramide auf dem Hochseil ich noch kurz vor ihrem fatalen Sturz in Detroit miterleben durfte) oder die absurden Heldentaten, die irgendein Computerfreak im Studio produziert?

Immer in 3-D, ohne dass man eine bescheuerte Brille tragen muss, kann ein Zirkus sogar Gerüche in die sinnliche Mischung einbauen: so eindringliche Aromen wie Schweiß, Angst, Sägemehl, Leinwand, Theaterschminke, Zuckerwatte, gebratene Zwiebeln und den dampfenden Kot diverser Tiere dieser Welt. Und die transparente – vielleicht sogar transzendente – Kirsche auf diesem olfaktorischen Sammelsurium, dem ganzen überquellenden Showtime-Eisbecher, ist die reine Ästhetik und philosophische Eloquenz – das ergreifende Zen – der Luftakrobatenmeister. Philippe Petit, gefragt von einem Polizisten, warum er sich seinen berühmten, illegalen Drahtseilakt zwischen den Zwillingstürmen des World Trade Centers ausgedacht hatte, antwortete so, wie es eines *sensei* aus Kyoto würdig gewesen wäre: «Ich sehe drei Orangen und muss jonglieren; ich sehe zwei Türme und muss balancieren.» Kurt Wallenda antwortete auf die Frage, warum er auf den Schutz eines Netzes verzichtete: «Gott ist mein Netz.» Und bei einer anderen Gelegenheit: «Auf dem Drahtseil zu stehen heißt leben. Alles andere ist nur warten.»

In manchen spirituellen Disziplinen würden solche Bemerkungen als «verrückte Weisheiten» verstanden (und bewundert). Von meinem Platz im Olymp aus beobachte ich die tägliche allgemeine Verfälschung und Verzerrung dessen, was einvernehmlich als Realität gilt, durch die Interessen von Unternehmen, ihren Zuhältern auf der Madison Avenue und ihren Handlangern in der Regierung und finde einen gewissen Trost in verrückten Weisheiten, selbst wenn (vielleicht sogar *besonders* wenn) sie von Avataren mit pinkfarbenen Zirkusstrumpfhosen stammen.

Der Sommer lag über dem ländlichen Südosten wie ein Fliegenfänger. Menschen, Hunde, Nutztiere, der Handel, ja die Zeit selbst schienen mit einem narkotisierenden gelben Leim darauf festgepappt. Stunden, Tage, Wochen schleppten sich so langsam dahin wie die Scheidung eines Promi-Paares. Wir Kinder mit unseren Ballspielen auf dem Spielplatz oder Bädern im Fluss fühlten uns am wenigsten betroffen, doch im August erlagen schließlich auch wir der Lähmung, und unser Geschrei und Radau ähnelten mehr und mehr dem Gesumm von Fliegen.

Gelegentlich belebten abendliche Gewitter, Abkühlung und frisches Grün das Bild, doch kaum war der letzte Regentropfen geplatzt, hatte der letzte Blitz sein spastisches Bein verrenkt, übernahmen Feuchtigkeit und Hitze selbstbewusst wie eh und je wieder das Kommando, und schon gegen Mittag sah die Landschaft aus, als hätte Colonel Sanders von Kentucky Fried Chicken höchstpersönlich sie verbrannt.

Wenn man bedenkt, dass es keine Klimaanlagen gab, um den Schweiß zu kühlen, und kein Fernsehen, um die Langweile zu vertreiben, wenn man bedenkt, dass die Kirche zwar eine beherrschende Rolle im Leben der Gemeinde spielte, aber keinen Spaß verstand, so ist es kaum verwunderlich, dass es viele Einwohner (auch wenn sie keine eingefleischten Zirkusfans oder Bobbi-Verehrer waren) genauso entzückend fanden wie ich, wenn ein Zirkus oder eine Kirmes in die Stadt kam. Sicher gab es einige rechtschaffene Bürger (Pfingstkirchler oder überzeugte Baptisten), die verächtlich schnaubten, das Gesicht verzogen, sich abwandten, ihre Kinder einsperrten und Zuflucht in ihren mit Schindeln gedeckten Bungalows suchten, wo sie um Schutz vor der bedrohlichen, ansteckenden Leichtfertigkeit der Gottlosen beteten. Doch wenn man abends hinter den Hortensienbüschen oder liegengebliebenen Schrottkisten in ihrem Garten hervorspähte, sah man sie am Fenster stehen, die Spitzenvorhänge ein wenig beiseitegeschoben und horchend; ihre Nasenlöcher blähten sich, und sie konnten der Versuchung nicht widerstehen, verstohlen hinüberzuspähen, zu lauschen und zu schnuppern, um mitzukriegen, wie unbekümmert der Teufel einen unschuldigen Schulhof oder nicht benutzten Rasenplatz transformiert hatte.

Tja, vielleicht war es der Teufel, vielleicht war es Gott, vielleicht auch ein Haufen anderweitig unbrauchbarer Jugendlicher von irgendwo in Florida, aber «transformieren» ist das korrekte Verb. Was vorher ein staubiges, tristes Gelände war, karge Erdschollen mit vereinzelten Büscheln von halbvertrocknetem Gras, übersät mit leeren Bierdosen und taumelnden Steppenhexen aus zerknülltem Zeitungspapier, bewohnt von schäbigen Spatzen und trägen Grashüpfern – all diese unappetitlichen Felder wurden binnen eines Tages umgemodelt und in einen fremdartigen, verführerischen Vergnügungspark verwandelt, eine ausgelassene, strahlend helle Oase des Andersseins. Sie verhieß Dinge, die gewöhnliche Erwartungen übertrafen.

Kein Wunder, dass Transformation eine entscheidende Rolle in meinen Romanen spielte. So wie bunte Lichter und lebhafte Musik, Riesenräder und dressierte Elefanten ein unbestelltes Feld in Virginia vorübergehend in eine Oase von Mysterien transformierten, so verwandelte eine begüterte Sommergastmigration Blowing Rock, North Carolina in regelmäßigen Abständen von einem Slum in ein Villenviertel. Die Lektion war immer dieselbe: Dieses Programm wird sich ändern – häufig unerwartet, manchmal in einem Wimpernschlag. Das ist das beste Argument gegen Selbstmord, das ich kenne.

Im Juli gab es regelmäßig einen Jahrmarkt in Blowing Rock. Allerdings handelte es sich nicht um eine professionelle Kirmes mit aufregenden mechanischen Attraktionen (Kettenkarussell, Walzerbahn, Zipper), Freak-Shows, Bauchtanzdarbietungen und betrügerischen Geschicklichkeits- oder Kraftspielen, bei denen ein Landei sein halbes Gehalt zum Fenster herauswerfen konnte, um eine Zwanzig-Cent-Kewpie-Puppe aus Gips für seine Freundin zu gewinnen, die ihn dann ranließ oder auch nicht. Nein, dies war eine altmodische Laienveranstaltung der Gemeinde – in diesem Fall aufmerksam organisiert von den wohlhabenden Sommergästen –, um Geld für lokale Wohltätigkeitsvereine zu sammeln, für die es in dem von der Weltwirtschaftskrise gebeutelten Blowing Rock erheblichen Bedarf gab.

Unsere Kirmes fand im Park statt, einem schönen, ausgedehnten Ort voller Bäume und Wiesen mitten in der Stadt. Sie dauerte nur einen Tag, sorgte aber für mindestens zwei Wochen Aufregung. Das Ponyreiten war sehr beliebt bei den Kleinen, und für einen Dime konnte man sogar in einem städtischen Feuerwehrwagen mitfahren, inklusive Blaulicht und Tatütata, und/oder in einem winzigen britischen Sportwagen (wahrscheinlich ein Vorläufer des Smart). Es gab ein Bingo unter freiem Himmel (Bingo war neu in einer Stadt ohne einen einzigen Katholiken), ein Konzert, eine Tierschau und einen Wettbewerb im Strudelessen. Es gab sogar einen Kuss-Stand, allerdings war ich zu arm und angeblich zu jung (ach ja?), um ihn auszuprobieren. Die Hauptattraktion aber war die Verlosung.

Schon Wochen vor dem eigentlichen Ereignis wurden die Preise für die Tombola an prominenter Stelle in den Schaufensterauslagen der Stadt ausgestellt. Kurz vor meinem achten Geburtstag kam ich an einer solchen Auslage vorbei und entdeckte ein Objekt, das mir wie ein Wunder erschien: ein Kofferradio. Das war im Jahr 1940, müssen Sie bedenken, als ein Kofferradio tatsächlich noch so groß, schwer und wuchtig war wie ein Koffer. Heutzutage müsste man fünfunddreißig Dollar blechen, um ein solches Trumm in einem Flugzeug zu befördern.

Es war also nicht etwa ein billiger Ghettoblaster. Bei seiner Herstellung war kein einziges Polymer getötet oder verletzt worden. Rahmen und Griff bestanden aus poliertem Hartholz, die Front um den Lautsprecher war mit einem festen, aber geschmackvollen dunkelbraunen Stoff bespannt, der an eine Art hochwertiges Sackleinen erinnerte. (Stellen Sie sich den persönlichen Kartoffelsack von Louis XIV. vor.) Es war elegant, es war … nun ja, geheimnisvoll, magisch, und es gehörte *mir*.

Ja, ganz recht, es gehörte mir. Davon war ich vollkommen überzeugt. Alles, was ich tun musste, war, ein Lotterielos zu kaufen. Das Problem war nur, dass ein Los fünfundzwanzig Cent kostete. Fünfmal so viel wie mein wöchentliches Taschengeld.

Tag für Tag bat ich meinen Vater um einen Vorschuss. Vergeblich. Er war nicht etwa geizig. Er wollte mir nur die unausweichliche Enttäuschung ersparen, ganz zu schweigen vom Verlust meines Geldes. Er rechnete es mir in allen Einzelheiten vor und erklärte mir geduldig, wie groß die Chance war, dass ich mit meinem einen Los gegen so viele andere Aussicht auf den Preis haben könnte.

Ich ließ nicht locker. Und ich ging ihm auf die Nerven. Am Samstag, dem Tag der Ziehung, gab er schließlich nach und nahm mich mit zu dem Laden, um ein Los zu kaufen. Es waren nur noch zwei übrig. Das war okay, ich brauchte ja nur eins.

Am Abend gingen Daddy und ich die wenigen Blocks bis zu dem Jahrmarkt, ich heiter und zuversichtlich, er ein bisschen traurig. Wieder und wieder schärfte er mir ein, mir keine übertriebenen Hoffnungen zu machen. Übertrieben? Diese Warnung fand *ich* übertrieben. Immerhin hatte mir das Schicksal dieses Radio versprochen!

Es war schon fast Zeit zum Schlafengehen, als endlich das große Los gezogen wurde. Die Tochter unseres Bürgermeisters steckte eine Hand in den Hut, zog eine Nummer heraus und reichte sie dem Conférencier, der sie laut vorlas. Es war nicht meine Nummer.

Ich weiß nicht mehr, ob ich wirklich erschüttert war. Jedenfalls blieb mir nicht viel Zeit zum Reagieren, denn es stellte sich schnell heraus, dass die gezogene Nummer die des letzten übrig gebliebenen Loses war, des einzigen, das nicht verkauft worden war. Daraufhin zog die Tochter des Bürgermeisters ein neues Los. Und wenige Minuten später ging ich durch die warme Sommernacht nach Hause, mit dem plärrenden, frisch gewonnenen Radio in der Hand, genau wie ich es mir ausgemalt hatte.

In all den Jahren, die seit jenem Jahrmarkt in Blowing Rock 1940 im Abgrund der Geschichte verschwunden sind, habe ich nie wieder bei einer Tombola gewonnen. Warum nicht? Hatte ich meinen Lebensvorrat an Lotterieglück bei dieser einen klassischen Gelegenheit aufgebraucht? Oder liegt es daran, dass ich nie wieder so überzeugt bei einem Wettbewerb oder Spiel mitgemacht habe? War es ein Beweis für die Kraft des *Glaubens* auf Pee-Wee-Niveau?[1] Und habe ich den Glauben an Tombolas etwa zur gleichen Zeit und aus denselben Gründen verloren, wie ich nicht mehr glauben konnte, dass Jungfrauen Kinder zur Welt bringen oder dass ich, wenn ich nur die Leute umbringe, zu deren Ermordung mich meine Regierung ermuntert, die Ewigkeit in einem nicht näher lokalisierten Himmelreich verbringen darf, um mit einer Bande johlender Vollidioten Milch und Honig zu schlürfen? (Wie der Maler Ad Reinhardt auf die Frage, ob er sich als abstrakter Expressionist verstehe, antwortete: «Ich will in den Himmel kommen – aber nicht mit diesen Typen!»)

Der heilige Paulus hat vom «Glauben an etwas Unsichtbares» gesprochen. Nun, ich glaube durchaus an etwas Unsichtbares. Sie etwa nicht? Liebe. Strom. Blähungen. Darüber hinaus scheinen viele von uns eine angeborene Sehnsucht danach zu haben, mit Mächten und Kräften in Kontakt zu treten, die wir ahnen, aber nie ganz identifizieren oder verstehen können. Ein solches Verlangen ist die Triebfeder der Spiritualität (im Gegensatz zu organisierter Religion) und lässt sich unter dem Einfluss von LSD oder tiefer Meditation verstärken, ja sogar vorübergehend befriedigen. Wenn das Glaube ist, Paule, nehmen wir ein halbes Pfund auf gut Glück und melden uns am Montag wieder. Aber ich schweife ab.

Vielleicht habe ich nämlich nie wieder einen Preis gewonnen, weil ich das verfluchte Radio schon zehn Tage später wieder verkaufte.

Meine Eltern fragten natürlich, warum ich so versessen auf das Radio gewesen war. Ich hörte eigentlich nicht viel Musik. Weder die Grand Old Opry noch Carolina Hayridge waren mein Fall (Rock 'n' Roll war noch nicht erfunden), und *Captain Midnight* konnte ich auch prima im Familienradio hören. Das alles stimmte, aber eine tragbare Kiste voller Röhren und Drähte war wunderbar, sie hatte Niveau, sie war sexy, sie war absolut und herausfordernd *cool.* (Nicht dass irgendwer südlich der Harlemer Jazzszene 1940 in einem solchen Kontext das Wort «cool» benutzt hätte.) Mehr als eine Woche lang sonnte ich mich in ihrer geballten Coolness. Und dann kam eines Tages der Mann mit der Enzyklopädie in unsere Stadt.

Abgesehen von der *Encyclopedia Britannica* vertickte er sechsbändige Ausgaben der Werke von Mark Twain, in Leder gebunden, hübsche zehnbändige Editionen von Kinderklassikern, darunter *Mein erstes Märchenbuch, Mythen und Legenden, Griechische Sagen, Mein erster Tier- und Pflanzenführer* und einen Weltatlas. Wie flatterhaft ich doch war! Innerhalb eines kurzen Herzflatterns hatten die Bücher das zuvor so angehimmelte Radio übertrumpft. Daraufhin verscherbelte ich es für achtundzwanzig Dollar an einen Touristen und kaufte dem Mann alles bis auf die Enzyklopädie ab.

Diese Entscheidung habe ich nie bereut. Offensichtlich hatte ich eine Erleuchtung in puncto Coolness: die unbewusste Erkenntnis, dass die Menschheit nie etwas Cooleres erfunden hat als das Buch. Das glaube ich bis heute. Um es mit den Worten eines anderen berühmten Malers zu sagen, diesmal Robert Motherwell: «Die besten Spielzeuge sind aus Papier.»

Und da wir gerade bei Papierspielzeugen sind: Der bald völlig zerfledderte Atlas wurde mein Lieblingsspielzeug. Ein neuer Trog, an dem ich die wilden Pferde meiner Fantasie tränken konnte. Zudem bot er einen praktischen Nutzen. Ich war fortan nicht nur Klassenbester in Erdkunde, sondern gewann Jahre später auch ziemlich viele Bierchen, indem ich darauf wettete, dass Reno, Nevada, westlicher als Los Angeles und Portland, Oregon, nördlicher als Portland, Maine liegt. (Schlagen Sie's nach.)

Auf dem hell erleuchteten, geschäftigen Mittelgang der Northern Neck State Fair (in Warsaw, Virginia) lockte der Rekommandeur (heute ein veralteter Begriff; seit Jahren nennen Leute vom Fach ihn jetzt «Ausrufer») Scharen von staunenden Bauerntrampeln mit blumigen, völlig übertriebenen Beschreibungen der exotischen Raritäten und Wunder an, die er in seinem Zelt versammelt hatte. Unter den Attraktionen war auch ein «waschechter, lebender» Zwerg, ein Herr mit rosigem Gesicht und Smoking. Er war etwas kleiner als andere Leute und hatte sich zu dem Ausrufer vorn gesellt, um persönlich zu bezeugen, dass es tatsächlich «erschreckende Beispiele für die Grausamkeit der Natur» gab, die den Bauerntrampeln auf Einladung zur Besichtigung freistanden. Sie mussten nur hereinspazieren und ihren Obolus entrichten.

Ausrufer haben die Aufgabe, etwas auszurufen, und dieser tat es so schnell und unablässig, dass man an seinem Todestag wahrscheinlich seine Zunge mit einem Stock hätte extra zu Tode prügeln müssen. Mitten in seiner Erklärung, der Zwerg sei zwar klein von Statur, dafür aber ein intelligentes und begabtes Geschöpf (wie um ihn zu bestätigen, zündete der sich im selben Augenblick eine Zigarre an), unterbrach sich der Ausrufer unvermittelt. Er stammelte noch ein paar unzusammenhängende Sätze und verstummte dann erneut.

Von dem Stand aus, an dem ich Karten für eine Fahrt auf der Whip verkaufte, hatte ich einen guten Blick auf sein Zelt und wusste, was den Mann zum Schweigen gebracht hatte. Ich hatte es sogar erwartet.

Das im Schwemmland der Küstenebene gelegene Städtchen Warsaw ähnelte dem Bergdorf Blowing Rock insofern, als es keine farbigen Bewohner hatte. Anders als in Blowing Rock aber gab es Dutzende, vielleicht sogar Hunderte von Afroamerikanern, die in einer Art ländlicher Barackensiedlung nur wenige Kilometer von der Stadtgrenze entfernt lebten. In der Woche konnte es vorkommen, dass vereinzelt schwarze Gesichter in Warsaw auftauchten – hauptsächlich von Putzfrauen und Arbeitern –, an Samstagen aber wurde es von Schwarzen praktisch überschwemmt. Sie kamen ins Dorf, um einzukaufen oder Leute zu sehen, sie hingen an der Texaco-Tankstelle herum, redeten, lachten, tranken Limonade und Whiskey, den sie in braunen Papiertüten versteckten, und hörten sich Soulmusik an (damals hieß sie noch «race music»), die aus dem Radio auf dem Tresen dudelte, bis der Laden gegen elf Uhr abends schloss. Die lässige Texaco-Tankstelle war das einzige Etablissement in Warsaw, wo die Jim-Crow-Gesetze[2] nicht befolgt wurden. Infolgedessen war der Besitzer, ein Weißer, so etwas wie ein Paria im Ort, aber das ist eine andere Geschichte.

Irgendwo in der unbeleuchteten, ungepflasterten, mit der Hacke bearbeiteten, flohverseuchten Umgebung von Warsaw lebte eine Familie von schwarzen Zwergen. Vier oder fünf, männlich und weiblich, möglicherweise Geschwister, doch genauere Umstände ihrer Verwandtschaft waren nicht bekannt. Sie kamen immer zusammen in die Stadt, nie einzeln, stets in Begleitung von mehreren ausgewachsenen Aufpassern oder Beschützern und obendrein nur selten: ein halbes Dutzend Samstage im Jahr vielleicht. Offensichtlich mochten sie es nicht, wenn man sie anstarrte, was einerseits verständlich ist, andererseits ihren Besuch auf der Northern Neck State Fair mit einer feinen Ironie würzte.

Ich möchte ausdrücklich betonen, dass ich *Zwerge* meine, wenn ich «Zwerge» sage. Ich spreche von extremen Zwergen.

Zwergen unter Zwergen. So winzig, dass es einem die Sprache verschlug. Wirklich, ich würde diese Seite aufessen und mit reinem Kerosin runterspülen, falls einer von Warsaws Kleinwüchsigen auch nur ein Maushaar größer war als Michu, seit Jahren die größte Attraktion der Ringling Brothers und berühmt als «kleinster Mann der Welt». Michu war vierundachtzig Zentimeter groß.

Als ich jetzt von meinem Aussichtspunkt auf dem Jahrmarkt die Warsaw-Zwerge langsam auf das Tingeltangelzelt zugehen sah, konnte ich mir den Schock und die Verlegenheit des Ausrufers sehr gut vorstellen. Da stand er und faselte in einer Flut von Übertreibungen davon, was für ein seltenes Exemplar von Mensch sein Zwerg war und welches Privileg für die Bauerntrampel, ein solches Spektakel besichtigen zu können, und dann erblickte er – und die Bauerntrampel auch – einen ganzen Trupp von schokoladenbraunen Winzlingen, von denen nicht einer dem Zwerg des Ausrufers auch nur bis zur Brust reichte.

War es Zufall? Erlaubten sich die Götter einen Spaß, wie es ihre Gepflogenheit ist? Hatte unsere Zwergenfamilie die ganze Sache bewusst geplant, als stillen Protest gegen die kommerzielle Ausbeutung physisch Behinderter und die Heuchelei des Jahrmarkts, oder war es trotz ihrer üblichen Scheu ein Streich, eine uncharakteristische Demonstration von Boshaftigkeit und Spaß? Waren sie an diesem Abend in ihre Barackenstadt zurückgekehrt und hatten sich vor Lachen die kleinen Bäuche gehalten?

Wir werden es nie erfahren, obwohl die Gerüchte unter den Schaustellern im Mittelgang besagten, dass der Boss des Ausrufers ihnen bis nach Hause gefolgt und am nächsten und übernächsten Tag wieder hingegangen sei. Jedes Mal habe er sein Angebot erhöht, sie reich und berühmt zu machen, wenn sie bei ihm anheuerten. Es ist ihnen hoch anzurechnen, dass sie ablehnten. Unterdessen beobachtete ich, wie der Ausrufer jedes

Mal leichenblass wurde, wenn der blasierte Typ, den manche von uns jetzt den «größten Zwerg der Welt» getauft hatten, zu ihm auf die Bühne trat.

1972 kam ein seltsamer kleiner Zirkus in das Fischerdorf La Conner, Washington, und baute auf einem leerstehenden Grundstück im Zentrum der Stadt sein nicht minder kleines Zelt auf. Ich kann mich nicht mehr auf den Namen besinnen (ein Plakat im Schaufenster des Gemüsehändlers hatte erst vier Tage zuvor sein Kommen angekündigt), doch gewisse andere Aspekte haben sich in den Windungen meines Hirns erhalten wie gepresste Blütenblätter, die schwach duften und noch einen Hauch von Farbe haben, als zögerten sie, ihren Zauber ganz fortzugeben. Und einen Zauber hatte auch er. Es war der erbärmlichste und zugleich engagierteste Zirkus, den ich je gesehen habe.

Zum einen war er mit nur zwei Tieren unterwegs. Angesichts der Grausamkeit, der viele Zirkustiere ausgesetzt sind, könnte man meinen, zwei zu viel, doch dieses unglaubliche Paar – ein halb erwachsener Elefant und ein ungewöhnlich großer Papagei – machte einen durchaus robusten Eindruck.

Das ganze Unternehmen bestand aus genau sieben Personen: vier Männern und drei Frauen. Drei Männer waren Handlanger, die das Zelt aufbauten und die schweren Sachen schleppten. Der vierte (möglicherweise der Besitzer) fungierte als Zirkusdirektor, spielte die Orgel und vollführte etwas am Trapez, was man großzügig als Überschlag hätte bezeichnen können. Er war mittleren Alters und hatte einen Bierbauch, daher kostete es ihn einige Mühe, eine komplette Bauchwelle hinzukriegen. Während er schwitzte, keuchte und prustete und dabei puterrot anlief, waren meine Freundin und ich sicher nicht die Einzigen, die befürchteten, Zeuge eines medizinischen Notfalls zu werden: «Der größte Herzinfarkt der Welt.» Doch er schlug sich wacker und schaffte die Nummer schließlich doch noch. Der Applaus war mehr ein Zeichen von Erleichterung als von Bewunderung.

Die Frauen in der Mannschaft übernahmen eine Vielfalt von Rollen, manchmal einzeln, gelegentlich zu zweit und einmal sogar zu dritt: Akrobaten, Hanswurste, Seiltänzer, Schlangenmenschen, Elefantenbändiger, Jongleure, Trapezkünstler und so weiter. Das Interessante war: Jedes Mal, wenn eine Artistin das Zelt verließ, kam sie unter einem anderen Namen wieder. Beispielsweise wurde sie für einen Akt als die «fabelhafte Madame Yvonne» angekündigt, und wenn sie das nächste Mal die Manege betrat, war sie die «erstaunliche Madame Diane». So kamen Madame Natasha, Madame Sophie, Madame Elena und so weiter, als würden die Zuschauer tatsächlich glauben, es gäbe Dutzende von ihnen. Alle weiblichen Darsteller trugen mehrere Identitäten – doch immer dieselben Strumpfhosen. Und so gut wie alle Strumpfhosen hatten Laufmaschen!

Das wirft die Frage auf: Kann eine Frau in pinkfarbener Strumpfhose tatsächlich alle Geheimnisse des Universums kennen, wenn diese Strumpfhose Laufmaschen hat? Die Antwort ist eindeutig «Ja!», allerdings würde ich nicht so weit gehen, es zu einer Voraussetzung zu machen.

Das Multitasking und der Namenswechsel, die zerschlissenen, sich aufribbelnden Strumpfhosen, die Anstrengung und der Überschwang, die dieser offensichtlich verzweifelten Show innewohnten, deren Darbietungen sich leicht zwischen routinemäßig und jämmerlich hätten verlieren können, waren herzergreifend. Was jedoch alle Rekorde auf meinem Charme-Thermostat brach, war das große Finale. Stellen Sie sich Folgendes vor:

Von Scheinwerfern beleuchtet, wird eine mit Spiegelscherben bedeckte, funkelnde Discokugel langsam bis in die Kuppel des verdunkelten Zirkuszelts erhoben. Während sie aufsteigt, hängt ein Papagei mit dem Schnabel an der Kugel und dreht sich unablässig im Kreis. Und die ganze Zeit zieht der rot angelaufene, keuchende Zirkusdirektor sämtliche Register auf seiner Orgel und gibt in voller Lautstärke «The Impossible Dream» zum Besten. Tusch!

Tja, wahrscheinlich musste man es mit eigenen Augen gesehen haben. Ich habe viele Zirkusveranstaltungen erlebt, große und kleine, in Amerika und anderen Ländern, viele Darbietungen, aufregende und langweilige, aber die hier beschriebene – irgendwie billig, ein bisschen bescheuert, sich tollkühn und hinreißend zugleich über alle Vernunft hinwegsetzend – wird für immer einen Platz in der Arena meines Herzens haben.

Übrigens bin ich am nächsten Morgen an dem Geschäft vorbeigegangen und habe nach dem Plakat gefragt, weil ich es meiner mageren Sammlung von Zirkusandenken hinzufügen wollte. Es war nicht mehr da. Laut Aussage des Gemüsehändlers hatte einer aus der Truppe es in aller Frühe abgeholt, um es in einer anderen Stadt auszuhängen. Offenbar besaß dieser Zirkus mit nur einem Elefanten und einem Papagei auch nur ein Plakat.

ja, virginia

Ein Seidenschal wird über einer flachen Metallplatte glattgestrichen. Eine Pfanne auf den Schal gestellt. Ein Ei zerbrochen und in die Pfanne geschlagen. Das Ei brät und ist wenig später fertig, obgleich es keine Flamme gibt und der Schal weder brennt noch auch nur angesengt ist. Mein Vater war einer von Zehntausenden, die staunend dieser Demonstration im Wissenschaftspavillon der Weltausstellung von Chicago im Jahr 1933 zusahen.

Während seine Kumpel den Pavillon verließen, vielleicht um zu Sally Rands skandalösem «Fächertanz» weiterzuziehen, blieb mein Vater da und sah sich die Vorführung noch mehrere Male an. Als er nach Blowing Rock zurückkehrte, wusste er, wie das Ding funktionierte.

Es war ein früher Prototyp der Mikrowelle, allerdings benutzte im Jahr 1933 noch niemand diesen Begriff. Als Nächstes baute Daddy es genauso nach, wie er es in Chicago gesehen hatte. Kein Wunder, dass es kilometerweit Aufmerksamkeit erregte. Immer wieder tauchten die Leute im Büro ihres Stromversorgers auf und wollten unbedingt den Trick sehen. Daddys Freunde drängten ihn, Eintritt zu verlangen, doch er lehnte ab, weil er nicht den geringsten Funken von Raffgier kannte. Er sorgte immer gut für seine Familie, aber Geld an sich interessierte ihn nicht. Nach einer Weile überließ er das Gerät einem Kollegen, der den Neugierigen zehn Cent abknöpfte, um es in Aktion zu sehen, und so ein hübsches kleines Nebeneinkommen hatte, bis die primitive Mikrowelle eines Tages den Geist aufgab und jede Magie verlor. Sein Freund hätte meinen Vater überreden können, das Ding noch einmal zu bauen, aber es war Sommer, die Hühner legten nicht mehr, und der Preis für die Eier schmälerte den Gewinn.

George T. Robbins hatte die Schule nach der achten Klasse abgebrochen. Mit achtzehn fand er Beschäftigung als Leitungsmonteur und kletterte auf Strommasten in der Umgebung, um die Drähte zu überprüfen. Mit fünfzig, als er seine selbstgebaute Mikrowelle längst vergessen hatte, war er Abteilungsleiter der Virginia Electric Power Company und hatte zweihundertfünfzig Angestellte unter sich. Seine Kollegen behaupteten, er kenne sich besser aus als sie alle zusammen. Er war so etwas wie ein geborenes Genie in seinem Fach (einige seiner Erfindungen sind heute noch in Gebrauch) und hätte sicher eine noch höhere Position erreichen können, hätte er nicht gesprochen wie eine Figur aus einem Li'l-Abner-Comic. Rhetorisch und grammatikalisch hatte er seine mangelnde Schulbildung und seine Hillbilly-Wurzeln nie überwinden können.

Aus irgendwelchen Gründen sind das Elektriker-Gen, das Zimmermann-Gen oder das Mechaniker-Gen, die bei meinem Vater so ausgeprägt waren, bei mir komplett rezessiv. Mein Leben lang habe ich mich allein beim Anblick von Rechenschiebern oder sonstigen Werkzeugen, abgesehen von Korkenziehern, bis an die Grenze des Rigor Mortis gelangweilt. Allerdings habe ich Wege gefunden, mein mangelndes Talent und absolutes Desinteresse für die Rolle des Heimwerkers zu überspielen.

So besaß ich beispielsweise einmal ein gebrauchtes Mercury-Montego-Cabrio aus dem Jahr 1969, das, als ich es jemandem aus meiner Familie schenkte, schon mehr als dreihunderttausend Kilometer auf dem Buckel hatte. Dieser Wagen lief und lief und lief wie Joan Rivers[3], trotzte allen Lästerern, brauchte keinerlei Wartung, abgesehen von kosmetischen Korrekturen, und stellte alle neueren Modelle in den Schatten. Ich schrieb seine extreme Langlebigkeit der Tatsache zu, dass ich in all den Jahren, in denen ich ihn besaß, nie unter seine Haube geguckt hatte. Kein einziges Mal. Vielmehr sah ich (visualisierte ich) statt des Motors eine Kugel aus mystischem weißem Licht, die den Wagen am Laufen hielt. Er lief. Und lief. Und lief.

Erst vor kurzem kam ich auf die Idee, dass ich diese Strategie erfolgreich auf meinen Körper übertragen könnte. Um medizinische Tests und Eingriffe zu vermeiden und die Existenz von schleimigen Organen, stinkenden Röhren und meterweise glitschigen Gedärmen zu leugnen, stelle ich mir lieber vor, mein Unterleib sei von einer einzelnen leuchtenden Kugel ausgefüllt, einem strahlenden Mandala, einer heiligen Perle reinsten, stillen Lichts. Wie das funktioniert? Bislang kann ich nicht klagen – habe allerdings meine Krankenversicherung auch noch nicht gekündigt.

Jeder kennt die eine oder andere Geschichte von Fischen: zwei Barsche am gleichen Haken, eine uralte Forelle, die Generationen von Anglern ausgetrickst hat, ein biblischer Dummkopf, der sich von einem Wal fressen lässt, das allgegenwärtige Monster, das wieder mal entkommen konnte. Am Ende aber gibt es nur eine Fischgeschichte, die ebenso allgemeingültig wie wahr ist, und die geht so: Der große Fisch frisst den kleinen. Das ist auch die Geschichte der amerikanischen Wirtschaft – und die des Umzugs meiner Familie nach Virginia. Northwest Carolina Utilities, das Unternehmen, das für Licht in den Lampen von Blowing Rock sorgte, wurde von einer etwas größeren Firma geschluckt, die uns nach Burnsville brachte und anschließend von der East Coast Electric gefressen wurde, die uns in eine Reihe von Orten in Ost-Virginia ziehen ließ, bevor die Virginia Electric Power Company sie sich einverleibte, der große weiße Hai, der am Ende meinen Vater im Hauptquartier des Konzerns in Richmond ausspuckte.

Unser erster Halt in Virginia war Urbanna an der Chesapeake Bay, ein Fischerdorf an der Mündung des Rappahannock River, der dort anderthalb Kilometer breit ist. Man konnte innerhalb der Stadtgrenzen Krebse fangen, Seemöwen stolzierten die Main Street entlang, und der ganze Ort hatte etwas Schwüles. Vermutlich ist es kein Zufall, dass Urbanna im County Middle*sex* liegt.

Dort zogen wir in ein prächtiges altes Backsteinhaus im Kolonialstil, mit weißen Säulen, solider Marmortreppe, prunkvollen Kaminen und genügend Räumen, um Jesus und alle zwölf Apostel unterzubringen; nur Judas hätte auf der Veranda nächtigen müssen. Wir mieteten das Erdgeschoss und zwei Drittel des ersten Stocks. Die Besitzerin, Witwe eines Schiffskapitäns, teilte sich den Rest mit ihrer erwachsenen Tochter, die frisch geschieden war und für männliche Besucher nicht unattraktiv zu sein schien. Mutter war entsetzt, als sie eines Tages zufällig Zeugin wurde, wie die kesse Brünette einem ihrer Verehrer die Haare wusch. Im Rückblick vermute ich, dass es etwas anderes war als die echten oder eingebildeten Haare, was meine baptistische Mom so in Rage brachte (immerhin «kommt Sauberkeit gleich nach Göttlichkeit»). Doch noch Jahre danach assoziierte ich «Shampoo» in meinem unreifen Bewusstsein mit irgendwelchen verruchten Lustbarkeiten.

Wie es sich für einen noch nicht elfjährigen Jungen gehört, hatte ich keine intimen Begegnungen mit der schamlosen Schaumschlägerin (die in den Augen meiner Mutter ein scharlachrotes S auf dem Mieder hätte tragen müssen), bis auf eine Ausnahme. Eines Tages winkte sie mich unter dem etwas kryptischen Vorwand, mir etwas Interessantes zeigen zu wollen, in ihr Zimmer.

Alle unausgegorenen Erwartungen, die ich möglicherweise gehegt hatte, wurden jäh zerstört, als sie nicht etwa ihre Röcke hob, sondern den Deckel einer Pappschachtel, die, so erzählte sie, mit der Morgenpost gekommen war.

Sie zündete sich eine Zigarette an (zweifellos noch ein Grund, warum meine Mutter sie für ein Flittchen hielt) und betrachtete aufmerksam mein Gesicht, als ich verwirrt auf den Inhalt des Päckchens starrte: einen dicken Klumpen klebrige Masse. Hauptsächlich braun und sahnig weiß, getüpfelt mit Klümpchen von Primärfarben, sodass das Ganze aussah wie der Kot eines mythologischen Vogels, eines gigantischen Fruchtfressers, einer Kreuzung zwischen Pterodactylus und Pfau.

Wenn meine Gedanken sich in Richtung Ornithologie bewegten, lag ich nicht so daneben, denn nach einer Weile vertraute sie mir an: «Es ist ein Ei.»

«Hä?»

«Ein Osterei.»

«Das ist ein Osterei?»

«Es war eins.» Das wollüstige Waschweib lachte. Dann erklärte sie es mir. Zu Ostern, das jetzt im Rückspiegel etwa einen Monat entfernt war, hatte ihr ein in Brooklyn stationierter Seemannsfreund ein besonders großes Osterei geschickt: außen Schokolade, innen Vanillecreme und kandierte Früchte. Der Verehrer hatte den Namen des Staates so schlampig auf das Paket gekritzelt (es war lange vor der Einführung von Postleitzahlen), dass ein kurzsichtiger Postbeamter das Päckchen nicht nach Urbanna, sondern nach Havanna befördert hatte. Havanna. In Kuba.

Auf der wochenlangen Reise von New York über Havanna nach Urbanna musste das Ei (das fast so groß wie ein Football war) so viel Hitze abbekommen haben, dass es beinahe vollkommen geschmolzen war. Wie auch, so vermutete ich, die Hoffnungen des Seemanns.

Falls Tommy Rotten Lust verspürte, seinen Finger hineinzustecken und ihn abzulecken (Achtung: Sublimation liegt im Bewusstsein des Betrachters), so hielt er sich zurück, und nachdem er sich ihre Geschichte vom guten Ei, das sich in ein schlechtes verwandelt hatte, angehört hatte, machte ihm die Kleinstadt-Femme-fatale jetzt deutlich, dass die Vorführung beendet war. Ich schlurfte aus ihrem Schlafzimmer, doch in all den Jahrzehnten danach habe ich selten ein Schokoladenei gesehen, ohne mir mehr oder weniger flüchtige Gedanken über die Wechselfälle des Lebens und seine Unbeständigkeit zu machen. Und wann immer ich später einer begehrenswerten Frau ein Päckchen schickte, achtete ich besonders auf die korrekte Adresse.

Die Schwüle von Urbanna hatte nicht nur auf die heißblütige Tochter unserer Vermieterin abgefärbt, sondern machte sich seltsamerweise sogar in der Grundschule bemerkbar, für deren fünfte Klasse ich nach unserer Ankunft aus North Carolina im April angemeldet wurde. Ich kam neu hinzu, gerade als die Klassenlehrerin ging. Sie hatte sich dem Frauenkorps der US-Army angeschlossen, was an und für sich nicht ungewöhnlich war. Amerika befand sich im Krieg, und unverheirateten Frauen gebot das der Patriotismus. (Offensichtlich war die Schaumschlägerin keine Patriotin.) Doch warum sollte eine beliebte, gewissenhafte Lehrerin ihre Klasse zwei Monate vor Ende des Schuljahrs im Stich lassen? Hätte man ihre Einberufung nicht bis zum Juni verschieben können?

Die Schulverwaltung gab sich schmallippig, aber ich fragte mich, ob die Lehrerin nicht vielleicht gefeuert worden war. Warum? Sie als beliebt zu bezeichnen wäre stark untertrieben. Ihre Schüler beteten sie an, und ein Großteil dieser Verehrung hatte mit der unbekümmert freien Meinungsäußerung zu tun, die sie nicht nur gestattete, sondern zu der sie geradezu aufrief. In ihrer

Klasse war kein Thema tabu. Zwar verfügten die Schüler weder über genügend Wissen noch über die Erfahrung, um ausdrücklich sexuelle Themen zu erörtern, doch ihre Gespräche und Aufsätze (diese Lehrerin ließ ständig Aufsätze schreiben) waren voller kindlicher Andeutungen.

Bei Kindern trennt nur eine schmale, aber verschwommene Linie das Sexuelle vom Obszönen, und in den Aufsätzen, die diese Fünftklässler in Urbanna verfassten, wimmelte es nur so von Wörtern wie «verdammt», «zur Hölle», «pupsen», «pissen», «furzen» und «rotzen», ganz zu schweigen von den zahllosen Anspielungen auf «Zungenküsse». Nachdem ich mich vom ersten Schreck erholt hatte, machte ich fröhlich mit und würzte meinen ersten Aufsatz mit allen schriftlichen Schweinereien, die mir einfielen, selbstverständlich ohne das vorgegebene Thema aus den Augen zu lassen (Tommy Rotten hatte schließlich seine literarischen Maßstäbe).

Doch leider war die Wachablösung bereits eingeleitet, und der Aufsatz, den uns die liberale Lehrerin aufgegeben hatte, wurde von ihrer konservativen Nachfolgerin korrigiert. Als ich ihn zurückbekam, hatte er derart viele rote Notizen am Rand, dass es aussah, als hätte er geblutet. Es war wirklich schwierig, ihn zu betrachten, ohne an das Gemetzel in Europa denken zu müssen. Das rote F[4] ganz unten war so groß und leuchtete so hell, dass ein feindliches Flugzeug es sogar bei Nacht entdeckt hätte. Ich protestierte gegen diese Bedrohung der nationalen Sicherheit – und wurde zum Dank ins Büro des Schulleiters zitiert, wo man mich dermaßen zurechtstutzte, dass ich tatsächlich Tränen vergoss.

Für die fünfte Klasse war die Ära offizieller Permissivität definitiv vorbei; außerhalb der Klasse aber blieb es genauso schwül wie zuvor. Hinter dem Schulgebäude lag eine große Wiese, die weit über den begrenzten Bereich des tatsächlichen Schulhofs hinausging. Sie endete an einem sumpfigen Stück Wald, und gleich hinter den ersten Bäumen, von der Schule aus nicht einzusehen, gab es eine schmale Schlucht. Bei gutem Wetter verschwand in jeder Nachmittagspause ein Dutzend oder mehr Fünft- und Sechstklässler in diesem Wäldchen, und zwar nicht etwa, um Zigaretten zu rauchen, wie man hätte annehmen können.

Ich weiß nicht mehr, ob es meine angeborene Neugier war, die mich eines Tages dazu bewegte, der Gruppe zu folgen, oder ob ich aufgrund meiner Reputation wegen des zensierten Aufsatzes aufgefordert worden war, mitzukommen. Auf alle Fälle wurde ich zu einem bereitwilligen Zeugen, wenn auch nie aktiven Teilnehmer eines rituell und vielleicht atavistischen Wettstreits. Die Regeln waren nicht weiter kompliziert: Die Jungs nahmen Aufstellung am Rand der Schlucht, knöpften ihren Hosenschlitz auf und übertrafen sich gegenseitig darin, in den Abgrund zu pinkeln. Ob sie ihr Lunchgeld einsetzten oder ob es nur um die Ehre ging, habe ich vergessen, aber es war jedenfalls ein lebhafter Wettstreit.

Jungs sind hoffnungslos ungehobelte, ja abscheuliche Geschöpfe (und ändern sich nur selten, wenn sie erwachsen werden), daher kann einen ein solches Freizeitvergnügen nicht wirklich verwundern. Was mich jedoch erstaunte, war, dass sie Zuschauer hatten – und zwar Vertreterinnen des anderen, gewöhnlich empfindsameren Geschlechts. In jeder Pause stahl sich eine kleine Schar von Mädchen, nicht mehr als vier oder fünf, in den Wald, um die Vorgänge zu verfolgen. Unweigerlich bat dann einer der Jungs ein Mädchen, ihm «Glück» zu bringen. Die Prozedur des «Glückbringens» bestand darin, dass das Mädchen den Penis des Jungen berührte, eine Geste, die unter viel Gekicher eine jungenhafte Erektion zur Folge hatte. Diese verschaffte anscheinend dem Urinstrahl des Glückspilzes einen beträchtlichen Auftrieb und sorgte für eine Flugbahn, die gelegentlich bis zum gegenüberliegenden Rand der Schlucht reichte.

So werden Sieger gemacht – und Legenden. Konnte es sein, überlegte ich, dass eine ähnliche Leistungsschau die McDonalds auf die Idee mit den goldenen Bögen gebracht hatte?

Ich glaube nicht, dass es im Guinness-Buch der Rekorde die Kategorie «Weitpinkeln» gibt; allerdings habe ich auch nicht nachgesehen. Mit Sicherheit war das meine erste und einzige Begegnung mit diesem Sport. Am Ende des Sommers zogen wir flussaufwärts, nach Kilmarnock, Virginia, deshalb habe ich keine klare Vorstellung davon, wie die Jugend im schwülen Urbanna auf das Einsetzen der Pubertät reagierte oder welchen Einfluss, wenn überhaupt einen, die Pinkelwettbewerbe auf spätere Beziehungen hatten. Vielleicht brachte ein Mädchen in Urbanna, wenn es älter wurde, einem Jungen Glück, indem es ihm die Haare wusch.

Trotz unseres kurzen Aufenthalts in Urbanna hat der Ort einen Eindruck auf mich gemacht, der bis heute nachwirkt. Ich kam aus einer Zeit vor dem Sozialreformprogramm und vor dem Kabelsender Appalachia und hatte einen Akzent, neben dem sich die Darsteller von *The Beverly Hillbillies* wie die Royal Academy bei einer Aufführung von *King Lear* angehört hätten.

Natürlich machten sich meine Klassenkameraden über meine Aussprache lustig: Kinder reagieren schonungslos auf Abweichungen von ihrer eigenen gesellschaftlichen Norm. Leider hielten aber auch die Erwachsenen in Urbanna mit ihrem Spott nicht hinter dem Berg. Als Mutter mich einmal zum Metzger schickte, um ein Pfund Schinken für das Abendbrot zu kaufen, starrte mich der Verkäufer verständnislos an. Mehrmals musste ich wiederholen, was ich haben wollte. Am Ende bekam ich es, aber erst als ich mit dem Finger daraufzeigte und alle anderen Kunden ihren Spaß auf meine Kosten gehabt hatten.

Nach dieser Erfahrung verwendete ich bald eine Menge Zeit

und Mühe darauf, meine Aussprache zu verbessern. Immer mal wieder am Tag übte ich, so zu sprechen, als wäre ich hier im Schwemmland von Virginia zur Welt gekommen. Das Ergebnis ließ zu wünschen übrig. Sicher, manche Vokabeln gehörten jetzt nicht mehr zu meinem Repertoire, und auch zum Metzger konnte ich gehen, ohne mich in Grund und Boden zu schämen, doch nun verfiel ich dauerhaft in eine Art schleppenden Okie-Singsang.

Heute klinge ich, als hätte man meine Stimme durch Davy Crocketts Unterwäsche gefiltert. Ich bilde mir ein, ich spräche wie ein in Oxford ausgebildeter Intellektueller, muss mich jedoch nur auf einem Tonband hören, um zu begreifen, dass meine Stimme in Wirklichkeit klingt wie die einer Dose billiges Hundefutter – wenn eine Dose billiges Hundefutter sprechen könnte. Es ist eine Chappi-Stimme. Nicht einmal das, es ist ein No-Name-Produkt mit einem nichtssagenden braunen Etikett. Trotzdem habe ich es wenigstens teilweise den Höhnern und Spöttern von Urbanna zu verdanken, dass man sich meine Stimme heute als etwas vorstellen könnte, was eine picklige junge Spülhilfe freitagabends kurz vor Feierabend vom Küchenboden eines Fastfood-Restaurants gekratzt hat. Oder als Häufchen zerkrümelter Kartoffelchips auf dem gummierten Sitzkissen eines motorisierten Rollstuhls, der einer 180 Kilo schweren Ringkämpferin im Ruhestand namens Grandma Moses gehört. Oder … na ja, ich glaube, Sie haben schon kapiert.

In einem meiner frühen Romane, *Sissy – Schicksalsjahre einer Tramperin*, kommt die Hauptfigur Sissy Hankshaw mit einem außergewöhnlich großen Daumen zur Welt. Statt sich widerspruchslos mit ihrer Entstellung abzufinden, beschließt sie, den Spieß umzudrehen: sie zu nutzen, Spaß damit zu haben, eine Kunst daraus zu machen und ihr damit Ehre zu erweisen. Ich bin längst nicht so schlau wie Sissy, aber in den letzten Jahren habe ich mich tatsächlich mit meiner Stimme abgefunden, wenn nicht sogar versöhnt – obwohl es trügerische Momente gibt (gewöhnlich, wenn ich einen Vortrag halte oder bei Lesungen), in denen ich nach wie vor davon überzeugt bin, dass ich beim Sprechen eine gewisse Ähnlichkeit mit Jeremy Irons habe.

Es gibt eine Gegend im Schwemmland von Virginia, die allgemein und halboffiziell als Northern Neck bezeichnet wird. Es ist eine Art Landzunge oder, besser gesagt, eine Halbinsel: im Süden begrenzt vom Rappahannock River, im Norden vom Potomac, der in die Chesapeake Bay mündet. Es gibt vier Counties im Neck, und alle liegen gerade weit genug in Lee von Washington, D. C., um jeglicher moralischen Verschmutzung zu entgehen.

Kilmarnock ist die größte Stadt im Neck, Warsaw die pulsierendste, obwohl «pulsierend» vielleicht ein allzu hochtrabendes Wort für die Bauern- oder Fischerdörfer in dieser Gegend wäre. Die Mitglieder unserer Familie landeten in Kilmarnock wie Fliegen auf einem Pferdeapfel und wurden vom hin und her schlagenden Schweif der Umstände gleich wieder verscheucht, noch ehe sie sich ein rechtes Bild von der Stadt machen konnten. Unser Heim für die wenigen Monate, die es dauerte, war ein schlichtes, einstöckiges Schindelhäuschen, ohne Marmor, prunkvolle Kamine oder Einliegerwohnung im Obergeschoss, wo eine aufreizende Samariterin bedürftigen Männern beim Einseifen zur Hand ging.

Das Haus lag am Ende der Stadt, auf zwei Seiten von Kiefernwäldchen und auf der dritten von einem unbestellten Feld gesäumt. Die einzigen Nachbarn wohnten auf der gegenüberliegenden Straßenseite, und wir sahen sie nur selten. Deshalb dauerte es auch Monate, bis ich mitkriegte, dass meine Lehrerin aus dem sechsten Schuljahr dort wohnte, diejenige, die mir wegen meines «aufsässigen» Verhaltens eine Ohrfeige gegeben hatte. (Ich vermute, als alter Atlasspezi hatte ich sie vor der versammelten Klasse nicht gerade diplomatisch korrigiert, als sie eine geradezu schockierende, Sarah-Palin-artige geografische Unkenntnis an den Tag legte.) Zudem stand unser Haus ein gutes Stück entfernt von der Straße, deshalb wäre es alles in allem durchaus angebracht, von einer gewissen Isolation zu sprechen, etwas, was Mutter zusetzte, vor allem, weil Daddy gewöhnlich nur am Wochenende zu Hause war. Sicherlich war das auch der Grund, warum meine vierjährigen Zwillingsschwestern, meine Mutter und ich wochentags alle zusammen in einem einzigen kleinen Schlafzimmer nächtigten.

Eines späten Abends (jedenfalls nach meiner Schlafenszeit) glaubte meine Mutter, draußen etwas gehört zu haben. Als sie ins dunkle Wohnzimmer schlich, um nachzusehen, sah sie einen Wagen in unserer langen, ungepflasterten Einfahrt parken. Der Motor war abgestellt, die Beleuchtung ausgeschaltet. Sie beobachtete den Wagen mehrere Minuten lang. Als sie wieder ins Schlafzimmer zurückkam, hatte sie ein Schlachtmesser in der Hand.

Es war eine milde Nacht im Altweibersommer (da es technisch Altweibersommer ohne vorangegangenen Frost nicht geben kann, war es vermutlich Ende Oktober), und das Fenster im Schlafzimmer stand offen, war jedoch durch ein festes Fliegengitter geschützt. Mutter reichte mir das Messer und deutete auf das Fenster. Im Flüsterton wies sie mich an, auf ihr Zeichen zu warten. Wenn es kam, sollte ich das Fliegengitter aufschlitzen, Mary und Marian hinausheben, selbst hinterherklettern und sie dann rasch vom Haus wegbringen und irgendwo verstecken.

Zing! Das Adrenalin schoss durch meinen Körper wie ein Crystal-Meth-Espresso durch einen Breakdancer. Ich hatte Angst, klar, aber gleichzeitig war ich auch euphorisch und zitterte vor Erregung. In derselben Woche hatte ich *Die drei Mus-*

ketiere gelesen, und in dem Augenblick, als sich meine Hand um den Messergriff schloss, war ich plötzlich d'Artagnan. «Alle für einen und einer für alle!», platzte ich heraus, eine Spur zu laut für meine hypernervöse Mutter.

Ehe sie sich auf Zehenspitzen ins Wohnzimmer zurückstahl, legte sie einen Finger auf den Mund und machte mir ein Zeichen, meine Schwestern zu wecken. «Da steht ein böser Wagen in der Einfahrt», sagte ich und zerrte ihnen die Bettdecke weg. «Wer issen drin?», murmelte Marian schläfrig. «Kardinal Richelieu und seine Männer», gab ich zurück und zerrte weiter an der Decke. Beide Zwillinge starrten mich verständnislos an.

Ich schubste sie zum Fenster, wo sie, bislang so verschlafen, dass sie nur leise gewimmert hatten, jetzt richtig anfingen zu heulen. «Psst», warnte ich. «Da draußen steht ein Wagen mit lauter Spinnern auf der Flucht. Wollt ihr etwa, dass sie uns alle umbringen und dann unser Gehirn aus dem Schädel löffeln?» Offensichtlich wollten sie das nicht. Ihre Augen wurden so groß wie Untertassen, und sie waren mucksmäuschenstill, obwohl sie zitterten wie Engel auf einer Eisscholle. «Keine Sorge», tönte ich. «Ich beschütze euch.» Schlauerweise antworteten sie in Morsecode, den sie mit den Zähnen klapperten.

Da ich erstens sieben Jahre älter als meine Schwestern und zweitens ein Junge war, trat ich ihnen gewöhnlich natürlich mit einer gewissen Gleichgültigkeit gegenüber. Sagen wir, mit wohlwollender Missachtung. Jetzt aber, da ich plötzlich die Verantwortung für ihr physisches Überleben übernommen hatte, war ich mehr als bereit, sie in den Wald zu bringen und sie dort zu beschützen, notfalls die ganze Nacht zu bewachen. Ach, was rede ich? Vielleicht mehrere Nächte. Hey, vielleicht sogar eine ganze Woche! Wer wusste denn, wie lange die Bösewichte im Wagen – egal ob es sich um sabbernde Irre, eine Einbrecherbande oder, wahrscheinlicher, japanische Spione handelte (damals tobte gerade der Krieg im Pazifik) – unser Heim besetzt halten würden? Irgendwann würde ich wahrscheinlich ins Haus zurückschleichen und Mutters Fesseln durchschneiden müssen, die sie ihr garantiert angelegt hatten, besonders wenn ich, während ich unseren Mülleimer im Hof verstohlen nach Essensresten durchsuchte, Geräusche hören sollte, die auf Folter schließen ließen – dann wäre ein Nahkampf vermutlich unvermeidlich.

Bewaffnet mit einem stumpfen Küchenmesser und einer geschärften Fantasie (das Wildpferd war jetzt aus der Box, und man konnte dem Cowboy oder dem Rodeo-Clown, der versuchen wollte, es zu reiten beziehungsweise abzulenken, nur viel Glück wünschen), projizierte ich eine heroische Szene nach der anderen auf die Leinwand meines Bewusstseins und machte mir wieder einmal klar, dass ich der geborene Abenteurer war.

Etwa an diesem Punkt kam Mutter zu uns zurück und erklärte, der Fahrer des Wagens habe den Motor angelassen und sei weggefahren. «Vielleicht kommt er ja wieder», sagte ich. Dem Stirnrunzeln meiner Mutter entnahm ich, dass ihr der Hauch von Hoffnung in meiner Stimme nicht entgangen war.

Obwohl sie es nie zugegeben hat, handelte es sich bei den Eindringlingen wahrscheinlich um ein junges Paar aus der Stadt, das einen abgeschiedenen Ort gebraucht hatte, um alkoholische Getränke oder den Speichel des anderen zu konsumieren, wenn nicht beides. Es sollte nur wenige Jahre dauern, bis ich lernte, dass Alkohol trinken und mit Mädchen herummachen auch eine Art von Abenteuer ist, und zwar eins, zu dem ich alarmierend viel besser taugte als dazu, die Pläne japanischer Spione zu vereiteln.

schreck oder speck

Einmal, als mein Vater Anfang zwanzig war, waren ein paar Kumpel und er an Halloween um Mitternacht zum Haus eines etwas älteren, frischverheirateten Freundes gefahren, hatten in aller Stille dessen neuen Model T Ford auseinandergenommen, waren aufs Dach geklettert und hatten ihn dort Stück für Stück wieder zusammengesetzt. (Damals waren Autos nicht so kompliziert wie heute, aber es war trotzdem eine beachtliche Leistung.)

Am folgenden Morgen, als der völlig aufgelöste Freund die Polizei von Blowing Rock anrief, um den Diebstahl seines Autos zu melden, klopfte ein wild gestikulierender Nachbar an die Fensterscheibe und winkte ihn nach draußen. Als die Männer zu dem glänzenden schwarzen Wagen emporstarrten, der jetzt wie ein Albtraum von Edgar Allen Poe zwischen zwei Kaminen steckte, schüttelten sie nur noch den Kopf und murmelten: «Halloween.»

In ihren Stimmen mischte sich Verblüffung mit Resignation, aber auch mit einem kaum verhohlenen Anflug von Bewunderung. Es war ein gewagtes, perfekt ausgeführtes Mordsding, und das in der Nacht der Strolche, unter der Herrschaft eines «Königs Hofnarr», einer Nacht, in der die ruhelosen Geister der Toten sich durch eine Ritze im Raum-Zeit-Kontinuum zwängen und Beachtung fordern, aber auch boshafte kleine Streiche spielen und sich dabei vorübergehend der nur allzu bereitwilligen Körper junger Männer aus dem Westen bedienen.

Heutzutage gibt es Halloween light – nur noch Speck, aber keinen Schreck, die Toten wurden von Süßigkeitenfabrikanten, Spirituosenhändlern, Grußkartenverkäufern, Kostümherstellern und verständlicherweise besorgten Besitzern gefährdeter Privatgrundstücke wieder in die Unterwelt verbannt. Glauben Sie mir, ich sehne mich nur selten nach «der guten alten Zeit» zurück, aber als ich aufwuchs, wurde am 31. Oktober jede Menge Unfug angestellt, und die ausgehöhlten Kürbisfratzen kamen uns äußerst lebendig vor. Klingelmännchen machten die Runde, stießen Abtritte um, hängten Tore aus, befreiten das Federvieh aus den Hühnerhöfen, machten Reifen platt, schmückten das Gebüsch im Garten mit Klopapier, bewarfen Häuser mit Eiern und verunstalteten die Fenster der Geschäfte mit pseudokryptischen Schmierereien, die den Graffiti heutiger Kids ähnelten.

Mit ihren weit in die Vergangenheit und in die menschliche Psyche hineinreichenden Wurzeln war Halloween die eine Nacht im Jahr, in der die Menschheit die Existenz des universellen Grauens offen einräumte und die Toten ehrte, selbst wenn sie vom echten oder eingebildeten Klappern ihrer Knochen schlotterte. Ganze Einwohnerschaften kamen zusammen, um dem Tod ein Geburtstagsständchen zu singen. Halloween ohne Angst ist wie Weihnachten ohne Freude, ein Unabhängigkeitstag ohne Freiheit, ein *luau* ohne *aloha*, eine *corrida* ohne *olé*.

Zu Beginn des zwanzigsten Jahrhunderts war der alte Schrecken zwar noch nicht ganz verschwunden, aber doch schon deutlich unterdrückt und die einst sanktionierte allgemeine Anarchie auf eine vorübergehende Toleranz gegenüber der oben beschriebenen Art von harmlosem Vandalismus geschrumpft. Und im einundzwanzigsten Jahrhundert wird das Totenfest vor allem von Kindern in Tutus auf Kariesmission sowie von jungen Erwachsenen repräsentiert, die sich als kulturelle Ikonen kostümieren, in der Hoffnung, unerkannt zu bleiben, wenn sie sexuell übergriffig werden und/oder sich hoffnungslos besaufen.

Als Grundstücksbesitzer, ganz zu schweigen von «älterer Mitbürger» (da wir gerade bei gruseligen Charakteristika sind), kann ich nicht behaupten, ich zöge das Halloween früherer Zeiten vor; trotzdem habe ich das Gefühl, dass uns etwas abhandengekommen ist: etwas Transformatives, etwas, das eine entscheidende Bedeutung für unsere Geschichte hat und insgeheim die Seele nährt. Und um ganz ehrlich zu sein, ich hätte nichts dagegen, am 1. November aufzuwachen und den Toyota meines Nachbarn auf dem Dach seines Hauses zu sehen.

Als Teenager in Warsaw (dem Dorf in Virginia, in dem ich mein Heimweh nach Blowing Rock schließlich überwand) war ich jedes Jahr zu Halloween in der Gruppe von Jungs anzutreffen, die sich nach dem Abendessen in der Ortsmitte versammelten und es kaum erwarten konnten, Dummheiten zu machen. Wir waren durchdrungen von einer unbewussten Sehnsucht, die furchteinflößenden Kräfte anzurufen, die die sterblichen Schatten des Seins heimsuchen. Wir flirteten mit ihnen. Andererseits waren wir vielleicht nur ein Haufen gelangweilter Kids, die auf eine Unterbrechung der Kleinstadtroutine lauerten und auf der Suche nach ein bisschen Aufregung und Kicks eine Nacht auf den Putz hauen wollten. Ungeachtet ihrer rauflustigen Natur waren unsere Versammlungen im Wesentlichen frei von bösen Absichten und reflektierten eher so etwas wie Unschuld, gingen jedoch beileibe nicht immer gut aus, wie ich aus eigener Erfahrung berichten kann.

Wenn wir Jungs, bewaffnet mit Seifenstücken und Klopapierrollen, an der Hauptkreuzung von Warsaw herumlungerten und darauf warteten, dass man in Clanton's Drug Store das Licht löschte und endlich Feierabend machte (die übrigen Geschäfte an der Kreuzung hatten bereits um sechs geschlossen), stellte sich unweigerlich ein Mann mit Anzug und Krawatte zu uns oder, besser gesagt, stellte sich uns entgegen. Das war Mr. Willy Jones, der Staatsanwalt des Richmond County, ein humorloser Kerl mittleren Alters mit Hängebacken, dessen recht stattliches Haus kaum zwei Blocks entfernt stand. Jones plusterte sich vor uns auf, musterte uns abschätzig und redete mit einem entsetzlich zähen Akzent aus dem Süden, einem, der vor Bratensoße förmlich troff, sodass wir Jungs kichern mussten, obwohl alle fließend Dixie sprachen außer mir, der sich, wie schon gesagt, eher wie ein unter einem Kartoffellaster begrabener Kammerjäger aus Oklahoma anhörte. «Ich rate euch, diese Versammlung unverzüglich aufzulösen», erklärte Willy Jones, «oder ich werde jeden Einzelnen von euch strafrechtlich verfolgen und das Gesetz dabei in vollem Rahmen ausschöpfen.»

Jones' Drohung wurde mit Johlen und Pfiffen quittiert. Daraufhin wiederholte er sie unter verschärfter Androhung strafrechtlicher Maßnahmen, bis sich allmählich einzelne Jungs, paarweise oder in Grüppchen von dreien oder vieren, von dem Haufen entfernten, nur um sich um die Ecke und die Straße runter vor dem B&B-Poolroom neu zu versammeln. (Jedes Mal kamen uns unterwegs mehrere Angsthasen abhanden.) Der Poolroom war das einzige Etablissement in der Stadt, abgesehen vom Kino und der negerfreundlichen Texaco-Tankstelle, das nach acht noch geöffnet hatte. Das Ritual war Jahr für Jahr dasselbe: Willy Jones beschwor den Rechtsstaat und die Kräfte des Guten, und wir ehrlich gesagt lächerlichen Vertreter des Bösen zerstreuten uns, um durch die Wohngegenden zu schweifen, an Türen zu hämmern, Mülleimer umzustoßen und allen möglichen Blödsinn anzustellen. An einem 31. Oktober aber – es war mein letztes Jahr auf der Highschool – nahm diese Routine eine unerwartete Linkswende, die ein für alle Mal den Weg für das Ende des Halloween-Schrecks und den Beginn des Halloween-Specks in Warsaw ebnete.

Vielleicht aus dem Wunsch heraus, einen gewissen Abstand zu Willy Jones zu gewinnen (der einzige Polizist in Warsaw schien sich bequemerweise an Halloween immer zu verdrücken), versammelten sich acht oder neun von uns etwa einen dreiviertel Kilometer entfernt von der Ortsmitte, wo die Wohnbezirke allmählich in Felder und Wiesen übergingen. Ob es Zufall war oder ein unbewusster Vorsatz – jedenfalls blickten wir plötzlich über ein Feld auf ein großes weißes Farmhaus, in dem eine unverheiratete Lehrerin und ihr ebenfalls lediger Bruder wohnten. Andrew Garland, ein ruppiger alter Kauz und ehemaliger Landvermesser, widmete sich nach seiner Pensionierung ausschließlich der Farm. Seine Schwester Claude, eine strenge, kräftige Frau, die praktisch seit dem Niedergang der Schiefertafeln auf der Highschool von Warsaw Maschineschreiben, Stenografie und Buchhaltung unterrichtet hatte, war bei Jung und Alt nur als «Miss Claude» bekannt.

Ohne dass wir uns darauf verständigt hätten, näherten wir uns Chez Garland bis auf etwa fünfzehn Meter und standen schließlich unter einem Schwarznussbaum, der sehr groß und vermutlich älter war als wir alle zusammen. Die harte, feste Frucht der Schwarznuss wächst in einer dicken, weichen Hülle, etwa so groß wie ein Handball, perfekt zum Werfen geeignet. Da jede Menge davon auf der Erde lagen, dauerte es nicht lange, bis unsichtbare Halloweengeister – hutzelig, herbstlich, hölzern – an den Strippen zogen, die uns Marionetten zusammenhielten, und wir stumm und spontan anfingen, die Früchte gegen die Hauswand zu schleudern.

So weit, so gut. Offenbar machten wir genau den lauten, hoffentlich furcherregenden, letztlich aber harmlosen Lärm, den zu erzeugen in den alljährlichen Nächten des Schreckens unser einziges Ziel war. Doch dann … doch dann hörten wir ein neues Geräusch: ein Klirren!, auf das sofort ein Schwall von eisigem Geschepper folgte, als wäre eine billige Spieluhr in einem Tiefkühlfach implodiert. Das Geräusch wiederholte sich. Wieder und wieder. Zugabe! Zugabe!

Aus dem Innern des Hauses drang ein Laut, der beunruhigende Ähnlichkeit mit einem Schrei hatte. Abrupt verstummte das Geschepper. Wir erstarrten. Die Nacht, die Erde, das Universum – alles trat auf die Bremse. Die Zeit lutschte ein Chloroform-Eis. Wir glotzten einander an, weder triumphierend noch erschrocken, weder draufgängerisch noch gleichgültig, sondern irgendwie ungläubig. Dann machten wir auf dem Absatz kehrt und schwirrten wie ein Schwarm von Staren zurück in die Stadt.

Unsere jungen Beine brachten uns schnell voran, doch die Nachricht von unserer Missetat war noch vor uns angekommen. Als wir den B&B-Poolroom erreichten, erwarteten uns Lester Scotts Vater und Bernard Packetts älterer Bruder. Sie saßen mit laufendem Motor in ihren Pick-ups, und weniger als eine Minute später waren Lester und Bernard verschwunden. Als wir weiter die Straße hinauf Willy Jones im Gespräch mit unserem örtlichen Gesetzesvertreter neben dessen Streifenwagen erspähten, sehnten auch wir anderen uns plötzlich nach der tröstlichen Nähe von Heim und Herd.

Jedes Fenster im oberen Stock des Garland-Hauses verfügte über ein Dutzend 23 x 29 cm große Scheiben. Wie viele davon wir zertrümmert hatten, kann ich nicht sagen. Spätere Berichte sprachen von zwischen fünf und fünfundzwanzig, je nachdem, von wem sie kamen, und von uns Jungs kam nicht viel. Doch um die Anzahl ging es gar nicht. Die entscheidende Frage war: «Warum?»

Käpt'n Andrew, wie er genannt wurde, war nicht gerade gesellig, aber keiner von uns hatte etwas gegen ihn. Und was Miss Claude anging, so galt sie in der Schule zwar als strenge Zuchtmeisterin, doch niemand hätte sie je als unfair oder unfreundlich bezeichnet. Außerdem war keiner von uns je in ihrer Klasse gewesen. Mindestens zwei Jahrzehnte lang hatte sie die Aufgabe gehabt, die Mädchen auf eine Stellung im Büro vorzubereiten, eine der sehr wenigen Arbeitsmöglichkeiten, die jungen Frauen zu dieser Zeit und an diesem Ort offenstanden. Hätten wir auch nur einen Augenblick darüber nachgedacht, hätten wir ekstatisch und rebellisch geschrien, dass die Mädchen, nicht wir, einer Zukunft entgegensahen, in der sie Bücher führen und Diktate entgegennehmen mussten.

Nein, weder persönlicher Frust noch allgemeiner Groll gegen eine Autorität hatten unsere Schwarznussattacke provoziert, und sie lässt sich auch nicht mit angeborener Niedertracht erklären. Erst recht nicht dürfen wir uns dazu hinreißen lassen, die dämonischen Agenten von Halloween verantwortlich zu machen, obwohl unser Anschlag an keinem anderen Tag des Jahres denkbar gewesen wäre. Am Ende war es vermutlich die Mischung aus Langeweile, Hormonen und einer seltenen Gelegenheit, die zu all dem zersplitterten Glas geführt hatte, eine spontane Teenageraktion auf der Suche nach neuen Kicks in einer amerikanischen Kleinstadt nach dem Krieg.

Auf alle Fälle war ganz Warsaw noch Tage später in heller Aufregung über diesen Halloween-Streich. Überall begegnete man uns mit Neugier und/oder Abscheu. Staatsanwalt Jones war wild entschlossen, «jeden Einzelnen» von uns strafrechtlich zu verfolgen und das Gesetz dabei in vollem Rahmen auszuschöpfen. Gerüchte von bevorstehenden Zwangseinweisungen in die Besserungsanstalt machten die Runde.

Mehrere Eltern taten sich zusammen und heuerten einen Anwalt an. Ich gehörte auch zu denen, die man in seiner Kanzlei absetzte. Am Ende wurden Entschädigungsgelder gezahlt und individuelle Entschuldigungsschreiben verfasst. Miss Claude verzieh uns, und innerhalb eines Monats waren die bösen Halloween-Kürbisse wohlbehalten zu Thanksgiving-Kuchen verarbeitet, aber es gab auch einige unter uns, die den Schandfleck des alten Jack O'Lantern nie wieder ganz loswurden.

Heute blicke ich als achtzigjähriger Schriftsteller auf mein Leben zurück, und die Liste der Dinge, die ich bereue, ist kurz, mit Sicherheit kürzer, als sie von Rechts wegen sein müsste. Fast an erster Stelle aber, noch vor ein paar unüberlegten Ehen, steht die Rolle, die ich beim Zerdeppern von Miss Claudes Fenstern gespielt habe. Sollte es ein Leben nach dem Tod geben, eine Dimension, die den jüdisch-christlichen Fantasien des Himmels entspricht, so tröstet mich die feste Überzeugung, die gute alte Miss Claude werde dort damit beschäftigt sein, Gottes Büroqualifikationen auf dem neuesten Stand zu halten, für den Fall, dass er eines Tages dazu kommt, all die offensichtlichen Fehler in der Bibel zu korrigieren.

Offenbar ließ sich mein jahreszeitlich bedingtes Interesse am Fest der Toten weder von meiner Reife noch von den mittleren Lebensjahren (die beiden sind übrigens keineswegs identisch) eindämmen, denn kurz nach meinem vierzigsten Geburtstag warfen drei Freunde und ich eine beachtliche (wenn auch nicht heroische) Dosis des sogenannten magischen Pilzes *(Psylocybe semilanceata)* ein und machten uns auf den Weg zu einem glaubwürdigeren Kontakt mit dem Reich der Geister.

Der günstigste Ort für eine solche Begegnung (nur die Lage zählt!) war offensichtlich ein Friedhof, möglichst abseits vom Verkehr und von den Lichtern der Stadt. Der Pleasant Ridge Cemetery erschien uns ideal. Mehrere Kilometer Luftlinie von La

Conner entfernt, nur über eine zweispurige Landstraße erreichbar, unbeleuchtet, unbewacht, einigermaßen abgeschieden und regelmäßig von Nordwestnebel des Pazifiks umhüllt. Ein Häuflein Knochen, das versucht wäre, sich von den Toten zu erheben, könnte es gar nicht besser treffen.

Als wir Pleasant Ridge erreichten, hatte die Wirkung des Psylocibins bereits eingesetzt. Die Glückshaube zivilisierter Konditionierung fiel von unseren Augen ab, und unser zentrales Nervensystem vibrierte auf einer Frequenz, die perfekt auf die Rhythmen der unberührten Natur und die Musik der Sphären zugleich abgestimmt schien. Wir aber hofften auf die nekromantischen Numina der Unterwelt, und die erwiesen sich als zögerliche Gäste.

Zeit ist entschieden relativ, wenn man sich in der Gewalt der Pilzelfen befindet, doch wir saßen wohl nicht länger als eine halbe oder Dreiviertelstunde auf den Grabsteinen, als wir zu dem Schluss kamen, eine solche Nähe verhindere das Erscheinen der wachsamen Toten wahrscheinlich eher. Daraufhin schlichen wir über die schmale Straße und positionierten uns neu in einem dichten Hain aus Erlen und nachwachsenden Tannen. Dort hatten wir nicht nur einen klaren Blick auf den Friedhof, ohne aufdringlich zu sein, sondern waren auch versteckt, falls ein Wagen vorbeikam. Und außerdem standen wir in einer Art Verbindung mit dem (nicht gerade jungfräulichen) Wald.

Eine Wolkenwand zog über den Mond. Dunkle Kissen erstickten die Sterne. Dann setzte ein dünner Silberregen ein. Trotzdem blieben wir sitzen. Sahen uns um. Und kicherten. Wir konnten gar nicht mehr aufhören zu kichern. Es war kalt, nass, wir waren von Zweigen zerkratzt, hatten es unbequem und befanden uns an einem einsamen, unheimlichen Ort, kilometerweit entfernt von der Kostümparty in einer Kneipe in der Stadt, an der unsere Freunde teilnahmen. Was also war so verdammt komisch?

Nun … alles. Alles! Die Regentropfen, die an Roseannas Nase herunterliefen, waren komisch. Victors Niesanfall war komisch. Auroras erfolgloser Versuch, einen zusammenhängenden Satz zu bilden, war komisch. Das Moos war komisch, die Farne waren zum Totlachen, jeder dritte Baum ein Alleinunterhalter. Aus der Perspektive, die uns die psychoaktiven Alkaloide des Psylocibins verschafften, war die Existenz an sich dermaßen lustig, dass es an ein Wunder grenzte, wenn irgendwer sie auch nur für eine halbe Minute ernst nehmen konnte. In unserem veränderten Bewusstseinszustand waren wir offenbar rein zufällig völlig im Einklang mit jenen asiatischen Protagonisten der verrückten Weisheit, die das Leben als einen «schönen, niemals endenden Witz» definierten, und mit ihrem Avatar Ramakrishna, der, nachdem er die ultimative Erleuchtung erlangt hatte, mit der Erkenntnis zurückkam, das Nirwana habe die größte Ähnlichkeit mit dem Lachen. In Ordnung, und doch mag unsere komische Sicht der Dinge der bittere Harztropfen in unserem Halloweenkelch gewesen sein und verhindert haben, dass wir Zugang zum Jenseits erlangten. Als wir schließlich aufgaben und nach La Conner zurückkehrten, dämmerte uns, dass spiritistische Séancen und Nonsens nicht zusammenpassen, nicht einmal an einem einunddreißigsten Oktober auf einem abgelegenen ländlichen Friedhof und mit einem Elfenchor heiliger Pilze im Blut. Denkbar, dass das Leben nur ein Witz ist, aber so leicht lassen die Toten nicht mit sich spaßen.

heilige tomate!

Von Käpt'n Andrew Garland, dem mit den zerdepperten Fensterscheiben, heißt es, er sei eines Morgens aus dem Haus getreten, habe dem bedeckten Himmel mit der Faust gedroht und gerufen: «Na schön, Herrgott, jetzt hab ich dich! Wenn die Sonne scheint, fahre ich das Heu ein, und wenn es regnet, setze ich Tomaten!»

Da Tomaten die bedeutendsten Feldfrüchte in dieser Gegend von Virginia sind und das Christentum eine entscheidende Rolle im Leben jedes Einwohners von Warsaw spielt, ist es kein Wunder, wenn auf einem Feld voller Liebesäpfel hin und wieder der Allmächtige beschworen wird. Ich bin selbst Zeuge einer solchen Anrufung geworden, und einer ziemlich wirkungsvollen obendrein, wenngleich in anderer Absicht als das gewöhnliche Gebet eines Bauern.

Als Jugendlicher verbrachte ich zwei Sommer hintereinander auf einer Farm. Sie gehörte der Familie eines Schulfreundes, und ich war wie ein halbes Dutzend andere Jungs zum Tomatenpflücken angeheuert worden. Wir bekamen zehn Cent pro Korb mit grünen Früchten und fünf Cent pro Korb mit roten. Die grünen Tomaten waren für Gemüsehändler und Märkte in Florida bestimmt, die andere Vegetationsperioden hatten als wir. Sie durften keinerlei Makel aufweisen und mussten eine bestimmte

Größe haben, während für die reifen Tomaten, die wir abends zu einer örtlichen Konservenfabrik fuhren, wo man sie zu Saft oder Ketchup verarbeitete, keine solchen Einschränkungen bestanden, sodass man sie viel leichter ernten konnte. An einem guten Tag brachte man es so auf vier bis fünf Dollar. Das reichte, um eine Menge Flipperautomaten aufstrahlen zu lassen und seinem *Librorum Prohibitorum* jede Menge Comics und Softpornos hinzuzufügen.

Außerdem genossen wir, obwohl wir nie darüber sprachen, die Kameradschaft und grasfleckige Verbundenheit, die von den unaufhörlichen Faxen und Sticheleien alberner halbwüchsiger Landeier noch verstärkt wurden. Ach, aber wie alle weisen Männer wissen, hat eine breite Front immer auch eine breite Kehrseite, und der größte Nachteil an diesem Sommerjob war, dass es an solchen Julinachmittagen auf den tiefliegenden Feldern so heiß wurde, dass einem Kamel der Höcker weggeschmolzen wäre. Es gab Tage, an denen einem die Sonne nicht nur so schwer vorkam, als läge sie einem wie eine Textur auf der Haut, sondern man sie fast hören konnte: Sie klang wie Öltropfen, die leise knisternd in Brand geraten, oder wie ein Bluesmusiker, der auf einer Mundharmonika aus Schweineschmalz spielt. An einem dieser Tage wurde die Hitze so unerträglich, dass es geradezu nach göttlicher Intervention schrie.

Lancelot Delano (so hieß er in Wirklichkeit, doch seine Freunde nannten ihn «Gumboot») war ein hochaufgeschossener, schlaksiger Junge, kräftig wie ein Maultier, aber süß wie Zuckersirup und ungefähr genauso träge. Lancelot war nicht wirklich bekloppt, nicht wirklich ein Schwachkopf, bloß … na ja, eben *träge*. Er war mit zweien der Pflücker verwandt, und wir kannten ihn alle, obwohl er sich schon nach der fünften Klasse aus der Schule verabschiedet hatte und nur selten in die Stadt kam, nicht einmal um ins Kino zu gehen. Er war so sanft und gutmütig, dass keiner sich über ihn lustig machte, im Gegenteil, wir alle behandelten ihn mit rauer Zuneigung und von jenem Tag – jenem bereits erwähnten entsetzlich heißen Tag – an mit so etwas Ähnlichem wie Ehrfurcht.

An diesem Nachmittag flirtete das Thermometer mit der Vierzig-Grad-Marke, und die Schwüle war ihm dicht auf den Fersen. Wir schwitzten wie schmelzende Schneemänner; in unseren schlaffen Ohren klang die Hitze wie ein schwaches Zirpen, die letzten Zuckungen einer sterbenden Grille. Über die Reihen von Tomatenpflanzen gebeugt, durch die wir uns kämpften, versanken wir mehr und mehr in trostlosem Stumpfsinn, bis wir plötzlich Lancelot Delanos Stimme hörten: «Herr im Himmel, wenn es in deiner Macht steht, dann schick uns einen Schauer, damit wir endlich Feierabend machen können!»

Was dann passierte, klingt unglaublich, doch ich schwöre, es ist wahr. In weniger als einer Viertelstunde zeigten sich die ersten dunklen Schwellungen am klaren Himmel, düstere Wolkenpanzer rollten an, bockten und bäumten sich auf wie beim Russischen Rodeo. Krallenförmige Blitze zerrissen ein schmutziges Mieder, Donner brüllte wie alle Pferde des Zaren auf einmal. Farmer Packett, unser Boss, sah immer wieder nervös zum Himmel auf, und beim vierten oder fünften Mal landeten die ersten Regentropfen in seinem Gesicht.

Der Schauer dauerte nicht lange, trotzdem war das Feld anschließend zu matschig zum Weiterpflücken. Wir Glückspilze kletterten in und auf einen großen Farmlaster und fuhren zum Rappahannock River, wo wir im kühlen Brackwasser herumtobten, bis es Zeit zum Abendessen wurde. Ich kann mich nicht erinnern, ob einer unseren vertrottelten Erlöser nach seinen kosmischen Verbindungen gefragt hat, doch selbst noch nach Wochen ertappte ich andere und mich selbst dabei, wie wir ihn verwundert anstarrten.

Bei mehreren überhitzten Gelegenheiten im Lauf meines Lebens – als Arbeiter auf einer Baustelle, beim Kasernenhofdrill oder beim Trekken südlich der Sahara – habe ich versucht, dieses kleine meteorologische Wunder zu kopieren, indem ich den Blick zum Himmel erhob und vor mich hin murmelte: «Herr im Himmel, wenn es in deiner Macht steht, dann schick uns einen Schauer, damit wir endlich Feierabend machen können!» Nichts passierte. Kein einziger Tropfen fiel. Ich hatte weder den Mut noch den Glauben, mein Gebet laut zu sprechen; mir fehlte das reine Herz und der Geist von Warsaws sanftem Sir Lancelot, dem heiligen Gumboot der Tomaten.

Sommer, Tomaten, Religion, der Fluss – und die Schauspielerin Natalie Wood – sie alle haben sich im Netz meiner Erinnerung verstrickt. Wollen wir versuchen, die einzelnen Stränge voneinander zu trennen.

Wäre der Sommer, als ich dreizehn wurde, das Kentucky Derby gewesen, hätte das Pferd eines Hobbyreiters es gewinnen können: So langsam verstrichen die Monate. Ich war noch zu jung, um eigenes Geld verdienen zu können, selbst als Tomatenpflücker, deshalb verbrachte ich die langen, schwülen Tage mit Lesen, Dösen und Besuchen in der Vatikanischen Bibelschule (gähn!). Ich spielte mit meinem «Redestab» (auf den ich später noch einmal zurückkommen muss, fürchte ich) und wartete ungeduldig, dass ein Tarzanfilm, ein Wanderzirkus oder ein Jahrmarkt in unserer Stadt vorbeischauten. Davon abgesehen bestand meine Hauptbeschäftigung darin, Dr. Peters aus dem Weg zu gehen.

Dr. Peters war Pastor der Baptistischen Kirche von Warsaw, hochgewachsen, hager und blass, mit einem schwachen, feuchten Lächeln und kalten, feuchten Händen. Ihm die Hand zu schütteln fühlte sich an, wie den schlaffen Penis eines unterkühlten Zombies anzufassen. Und Dr. Peters legte es geradezu darauf an, mir die Hand zu schütteln. Das heißt immer dann, wenn es ihm gelang, mich abzupassen. Ich fand ihn schleimiger als tiefgefrorenen Beutelrattensabber, eine Meinung, die meine Mutter nicht teilte. Sie hielt ihn für Johannes den Täufer in Person, für den idealen Hirten, um meine Seele zu Jesus zu führen.

Ausgerechnet in dem Sommer, als am Steuer eines roten Rennboots, das in seinem Kielwasser große Teile meiner Kindheit verstreut zurückließ, zum ersten Mal Testosteron durch mein Plasma schoss, hielten meine Mutter und Dr. Peters den perfekten Zeitpunkt für gekommen, um Tommy Rotten zu retten, und taten sich zusammen, um meine Erlösung zu befördern. Auf Mutters Einladung hin schaute der gute Pastor ständig auf ein Glas Eistee bei uns vorbei, in der Absicht, mich in spirituelle Gespräche zu verwickeln. Ziemlich rasch entwickelte ich ein Gespür für seine bevorstehende Ankunft und erfand eine Strategie, um ihm zu entkommen, die gewöhnlich darin bestand, mich ins Dickicht hinter unserer Garage zu verdrücken und mich taub zu stellen, wenn sie nach mir riefen.

Mitte August sollte eine einwöchige Erweckungsversammlung in unserer Kirche stattfinden, und wenn ich es nicht schaffte, ihm zu entwischen, würde Dr. Peters mich zu dem Versprechen drängen, während eines der abendlichen Gottesdienste nach vorn zu kommen und mein Leben Christus zu weihen. Ich war keineswegs komplett dagegen. Zwar wäre es mir lieber gewesen, wenn Jesus mehr von Tarzan gehabt hätte, trotzdem war auch ich der verbreiteten Ansicht, er sei das Größte, was die Welt je gesehen hatte, ein heldenhafter, liebender Märtyrer, der eines Tages wiederkehren würde, um den wahren Gläubigen ihr persönliches Stück vom himmlischen Kuchen zu überreichen. Mit Sicherheit hatte ich keine Lust zu verbrennen, Warsaws Sommer waren mir heiß genug. Zwar wiesen die Beschreibungen des Himmels eine verstörende Ähnlichkeit mit der Vatikanischen

Bibelschule auf, doch nur ein Verrückter hätte ein bisschen Langeweile gegen das ewige Feuer der Hölle eingetauscht. Ich redete mir also ein, dass ich Jesus liebte und im Gegenzug seiner Liebe würdig sei – doch warum musste ausgerechnet Dr. Peters der Kuppler sein?

Es gab einen erheblich quirligeren Prediger in der Gegend: einen ziemlich schrillen Afroamerikaner, der in einem himmelblauen Kastenwagen herumkutschierte. Auf den Seiten prangten in feuerroten Lettern mehrere ominöse Bibelsprüche, darunter der Name des Mannes: THE REVEREND EVER READY. Kein Witz.

Hin und wieder fuhr Reverend Ever Ready zu der kleinen schwarzenfreundlichen Texaco-Tankstelle, riss die Hecktüre auf und trat zur Seite, während sechs oder sieben lärmende Kinder, alle offensichtlich unter zehn, herausquollen und wild hin und her rannten. Der gute Reverend wartete, bis sein Tank gefüllt war, ließ das Öl wechseln (das war, bevor man alles selber machen musste) und ging dann hinein, um eine Cola zu trinken, ein paar Takte Soul-Musik zu hören und mit dem Besitzer zu plaudern. Nach einer Viertelstunde tauchte er wieder auf und rief mit seiner kräftigen Predigerstimme, einem wirkungsvollen Bariton, so durchdringend, dass er noch mehrere Blocks entfernt zu hören war: «Alle Mann an Bord! Wenn ihr kein Bord findet, nehmt ein Wort! Und wenn ihr kein Wort habt, bewegt euren Arsch in den Laster!» Dann rasten die Kinder von allen Seiten herbei und witschten schnell durch die Tür, ehe er ohne sie losfuhr.

Nun, ich habe diesen Herrn niemals predigen hören: Es war in Virginia, hier herrschte Rassentrennung, verstehen Sie, und in seiner Gemeinde gab es kaum ein weißes Gesicht. Trotzdem, hätte mir der ungestüme Reverend Ever Ready und nicht der aasige Dr. Peters das Angebot gemacht, mich zu Jesus zu führen, hätte ich es beträchtlich eiliger gehabt, an Bord zu kommen. Worte zu finden. Meinen Arsch in den Laster zu bewegen.

An einem brüllend heißen Augustabend saß ich auf einer klebrigen Kirchenbank und wartete nervös darauf, dass mein Name aufgerufen wurde. Als es so weit war, ging ich ganz nach vorn (die Lichter waren gedämpft, und die Gemeinde hatte einen leisen Gesang angestimmt) und weihte zusammen mit einer Handvoll anderer reuiger Sünder mein Leben Yeshua bin Miriam, dem radikalen Wanderrabbi, der den englischsprachigen Christen unter dem Namen Jesus Christus bekannt ist. Meine Mutter war außer sich vor Freude, mein Vater zufrieden, Dr. Peters konnte eine neue Kerbe in seine Pastorenknarre schnitzen, und ich … nun ja, ich saß irgendwie auf heißen Kohlen.

Was genau hatte ich bloß erwartet? Dass ich mich irgendwie *anders* fühlte, hätte ich nicht glaubhaft versichern können. Ich war schon zufrieden mit mir, als hätte ich eine bestimmte Leistung erbracht, fühlte mich sogar geringfügig sicherer als zuvor, doch als ich am nächsten Morgen aufwachte, hatten die Dinge in meinem Zimmer keine Aura, aus dem Spiegel strahlte mir nichts entgegen, und ich verspürte nicht die geringste Lust, hinzugehen und den Kranken und Bedürftigen beizustehen (abgesehen davon, dass ich keinen blassen Schimmer davon hatte, wie ich das hätte anstellen sollen). Statt mir Rat in der Familienbibel zu suchen, ertappte ich mich dabei, dass ich nach dem Hardy-Boys-Krimi griff, den ich ein oder zwei Tage zuvor begonnen hatte. *Vielleicht hat sich nichts verändert, weil ich noch nicht getauft bin,* dachte ich.

Ich musste nicht lange warten. Zwei Wochen später watete ich in voller Montur (ich hatte für alte Klamotten plädiert, doch meine Mutter bestand auf dem Sonntagsstaat) in den Rappahannock River, wo Dr. Peters bis zu den mageren Schenkeln im Wasser stand. Als ich an der Reihe war, wies er mich an, mir die Nase zuzuhalten, legte mir eine Hand auf das Hinterteil und die andere in den Nacken, sprach ein kurzes Gebet und tauchte mich ganz unter. Nass bis auf die Knochen, triefend und unbehaglich, doch ziemlich zuversichtlich, mein Leben fortan tugendhaft und rein fortzusetzen, stakste ich zurück ans Ufer.

Anschließend wartete ich ungeduldig auf die Verzückung, Transformation, Erleuchtung (was auch immer das genau bedeuten sollte). Ein Tag verging. Drei Tage. Eine Woche. War meine Seele so verdorben, dass es für mich keine Erlösung geben würde? Hatte meine Lieblingshose umsonst einlaufen müssen? War ich verdammt? Und dann geschah es: Ich hatte eine spirituelle Erleuchtung.

Wie sich herausstellte, hatte Dr. Peters nichts damit zu tun, Reverend Ever Ready erst recht nicht, und auch Jesus Christus selbst hatte keinen Blitz von oben geschleudert. Nein, meine plötzliche spirituelle Erweckung war das Werk von Miss Natalie Wood.

Eines Abends hatten meine Eltern meine Zwillingsschwestern einem Babysitter anvertraut und waren mit mir ins Kino nach Callao gefahren, einer etwa fünfzehn Kilometer von Warsaw entfernten Stadt. Der Film mit dem Titel *Morgen ist die Ewigkeit* handelte von dem Schock, der Verwirrung und dem Schmerz, die daraus resultieren, dass ein Soldat, der angeblich auf dem Schlachtfeld gefallen ist, Jahre später lebendig nach Hause zurückkehrt (sein vom Krieg entstelltes Gesicht ist nach einer Schönheitsoperation kaum wiedererkennbar) und herausfindet, dass seine Frau und vermeintliche Witwe während seiner Abwesenheit einen anderen geheiratet hat. Natalie Wood war damals acht Jahre alt, hübsch, süß und verletzlich. Sie spielte die adoptierte Tochter des Wiederauferstandenen, die mit aller Macht versucht, tapfer zu bleiben, während ihr junges Leben ein ums andere Mal in die emotionale Mangel genommen wird.

Okay, es war eine rührselige Hollywoodschnulze, das filmische Äquivalent eines Zwiebelschneiders, aber gut gemacht (Orson Welles hatte seine Hand im Spiel), und von der jungen Natalie ging ein solch nachhaltig ergreifender Eindruck aus, dass er die Schatten zwischen Fantasie und Wirklichkeit verwischte. Ich glaube nicht, dass ich im Kino geweint habe – das wäre mir bis in alle Ewigkeit peinlich gewesen –, aber als ich auf dem Heimweg allein auf dem Rücksitz saß, streckten ein paar Tropfen ihre glänzenden Kahlköpfe über die Fensterbank meiner Tränenkanäle und prüften, ob die Luft rein war. Und dann … passierte noch etwas.

Mein Schmerz nahm unvermutet zu, entfernte sich von der Rolle Natalie Woods und wurde intensiver – bis er sich nicht nur auf verletzte Kinder und leidende Unschuldige überall auf der Welt ausgedehnt hatte, sondern auch auf die Opfer von Hiroshima, Huck Finns Jim, die vor kurzem eingeschläferte Katze unserer Nachbarn und so weiter und so fort. Natalies Rolle verkörperte auch etwas Störrisches, ansteckend Hoffnungsvolles, und diese Hoffnung breitete sich jetzt in konzentrischen Kreisen in mir aus und verwandelte sich letztendlich in so etwas Ähnliches wie universelle Liebe.

Mein raues Grünschnabelherz öffnete sich wie eine Sardinenbüchse, mein beeinflussbares kindliches Gemüt entzog sich der Herrschaft kognitiver Erfahrung; ich spürte die Welt in mir und mich in der Welt, fühlte mich fundamental verbunden, sah die vielen als alle und alle als eins. Eins und alles tanzten für immer und ewig, in einem nie endenden, unzerstörbaren Strom von Lachen und Weinen, Traum und Materie auf und ab. In diesem völlig neuen ozeanischen Zustand, vorübergehend befreit von Ichbezogenheit, konventionellem Wissen oder prosaischem Bewusstsein, der einen solchen Wirbel von abstruser Liebe freisetzte, dass einem der heilige Franz von Assisi im Vergleich wie ein Nerzzüchter vorgekommen wäre, fühlte ich mich endlich «errettet». Zwar war es nicht ganz das, was Mutter und Dr. Peters sich vorgestellt hatten, doch ich war sicher, dass es dem Herrn und Jesus Christus gefiel. Gott segne Natalie Wood.

Genau in dieser Woche begann in Warsaw das neue Schuljahr, und ich, der in die achte Klasse kam, wurde schnell von schulischen und anderen Aktivitäten in Anspruch genommen, sodass mir nicht viel Zeit blieb, über meine kosmische Erleuchtung nachzudenken. Das strahlende Licht verblasste allmählich, und etwas Ähnliches sollte ich erst wieder erleben, als ich mich Jahrzehnte später mit Meditation und den psychedelischen Sakramenten beschäftigte. Es war jedoch keineswegs das letzte Mal, dass mich das Kino intensiv berührte.

Einer der frühesten Filme, die mir dabei einfallen, ist François Truffauts Film *Schießen Sie auf den Pianisten*, den ich 1963 ganz allein in einer Privatvorstellung sah, weil ich ihn für die *Seattle Times* besprechen wollte. Anschließend sprach ich drei ganze Tage kein Wort – ich brachte einfach nichts mehr heraus. Das unerklärliche Schweigen trieb meine verstörte Frau in die Flucht. Sie zog in ein Motel, bis ich meine Stimme wiedergefunden hatte. Susan hat es nie verstanden, und ich bin mir nicht einmal sicher, ob ich selbst es heute angemessen erklären könnte, außer dass Truffauts gewagte Kunst meine schlummernde literarische Vorstellungskraft unvermutet, aber gründlich zum Leben erweckte und mir genügend Selbstvertrauen schenkte, dass ich sie im Lauf der Zeit zur Reife bringen konnte.

In einer unglaublichen Szene wird eine junge Frau, die Truffaut uns zuvor sehr nahegebracht hat, von Gangstern erschossen, die sich auf einem französischen Bauernhof versteckt haben. Es ist Winter, und als sie fällt, gleitet ihr Körper anmutig einen langen, mit Schnee bedeckten Hang hinab. Er bricht uns das Herz mit dem Tod dieser jungen Frau, doch die lange Schneeszene (gedreht in Schwarzweiß) ist schon von ästhetischen Warte aus einfach atemberaubend schön. Die Zuschauer sind hin und her gerissen, und genau diese und andere, ähnliche Dichotomien des frühen Truffaut bewegten mich dazu, meine angeborene, tiefverwurzelte Neigung, Dinge zu vermischen, zu akzeptieren und auf meine eigene Sicht des Lebens zu übertragen. So kam es, dass ich in meinen Romanen das Tragische mit dem Komischen, das Hässliche mit dem Schönen, das Romantische mit dem Düsteren, Fantasie mit Realität, Mythos mit Logos, Vernunft mit Übermut, Heiliges mit Profanem durchsetzte oder gar verschmolz. Engstirnige Kritiker haben Schwierigkeiten mit diesem Ansatz und betrachten es als Herausforderung, etwa zu verstehen, wie Prosa ironisch und gleichzeitig völlig aufrichtig sein kann, während geistig beweglichere Zeitgenossen dies ebenso angemessen wie erhellend finden.

Auf alle Fälle hat *Schießen Sie auf den Pianisten* zwar die entscheidendere Wirkung auf mein Leben gehabt, aber es wäre falsch, die von *Morgen ist die Ewigkeit* und der jungen Natalie Wood ausgelöste Erweckung als unwichtig abzutun. Natalie, die übrigens als Natalja Nikolajewna Sacharenko zur Welt kam, wurde eine bedeutende Hollywood-Schauspielerin und spielte in denkwürdigen Filmen wie *Fieber im Blut* oder *… denn sie wissen nicht, was sie tun* mit. Gerüchten zufolge hat sie in ihrem Erwachsenenleben ziemlich über die Stränge geschlagen, aber ich will hier keinesfalls mit Steinen werfen. Ihr Freund und Kollege Dennis Hopper erzählte in einem Interview, dass Natalie einmal in die Notaufnahme eines Krankenhauses gebracht werden musste, weil sie sich im Verlauf einer wilden Party Champagner auf die Vagina hatte kippen lassen. Mein lieber Mann! Ich verteidige Natalie nicht etwa deshalb, weil sie mir vor langer Zeit Liebe, Wahrheit und Gott nahegebracht hat, aber Hopper war ein kreativer Künstler, der gelegentlich auch sehr kreativ mit der Wahrheit umging, und ich kann Ihnen aus persönlicher Erfahrung berichten, dass Champagner an der Muschi einer Frau, ihrem gesalzenen Pfläumchen, ihrer rosigen Öffnung, ihrem intimen Diadem weder Schmerzen noch Verletzungen verursacht, ganz gleich, wie direkt oder verschwenderisch er darübergekippt wird.

Ich würde nicht behaupten, dass Tomaten mir Liebe, Wahrheit und Gott nahebrachten, aber sie haben mein Leben doch bei zahllosen Gelegenheiten bereichert, insbesondere in Scheiben, mit Salz bestreut, zwischen zwei großzügig mit Mayonnaise bestrichenen Scheiben weichen Weißbrots.

Meine Leidenschaft für Tomatensandwiches, die bis heute anhält, erblühte in Warsaw, was kein Zufall ist, da ich vor unserem Umzug nach Virginia zu den Millionen Amerikanern gehörte, die noch nie eine echte Tomate probiert hatten. In der Gegend des Puget Sound, wo ich heute wohne, sind die Sommer nicht heiß, die Böden nicht sauer genug, und außerdem ist es zu feucht. Infolgedessen schmecken die hier angebauten Tomaten nicht viel besser als aufgeweichte Kleenex-Tücher. In vielen anderen Teilen der Vereinigten Staaten werden ebenfalls Tomaten produziert, die weder Geschmack noch Nährwert haben. In Virginias Richmond und Hanover Countys aber verbinden sich Hitze, sandiger Boden und hohe pH-Werte und bringen Liebesäpfel hervor, die Erica Jongs ansonsten kryptischen Zeilen «Wenn eine Frau eine Dichterin sein will, muss sie im Haus der Tomaten wohnen» so etwas wie Sinn verleihen.

Ich kann nicht für Dichterinnen, ihre Behausungen oder ihre Ausbildung sprechen, doch in dem Sommer, als ich Dr. Peters mied und Natalie Wood entdeckte, den beiden Sommern, als ich auf den Feldern arbeitete, und vielen weiteren danach wohnte ich im Haus des Tomatensandwiches. Allerdings war es vermutlich weniger ein Haus als ein Boot: ein bescheidenes, aber beherzt schwimmendes kleines Floß auf einem Meer kulinarischer Verwirrung, das trotzig eine Flagge gehisst hatte, die Canapégierigen Gourmets und Junkfood-Süchtigen gleichermaßen fremd war. Möge sie noch lange flattern. Andererseits war mein Lieblingssandwich – ja, mein immerwährendes, allumfassendes Lieblingsessen – weniger ein Kahn als, sagen wir, ein Tempel, ein Schrein, ein Zendō, ein Pantheon. Muss man seine Gebete nicht in der Kirche der Tomate verrichten, wenn man als Junge Schriftsteller werden will?

Ich wäre verrückt, wenn ich nicht ausdrücklich darauf hinwiese, dass es selbst im perfekt geeigneten Ost-Virginia nahezu unmöglich ist, heute noch echte, gesunde, gehaltvolle, fleischige, berauschend würzige Tomaten auf einem öffentlichen Markt zu finden. Das liegt daran, dass unsere schäbige, geldgeile, profitorientierte Wirtschaft die Produzenten dazu antreibt, die Früchte viel zu früh zu ernten und zu verschicken. Viele Leute sind überzeugt, dass Tomaten nach dem Pflücken weiterreifen, besonders wenn man sie an ein sonniges Plätzchen legt, doch diese Annahme ist grundfalsch. Eine gepflückte Tomate kann sich weiter rot färben, das ja, aber jeder Pflanzenbiologe kann Ihnen bestätigen, dass rot färben nicht dasselbe ist wie reifen. Nach außen hin kann eine zu früh geerntete Tomate erröten wie Natalie Wood in der Notaufnahme (Dennis Hoppers kleine Fantasievorstellung), doch der Zuckerungsprozess im Innern – so entscheidend für den Geschmack – ist längst zum abrupten Stillstand gekommen.

Ohne sichtbar schlechtes Gewissen oder gar Scham werben Supermärkte im ganzen Land regelmäßig für AN DER PFLANZE GEREIFTE STRAUCHTOMATEN, obwohl in den Obstkisten Tomaten liegen, die nie das Glück hatten, reifen zu dürfen, sondern hart, mehr rosa als rot sind, oftmals gelbe, orange oder sogar grüne Streifen haben und geisterhaft weiße Pektinablagerungen, wenn man sie aufschneidet. Als eins dieser Babys zum letzten Mal einen Strauch sah, hätte es als Granny Smiths grüner Augapfel durchgehen können. Händler, die aus Ignoranz, Gleichgültigkeit oder auch reiner Schikane Lügen von an der Pflanze gereiften Strauchtomaten verbreiten, könnten und sollten wegen Etikettenschwindels strafrechtlich verfolgt werden.

Erica Jong ist eine lustvolle Frau. Ich kann nicht glauben, dass sie angehenden Dichterinnen raten würde, sich in einer verkümmerten, rosafarbenen Fabriktomate einzurichten, ebenso wenig wie ich zu der Zeit, als ich *Panaroma* mit den Worten begann: «Rote Bete ist das intensivste unter den Gemüsen», wollte, dass sich der Leser nicht die roteste aller Bete vorstellte. Da es sich um ein Wurzelgemüse handelt, haben Bete mit der Frage des Reifens natürlich nichts zu tun, aber trotzdem, eine *gelbe* Bete? Pfui zu solcher Feigheit, solchem Katzengold, billigem Blond, diesem Betrug, diesem Ersatz (aber niemals Stunt Double, und wenn Sie nicht glauben, dass Rote Bete ihre eigenen Stunts ausführen, werfen Sie am Morgen danach mal einen Blick in ihre Kloschüssel). Wenn es um Intensität geht, wünscht man sich eine Bete, die rot ist. Wenn es um köstlichen Geschmack geht, möchte man eine authentisch gereifte Tomate. Inspirierend wirkt offenbar beides.

zauberstäbe

Mit zehn Monaten konnte ich sowohl laufen als auch sprechen. Ich war kaum größer als ein Kegel, flachsblond wie einer der arischen Knirpse, mit denen Hitler und seine Helfershelfer sich so gern ablichten ließen, trug Windeln oder Strampelhosen und muss eine ziemlich gute Figur gemacht haben, wenn ich mit meiner Mutter die Hauptstraße von Blowing Rock entlangspazierte. Doch gutes Aussehen ist nicht alles. Ladenbesitzer, belustigte Nichtstuer und andere Leute drückten mir oft ein Bonbon oder sogar ein Eis in die Hand, um ein wandelndes Baby in kompletten, wenn auch kurzen Sätzen sprechen zu hören. Offensichtlich ist nie jemand auf die Idee gekommen, meine Mutter hätte Bauchrednerin sein können.

Dass ich reagierte wie eine dressierte Robbe, schien meine Mutter nicht zu stören (vermutlich war sie geblendet von meiner Frühreife), und sollte es einen nachhaltigen Effekt auf meine Psyche gehabt haben, habe ich es später mehr oder weniger ausgleichen können. Dafür hat mich diese Erfahrung schon sehr früh gelehrt, dass Worte etwas wert sind, dass sie Macht haben, dass man für Sprache belohnt werden kann. Und Freud würde sagen, das habe wohl gereicht, um aus mir einen Schriftsteller zu machen.

Nicht so schnell, Onkel Sigmund. Zwar könnte die positive

Reaktion auf mein erstaunlich verständliches Plappern durchaus den Samen dafür gelegt haben, dass wenige kurze Jahre später ganze Erzählungen entstanden – verbale Ergüsse, die sich Aufmerksamkeit und Anerkennung entgegenreckten wie Geranien der Sonne –, doch es gibt auch sehr private literarische Kreationen, die kein Publikum brauchen, sich jeder Art von Beifall verweigern, nicht dafür gedacht sind, gelesen oder gehört zu werden, und die sind nicht so leicht zu erklären. Nehmen wir beispielsweise meinen «Redestab».

Obwohl dessen Aktivitäten sporadisch schon ein oder zwei Jahre vorher zu beobachten waren und sich in verkürzter, eher verstohlener Art noch ein oder zwei Jahre darüber hinaus fortsetzten, hatte er sein goldenes Zeitalter, als ich zwischen elf und sechzehn war und in Warsaw lebte. Es ging darum, dass ich mir Geschichten ausdachte, sie mir selbst erzählte und dabei einen langen Stab in den Boden stieß.

Dabei ging ich manchmal auf und ab, manchmal im Kreis und murmelte die ganze Zeit leise vor mich hin oder bewegte auch oft bloß die Lippen. Aber ich «schrieb» die Szenen im Kopf und erweckte sie mit dem Stab zum Leben. An den Geschichten selbst war nichts Besonderes: Sie spielten im Dschungel oder im Zirkus, handelten von den Abenteuern ausländischer Spione oder irgendwelchen sportlichen Großtaten (ich erfand einen Baseballhelden namens Tex Halo und einen Quarterback, den ich Skyrocket McNocket nannte). Es waren genau die Fantasien und Tagträume, die man von einem Jungen aus der Kleinstadt erwarten würde. Das Seltsame lag in der Ausführung und deren Beständigkeit – allerdings ließen die ein wenig nach, als ich anfing, mich mit Mädchen zu verabreden und Basketball zu spielen.

Was mögen meine armen Eltern gedacht haben? Aufgrund der Lage unseres Hauses war es relativ leicht, meine Sessions vor den Nachbarn und dem Publikum auf der Straße zu verbergen, aber vom Küchenfenster oder der hinteren Veranda aus hatten meine Mutter und mein Vater klare Sicht auf ihren einzigen Sohn, der stundenlang mit sich selbst redete und dabei den Boden mit einem unbearbeiteten Stück Holz traktierte. Außerdem gab es hier und da große Flächen nackter Erde, wo die literarische Begeisterung im Eifer des Gefechts das Gras vernichtet hatte. Ich machte jedem Rasen den Garaus.

Keine Ahnung, mit welcher Besorgnis oder händeringender Verwirrung meine Eltern über mein Verhalten spekuliert haben mochten, wenn sie allein waren, aber man muss meinen Angehörigen zugutehalten (oder doch nicht?), dass sie mich nie auslachten, weder versuchten, mich davon abzubringen, noch (soweit ich weiß) einen Kinderpsychologen zu Rate zogen. Andererseits haben sie meine Aktivitäten nicht blind ignoriert oder so getan, als gäbe es sie nicht. Sie sprachen offen darüber und erwähnten hin und wieder beiläufig «Tommys Redestab» – ihre Bezeichnung, nicht meine –, als wäre es ein Spleen, den sie interessant fanden, etwas sonderbar vielleicht, aber nicht beunruhigend.

Stellen Sie sich meine Überraschung vor, als ich fünfzig Jahre später mit halbem Ohr einem Programm der Canadian Broadcasting Company zuhörte (meine eigentliche Aufmerksamkeit galt dem Abendessen) und den Ausdruck «Redestab» hörte. Verblüfft drehte ich das Radio lauter. Bei bestimmten Indianerstämmen in Kanada, so erfuhr ich, trug der Geschichtenerzähler traditionell einen Stock bei sich, «Redestab» genannt, mit dem er den Takt schlug, wenn er seine Geschichten zum Besten gab.

Aha! Das war es! Ich hatte als Junge also *getrommelt*, einen Rhythmus für meine inneren Monologe geschaffen. Das könnte erklären, warum ich als erwachsener Autor in Romanen und Essays immer besonderen Wert auf den Rhythmus in meinen Sätzen legte und instinktiv wusste, dass die Menschen mit den

Ohren ebenso lesen wie mit den Augen. Und jetzt konnte ich wenigstens offen, ja sogar mit einem Quäntchen schüchternem Stolz über meine exzentrische Vergangenheit sprechen.

Ungeklärt bleibt nur, was mich überhaupt dazu bewegte, so bewusst, beharrlich und heimlich (Gott behüte, dass mir meine Kumpel auf die Schliche kamen!) diese banalen Erzählungen zu verfassen. Mit dem Bleistift ein Stück Papier vollzukritzeln kann ziemlich öde sein, vor allem für ein Kind. Vielleicht hatte ich einfach eine aktivere, energetischere Möglichkeit gefunden, der Langeweile zu entkommen und gleichzeitig den Befehlen meiner überbordenden Fantasie zu gehorchen. Egal, wie trostlos der Alltag sein mochte, mein Redestab verschaffte mir die Möglichkeit, aktiv an einer anderen, aufregenderen Wirklichkeit teilzunehmen. In gewisser Weise war er so etwas wie ein Joystick – ich hatte mein persönliches Videospiel erfunden und spielte nach eigenen Regeln, Jahrzehnte bevor das interaktive Pixel auch nur ein Flackern im Auge eines Computerfreaks war.

Ende der sechziger Jahre sah ich mir mit meiner Freundin einen Fellini-Film an, in dessen englischen Untertiteln der Ausdruck «ein verzaubertes Leben» erschien. Später, beim Bier, erklärte Eileen, sie habe vor, ab sofort ein solches Leben zu führen, was auch immer das bedeuten mochte. In den exzentrischen Sechzigern erreichte man solche Ziele gewöhnlich mit links. Auf alle Fälle kommt es mir heute so vor, als wäre «ein verzaubertes Leben» genau das, was ich mit dem Stab in der Hand als Junge für mich begonnen hatte.

Übrigens werden Sie sicher mit Erleichterung vernehmen, dass ich den Stab zurückließ, als ich aufs College wechselte. Diese Ära meines Lebens war vorbei. Nun ja, fast. Mit Sicherheit ging kein Grashalm auf dem Campus der Washington and Lee University im Dienst meiner kreativen Fantasie zugrunde. Es kam jedoch mehr als fünfmal vor, dass ich mich beim Verfassen einer Hausarbeit oder eines Artikels für die Universitätszeitung so ins Zeug legte, dass ich in meinem Zimmer auf und ab ging und mit einem Kleiderbügel auf die Matratze eindrosch. Zum Glück hatte ich keine Mitbewohner.

fortunas flammen

A us einleuchtenden Gründen begleitete mich auch kein Redestab zur Hargrave Military Academy, ein Glück für den Stab angesichts des Schicksals anderer Dinge, die ich dorthin mitnahm. Bevor ich in allen dramatischen Einzelheiten darauf eingehe, sollte ich erst einmal erklären, was ich auf einer militärischen Vorbereitungsschule denn überhaupt zu suchen hatte.

Der Grund war einfach: Wie viele, wenn nicht die meisten anderen Kadetten in Hargrave wurde ich dort hingeschickt, weil ich mich auf der staatlichen Highschool nicht ausgezeichnet hatte, besser gesagt, weil ich mich in Aktivitäten ausgezeichnet hatte, die Eltern und Immatrikulationssekretariate an den Universitäten für nicht erstrebenswert halten.

Warsaw diente als kommerzielles Verwaltungszentrum für einen Haufen Farmer und Fischer, die ein paar Kilometer im Umkreis der Stadt auf dem Land oder am Fluss lebten. Die Highschool von Warsaw wurde von Kindern besucht, die mit dem Bus in die Stadt pendelten, bot aber auch einer bunten Schar Stadtbewohner, zu denen ich gehörte, so etwas wie eine schulische Ausbildung. Es gab fünfunddreißig Schüler (alle weiß, natürlich) in meiner Abschlussklasse, um Ihnen eine Vorstellung davon zu geben, wie groß die Schule war. Ich war der Einzige, der einen Hochschulabschluss schaffte, um Ihnen eine Vorstellung von ihrer akademischen Potenz zu geben. Noch aufschlussreicher ist allerdings die Tatsache, dass die meisten Lehrer in Warsaw ebenfalls keinen Abschluss besaßen. Die meiste Zeit unterrichteten uns Lehrerinnen, die höchstens zwei Jahre am College verbracht hatten und in manchen Fällen kaum älter als ihre Schüler waren. Eine solche Nähe ist nicht besonders hilfreich, wenn es darum geht, im Klassenzimmer für Ordnung zu sorgen.

Die eigentliche Aufrechterhaltung der Disziplin blieb dem Direktor überlassen (und ein Clown wie ich hinterließ eine virtuelle Schneise, die direkt in sein Büro führte). Die von den Lehrern erteilten Strafen beschränkten sich gewöhnlich auf zusätzliche Hausaufgaben oder Nachsitzen. Letzteres konnte natürlich nur Schüler aus der Stadt treffen, denn die anderen, und das war die Mehrheit, mussten ihren Bus erwischen. Wir Stadtbewohner fürchteten uns nicht besonders davor, denn die Lehrerinnen, die uns dann privat beaufsichtigten, waren meistens jung und hübsch. Teenagern fällt so etwas auf.

Dass ein Lehrer einem eine Ohrfeige verpasste, kam nur selten vor; mir aber passierte es in Warsaw ebenso wie zuvor schon in Kilmarnock, wie sich der Leser erinnern wird. Welchen Verstoß, welche Frechheit ich begangen hatte, um diese besondere, körperliche Strafe zu verdienen, weiß ich heute nicht mehr, doch das Nachspiel werde ich nie vergessen.

Miss Snowden, die Geschichtslehrerin, war vermutlich vier- oder fünfundzwanzig, also etwas älter als ihre Kolleginnen, aber nicht weniger attraktiv: eine große, gertenschlanke Blondine mit dem Spitznamen «Choogie», wie wir Kids irgendwie herausbekommen und nicht vergessen hatten. Auf alle Fälle hatte ich meine Klassenkameraden gerade in einem besonders unangebrachten Moment mit einem besonders unpassenden Bonmot unterhalten, als Miss Snowden zu meinem Pult stürmte und mir … *peng!* … eine knallte. Vor lauter Ohrensausen verging mir für einen Augenblick Hören und Sehen. Obendrein verdonnerte sie mich zum Nachsitzen, eine ziemlich harte Strafe an diesem herrlichen Frühlingsnachmittag, an dem unsere Baseballmannschaft (nie wirklich mein Sport, Baseball) um die Liga-Meisterschaft spielte.

Als es zum Schulschluss klingelte, drängten sich die Schüler aus der Klasse, manche zum Bus, andere zum Spielfeld auf der anderen Seite des Campus. Miss Snowden erschien an meinem Pult, wo ich verhalten trotzig und aufrichtig zerknirscht zugleich ausharrte. Ich mochte Choogie, aber es fehlte mir die Reife, mein Verhalten damit zu entschuldigen, dass das Theater, auf das es in dieser Welt wirklich ankommt, *immer* unangebracht ist. Eine Weile stand sie einfach nur da und musterte mich stumm. Ich hatte keine Ahnung, woran *sie* dachte; *ich* jedenfalls dachte, wenn sie mich noch einmal schlug, würde ich ihr von Gundy Pullman erzählen.

Gundy Pullman war ein Flegel, ein grober, gemeiner, eingebildeter, hinterhältiger Kerl (und an dieser Stelle sollte ich der Vollständigkeit halber erwähnen, dass er und ich im Basketballteam auf derselben Position spielten und mit gegenseitiger Abneigung um Einsätze konkurrierten). Zufällig gehörten wir beide auch zu einer unbeaufsichtigten Lerngruppe, die sich jeden Morgen in Miss Snowdens Klassenraum versammelte. Wie manche Lehrer und viele Schüler brachte Miss Snowden gewöhnlich ihren Lunch in einer braunen Papiertüte mit zur Schule. Diese Tüte legte sie auf ihr Pult. Nun, eines Tages hatte Pullman vor dem runden Dutzend Teilnehmern der Freistunde die Tüte geöffnet, ein Sandwich ausgepackt, den Reißverschluss seiner Hose heruntergezogen und das Brot gegen seinen Penis gerieben, bevor er es wieder in die Tüte steckte. Wir waren dermaßen verblüfft von dieser tollkühnen Tat, Jungen wie Mädchen gleichermaßen, ganz zu schweigen von ihrem perversen Beigeschmack, dass wir sie nicht meldeten und nur im Flüsterton darüber sprachen. Trotzdem verbreitete sich die Nachricht wie im Flug, und an diesem Tag war Miss Snowdens Klassenraum während der Mittagspause ungewöhnlich voll. Aller Augen waren auf die Lehrerin gerichtet, die ahnungslos ihr geschändetes Thunfischsandwich futterte.

Zum Glück brachte Choogie Snowden mich nicht so weit, diesen beispiellosen Frevel auszuplaudern. Statt mir noch eine Ohrfeige zu verpassen, starrte sie mich eine Weile nur an, grinste dann, schüttelte das blonde Haar und sagte schließlich: «Tommy, du bist mir vielleicht einer!» Dann ging sie zur Tür und bedeutete mir, ihr zu folgen. Die Tür befand sich in unmittelbarer Nähe zum Eingang der Schule und führte zu einem langen, schlecht beleuchteten, jetzt ganz leeren Gang, der durch die gesamte Länge des Gebäudes verlief. Ohne ein Wort nahm Miss Snowden unerklärlicherweise meine Hand. Nahm meine Hand! In ihre! Und so schlenderten wir händchenhaltend, wie zwei Verliebte über den Boulevard Saint-Germain, den gesamten Flur entlang bis zum Ende, wo sie meine Hand losließ und mich in die Sonne und den Lärm des Spiels in der Ferne scheuchte.

Ich möchte ausdrücklich betonen, dass die Szene nicht die geringste sexuelle Färbung hatte; nichts an diesem Vorfall war unpassend, und doch war er definitiv auf eine sonderbare Art romantisch. Er war zärtlich. Er war intim. Er war süß. Es war eine Vermischung, wie subtil und generationsübergreifend auch immer, von männlichen und weiblichen Energien. Und egal, was dahintersteckte, wenn überhaupt, es hatte eine Wirkung, denn für den Rest des Schuljahrs hätte ich kein Engelswässerchen mehr trüben können, so still war ich in Miss Snowdens Klasse, so respektvoll, so passend angepasst.

Die Nachricht von meiner Ohrfeige drang nicht bis zu meinen Eltern vor, und ich erzählte keiner Menschenseele, nicht einmal meinem besten Freund von dem ergreifenden, traumhaften Spaziergang durch den Flur mit Miss Snowden (es wäre mir wie Verrat erschienen). Doch angesichts der negativen Einträge hinsichtlich meines Betragens in den monatlichen Zwischenberichten (waren sie ein Omen dessen, was verbohrte Mitglieder des literarischen Establishments später kritisieren würden?) und der auf einer Eltern-Lehrer-Versammlung verkündeten Neuigkeit, dass ich anlässlich der jährlichen Beliebtheitswahl von meinen Mitschülern zum «größten Unruhestifter der Schule» gewählt worden war, mussten meine Eltern sich fragen, ob ein Redestab vielleicht noch der geringste Grund zur Sorge war, wenn es um Tommy Rottens Zukunft ging. Und dann kam die große akademische Wende von 1948.

Am Ende des ersten Halbjahrs der elften Klasse kam ich mit einem Zeugnis voller As nach Hause (Arthur Rimbaud zufolge ein schwarzer Vokal): In allen Fächern hatte ich sehr gut abgeschnitten, sogar in Algebra. Blöderweise konnte ich mein Zeugnis nicht nach Hause transportieren, ohne dass die Kunde von seinem Inhalt zu den anderen Jungs aus der Stadt durchdrang, mit denen ich jeden Tag nach Hause ging. Der schmierige Gundy Pullman und der Rowdy Lester Scott bildeten die Spitze des griechischen Chors, der mich den ganzen Weg über verspottete. Sie buhten mich buchstäblich aus. Selbst im B&B-Poolroom (ein obligatorischer Zwischenhalt nach der Schule, nur für Jungs) setzten sie ihr Gejohle fort. Sie gaben mir das Gefühl, ein Streber zu sein, ein Schleimer, ein Verräter, ein Außenseiter. So einer passte nicht in die Gesellschaft meiner Kumpel, die auf ihre antiintellektuelle Haltung auch noch stolz waren.

In Wirklichkeit hatte ich mich nicht einmal besonders angestrengt, um so gute Noten zu bekommen. Aber ich würde es ihnen zeigen und ganz neue Maßstäbe für Faulheit setzen! Beim nächsten Zeugnis rasselte ich in jedem Fach durch, einschließlich Englisch. Überall bekam ich ein glattes F. Für das Schuljahr kam ich so auf einen Durchschnitt von insgesamt C, befriedigend. Mit anderen Worten: Ich hatte das Schuljahr bestanden und mir noch nicht sämtliche Chancen auf eine College-Zulassung vermasselt, erntete jedoch nur wenig Beifall, und erst recht nicht dafür, dass ich meinen Status als guter alter Warsaw-Boy wiedererlangt hatte. Kein Wunder, dass meine Eltern anfingen, ernsthaft über eine Militärschule nachzudenken.

«Die Männer der Robbins-Familie brauchen sehr lange, um erwachsen zu werden», hat meine Mutter einmal gesagt, wobei sie nicht nur auf mich, sondern auch auf meinen Vater und meinen Großvater anspielte. Das war keineswegs als Kompliment gemeint. Ich persönlich fand, dass Reife deutlich überbewertet war, außer beim Wein, denn sowohl kreative Künstler als auch lebhafte Menschen im Allgemeinen können erheblich davon profitieren, dass sie der Welt mit der ungetrübten Sicht, der flexiblen Reaktion und dem spielerischen Empfinden eines Kindes begegnen. Abgesehen davon war die Entscheidung meiner Mutter bezüglich der Hargrave Military Academy als passendes Auffangbecken angesichts ihrer Sicht der Dinge und ihrer Kritik an den männlichen Robbins absolut vernünftig. Das Motto der Hargrave Academy lautete (in diesen unschuldigen Zeiten): *Making Men Not Money* (Uns geht's um Männer, nicht ums Geld).

Mit sechzehn machte ich meinen Schulabschluss, sah aber mehrere Jahre jünger aus und benahm mich entsprechend. Ich hatte noch keinerlei sexuelle Erfahrung, nachdem mein Erfolg bei Mädchen seinen Höhepunkt zehn Jahre zuvor in Blowing Rock erreicht hatte, aber ich kannte bereits die Freuden – nicht allerdings die Gefahren – der Angewohnheit, die Farbe der Mandeln mit dem Kardinalrot des Weins aufzufrischen. Eine Zeitlang hatte ich eine recht erwachsene Sportkolumne für *The*

Northern Neck News verfasst, eine Wochenzeitschrift, die in vier Countys von Virginia erschien, doch selbst mein schriftstellerisches Talent konnte die Tatsache, dass ich im Großen und Ganzen eine echte Herausforderung für die männermachende Hargrave Military Academy sein würde, nicht verschleiern.

Hargrave lag auf einem Hügel oberhalb des hübschen Städtchens Chatham in der Piedmont-Region von Virginia, etwa hundertfünfzig Kilometer von Warsaw entfernt. Am anderen Ende von Chatham, auf einem Hügel direkt gegenüber von Hargrave, erhob sich Chatham Hall, eine ambitionierte Privatschule für «problematische Mädchen» (so hieß es jedenfalls) aus privilegierten Familien. Beide Schulen legten Wert auf Manieren, doch es lag mehr zwischen ihnen als nur das Tal. Jegliche Art von Fraternisierung zwischen Hargrave und Chatham Hall war daher strengstens verboten.

Die Kadetten glaubten zu wissen, welche «Probleme» die Mädchen hatten, und träumten davon, sie auszunutzen und dazu beizutragen. Die Mädchen wiederum fanden die Kadetten mit den schneidigen Uniformen, der militärischen Haltung (so anders als die schlampigen Chaoten zu Hause) und der Aura möglicher Gefahr bestimmt sehr romantisch (obwohl die Schlagbolzen der Gewehre, die wir bei uns hatten, sicherheitshalber entfernt worden waren). Die Vektoren pubertären sexuellen Verlangens, die kreuz und quer über das Tal hinwegsausten, waren stark und dick; es grenzt an ein Wunder, dass die Vögel noch Platz fanden, hindurchzufliegen.

Es gab ein ungeschriebenes und unausgesprochenes Gesetz, wonach jeder Kadett, der sich auf dem Campus von Chatham Hall erwischen ließ, auf der Stelle von der Schule flog. Doch Hormone sind stärker als Gesetze, und die machtvolle Anziehungskraft der verbotenen Früchte ist vom griechischen Mythos

115

bis zur Hillbilly-Jukebox, von der klassischen Musik bis zur Seifenoper, vom romantischen Comic bis zum Buch Mose immer wieder dokumentiert worden. Jedes Frühjahr, wenn die süße, weiche Luft praktisch vor Pheromonen strotzte und die Fantasie junger Männer sich heimlichen Küssen und feuchten Höschen zuwandte, schlichen sich einige Kadetten zu den grünen Rasenflächen der klosterähnlichen Anlage auf der anderen Seite des Tals. Meistens entgingen sie der Entdeckung und Bestrafung, obwohl ihre Ausflüge erwartungsgemäß keine verifizierbaren amourösen Resultate zeitigten. Doch dann kam der Fall Stu Seaworth (Name geändert). Stu war vor Aufregung und Hoffnung ganz aus dem Häuschen, als er im Dunkel neben einem der Wohngebäude von Chatham Hall stand und einer von dessen Bewohnerinnen aufgefallen zu sein schien. Das Mädchen winkte ihm aus einem erleuchteten Fenster im zweiten Stock. Stu winkte zurück. Dann geschah das Unvorstellbare, das, wovon alle träumten. Während Stu noch dastand und glotzte, zog sich das Mädchen den Pullover über den Kopf. Als Nächstes hakte sie ihren BH auf und warf ihn beiseite. Sie gewährte Stu einen ausgiebigen Blick auf ihre kleinen Monde, bevor sie ihn einlud, heraufzukommen und eine geeignete Umlaufbahn zu finden. Er zuckte die Achseln und warf die Arme in die Luft, beinahe verzweifelt vor Enttäuschung, denn unter den gegebenen Umständen gab es keine andere Möglichkeit, sie zu erreichen, als mit einer Rakete, doch eine derartige Mondlandung war logistisch völlig ausgeschlossen.

Ach, aber was war das? Das barbusige Schulmädchen zeigte auf eine schmale Feuerleiter, die an einer Seite des Wohnheims herabführte. Stu war ein hochgewachsener Bursche, trotzdem erreichte er nicht mal die unterste Sprosse dieser Leiter. Egal. Die Sirene war verschwunden und mit ihr Stus Hoffnung, doch genau in diesem Moment senkte sich die Feuerleiter ein Stück

nach unten. Das Mädchen hatte offenbar eine Art Hebelmecha-
nismus in Gang gesetzt. Als die Sprossen tief genug hingen,
kletterte Stu, vor Erregung zitternd, hinauf. Er war auf einer
wackeligen Stahlleiter unterwegs ins Paradies! Doch knapp vor
dem zweiten Stock hörten die Sprossen plötzlich auf. Mitten auf
dem Weg und in einem Winkel von 45 Grad endete die Leiter im
Nichts. Und so blieb es. Das Licht im Zimmer der Sirene erlosch.
Stu saß auf dem Trockenen. Er glaubte, ein Kichern zu hören.
Einen ganzen Chor kichernder Mädchen.

Bei dem verzweifelten Sprung, der nun folgte, brach er sich
den Knöchel und knackste sich den Oberschenkelknochen an.
Als seine Eltern einen Monat vor seinem Abschluss eintrafen,
um ihn nach dem unehrenhaften Rauswurf abzuholen, ging er
an Krücken.

Ich habe Stu Seaworth nie persönlich kennengelernt, er war
ein Jahr vor mir gekommen und gegangen, und nach allem, was
ich weiß, könnte seine Geschichte auch stark ausgeschmückt
oder gänzlich erfunden sein. Dennoch, fest eingebettet in die
Mythologie von Hargrave, hatte sie ihren Wert. Sie ließ durchblicken, dass auf eine indirekte, womöglich schmerzhafte, sicherlich jedoch folgenschwere Weise das mädchenhafte Chatham
Hall – sein Geheimnis, seine Herausforderung, seine drohend
näher rückende Gegenwart, seine Anziehungskraft, die wie eine
Flamme für Motten war – ebenso dazu beitrug, Jungs zu Männern zu machen, wie die Militärschule selbst.

Bei meiner Ankunft in Hargrave bekam ich einen Platz im ab-
surdesten, entlegensten Zimmer der ganzen Akademie. Was war
da los? Hatten sie etwas läuten hören? Fürchteten sie, ich könnte eine Rebellion anzetteln oder, schlimmer noch, unschuldige
Kadetten dem Spektakel des Redestabs aussetzen?

Fast versteckt in einem abgeschiedenen Winkel der zweiten

und obersten Etage, war es ein ungewöhnlich großer Raum: lang und schmal mit schrägen Decken und einem einzigen kleinen Fenster, was darauf schließen ließ, dass es früher einmal eine Dachkammer gewesen war. Dieses Zimmer lag so weit von Verwaltungstrakt, Aufenthaltsraum, Unterrichtsräumen, Sporthalle und Innenhof entfernt, dass seine Bewohner den Wecker mindestens fünf Minuten vor dem Reveille stellen mussten (dem eigentlichen Weckruf, mit dem die übrigen Kadetten aus dem Bett gescheucht wurden), um rechtzeitig zum Morgenappell erscheinen zu können.

Ich hatte zwei Zimmergenossen. Aus dem Erdnussland Virginia kam ein umgänglicher Bursche mit Brille, der noch die Hälfte seines Babyspecks mit sich herumschleppte und den fast Faulkner'schen Namen Ollie Hux trug. Auf der anderen Pritsche schlief ein gut aussehender, weltgewandter, selbstbewusster Hargrave-Veteran aus der Dominikanischen Republik namens Pelayo Brugál. Es gab eine ganze Menge spanischsprachiger Kadetten, die auf der Akademie eingeschrieben waren, hauptsächlich aus der Karibik und aus Südamerika, Gegenden, wo das Militär im Besonderen und der Machismo im Allgemeinen das Größte sind. Nicht mehr und nicht weniger.

Brugál (Akzent auf der letzten Silbe) gehörte zu den Ältesten unter den Hispanoamerikanern und war ihr natürlicher Anführer. Er half ihnen beim Lernen und brachte ihnen die Spielregeln bei. Infolgedessen war unser großes Dachzimmer ein Versammlungsort für Latinos. Nachmittags drängelten sich hier die Jungs aus Venezuela und Kuba und unterhielten sich auf Spanisch, der schnellsten Sprache der Welt. Man hatte den Eindruck, sie redeten alle auf einmal, als säße man in einem Käfig voller Papageien, deren Cracker mit Crystal Meth versetzt waren. Ich fand das angenehm und abwechslungsreich.

Aus unerfindlichen Gründen war Brugál seit zwei Jahren nicht mehr zu Hause gewesen und hatte beide Sommer in Hargrave verbracht. In diesem Jahr (meinem Jahr) flog er über Weihnachten zu seiner Familie. Er nahm zwei Koffer mit, einer war voller Klamotten, der andere leer.

Zufällig waren sein Vater und sein Onkel die Besitzer der größten Rumbrennerei der Dominikanischen Republik. Als Pelayo in der ersten Januarwoche in die Schule zurückkehrte, war der zuvor leere Koffer gefüllt mit Flaschen voller Rum. Bestem dominikanischem Rum. Rum, eine höher entwickelte Form, die aus dem zähen Ursprungsbrei des Lebens gekrochen ist.

Jeden Abend nach dem Zapfenstreich, wenn das Gebäude still und dunkel dalag, schlich sich Pelayo zu unserem Schrank und holte eine Flasche aus dem verschlossenen Koffer. Ollie Hux, er und ich – wir alle genehmigten uns einen schönen, kräftigen Schluck. Er wärmte. Er war berauschend. Er wirkte verbrüdernd. Er sorgte für tiefen Schlaf und angenehme Träume. Selig, ausgeruht und vielleicht eine Spur zu selbstsicher ignorierten wir geflissentlich, dass wir mit dem Feuer spielten. Und dann brannte am 19. Februar die Schule ab.

Als an jenem Abend bei den Hausarbeiten der Feueralarm losging, brachte ich mich wie alle anderen Kadetten in diesem Ende des zweiten Stocks über die nächste Feuertreppe in Sicherheit. Obwohl wir alle einen schwachen Rauchgeruch in der Nase hatten, rechnete keiner von uns damit, dass das Feuer, das im Lehrerflügel eine Etage unter uns ausgebrochen war, große Folgen haben würde. Wir glaubten, wir würden rasch wieder in unseren Zimmern sein, und freuten uns über die unerwartete Pause von unseren Büchern. Dann sahen wir hinauf und erblickten die Flammen. Sie schienen sich auszubreiten.

Den Rum zu retten kam nicht in Frage, doch mein Basketball Letter Jacket war noch in unserem Zimmer, zusammen mit Fotos von (meist imaginären) Freundinnen, einem Pullover und warmen Socken: Es herrschten zehn Grad unter null in dieser Nacht, und ich trug nur meine Khakihose, ein T-Shirt und Pantoffeln. Als mir klarwurde, dass die Lage möglicherweise ernst war, kletterte ich die Feuerleiter wieder nach oben und durch das offene Fenster zurück, entschlossen, meine armseligen «Wertsachen» aus unserem Zimmer zu bergen.

Draußen verwandelte sich die anfänglich halbherzige Festtagsstimmung in Schock und Chaos. Kadetten, Lehrkörper und Belegschaft wuselten hilflos und verwirrt durcheinander und warteten auf den einzigen Feuerwehrwagen von Chatham. Niemand sah, wie ich in das brennende Gebäude zurückkehrte, niemand rief mir eine Warnung zu, keine hysterische Mutter flehte: «Feuerwehr, Feuerwehr, rette mein Kind!»

Als ich im Gang des zweiten Stocks stand, schlug mir eine Wand aus heißem Rauch entgegen. Ich war erst wenige Schritte weit gekommen, als er mir in Augen, Nase und Hals gestiegen war. Es fühlte sich an, als röstete ein Trupp von Pfadfinderinnen Marshmallows in meinen Lungen. (Klar, es hätten auch männliche Pfadfinder sein können, aber selbst im Angesicht des Todes zog ich weibliche Gesellschaft vor.) Kurz bevor ich das Bewusstsein verlor, brachte ich eine unbeholfene Kehrtwende zustande und stürzte Hals über Kopf wieder durch das Fenster nach draußen. Falls überhaupt jemand mitbekam, wie ich hustend und prustend hinabkletterte, bekam ich es nicht mit. Innerhalb weniger Sekunden stand ich in der Menge und beobachtete mit einer Mischung aus Faszination, Erregung, Ungläubigkeit und Entsetzen die überall aufflackernden Flammen. Niemand dachte daran, mich wegen einer Rauchvergiftung zu behandeln.

Ja, der impulsive Tommy Rotten hatte Glück gehabt, mit dem Leben davonzukommen, aber ich hatte auch noch in anderer Hinsicht Schwein. Früher oder später wäre unser Rumvorrat entdeckt worden – das war unausweichlich. Pelayo Brugál, Ollie

Hux und ich wären im hohen Bogen von der Schule geflogen, und unsere Namen wären wie der von Stu Seaworth in die Hall of Shame von Hargrave eingemeißelt worden. Und wer weiß, welchen Verlauf mein Leben anschließend genommen hätte? Das College meiner Wahl hätte mich nicht mehr annehmen dürfen, und mit siebzehn war ich zu jung, um Zuflucht in der Army zu suchen … nun ja, hin und wieder stelle ich mir vor, ich wäre Brugál nach Santo Domingo gefolgt, wo ich dann Jahre vor Hunter S. Thompson meine eigene Version der *Rum-Tagebücher* geschrieben hätte. Ob das ein glücklicher Ausgang gewesen wäre, ist allerdings fraglich.

Hargrave erhob sich aus der Asche. Wie Phoenix? Nein, mehr wie Tucson – zumindest für den Rest dieses Schuljahrs. Nach einem Monat Pause öffnete die Akademie erstaunlicherweise schon im März wieder, und zwar mit erheblichen Neuerungen. Abgesehen von Exerzierplätzen, einem Sportplatz, einem Innenhof und einem Schwimmbecken unter freiem Himmel bestand Hargrave im Wesentlichen aus einem einzigen, extrem langen zweistöckigen Gebäude, von dem nur ein Ende das Feuer überlebt hatte. In diesem Ende befanden sich die ehemalige Sporthalle, die nun zu einem Speisesaal umfunktioniert worden war, und Zimmer für etwa ein Drittel der Kadetten. Der Rest wurde vorübergehend auf verschiedene Quartiere in und um Chatham herum verteilt. Ich hatte Glück und gehörte zu einer etwa zwanzigköpfigen Gruppe, die in einem Hotel im Zentrum der Stadt untergebracht wurde.

Da auch unsere Uniformen verbrannt waren, trugen wir jetzt Zivilkleidung. Das bedeutete glücklicherweise auch das Ende der täglichen Inspektionen und verschaffte uns ein Gefühl wiedergefundener Freiheit, verhinderte jedoch nicht, dass wir als Kadetten für jedermann erkennbar waren. Vielleicht bestanden die Eltern darauf, vielleicht waren es auch persönliche Gründe, aber die Mädchen aus der Stadt gingen uns im Großen und Ganzen aus dem Weg, während die von Chatham Hall genauso unerreichbar blieben wie zuvor, obwohl wir sie von unserem Hotelfenster aus bei ihren wöchentlichen Besuchen im Geschäftsviertel beobachten konnten, wo sie ihren Mädchenkram im Drugstore kauften und taten, was Mädchen sonst noch so tun. Sie kamen zu Fuß, fast immer in Gruppen von zehn oder mehr und wurden so streng beaufsichtigt wie eine Ladung waffentaugliches Plutonium.

Wir waren jetzt eine ziemlich bunt gemischte Truppe und wurden nach wie vor durch Ausgangssperren und Morgenappelle kontrolliert, der Drill aber wurde für eine Weile ausgesetzt, was mich seltsamerweise ärgerte. Mir gefiel er nämlich, und ich war ziemlich gut darin, nachdem ich schon bei den Pfadfindern damit angefangen hatte. Sie müssen wissen, dass die Erwachsenen, die meine Pfadfindergruppe in Warsaw organisierten und leiteten, offenbar weniger Interesse daran gehabt hatten, uns zu Naturburschen zu erziehen, als daran, uns Zucht, Boxen und Respekt vor der amerikanischen Flagge beizubringen. Heute weiß ich, dass sie darauf aus waren, kleine Faschisten aus uns zu machen, und wenn ich an ihre ständigen rassistischen und antisemitischen Bemerkungen denke, habe ich den Verdacht, dass zumindest einige von ihnen Mitglieder des Ku-Klux-Klan waren. In den vierziger Jahren gab es in Virginia mehr Klan-Aktivitäten, als man sich heute vorstellen kann. Auf alle Fälle wurde meine ganze Pfadfindergruppe aufgelöst, nachdem man einige von uns dabei erwischt hatte, wie wir billigen Wein tranken (fünfundneunzig Cent pro Flasche, die wir von unseren Pfadfinderbeiträgen zahlten) und in die Fenster attraktiver Hausfrauen spähten (statt uns Verdienstabzeichen als Vogelbeobachter zu erarbeiten).

Hargrave war jetzt zur Hälfte Militärschule und zur anderen Hälfte eine zivile Vorbereitungsschule fürs College. Das Jahr nach dem Brand erwies sich als prekär für alle Beteiligten. Aber natürlich verging es, und bei den Abschlussaufgaben am letzten Tag wurde ich dreimal nach vorn gerufen: einmal, um mein Diplom in Empfang zu nehmen; einmal, um den Quill and Scroll Award entgegenzunehmen, der an Kadetten verliehen wurde, die außergewöhnliche Beiträge zur Schülerzeitung geleistet hatten, und zuletzt, um mich mit der begehrten Senior Essay Medal auszeichnen zu lassen, nicht für einen Essay, sondern für eine Kurzgeschichte mit dem Titel «Voodoo Moon», in der es um irgendwelche seltsamen Vorkommnisse in den Sümpfen von Louisiana ging. Kein anderer Absolvent wurde an diesem Tag mehr als zweimal nach vorn gerufen, die meisten nur ein Mal, und die dreifache Auszeichnung kam mir gerade recht, denn ich hatte am Abend zuvor den vorderen rechten Kotflügel der brandneuen Chevrolet-Limousine meines Vaters verbeult, indem ich auf einer Spritztour durch den örtlichen Friedhof gegen einen Grabstein geknallt war. Daddys Wut und Frust wurden zum Glück ein wenig gemildert durch den Stolz auf meine Leistungen. So war es weder das erste noch das letzte Mal, dass meine Sprachbegabung und mein Talent für das geschriebene Wort mir den leichtsinnigen Arsch retteten.

und jetzt im programm: *satori*

G estern (am 18. November 2011) erklärte die Polizei von Los
Angeles, sie werde nach dreißig Jahren Neuermittlungen im
Fall Natalie Wood aufnehmen. Wood war während oder nach
einer Party an Bord einer Yacht vor der Insel Santa Catalina ums
Leben gekommen; damals hatte man als Todesursache Ertrinken unter Alkoholeinfluss angegeben. Jetzt sollten die Umstände
noch einmal neu geprüft werden. Daraufhin fragte mich meine
Partnerin, ob die bereits geschilderte, vor langer Zeit durch Natalie ausgelöste spirituelle Erweckung etwa ein Beispiel für Satori
gewesen sei. Ich antwortete: «Das war nah dran, aber die Sitar
hast du leider nicht gewonnen.»

Das hätte ein netter Scherz sein können, allerdings hat er einen
interkulturellen Makel: Eine Sitar ist ein indisches Instrument,
der Begriff «Satori» hingegen stammt aus Japan. Gewöhnlich
wird es als «plötzliche Erleuchtung» definiert; Zen-Schüler verstehen Satori als blitzartige, allumfassende Erkenntnis. Meistens
folgt es auf viele Jahre des Studiums und der Meditation, obgleich
gelegentlich auch Novizen von diesem Blitzschlag grenzenlosen
Bewusstseins getroffen werden. Abgesehen von der Episode mit
Natalie Wood, die, unter Umgehung des Verstandes, eine Sache
des Herzens war, habe ich zweimal im Leben Satori erfahren.
Beide Male kam es aus vollkommen überraschenden Quellen,

und in keinem Fall hatte es irgendwelche nachhaltigen Folgen, außer vielleicht ein paar willkürliche, kaum wahrnehmbare.

1966 wohnte ich in einem großzügigen Apartment – sieben Zimmer mit Bad für fünfzig Dollar pro Monat. Warum so billig? Weil es in einem Industriegebiet von Seattle lag und die gesamte Etage über einer Maschinenwerkstatt umfasste. Offenbar fanden nur wenige Mieter diese Lage erstrebenswert. Mir hingegen erschien sie so reizvoll wie ein Penthouse in Manhattan.

Die Werkstatt unter mir stellte Getriebe her. Getriebe müssen laufen. Statt einer Kakophonie von Hämmern und Scheppern drang als Geräusch von unten in meine Wohnung also ein tiefes, gleichmäßiges Dröhnen, ähnlich dem Klang einer Schiffsschraube. Es war beruhigend, angenehm, irgendwie sogar romantisch, ein perfekter Soundtrack für Sex, aber auch für einen geruhsamen, tiefen Schlaf. Wenn die Getriebehersteller mal einen Eilauftrag hatten und rund um die Uhr arbeiten mussten, fand ich es morgens schwierig, aus dem Bett zu kommen. Ich hätte selig vierundzwanzig Stunden durchschlafen können. Und manchmal, wenn ich mich zwang aufzustehen, ging ich zum Fenster und erwartete fast, den weiten Ozean und in der Ferne die Silhouette von, sagen wir, Tahiti zu sehen oder vielleicht Santa Catalina, dessen Gewässer am Ende Natalie Wood verschluckt hatten.

Eine Grippe ist immer lästig, aber als mich im Januar 1966 ein Virus erwischte, tröstete mich die Vorstellung, dass ich mehrere Tage in meinem warmen Bett liegen und vom angenehmen Brummen der freundlichen Maschinen in den Schlaf gewiegt werden würde. Außerdem hatte ich ein gutes Buch zum Lesen. *I Lost It at the Movies* war eine Sammlung von Besprechungen der legendären Filmkritikerin Pauline Kael. Sie war eine jener seltenen Experten, deren Leidenschaft für ihr Sujet ansteckend wirkt. Genauso wie Henry Millers Schriften über Matisse so aufrüttelnd und hinreißend sind, dass der Leser bereit wäre, nackt einen Spießrutenlauf von zehn Kilometern auf sich zu nehmen, wenn er dafür die Chance bekäme, am Ende ein Gemälde von Matisse zu sehen. Pauline Kael machte einem Lust auf Filme. Nur der Virus war schuld daran, dass ich vier Tage Widerstand leistete, bevor ich das Krankenbett verließ und ins Kino fuhr.

In jenen Tagen, als es noch keine Kinocenter, Multiplexe oder Netflix gab (ich hatte keinen Fernseher), befanden sich die Kinos, wo man die neuesten Filme sehen konnte, meistens im Stadtzentrum. Ich setzte mich also ans Steuer meines klapprigen Plymouth Valiant (er war fast genauso angeschlagen wie ich) und machte mich auf den Weg in die Innenstadt von Seattle. Es war Winter, wie gesagt, und ich war noch nicht besonders weit auf dem Elliott Way gekommen, als ich voll in einen ausgewachsenen Blizzard geriet. Schneestürme dieses Ausmaßes sind in Seattle selten; gewöhnlich verlaufen die Winter hier mild und regnerisch, doch bei diesem Brummer hätte sich selbst Admiral Byrd persönlich vorzeitig in den Ruhestand versetzen lassen. Es schneite dermaßen kräftig gegen meine Windschutzscheibe, dass ich praktisch nichts mehr sehen konnte, obwohl es erst früher Nachmittag war. Abgesehen von den wirbelnden Schneeflocken erkannte ich gerade noch die Motorhaube meines Wagens.

Es gab damals einen Golfplatz mit Übungsgrün am Elliott Way, der mit einem großen weißen Golfball auf einem unübersehbaren Werbeplakat auf sich aufmerksam machte. Der Ball war von einem dreidimensionalen weißen Neonlicht umrahmt. Während ich mich vorwärtskämpfte und auf den bewegten Vorhang wirbelnder, kreiselnder Schneeflocken starrte, erschien plötzlich mitten in dem dynamischen Strudel ein strahlender weißer Kreis. Ein Samen, eine Zelle, ein Kopf, eine Aura, ein Tondo, ein Strahlenkranz, eine Körperöffnung, ein Tierkreis, die Sonne, die Erde, der Mond, das Auge und das Ei, der ungebrochene Kreis des Lebens, die Kontinuität des Bewusstseins, die geheimnisvolle silberne Blume der Seele: dieser neonweiße Golfball war all das und nichts davon zugleich. Und während ich noch hinaufblinzelte, wo er in einem energiegeladenen Feld funkelnder Flocken strahlte, weiß auf weiß, begriff ich plötzlich alles.

Alles! Ich sah, wie das Universum funktioniert und wie es zusammengesetzt ist – auf allen Ebenen, mikroskopisch und makroskopisch. Denn solange es dauerte, und ich glaube, es waren nicht mehr als ein Dutzend Sekunden (in diesem Zustand war die Zeit elastisch/geologisch), wurde ich Zeuge der unauflöslichen Gesamtheit der Realität, einer psychologischen Gestalt, die unser Affenhirn gewöhnlich in verdauliche Fragmente unterteilt. Die starren Fesseln, die uns an primitive Gesinnungen, absurde Rationalisierungen, selbstzerstörerische Ideologien und kontroverse Weltanschauungen binden, waren durchtrennt, und ich war ein freier Geist inmitten der Ganzheit des chaotischen Durcheinanders. Ich sah die materielle und die immaterielle Welt als das alles umfassende Wunder, das sie ist: kein zusammenhängender, undifferenzierter Klumpen, wohlgemerkt, eher so etwas wie ein großes, sich ausbreitendes Netz, dessen miteinander verknüpfte Fäden wie Perlen mit pulsierenden Leuchtimpulsen besetzt sind und genauso gut Musiknoten sein könnten. Mir ist durchaus klar, wie verschwurbelt das klingt, aber es war so real wie ein verstauchter Zeh und so luzide wie eine Seite Hemingway.

Wäre ich Asiate mit einem anderen Temperament, hätte ich mich wahrscheinlich in ein Zendo begeben, in einen Ashram oder in eine Höhle in der Wildnis, um für den Rest meines Lebens über meinen neonweißen Golfball zu meditieren und zu versuchen, ihn irgendwie in meinen Alltag zu integrieren. Stattdessen fuhr ich erschüttert, elektrisiert, plitschplatsch in einer verblassenden Aura von Ehrfurcht weiter durch den allmählich nachlassenden Schneesturm und sah mir schließlich einen Hollywoodfilm an.

Es war übrigens *Die Clique*, eine Chronik über Leben und Liebe einer Schar Studentinnen am angesehenen Vassar College. Pauline Kael sollte ihn später als «unbedeutend» abtun.

Es gibt Legionen von streunenden Katzen und Katern wie uns, für die Leihbüchereien, Buchläden und Kinos Tempel, Kathedralen oder heilige Haine sind; trotzdem ist es mir immer noch peinlich, zuzugeben, dass, abgesehen von gewissen durch LSD ausgelösten Erscheinungen, alle wichtigen, bewegenden «metaphysischen» (mir fällt kein weniger verdächtiger Ausdruck ein) Erfahrungen meines Lebens auf die eine oder andere Art mit dem Kino zu tun hatten. Zuerst kam Johnny Weissmuller als Tarzan, der Jesus aus meinem Helden-Pantheon verdrängte, als Nächstes der Schwall von Liebe und Mitgefühl, den die junge Natalie Wood auslöste, dann *Schießen Sie auf den Pianisten* und der dadurch bewirkte mächtige, kreative Durchbruch, gefolgt von dem Golfball-Satori, als ich im Auto unterwegs zum Kino war. Und schließlich – Butter auf der Tüte transzendenten Popcorns – mein zweites und bislang letztes Satori, diesmal im Innern eines Kinos.

Es fand im Jahre 1991 statt, und das Kino war das Neptune Theater im Universitätsviertel von Seattle. Der Film hieß *König der Fischer*, mit Robin Williams in der Hauptrolle. Er basierte lose auf der Parzival-Geschichte aus der Legende von König Arthur. Williams spielt Parry, einen finanziell, geistig und körperlich gebrochenen Mann. Der obdachlose Parry findet Zuflucht im Keller eines New Yorker Mietshauses, und in diesem staubigen, niedrigen Raum, den kreuz und quer Heizungsrohre, elektrische Leitungen und Wasserrohre durchziehen, baut er einen Altar, einen kleinen Schrein auf.

Dort arrangiert er sorgfältig allerlei religiösen Krimskrams wie Räucherkerzen und -gefäße, Gebetsperlen, Votivkerzen und Darstellungen asiatischer Götter, darunter auch Buddha. Es ist alles ziemlich ordentlich und ernsthaft, auf naive Art ehrfürchtig, doch wenn man genau hinsieht, bemerkt man zwischen den heiligen Relikten zwei kleine Plastiktütchen mit Sojasoße, wie man sie typischerweise in einem chinesischen Restaurant bekommt, wenn man dort eine Bestellung zum Mitnehmen aufgibt. Der Film kommt nie wieder darauf zurück, es ist nur ein flüchtiges Bild, vielleicht ein rein optisch wirksamer Wegwerf-Gag, vielleicht eine flapsige Anspielung auf Parrys Geisteszustand. Für mich aber war es das Geschenk eines Tickets zum Satori und zurück.

Wahrscheinlich kann ich es weder zu meiner eigenen Zufriedenheit noch zu der des Lesers erklären, doch das Nebeneinander von sublimer Versenkung und belangloser Funktionalität, von Erhabenem und Banalem, bewirkten etwa so einen Blitz ultimativer geistiger Erkenntnis, wie eine Eisenstange auf einer Scheune den echten Blitz anzieht. Natürlich müssen in beiden Fällen die Umstände günstig sein, damit er tatsächlich einschlägt.

Was die natürliche Welt zusammenhält, scheint ein harmonisches Gleichgewicht von Gegensätzen zu sein: Tag und Nacht, Licht und Dunkel, Winter und Sommer, fest und flüssig, sauer und basisch, männlich und weiblich, Welle und Wellental, Proton und Elektron und so weiter. Unsere Realität ist geprägt von expliziter Dualität, die jedoch eine implizite Einheit repräsentiert (die «Ganzheit», von der ich zuvor schon geschwafelt habe), und die Trennlinie zwischen diesen Dingen ist ebenso dünn wie notwendig: Yang reibt sich an Yin, Yin reibt sich an Yang, sie sind verschieden und ergänzen sich doch gegenseitig.

Die Grenze zwischen Tragik und Komik ist breiter, tiefer, unregelmäßiger, aber weder so starr noch so problematisch wie die zwischen Leben und Tod. Und es sind eklatante Oppositionen wie Verlangen gegen Ablehnung, Erfolg gegen Scheitern und insbesondere «gut» gegen «böse», mit denen sich Ausübende der narrativen Künste im Allgemeinen beschäftigen. Aus meiner Sicht ist allerdings die faszinierendste und vielleicht bedeutendste all dieser Schnittstellen diejenige, die das Lächerliche vom Erhabenen trennt und beides zugleich miteinander verbindet. Die erstaunlich schmale Grenze zwischen dem Heiligen und dem Profanen, zwischen Beten und Lachen, zwischen Leonardos Kelch und Warhols Suppendose, zwischen dem klaren Licht und dem Witz schafft einen Sinnhorizont, der ebenso anregend wie ketzerisch ist: einen Hauch von geistiger Befreiung, der auf so deutliche, aber auch seltsame Weise schicksalhaft ist, dass er vielleicht einen Schlüssel zum Geheimnis des Seins birgt. Oder uns zumindest verstehen hilft, was der alte Nietzsche mit *Jenseits von Gut und Böse* im Sinn hatte.

Ich möchte hinzufügen, dass mir solche Gedanken fernlagen. Komplett. Ich sah nur die beiden blöden kleinen Beutelchen mit minderwertiger Sojasoße zu Buddhas göttlichen Füßen, und plötzlich wurde mir schwindlig, denn in diesem Augenblick überkam mich das spontane Gefühl völligen Einklangs mit jenem indischen Swami, der das Leben als «schönen, niemals endenden Witz» definiert hat. Das Dach auf dem Zellenblock dessen, was wir allgemein unter Realität verstehen, war weggeflogen, und ich flüchtete, kletterte zu den Sternen hinauf, schleppte noch ein paar letzte Reste von Orthodoxie mit und schwang mich auf die Welle höherer Weisheit, die für nüchterne, vorsichtige Menschen immer tabu bleiben wird. Das ist natürlich übertragen gemeint: Ich hatte keinen Tropfen meiner Pepsi verschüttet.

washington, lee & wolfe

S eit 1985 nimmt die Washington and Lee University, ein privates, geisteswissenschaftlich orientiertes College, beide Geschlechter auf, doch als ich in den fünfziger Jahren dort studierte, gehörten die einzigen Brüste auf dem Campus der scharfen Bibliothekarin in der juristischen Fakultät (ihretwegen war der Lesesaal jeden Abend proppenvoll) und ein paar mit Kohlehydraten gemästeten Kolossen, die in der Offensive Line der Footballmannschaft spielten. Die W&L war seit ihrer Gründung im Jahr 1749 exklusiv männlichen Studenten vorbehalten gewesen, und die wiederum waren auch exklusiv, denn die akademisch strenge Universität war und ist bis heute extrem selektiv: Nur fünfzehn Prozent aller Bewerber wurden für das Studienjahr 2012–2013 angenommen.

Manche betrachten die W&L, die auch unter dem Namen «Princeton des Südens» bekannt ist, als eine Art Pensionat für traditionsbewusste Gentlemen. Diese Vorstellung wird noch durch den berühmten Ehrenkodex des Colleges verstärkt, der bis heute in Kraft ist, und durch den besonderen Wert, den es auf konventionelle Kleidung legte. Diese Regel wurde erst kürzlich mit Rücksicht auf die verbreitete Vorliebe unserer Zeit für Ungezwungenheit abgeschafft. «Konventionelle Kleidung» bedeutete, dass Studenten jederzeit mit Jackett und Krawatte herumliefen, sowohl auf dem Campus als auch außerhalb, außer natürlich beim Sport – was möglicherweise einer der Gründe dafür ist, warum ich so unglaublich viel Zeit mit Basketballspielen verbracht habe.

Da die Mehrheit der W-&-L-Studenten aus wohlhabenden Familien stammte, waren viele dieser Anzüge und Jacketts gutgeschnitten und sahen ansehnlich aus. Ein Student aber stach in puncto Eleganz besonders hervor. Das lag nicht etwa daran, dass seine Klamotten teurer oder eleganter verarbeitet waren als die seiner Kommilitonen, sondern dass er sie mit so viel Stil und Elan aussuchte und trug. Dieser Dandy, der an warmen Tagen in blendend weißen Anzügen mit geblümten Einstecktüchern erschien, war unter anderem (Inbegriff einer «großen Nummer auf dem Campus») Sportredakteur der zweimal in der Woche erscheinenden Collegezeitung, an der ich im ersten Semester als frischgebackener Sportreporter mitzuarbeiten begann.

Die Zeitung hieß *Ring-tum Phi* (warum, habe ich nie erfahren: typisch für die W-&-L-Studenten), informell «Ring Dang Doo», ein Slangausdruck für Penis (ebenfalls typisch für sie), und der Sportredakteur, mein Boss, war K. T. Wolfe III. In weniger als zwei Jahrzehnten sollte er sich in der englischsprachigen Welt als Tom Wolfe einen Namen machen, einer der innovativsten Journalisten in der Geschichte dieses Genres, ein extravaganter, aber auch scharfsichtiger Stilist, der zusammen mit Hunter S. Thompson die seit langem bestehende Mauer zwischen dem Reporter und seinem Sujet sprengte und eine Intimität und Unmittelbarkeit auf das Papier zauberte, die Kultur und Gegenkultur gleichermaßen heftig erschütterte und halbanthropologische Zeitungsartikel mit dem Rokoko-Popcorn detaillierter Beobachtung füllte.

Tom Wolfe hatte auch als Romanautor einigen Erfolg, obwohl seine fiktionalen Werke gerade unter den Qualitäten leiden, die den Journalismus in den sechziger und siebziger Jahren so lebendig machten: einem unbestechlichen Ohr für Sprache und einem scharfen Auge für Details. Sein Ansatz bei fiktionalen Texten entspricht, wie er selbst einräumt, demjenigen der Romanciers aus dem neunzehnten Jahrhundert. Er versucht sich an einer Eins-zu-eins-Übersetzung des Lebens, doch wie Somerset Maugham dazu einmal sagte: «Der Realismus bringt allzu oft Romane hervor, die langweilig und öde sind», um dann zu bekräftigen, die Fiktion, auf die es wirklich ankomme, sei ein Produkt der Fantasie, der es nicht um die Wahrheit an sich, sondern um Effekte gehe. Wolfe hingegen besitzt das wertvollste und wirksamste Mittel aus dem Medizinschrank eines Schriftstellers entweder gar nicht oder hat sich dafür entschieden, es zu ignorieren: die Fantasie. Aber ich schweife schon wieder ab.

Ich weiß noch, wie ich Wolfe in seinem *Ring-tum-Phi*-Büro aufsuchte. Die Füße mit den eleganten weißen Schuhen ruhten auf dem Schreibtisch, eine Strähne des gerstenblonden Haars fiel ihm über das rechte Auge, und er las mit halblauter Stimme ein langes, episches Gedicht über die Schwächen der Southern Athletic Conference vor, das er soeben verfasst hatte. Er war so eloquent wie elegant, und ich zeigte mich entsprechend beeindruckt. Falls er auch nur ein einziges Mal in diesem Jahr das Wort an mich, seinen tollpatschigen Untergebenen, gerichtet hat, so kann ich mich nicht daran erinnern. Dreiunddreißig Jahre später führten wir ein kurzes, und ich glaube, angenehmes Gespräch.

Es war am Ende des Galadinners, das die Zeitschrift *Esquire* zu ihrem fünfzigjährigen Bestehen im Restaurant des New Yorker Four Seasons gab. An der Garderobe stand ich direkt hinter Wolfe. Es war ein wundervoller Abend gewesen (wir gehörten beide zu den regelmäßigen Mitarbeitern von *Esquire*), der Raum hatte im Glanz der Stars gestrahlt, und jetzt warteten wir auf unsere

Mäntel. An der W&L hatte Wolfe als Starting Pitcher im Baseballteam mitgespielt (wie gesagt, er war eine große Nummer auf dem Campus), und später, bevor er zum Medienstar wurde, eine Saison in der halbprofessionellen Sertoma-Liga in Richmond, seiner Heimatstadt. Das wusste ich, weil ich während meiner Zeit als Sportredakteur bei der *Richmond Times-Dispatch* die örtlichen Baseballspiele im Auge behalten musste. Bevor Wolfe seinen Kaschmirmantel in Empfang nehmen konnte, beugte ich mich vor und flüsterte ihm leise ins Ohr: «Was genau war noch dein Rekord in der Sertoma-Liga? Fünfundachtzig oder achtundfünfzig?»

Als er herumfuhr, um zu sehen, mit wem er es da zu tun hatte, wirkte er nicht nur überrascht, sondern geradezu ungläubig. Ich stellte mich vor und erklärte mich. Daraufhin schüttelte er mir ausgiebig die Hand und erzählte, dass ihn die Studenten unweigerlich fragten, ob er Tom Robbins kenne, wenn er auf einem College-Campus sprach. Jetzt könne er zumindest antworten, wir seien uns schon einmal begegnet, sagte er, immer noch verdattert, und schien aufrichtig erfreut darüber.

Jede Befriedigung über diesen herzlichen und schmeichelhaften Wortwechsel verflog auf der Stelle, als ich mich umdrehte und mich William F. Buckley gegenübersah, dem Kaiserpinguin der amerikanischen Rechten, der mich mit Grauen und Abscheu musterte, so wie er eine Wanze zwischen seinen seidenen Bettlaken gemustert hätte, wobei besondere Abneigung für mein rosa Rüschenhemd und die Fliege mit den farbigen Pailletten zu erkennen war. Tja, man kann es wohl nicht allen recht machen.

Trotz all seines Talents und Glanzes war T. K. Wolfe III. in diesem Jahr nicht der einzige interessante Student an der W&L. Es gab auch noch Glen Allen Scott, der mich mit dem Werk von Henry Miller bekannt machte (dessen Texte in den puritanischen Vereinigten Staaten von damals praktisch unauffindbar waren) und noch als Student einen Roman veröffentlichte, den *Newsweek* mit F. Scott Fitzgeralds Debüt *Diesseits vom Paradies* verglich.

Oder Walt Michaels, ein echter Gentleman-Sportler, mit dem ich gerade ein Schwätzchen im Postamt von Lexington hielt, als er den Umschlag eines Briefes aufriss, der ihm mitteilte, man habe ihn für die Mannschaft der National Football League ausgewählt. Michaels spielte bei den New York Jets, die er später auch viele Jahre lang trainierte.

Und es gab David Gale, der mitten im ersten Semester das College verließ, um mit Captain Dod Orsborne in einem Einmaster um die Welt zu segeln. Orsborne war ein unerschrockener Abenteurer, dessen autobiografisches Werk *Master of the Girl Pat* meine Fantasie beflügelt hatte, als ich noch ein Teenager war. (Als Endzwanziger hatte ich mal eine Affäre mit einer jungen verheirateten Frau namens Patricia, deren Mann, den armen Teufel, ich immer als Master of the Girl Pat bezeichnete. Sie hat die Anspielung nie verstanden, und wie auch immer, Schande über mein Haupt.)

Da wir gerade von Pats sprechen, der Super-Evangelist Pat Robertson war 1950 ebenfalls auf der W&L. Er trug später mächtig zur Kommerzialisierung des Christentums und der Verdummung von Amerika bei, doch auf dem College machten sich seine Talente für diese schwarzen Künste noch nicht bemerkbar. Auf der W&L war Robertson ein unbeschriebenes Blatt, obwohl man sich im Nachhinein kaum vorstellen kann, dass ein so immenses Ego nicht irgendwie hätte auffallen müssen.

Im Großen und Ganzen würde ich sagen, die schillerndste Figur von allen war ein Typ, dessen Name schon vor langer Zeit in einer meiner synaptischen Frettchenhöhlen verschwunden ist. Alles, was ich über ihn noch weiß und was mich damals an ihm faszinierte, war, dass er vom College flog, weil er in einem

Plattenladen von Lexington Schallplatten geklaut hatte – dabei besaß er nicht mal einen Plattenspieler. Offenbar reichte es ihm, seine Beute in einer Ecke seines Zimmers zu bunkern (er war ziemlich erfolgreich). Nach seinem Rausschmiss hieß es, er habe das ganze Semester für ein Examen in Spanisch gepaukt – dabei studierte er gar kein Spanisch.

Als mein Geologieprofessor ankündigte, beim nächsten Treffen würden wir auf Exkursion gehen, freute ich mich: Es würde bestimmt eine Erleichterung sein, den stickigen Seminarraum zu verlassen. Als er uns riet, alte Klamotten anzuziehen, verstärkte sich die Freude: Es würde eine noch größere Erleichterung sein, auf Jackett und Krawatte verzichten zu können. Und als er sagte, wir sollten Taschenlampen mitbringen, wenn wir welche hätten, schien der Ausflug echte Aufregung zu verheißen, obwohl ich zugeben muss, dass es vielleicht ein bisschen gewagt ist, Geologie und Aufregung in einem Atemzug zu nennen. Schon Thoreau warnte: «Hütet euch vor allen Beschäftigungen, die neue Kleider verlangen.» Eine Beschäftigung, die alte Kleider verlangt (damit ist gewöhnlich Handwerk oder gröbere Arbeit gemeint), müsste ebenfalls für Stirnrunzeln sorgen. Doch diesmal wurde es tatsächlich aufregender, als ich gedacht hatte.

Das Seminar versammelte sich vor der Doremus-Sportanlage, passierte nach einem Zählappell den Steg zum Sportplatz, überquerte das Footballfeld, sprang über einen kleinen Bach (manche meiner Kommilitonen geschickt, andere weniger), bahnte sich einen Weg durch einen lichten Hain und begann den Aufstieg zu einem der weitläufig mit Grün und Felsen überzogenen Berge, die das Shenandoah Valley und die Stadt Lexington umgeben. Hin und wieder blieben wir stehen, um ein im Gestein eingebettetes Fossil zu untersuchen – Trilobiten und Brachiopoden zumeist –, und staunten über die konkreten Beweise dafür, dass der gesamte Gebirgszug der Appalachen einst unter der Meeresoberfläche gelegen hatte. Nach ein paar Kilometern blieb der Professor plötzlich an einer Stelle stehen, wo zwei Felsen aufeinanderstießen, beide etwa so groß wie ein VW-Käfer. (Es sah aus wie ein Unfall mit Blechschaden in Düsseldorf. Oder Bedrock.) Zwischen den steinernen VWs, halb versteckt hinter Unkraut und einem Haufen Geröll, befand sich eine Öffnung. Ein Loch. Ein Loch in der Erde. Nunmehr freudestrahlend, erklärte uns der Professor, das sei der Eingang zu einer natürlichen Höhle. Er knipste seine Taschenlampe an und wies uns an, ihm hintereinander zu folgen. Dann ging er in die Hocke und verschwand in dem Schacht wie eine kaninchenlose Alice, der es schnuppe war, wenn ihre Schürze schmutzig wurde.

Sogenannte «Lösungshöhlen» entstehen, wenn sich unterirdischer Kalk durch die im Grundwasser natürlich vorkommenden Säuren auflöst. Diese Höhlen sind in den Hügeln von West Virginia sehr zahlreich. Die berühmteste, Luray Caverns, wurde kommerzialisiert; ihr spektakuläres System von farbigen Stalaktiten und Stalagmiten (manche Leute können tatsächlich behalten, welcher was ist), ihre Stalagnaten, Vorhänge, gespiegelten Seen und so weiter locken jährlich fünfhunderttausend Besucher an. Der gentrifizierte Eingang ist elektrisch beleuchtet und von Formationen menschlichen Ursprungs wie Imbissen, Souvenirläden und einem Parkplatz umgeben. Weder von außen noch im Innern wies die Höhle bei unserer Exkursion eine nennenswerte Ähnlichkeit mit Luray auf.

Zuerst kamen wir leicht voran. Der Schacht führte gemächlich und sanft bergab. Er war so groß, dass man sich nicht krankhaft beengt fühlte, und es fiel genügend schwaches Sonnenlicht herein, sodass wir die Taschenlampen zunächst nicht brauchten. Wir konnten zwar nicht aufrecht stehen, aber leicht gebückt im Entengang watscheln. Sauerstoff schien es reichlich zu geben.

Doch schon nach etwa fünf Metern wurde die Höhle dunkler und enger, und es blieb uns nichts anderes übrig, als auf allen vieren hintereinander herzukriechen. Mit der Aussicht auf einen «wundervollen Raum» trieb der Professor uns an.

Also krochen wir vorwärts und folgten dem unstet tanzenden Licht seiner Taschenlampe. Es war ein schmaler Durchgang, feucht wie ein Waschbecken und so dunkel wie das Innere von Groucho Marx' Köter[5]. Immer weiter. Bis sich plötzlich in einer Kettenreaktion alles staute, als unsere unterweltliche Conga-Schlange vor einer Wand zum Stehen kam, scheinbar einer Sackgasse. Aber keine Sorge. Der «Raum» befinde sich direkt auf der anderen Seite, erklärte unser Führer. Um dorthin zu gelangen, müssten wir ihm allerdings durch ein zweites Loch folgen.

Die Öffnung war eng. Sehr eng. Jeder von uns (wir waren insgesamt etwa zwanzig) musste sich im wahrsten Sinne des Wortes mit den Füßen zuerst durch das Portal zwängen und landete dann in der Kammer, die sich in Höhe und Breite als etwa so groß erwies wie eine traditionelle Küche. Mit anderen Worten, sie war zwar erheblich kleiner als die großen Säle der Luray Caverns, doch aus räumlicher Sicht hätte man hier durchaus ein Thanksgiving Dinner zubereiten können, falls nicht gerade Julia Child die Köchin gewesen wäre. Alles in allem ging die Höhle von dort noch mehr als anderthalb Kilometer weiter, wenn man unserem Experten glauben wollte, doch wir würden hier haltmachen, und hier würde er auch seinen Vortrag halten. Sobald alle da wären.

Ah, aber bislang waren erst zwei Drittel von uns da, und es sah ganz so aus, als würden die anderen es nicht mehr schaffen. Außerdem schien es, als würden wir auch nicht mehr herauskommen. Sie steckten draußen fest, wir drinnen. Beide Gruppen saßen in der Falle. Und alles wegen Howie.

Als kleines Kind hatte ich mein Hinterteil als «Bumstaratum» bezeichnet. Der Ursprung des Wortes war meinen Eltern ein Rätsel und mir vermutlich auch. Vielleicht stammte es aus einer Sprache, die ich in einer früheren Inkarnation gesprochen hatte. Oder in einem Paralleluniversum. Meine Recherchen haben jedenfalls ergeben, dass es keiner heute auf dem Planeten gesprochenen Sprache angehört. Auf alle Fälle war Howies charakteristischstes Merkmal sein Bumstaratum. Er war ein kräftiger, aber nicht massiger Bursche, außer zwischen Taille und Schenkeln. Sein Gluteus war maximus, der Hintern dermaßen fett, dass er nicht durch die vertikale Öffnung passte. Stattdessen hatte er sich darin verklemmt, und je mehr er strampelte, umso fester saß er. Seine Beine baumelten in Augenhöhe auf der einen, nämlich meiner Seite der Öffnung herunter, und der Oberkörper zappelte auf der anderen. So waren die Teilnehmer von Geologie 101 eingeschlossen, und ich hatte nur noch einen Gedanken: *Ich werde in diesem schwarzen Loch abkratzen, und das nur wegen Howies Bumstaratum.*

(Anmerkung: Obwohl ich in meinem Erwachsenendasein ein glühender Bewunderer des weiblichen Hinterns wurde, kann ich Ihnen versichern, dass ich niemals, weder laut noch in Gedanken, die anatomischen Schätze einer Frau als Bumstaratum bezeichnet hätte. Sosehr es meine Mutter auch belustigt und verblüfft haben mag, als ich drei oder vier war, so ist es doch im Grunde albern, infantil und alles andere als sexy. Andererseits war der einzige Hintern in meinem Bekanntenkreis, der das Bumstaratum-Etikett wirklich verdient hätte, der von Howie. Trotzdem könnte ich nicht sagen, warum sich dieser Ausdruck nach so langer Zeit und in einer so prekären Situation plötzlich wieder in meinem Bewusstsein manifestierte. Vielleicht war es der Versuch meines Hirns, so etwas wie Galgenhumor aufzubringen.)

In Wahrheit schwebten wir nicht wirklich in Lebensgefahr. Die sieben oder acht Studenten oberhalb von Howard hätten an die Oberfläche zurückkehren und Hilfe holen können, selbst wenn das bedeutet hätte, dass sie vierzig oder fünfzig Meter rückwärtskriechen mussten, bis es genügend Platz gab, um sich wieder ganz umzudrehen. Und wir, die unterhalb von Howie warteten, hätten als letztem Ausweg vermutlich dem Höhlenverlauf weiter folgen können bis zu einer Stelle, wo sie an einem Felsvorsprung über dem Maury River endete, doch wie bereits gesagt, dieses Ende lag gute (besser gesagt «schlechte») anderthalb Kilometer entfernt, und die Route führte durch ein Labyrinth voller Abzweigungen und Sackgassen. Unterdessen stülpte ein klaustrophobisches Gefühl, das uns von Anfang an begleitet hatte, erst einem in der Gruppe und dann dem nächsten eine Plastiktüte über den Kopf. Es gab zwar keine ausgesprochene Panik, aber ich konnte hören, wie einige auffällig tief Luft holten, als wollten sie Sauerstoff bunkern, und wenn zufällig das Licht der Taschenlampe auf ein Gesicht fiel, spiegelte sich klassisches Unbehagen darin.

Da unser Professor ein erfahrener Höhlenforscher war, klang seine Stimme nach wie vor ruhig, als er uns angesichts der Lage aufforderte, ihm unsere Taschenmesser zu zeigen. Taschenmesser? Sollte das ein Witz sein? Er hatte es mit W-&-L-Studenten zu tun. Das waren größtenteils Söhne von Ärzten, Anwälten oder Industriebossen; Jungs, die mit britischen Sportwagen vom Campus zu ihrer Verbindung brausten, Jungs, die in anspruchsvollen New-England-Internaten Latein und Griechisch studiert hatten und ihre Zeitung *Ring-tum Phi* nannten. Keiner von ihnen hatte ein Taschenmesser dabei. (Meine eigene, zuverlässige Klinge war aus heute nicht mehr ersichtlichen Gründen in Hargrave konfisziert worden.)

Und so … befreiten wir Howie mit unseren bloßen Händen. Zum Glück bestanden die Wände um sein ausladendes Bumstaratum herum hauptsächlich aus hier und da mit Kalkstein und Schiefer durchsetztem Ton. Hart, ja, aber durchaus nachgiebig, wenn verzweifelte Hände daran scharrten und kratzten. Es dauerte mindestens eine Viertelstunde und kostete mehrere abgebrochene Fingernägel und sicher auch ein oder zwei Blasen, bis wir Freiwilligen entschlossen so viel herausgebrochen hatten, dass Howie ein bisschen befreiter strampeln konnte und schließlich zwischen uns plumpste wie eine Raumkapsel bei der Rückkehr vom Mond. Im unterirdischen Dämmer konnten wir sein Gesicht nicht erkennen, doch sicher war ihm damals schon klar, dass er fortan zur Zielscheibe zahlloser Witze werden würde.

Professionell, wie unser Professor war, ließ er es sich nicht nehmen, seinen geplanten Vortrag über die Entstehung von Höhlen noch zu halten; allerdings hatten wir den Eindruck, dass es eine gestraffte Version war. Anschließend machten wir uns schmutzig, erschöpft und nervös auf den Rückweg zum Ausgang, und dabei war ich bestimmt nicht der Einzige, der darauf achtete, dass er vor Howie blieb. Selten war uns der blaue Himmel so schön erschienen, als wir ihn endlich wiedersahen. Wir kamen nicht durch den Souvenirladen heraus.

Es gehörte zum sportlichen Pflichtprogramm der Uni, dass man als Student im zweiten Studienjahr am Golfunterricht teilnahm. Dreimal in der Woche versammelten sich meine Kommilitonen und ich hinter der Tribüne, um zu lernen, wie man den Schläger richtig hält, die Ansprechposition findet, ausholt und, am allerwichtigsten, den Schwung durchzieht. Damit einem der Kurs angerechnet wurde, musste man am Ende auf dem öffentlichen Golfplatz von Lexington selbständig neun Löcher spielen. Am letzten Tag des Unterrichts aber stellte der Lehrer einen Plastikeimer voll Wasser etwa zwanzig Meter entfernt von dort auf, wo wir standen, schwang ein Siebener Eisen und verkündete, dass der Student, der mit besagtem Eisen seinen Chip dem Eimer am nächsten landete, sich die obligatorische Prüfung schenken könnte. Okay, dagegen war nichts zu sagen.

Ich war dran. Ich positionierte mich. Ich holte aus. Ich traf den Ball. Der Ball flog. Der Ball beschrieb einen Bogen. Der Ball landete. Im Eimer. Nicht nur nahe dran, sondern – mittendrin! Kein Witz. Natürlich war es reines Glück oder eine himmlische Fügung (die Götter sehen alles, und manchmal, gewöhnlich, wenn man es am wenigsten erwartet, lächeln sie uns zu. Sie grinsen und sorgen dafür, dass man nur ein Mal mit seinem Bumstaratum wackeln muss, um das große Los zu ziehen). Wie auch immer, an diesem schönen Frühlingsnachmittag nickte ich den zukünftigen Golfern zu, legte meinen Schläger beiseite und rührte ihn nie wieder an.

In einem meiner Romane sagt jemand: «Golf ist Basketball für Leute, die nicht springen, und Schach für Leute, die nicht denken können.» Das war nicht besonders nett von mir, insbesondere, weil ich zwei Freunde habe, einen erfolgreichen Filmregisseur und einen genialen Maler, die beide leidenschaftlich Golf spielen. Meine Abneigung gegen Golf hat zweifellos mit einem gewissen Vorurteil gegen die Männer zu tun, die man am häufigsten mit Amateurgolf in Verbindung bringt: Country-Club-Typen, die den Golfplatz benutzen, um Kontakte zu knüpfen, Geschäfte abzuschließen, Informationen auszutauschen und ganz allgemein ihre berufliche Karriere voranzubringen, anscheinend ohne überhaupt zu arbeiten. In unserer jüngeren Sozialgeschichte gehören auch Rund-um-die-Uhr-Sportsfreunde aus Arbeiterkreisen dazu, die den Superbowl für die Krönung der westlichen Zivilisation halten und für die Golf, anders als Hockey oder, sagen wir Football, eine Gelegenheit ist, persönlich einen Sport auszuüben, in dem sich auch «echte Athleten» betätigen. In beiden Fällen bilden diese Trottel sich ein, sie trieben tatsächlich Sport, und in beiden Fällen würden sie im Zweifelsfall lieber Golf spielen, als Sex mit ihren Frauen zu haben.

Es heißt, Golf spielen sei eine Zen-Aktivität. Ich würde sagen, wenn Golfer Zen praktizierten, würden sie keine Punkte mehr aufschreiben. Oder sich nicht aufregen, wenn sie einen Schlag vermasseln. Aber was heißt das schon? Wie Sie wissen, verdanke ich meine Erleuchtung einem neonweißen Golfball.

der richtige snief

Wie man sieht, habe ich auf der W & L nicht das Golfspielen gelernt, aber was habe ich dann gelernt, ehe ich am Ende des zweiten Jahrs das Studium abbrach? (Gerüchten zufolge hat mich eine Verbindung – manche behaupten sogar, die Uni – rausgeschmissen, weil ich angeblich meine Hausmutter mit Keksen beworfen hätte; in Wirklichkeit gab es zwar im Speisesaal tatsächlich einen Streit ums Essen, der ein bisschen außer Kontrolle geriet, doch wurde ich deswegen nicht entlassen, sondern nur ermahnt.) Wollen wir mal sehen: Ich habe gelernt, dass Henry Miller strahlende Kreise um die Deppen schreiben konnte, die wir in Literatur durchnahmen (Andrew Marvell ist alles andere als *marvellous*); ich habe gelernt, Deutsch zu lesen (nicht nur Zeitungen, sondern Rainer Maria Rilke und Thomas Mann), gelernt, dass Anzug und Krawatte von Vorteil sein können, wenn man per Anhalter fährt, und … nun ja, Bourbon zu trinken, obwohl ich das rückblickend auch schon von meiner alten Großmutter in Blowing Rock hätte lernen können.

Sophronia Ann Robbins, kilometerweit im Umkreis als «Aunt Phronie» oder einfach «Granny» bekannt, war eine Bergbewohnerin, wie sie im Buche steht. Hochgewachsen und hager, das schneeweiße Haar zu einem strengen Knoten gebunden, trug sie noch Haube, Schnürschuhe und knöchellange Kleider aus Baumwolle, die sie sich selbst geschneidert hatte. Sie besaß eine Kuh, die sie jeden Morgen molk, stellte ihre eigene Butter her, hielt Schweine, die sie im Herbst schlachtete, und machte nicht nur Würste und Livermush daraus, sondern schmolz das Schweinefett mit Lauge in einem gusseisernen Kessel, um daraus Seife zu produzieren, mit der sie die Kleider der Familie wusch. Da sie Dummköpfe nicht ertragen konnte, drohte sie ihren Enkeln gelegentlich, auch deren freche Mäuler damit einzuseifen. (Einmal warf sie meiner Cousine Martha und mir vor, wir seien nicht mal imstande, einem Hund den Arsch zu lecken. Offenbar hätte ihr ruhig auch mal jemand über den Mund fahren können.)

Granny kardierte und spann ihre raue Wolle selbst und verarbeitete sie zu Quilts, die bei Sommergästen wie Einheimischen sehr beliebt waren. Einige Exemplare endeten sogar in Galerien oder in der Volkskunst der Appalachen gewidmeten Museen. Als Kind wusste ich nichts davon, aber sie war auch eine Heilerin und bekannte praktizierende Hebamme: Eine Zeitung bezeichnete sie einmal als «Florence Nightingale der Berge». Eine schöne Anerkennung, wenn es auch schwerfällt, sich vorzustellen, wie die fromme Schwester Nightingale Tabak schnupft oder Bourbon kippt.

In den letzten zwanzig Jahren – trotz oder gerade wegen ihres harten Lebens wurde sie zweiundneunzig – sah man Granny nur selten ohne einen Birkenzweig im Mundwinkel (damit zerrieb sie den Tabak, und wenn er abgenutzt war und abbrach, sah er aus wie die nicht gezündete Lunte einer Grannybombe). Auf dem Boden neben ihrem alten Schaukelstuhl aus Hickory fungierte eine ausgediente Kaffeekanne von Maxwell House als Spucknapf, und abends stand immer ein Glas mit Four Roses Kentucky Straight Bourbon in Reichweite.

Meine Mutter und meine Großmutter väterlicherseits waren nie sonderlich miteinander zurechtgekommen, und dieses abendliche Glas Whiskey wurde zur Zielscheibe von Mutters inbrünstiger Verachtung. Es spielte keine Rolle, dass Granny Robbins bis zum Ende ihres Lebens die bibeltreue, baptistische Witwe eines Teilzeitpredigers blieb. In Mutters Augen konnte man unmöglich Christin sein und Whiskey trinken, nicht mal aus medizinischen Gründen, die Granny für sich reklamierte. Mutter hielt den christlichen Glauben, ja sogar normalen menschlichen Anstand und Alkohol – selbst in kleinen Mengen – für unvereinbar.

Im Anschluss an meine beiden Jahre auf der W & L arbeitete ich vorübergehend in der Poststelle einer Versicherungsgesellschaft in Richmond. Es war eine große Firma, und am letzten Arbeitstag vor den Weihnachtsferien wurde in allen Abteilungen gefeiert. Während ich von einer Etage zur anderen ging, um die Post einzusammeln, bot man mir bei jedem Zwischenhalt etwas zu trinken an. Ungewöhnlich zurückhaltend, nahm ich nur ein Schlückchen Eierpunsch hier oder ein Gläschen billigen Sekt dort, und als ich am Ende des Tages im Trailway-Bus von Richmond zum neuen Heim meiner Eltern im nahegelegenen Colonial Heights saß, denn ein Auto besaß ich damals nicht, war ich vergleichsweise nüchtern. Allerdings roch ich ein wenig nach Alkohol, und dieses hefige Aroma war für die Nase meiner Mutter gleichbedeutend mit dem Gestank der Hölle.

Neben dem bunt geschmückten Baum drängte sie mich in die Ecke und erklärte mit zusammengebissenen Zähnen, die einen Knochen hätten zermalmen können, in Zukunft werde mir die Tür für immer verschlossen bleiben, falls ich je wieder versuchen sollte, nach Alkohol stinkend ihr Haus zu betreten. Für immer!

Ich fand das irgendwie kalt. Ungefähr so kalt wie den Eispickel eines Attentäters. Der Barmann in einer schäbigen Kneipe, die ich als echter Romantiker in den ersten Monaten meines Umzugs nach Seattle aufsuchte, forderte betrunkene Gäste höflicher zum Gehen auf: «*See ya later when you're straighter.*» Hallo? Ein Betrunkener in einer Spelunke wird mit Respekt und der Gewissheit anhaltender Freundschaft behandelt, während eine Mutter ihrem erstgeborenen und einzigen Sohn androht, nichts mehr mit ihm zu tun haben zu wollen, nur weil sie an seinem Atem merkt, dass er möglicherweise einen diskreten Schluck Alkohol getrunken hat?

Ich war gekränkt und hielt ihr das ebenso vor wie sie mir meine Entschlossenheit, selbst herauszufinden, was sich hinter den Betonwänden dieses Dogmas verbarg. Erst viel später, volle zehn Jahre nach ihrem Tod 1992, erfuhr ich den schockierenden Grund für ihren starren, unerbittlichen und heftigen Widerstand gegen Erwachsenengetränke.

Eine ältere Tante, die meinen Schwestern und mir bei unserer Ahnenforschung half, kam schließlich mit der furchtbaren Wahrheit heraus. Bei einem Vorfall, in dem Alkohol eine entscheidende Rolle spielte, hatte meine Mutter, damals erst achtzehn Jahre alt, ihren geliebten älteren Bruder erschossen.

Conley Robinson war achtundzwanzig und ein erfolgreicher, ja charismatischer Anwalt in Charlotte. Obgleich er noch nicht für einen Posten kandidiert hatte, galt er als aufsteigender Stern in den Politikerkreisen von North Carolina, und manche sahen in ihm sogar den zukünftigen Gouverneur. Moms Kindheit war nicht leicht gewesen. Nachdem ihre leibliche Mutter gestorben war, als sie gerade acht war, hatte ihre Stiefmutter sie von Anfang an missachtet und zurückgesetzt, und ihr ängstlicher, mit anderen Dingen beschäftigter Vater (ebenfalls ein baptistischer Prediger) hatte ihr nicht beigestanden. So war ihr nur Conley geblieben, jener Bruder, den sie am meisten in der Familie respektierte und anbetete. Zwischen dem Highschool-Abschluss und dem Beginn ihrer Ausbildung zur Krankenschwester war sie zu ihm und seiner Frau gezogen und hatte sich mit um deren kleinen Sohn gekümmert.

Eines Abends hatte ihr Bruder nach einem langen Tag in der Kanzlei in einem Club vorbeigeschaut, den er schließlich ziemlich angetrunken verließ. Als er nach Hause kam, war es zum Streit gekommen, und Conley hatte erst nur verbal, dann auch körperlich seine Frau angegriffen. Irgendwann hatte er sich aus Gründen, die nur einer bestimmten Spezies von männlichen Amerikanern geläufig sein dürften, genötigt gesehen, den metallenen Inbegriff des Testosteron-Imperativs ins Spiel zu bringen: einen Revolver. Inzwischen war Mom, von dem Geschrei aufgeweckt, seiner Frau zu Hilfe gekommen, und im anschließenden Handgemenge hatte sie Conley erschossen.

Sie wurde verhaftet und verbrachte zumindest eine Nacht im Gefängnis, bevor man die Tat letztendlich als Unfall oder Selbstverteidigung einstufte; die Einzelheiten liegen nach wie vor im Dunkeln. Mehr Informationen brauchte ich nicht, um ihre Nulltoleranzhaltung in puncto Alkohol besser verstehen zu können. Wie sehr muss sie ihr ganzes Erwachsenenleben unter diesem Geheimnis gelitten haben, um Zuflucht in der Bibel oder bei entkoffeiniertem Kaffee zu suchen? Ich möchte mir gern einreden, dass ich vielleicht netter und liebevoller zu ihr gewesen wäre, wenn ich die Wahrheit gewusst hätte. Aber wären wir das nicht alle, wenn wir die Wahrheit wüssten?

Wenn man nicht eine ungewöhnlich enge Beziehung zu seiner Großmutter gehabt hat, träumt man auch nicht oft von ihr, daher ist es nicht ungewöhnlich, dass Granny Robbins in meinen Träumen, soweit ich mich erinnern kann, nur ein einziges Mal vorkam. Träume schwimmen auf der Fischleiter meines Unterbewusstseins jede Nacht in großer Zahl auf und ab, doch egal, wie schrecklich, schön oder verstörend sie sind, jedes Mal verschwinden sie innerhalb von Stunden, wenn nicht gar Minuten nach dem Aufwachen komplett und dauerhaft aus meiner Erinnerung. An den Traum, in dem Granny eine Rolle spielte, kann ich mich jedoch noch deutlich entsinnen, obwohl ich ihn schon als Teenager hatte. Er gehört zu den zwei oder drei anschaulichsten, denkwürdigsten und vielleicht bedeutsamsten in meiner langjährigen Karriere als Träumer.

Er ging so: Ich bin Passagier auf einem langen Holzfloß, das langsam zu den Wolken und durch sie hindurch aufsteigt. Dreißig oder vierzig Leute sind außer mir an Bord, doch das Floß ist keineswegs überfüllt. Die Leute, alles Fremde, sind freundlich und fröhlich, kein bisschen beunruhigt von der Höhe oder den fehlenden Geländern und Sitzen. Sie schlendern hin und her, einige lauschen dem Klang eines alten Klaviers, das am anderen Ende des ansonsten leeren Floßes gespielt wird. Irgendwann wird mir klar, dass es auf dem Weg zum Himmel ist.

Im Traum bin ich nicht gestorben, und auch die anderen Passagiere sind keineswegs aus ihren Gräbern auferstanden. Offensichtlich ist es der Tag des Jüngsten Gerichts, und unserer kleinen Gruppe lebender Seelen wurde als Belohnung für ihre Frömmigkeit ein Gratistransport zu Gottes versprochenem Paradies gewährt. Niemand singt Kirchenlieder oder ruft Halleluja, es gibt weder schallende Posaunen noch Engel, die als Bewacher mitfahren. Alles ist eher zwanglos, aber es kann kein Zweifel daran bestehen, dass unser Grüppchen auf dem Weg zum glorreichen Königreich ganz oben ist. Und dann passiert etwas Komisches: Ich rutsche vom Floß herunter.

Irgendwie ist es ein Schock, aber statt Hals über Kopf nach unten zu purzeln, falle ich langsam, fast elegant. Ich fürchte mich vor dem Aufprall, klar, aber nach einer Weile geht mir auf, dass ich gleite und bäuchlings auf einem Schlitten liege, einem Kinderschlitten, meinem eigenen, privaten Rosebud. Dieser landet sanft auf einer steilen, verschneiten Straße in Blowing Rock, auf einem Hügel, den ich gut kenne; er steht gleich um die Ecke des alten Familienhauses der Robbins. Der Schnee wird immer dünner, jetzt gleitet der Schlitten noch ein paar Meter über Kies und Schotter und bleibt dann stehen. Ich rappele mich auf. Es ist sehr, sehr still. Kein Mensch weit und breit, aber das ist ja auch kein Wunder: Wir schreiben den Tag des Jüngsten Gerichts, und die gesamte Bevölkerung wurde in den Himmel erhoben oder in die Hölle geschleudert, je nachdem, was auf dem Zeugnis stand.

Ich komme mir vor wie das verlorene Waisenkind der Menschheit. Da ich nicht weiß, was ich jetzt machen soll, biege ich um die Ecke und gehe die verlassene Rainy Street entlang. Und da ist sie! Granny Robbins steht in ihrem altmodischen langen Kleid und den klobigen Schuhen im großen Vorgarten neben ihrem geliebten Hortensienbusch und kehrt die welken Blätter zusammen, als wäre nichts. Was macht es schon, dass es der Tag des Jüngsten Gerichts ist? Sie hat jede Menge zu tun. Als ich auf sie zugehe, um sie zu begrüßen, bricht der Traum abrupt ab.

Ich habe nie versucht, ihn zu deuten, nie einen analytischen Psychologen oder eins der beliebten Traumhandbücher zu Rate gezogen. Ich glaube nämlich nicht daran, dass Träume große Bedeutung haben. Wenn wir einschlafen, macht unser Bewusstsein Feierabend, nimmt sich eine Auszeit, spielt oder versucht sich sonst wie zu entspannen. In diesem Spielmodus schnappt es sich Bilder, Figuren und Schauplätze aus der Schatzkammer der Erinnerung und sortiert sie um, häufig willkürlich, gewöhnlich außerhalb ihres eigentlichen Kontexts, nur zur eigenen Belustigung oder Stimulation. Vielleicht probiert es mit verschiedenen unpassenden Kombinationen herum, um zu sehen, was dabei herauskommt. Das Gedächtnis des Menschen ist die Spielzeugkiste des schlafenden Bewusstseins. Manchmal brauchen diese Kunstprojekte, diese kleinen privaten Filme oder improvisierten

Sketche ein Motiv, um sich zu legitimieren, damit der Geist sich mit aktuellen Sorgen oder tiefsitzenden Ängsten auseinandersetzen kann. Und da unser Geist sich nicht allein auf das Gehirn beschränkt, sondern sich in verkürzter Form durch den gesamten Organismus verteilt, wirken biologische Triebe (beispielsweise Hunger, Lust oder das Bedürfnis zu pinkeln) gelegentlich auf einen Traum ein und fügen dem, was eigentlich ein surreales Erzeugnis ist, einen Touch echter Realität hinzu.

Okay, trotzdem ist mir dieser bestimmte Traum nach wie vor in deutlicher Erinnerung, und ich frage mich, warum ausgerechnet er, unter unzähligen anderen Träumen, einen so nachhaltigen Eindruck hinterlassen hat, dass ich mir manchmal heute noch «in der Feierlichkeit der Mitternacht, wenn jede Brust schläft, außer der des Liebenden oder Leidenden»[6], wie man Schlaflosigkeit in poetischeren Zeiten übersetzte, Granny und mich am Tag des Jüngsten Gerichts vorstelle und mich frage, ob es dafür eine umfassendere Bedeutung gibt, irgendeine kryptische Nachricht aus einer verborgenen Dimension, deren Absender das andere, das spirituelle Ich ist. Oder ob einfach nur der Himmel uns nicht wollte und die Hölle Angst hatte, wir würden den Laden übernehmen.

weinen vor spaß

Am Abend meines einundzwanzigsten Geburtstags saß ich nicht etwa fröhlich in einer Bar und genoss den ersten legalen Cocktail meines funkelnden neuen Erwachsenenlebens, sondern hockte in ausgeleierter Unterwäsche auf einer olivgrünen Truhe und wienerte meine viel zu kleinen, neuen schwarzen Schuhe so blitzblank, dass sie den perversen Anforderungen eines uniformierten Sadisten entsprachen, der mir ins Gesicht brüllen würde, noch ehe im Morgengrauen der Hahn dreimal krähte. Nein, eine Bar war das sicher nicht, und doch gab es so etwas wie musikalische Live-Unterhaltung, und auf seltsame Art beeinflusste sie mein Leben mehr, als es jede Berufssängerin in einem Nachtclub diesseits von Casablanca gekonnt hätte.

Zwei Wochen zuvor hatte ich mich bei der United States Air Force verpflichtet. Warum denn das?, mag man mit Recht fragen. Nun, aus demselben Grund wie neunzig Prozent aller Rekruten, die sich freiwillig melden: weil ich an einem Punkt meines Lebens war, an dem ich nicht wusste, was ich sonst machen sollte.

Professionelle Patrioten, religiöse Halbgötter und Politiker jeder Couleur neigen dazu, ihr öffentliches Image zu pflegen, indem sie regelmäßig von den «heroischen Männern und Frauen» sprechen, «die große Opfer bringen, um Amerika sicher zu machen und unsere Freiheit zu erhalten». Vielleicht gab es ein paar Gelegenheiten in der Geschichte unseres Volkes, bei denen eine solche Würdigung angebracht und gerechtfertigt war (in den Tagen und Wochen nach den Angriffen auf Pearl Harbor oder das World Trade Center zum Beispiel), doch muss ich sagen, dass ich während der vier Jahre, die ich bei der Air Force verbrachte, wozu auch ein Einsatz in einer Armeebasis in Korea gehörte, oder in zahllosen Unterhaltungen mit Veteranen oder Soldaten, die aktiv Dienst taten, nie jemanden gehört habe, der behauptete, sich dem Militär angeschlossen zu haben, weil er amerikanische Werte verteidigen und seinen Landsleuten die Freiheit erhalten wollte. Im Großen und Ganzen haben sich junge Leute freiwillig verpflichtet, um der Langeweile, finanziellen Schwierigkeiten, misslungenen Beziehungen oder allgemeiner Stagnation zu entfliehen.

Die Aussicht auf Reisen und Abenteuer (die das Militär oft auch verwirklicht) gehört nicht zur Grundausbildung. Von der ersten Stunde im Ausbildungslager an werden einem alle Gedanken an zukünftigen Spaß und vergangene Bindungen ausgetrieben. Man ist eingesperrt in einer ständigen Gegenwart, die nur dazu dient, einen von jeglicher Individualität zu läutern und einem das letzte Fitzchen Energie zu rauben, mit dem man Widerstand leisten könnte. Da wir gerade dabei sind: Diese Phase lässt einen frischgebackenen Rekruten Erschöpfung, das Gefühl einer Niederlage, Einsamkeit und Angst empfinden; vielleicht fürchtet er sogar, einen schrecklichen Fehler gemacht zu haben. All das beschreibt ziemlich genau die Verfassung, in der die meisten meiner Kameraden und ich waren, wenn wir in der Sampson Air Base, New York, auf unseren Truhen hockten, unsere hässlichen Arbeitsstiefel wienerten und uns vor dem kommenden Morgen fürchteten, während wir zugleich der oben erwähnten «musikalischen Unterhaltung» lauschten.

Fast alle von den rund zwei Dutzend Rekruten unseres Zugs hatten ihr ganzes Leben im Süden verbracht, der von der Rassentrennung geprägt war, und waren jetzt bei einem Militär gelandet, das diese gerade erst abgeschafft hatte. Hier verbrachten sie Tag und Nacht in engster Nachbarschaft und auf Augenhöhe mit Mitgliedern einer vertrauten und doch fremden Rasse. Es gab nur drei oder vier Schwarze in unserer Einheit, und die Haltung der Weißen zeugte eher von passiver Neugier als von Feindseligkeit oder Ablehnung, aber wir waren offen gestanden auch viel zu müde und abgelenkt, um uns Gedanken über Rassenunterschiede zu machen. Einen unübersehbaren Gegensatz jedoch gab es, und der zeigte sich auf eine Art, deren Vorteile das Pentagon unmöglich hatte vorhersehen können.

Wir Weißen hockten auf unseren Truhen, putzten und polierten unsere Schuhe, versunken in unserer Einsamkeit und Angst, und dann kam so ein Schwarzer durch den Mittelgang auf dem Weg zum Klo, Wasserspender oder der Pinnwand und grinste relaxed übers ganze Gesicht, schnippte mit den Fingern, wackelte mit den Hüften und *sang*. Verstehen Sie mich nicht falsch, nicht um anzugeben oder Aufmerksamkeit zu erregen, er konzentrierte sich bloß, ohne es selbst zu merken, auf die Musik, die er in seinem Kopf und in seinem Herzen hörte, eine Musik, die weder Mühe noch Sorgen zum Schweigen bringen konnten – vielleicht sogar erst notwendig machten. Jedes Mal hob es die Stimmung oder ließ uns etwas zuversichtlicher einschlafen. Ich berichte das nicht, um den Mythos von den rassischen Unterschieden fortzuspinnen – die Musikalität von Afroamerikanern hat zweifellos mehr mit sozialer Konditionierung als mit Genetik zu tun –, aber ich kann mich nicht an solche Momente in meiner Kaserne erinnern, ohne an die Revue Nègre zu denken, an Sidney Bechet, Josephine Baker und so weiter. Schwarze amerikanische Jazzmusiker, die im Ausland lebten, hatten in den

Jahren nach dem Ersten Weltkrieg dem chronisch deprimierten Europa wieder ein Lächeln ins traurige Gesicht gezaubert.

Zwei Jahrhunderte zuvor hatte sich Amerika selbst langsam von dem Volk, das es zuvor versklavt hatte, aufrichten lassen. Unsere Nation, Sie erinnern sich, wurde gegründet von emotional verklemmten Puritanern und ihren schmallippigen, prüden Frauen, unterstützt von gefühllosen Glücksrittern mit einer Vorliebe für Schiffszwieback und Völkermord. Angesichts einer Grausamkeit wie der Sklaverei davon zu sprechen, dass sie auch ihre «guten Seiten» hatte, wäre gefühllos; trotzdem ist es eine Tatsache, dass es ehemaligen afrikanischen Sklaven unter anderem gelungen ist, mit der Zeit einer mürrischen, hochnäsigen Bevölkerung, die, wenn sie sich überhaupt zum Tanzen bequemte, dann schwerfällig und schuldbewusst, Fröhlichkeit beizubringen.

Auf alle Fälle hat mich diese Erfahrung im Ausbildungslager der Air Force geprägt und auf ihre Art meine unpopuläre Grundhaltung als Gegner der Rassentrennung im Richmond der fünfziger Jahre beeinflusst.

Übrigens war ich der Einzige unter den weißen Rekruten, der die Songs, die die Schwarzen sangen, tatsächlich kannte. Es gab einen Ohrwurm mit dem Refrain: «Ain't that crazy, crazy, crazy?» Eine Frage, die zu vielen Situationen im Leben passt. Und dann gab es «Work with Me, Annie», dessen Text beinahe so viele Leben hatte wie eine Katze. Etta James hatte eine angeblich bereinigte Version mit dem Titel «Roll with Me, Henry» aufgenommen, doch selbst die entpuppte sich als zu gewagt fürs Radio. Schließlich brachte es Georgia Gibbs zu einem der allerersten Hits im neuen Genre des Rock 'n' Roll mit einer noch weiter entschärften Fassung, die unter dem Titel «Dance with Me, Henry» erschien. Natürlich war der Nachfolger des Songs «Annie Had a Baby» zu derb – und zu beängstigend –, um für eine weiße Transliteration in Frage zu kommen.

155

Wie konnte der blauäugige Tommy Rotten solche Songs kennen? Nun, ich hatte sie schon in Warsaw gehört, an der kleinen schwarzenfreundlichen Texaco-Tankstelle, wo im Radio auf dem Tresen immer die Minderheitensender aus D.C. und Baltimore eingeschaltet gewesen waren. Ein Kind betritt eine Tankstelle, um Flipper zu spielen, und wird unterschwellig radikalisiert. *Ain't that crazy, crazy, crazy?*

1954 war der Koreakrieg zu Ende, doch die Wehrpflicht blieb in Kraft, und ich sollte in die Army eingezogen werden, eine Aussicht, der ich nicht viel abgewinnen konnte, da ich weder Lust hatte, jemanden zu erschießen, noch, selbst erschossen zu werden. Die Air Force erschien mir als friedlichere Alternative, und ich war aus dem bereits erwähnten Grund bereit, mich freiwillig zu melden: einfach weil mir nichts Besseres einfiel.

In dem Jahr nach der W&L (ich hatte nichts gegen die Uni an sich, sie passte nur einfach nicht zu meiner abgefahrenen Einstellung und anarchistischen Ästhetik) zog ich erst wie ein Prä-Beatnik-Anhalter quer durchs Land (und verfasste dabei sogar schon die ersten Prä-Beatnik-Gedichte), hatte dann kurz einen Job in der Poststelle der Life Insurance Company of Virginia und half als Bauarbeiter bei der Errichtung und Wartung von Kraftwerken und Stromversorgungsstellen. Dort gefiel es mir sehr gut, hauptsächlich wegen der Kameradschaft im Bautrupp.

Meine Kollegen waren zwar ungebildet und primitiv, aber auch lustiger als eine geplatzte Lachgasleitung. Es gab witzige, oft erhellende Bemerkungen zu beinahe jedem Fehltritt im vorbeiziehenden Schauspiel des Lebens, egal ob örtlich begrenzt oder landesweit. Es scherte sie einen Dreck, dass ich Rilke auf Deutsch lesen konnte, aber alle waren loyale, aufrechte Typen, die respektierten, dass ich eine bessere Ausbildung gehabt hatte als sie, und die mich immer beschützen würden, das wusste ich. Morgens zur Arbeit zu gehen war ungefähr so, wie an einer Redaktionssitzung des *Harvard Lampoon* teilzunehmen, falls es in Harvard Jungs gegeben hätte, über die man sich schieflachen konnte, während sie fachmännisch eine Leitung verlegten oder einen Graben aushoben.

Es war wirklich sehr angenehm, aber ich habe weniger handwerkliches Talent als ein rheumageplagtes Totenkopfäffchen, daher war meine Zukunft als Bauarbeiter bestenfalls beschränkt. Oh, und ehe ich es vergesse, es gab noch einen sehr guten Grund, zum Militär zu gehen: Ich hatte vor kurzem geheiratet.

In dem Sommer, als ich zwanzig wurde, hatte ich meine Jungfräulichkeit an ein bezauberndes, ebenfalls jungfräuliches Mädchen aus Warsaw verloren, das drei Jahre jünger war als ich. Das war in den fünfziger Jahren im ländlichen Virginia; Peggy und ich gehörten beide der Mittelschicht an. Nun, damals und unter solchen Umständen führte das erste Mal beinahe zwangsläufig dazu, die entscheidende Frage zu stellen. Zugegeben, ich war praktisch seit meiner Geburt sehr unkonventionell, doch in diesem Fall weiß ich nicht, ob ich mehr gegen die Konvention verstieß oder mich ihr unterwarf; jedenfalls kam mir die Aussicht auf eine Teenagerhochzeit (Jahre bevor Chuck Berry eine besang) irgendwie cool und abgefahren vor.

Mit Sicherheit war es kein schlechtes Gewissen – das beschämende Gefühl, mit meiner schamlosen Lust ein unschuldiges Blümchen geschändet zu haben. Peggy war nicht schwanger, und die Wahrheit ist, dass sie genauso scharf auf Sex war wie ich. Ich würde sogar sagen, noch schärfer als ich, wenn ich mit einer solchen Behauptung nicht riskierte, Terry Gross zu ärgern.

Ms. Gross ist Moderatorin von *Fresh Air*, einem ausgezeichneten Interview-Programm im National Public Radio. Als sie mich ins Studio eingeladen hatte, fragte sie ungläubig, um nicht zu sagen, ausgesprochen empört, ob ich wirklich glaubte, Frauen interessierten sich mehr für Sex als Männer, wie ich es einer Figur in meinem Buch *Halbschlaf im Froschpyjama* in den Mund gelegt hatte. «Ich weiß es nicht, aber so haben meine Freundinnen es mir immer erzählt», antwortete ich.

Es war eine ehrliche Antwort, aber sie war auch ein bisschen unvollständig: «… haben meine *verheirateten* Freundinnen es mir immer erzählt», hätte ich sagen müssen. Wie wir hier bereits festgestellt haben, ist ein Ehemann in der Sekunde, da seine biologischen Triebe befriedigt sind, geistig oder sogar körperlich schon mitsamt seiner Tasche voller Golfballschläger zur Tür heraus. Besonders wenn noch ein Rest Tageslicht da ist. Und wenn er «Achtung!» ruft, können Sie das letzte Guthaben Ihrer Kreditkarte darauf verwetten, dass er nicht den nächsten Orgasmus meint.

An einem feuchten, stürmischen Tag im Herbst 1954 (es war Taifunsaison) landete ich in Japan. Zwei Nächte später landete ich schon wieder – diesmal ohne Flugzeug. Dieses zweite Mal war, obwohl nicht von Sturmwinden beeinflusst, unsanfter und gefährlicher. Hier die Erklärung:

Während wir auf den Weitertransport zu verschiedenen Einsatzorten warteten, waren wir Flieger zu Hunderten vorübergehend in einer Art Zeltstadt untergebracht. Allerdings konnte man die Behausungen nicht wirklich als Zelte im gewöhnlichen Sinne bezeichnen. Ihre untere Hälfte bestand aus Holz und war offenbar dauerhaft installiert. Ab etwa zwei Meter Höhe bestanden die Wände aus Leinwand, schweren, olivbraunen Abdeckplanen. Jede Einheit beherbergte zwanzig Flieger; die Pritschen standen in zwei Reihen von jeweils zehn hintereinander mit einem Gang in der Mitte. Es gab Dutzende, wenn nicht Hunderte dieser Zelte, und alle sahen absolut gleich aus. Nur eine Identifikationsnummer am Eingang unterschied sie voneinander, und manchmal war es schwierig, sie im Dunkeln richtig zu erkennen.

Irgendwo in der Mitte der Zeltstadt, neben einem riesigen Speisesaal, gab es auch eine Kantine. Auf das Pentagon ist Verlass, wenn es darum geht, seinen Truppen den Zugang zu Bier zu erleichtern. In der zweiten Nacht in Japan war ich bereits so verliebt in das Land (obwohl ich bislang noch nicht allzu viel davon gesehen hatte), dass ich übermäßig viel Bier in mich hineinschüttete und mich immer wieder dazu beglückwünschte, in einer dermaßen alten und faszinierenden Kultur gelandet zu sein. Als die Kantine Feierabend machte, schwankte ich zurück zu meinem Zelt, wo ich schnell einschlief und vermutlich holzschnittartige Szenen von Geishas und dem Fuji träumte.

Irgendwann weckte mich eine volle Blase. Ich stand auf, suchte nach dem Latrinengebäude und schlug Wasser ab. Mein Feldbett stand direkt neben dem Eingang des Zeltes, das man mir zugewiesen hatte; es war das erste gleich rechts. Als ich zurückkam, warf ich mich auf das, was ich für meine Matratze hielt – landete jedoch auf einem schlafenden Mann. Der Mann schrie auf. Brüllte förmlich. Bestimmt glaubte er, ein Kommunist habe es auf ihn abgesehen oder, noch schlimmer, ein Schwuler wolle ihn vergewaltigen.

Ich sprang auf, so schnell ich konnte, halb gefangen in den Armen und Beinen des Mannes, der wild um sich schlug. Als ich mich endlich befreit hatte, raste ich in Panik weiter zum nächsten Zelt, das sich zum Glück als das richtige erwies, und sprang mitsamt Schuhen unter meine Decke. Draußen herrschte noch ein bisschen Aufruhr, doch der legte sich schnell, und als mein Herz und mein Atem sich wieder beruhigt hatten, lachte ich mich leise in den Schlaf.

Beim Frühstück am nächsten Morgen wandte ich den Kopf ab und gluckste in mich hinein, als ich meine Kameraden fragen hörte: «Habt ihr schon gehört, was Sergeant Johansson heute Nacht passiert ist?»

Später begegnete ich Sergeant Johansson draußen vor dem Zelt. Es war ein ruppiger Kerl von Mitte dreißig, der aussah, als ließe er nicht mit sich spaßen. Er hatte drei Tressen mehr am Ärmel und brachte mindestens fünfzehn Kilo mehr als ich auf die Waage, hauptsächlich Muskeln, kein Fett. Als ich lässig an ihm vorbeiging, hatte ich keine Mühe, alle Anzeichen von Belustigung zu unterdrücken, obwohl in dem Gesicht hinter meinem Gesicht eindeutig die große rote japanische Sonne eines Lächelns aufging.

In Korea bekam ich die Aufgabe, Angehörigen der südkoreanischen Luftwaffe Techniken der Wetterbeobachtung beizubringen. Dazu gehörten das Aufzeichnen der Wetterbedingungen und das Verschlüsseln, Entschlüsseln und Übertragen meteorologischer Daten, die von verschiedenen Beobachtungsstellen in Westasien per Funk übermittelt wurden, in spezielle Karten. Um mich auf diese Aufgabe vorzubereiten, hatte mich die U.S. Air Force auf ihre Schule unweit von Chicago geschickt, wo meine Kameraden und ich zwei Jahre College-Meteorologie in vier Monaten absolvierten, acht Stunden pro Tag, sechs Tage in der Woche. Diesen Sättigungsprozess nennt man «Crashprogramm», und ich kann bezeugen, dass es eine überaus effektive Art ist, etwas zu lernen.

Als ich in Illinois ankam, hatte der Kurs schon angefangen, deshalb mussten meine zukünftigen Wetterkameraden und ich acht Wochen bis zum Beginn des nächsten Kurses warten. Damit wir in der Zwischenzeit etwas zu tun hatten und uns gleichzeitig nützlich machen konnten, vor allem aber damit wir keinen Unsinn anstellten, sorgte unser befehlshabender Offizier dafür, dass wir täglich entweder für den Dienst in der Kantine (KP) oder die sogenannte «Lagerverschönerung» zur Verfügung standen. Letzteres konnte alles Mögliche bedeuten: das gesamte weitläufige Lager bis in den letzten Winkel nach Zigarettenstummeln und anderem Dreck absuchen, welkes Laub zusammenfegen, Kompostsäcke schleppen oder Büsche pflanzen. Es konnte anstrengende körperliche Arbeit sein, aber auch sterbenslangweiliger Mist. Zwar war es in beiden Fällen besser als KP (das Grauen! Das Grauen!), andererseits nicht gerade die Art von stumpfsinniger Routine, die wir uns vorgestellt hatten, als wir die Luftwaffe der Army vorgezogen hatten. Ständig täuschten Leute Zahnschmerzen oder einen verdorbenen Magen vor oder erfanden irgendwelche lahmen Ausreden, um sich davor zu drücken. Ich selbst ließ mir zu diesem Zweck eine neue Taktik einfallen, die gewisse Kreise sicher genial finden würden.

Wenn wir uns bei einem Unteroffizier meldeten, der für ein bestimmtes Lagerverschönerungsprojekt zuständig war, musste jeder sich einzeln mit Namen in einem Dienstplan eintragen. Gegen Mittag gab es eine Lunchpause und anschließend einen Zählappell, um sicherzugehen, dass alle wieder wie befohlen zur Arbeit erschienen waren. Zu keinem Zeitpunkt dieser Operation wurden die Ausweise überprüft. So trug ich mich eines Morgens nicht als Thomas E. Robbins, sondern als «R. M. Rilke» ein, in der Gewissheit, dass keiner meiner Vorgesetzten je von diesem österreichischen Dichter gehört hatte. Nach dem Lunch stahl ich mich zum Kino des Lagers und sah mir die Nachmittagsvorstellung an.

Am folgenden Tag fiel niemandem beim Morgenappell meiner Einheit das Funkeln in meinen Augen auf, als unser Unteroffizier «Airman Rilke» aufforderte, sich in der Schreibstube zu melden, wahrscheinlich um sein unentschuldigtes Fehlen bei der Lagerverschönerung zu erklären. Perfekt! Und als wir zukünftigen Wetterfrösche das nächste Mal zu einer strapaziösen

Verschönerungsaufgabe herangezogen wurden, unterschrieb ich als «Feodor Dostojewski». Nach dem Lunch schlenderte ich zur Sporthalle und warf übungshalber Körbe, wohl wissend, dass ich mir am nächsten Morgen auf die Zunge würde beißen müssen, um nicht loszuprusten, wenn ich hörte, wie unser Sergeant «Dostojewski» aussprach. Ich bedauerte nur, dass ich die Verwirrung nicht mitbekam, die Rilke und Dostojewski in der Schreibstube ausgelöst haben mussten.

Da ich keinen Verdacht erregen wollte, übersprang ich hin und wieder einen Tag und kehrte zu Schaufel und Besen zurück, doch im Lauf der folgenden Wochen wurden «Alexander Pope», «Leo Tolstoi» und «Oscar Wilde» für unerlaubte Abwesenheit von der Lagerverschönerung gerügt – während ich nette Nachmittage damit verbrachte, mir die neuesten Hollywoodstreifen anzusehen oder meinen Sprungwurf zu verbessern. Niemand soll sagen, literarische Bildung fände keine praktische Anwendung.

Jeder amerikanische Air-Force-Pilot, der in seinem Wetterbericht liest, dass ihm auf seiner Flugroute ein Sturmtief in die Quere kommen könnte, wird versuchen, es zu umgehen. Südkoreanische Piloten hingegen, nicht nur von ihrem Temperament, sondern auch von ihrer religiösen Erziehung her eher Fatalisten, würden mitten hineinfliegen.

Zumindest war das in den fünfziger Jahren so. Angesichts der stoischen Einstellung ihrer Offiziere gegenüber der Fliegerei musste ich meinen Schülern verzeihen, wenn sie sich für Meteorologie nicht mehr interessierten als junge Kätzchen für die Stringtheorie.

Dennoch mussten wir zumindest so tun, als ob, und das taten wir in Achtstundenschichten rund um die Uhr: morgens, nachmittags und nachts (Wetter schläft nicht). Bald lautete die Frage:

«Was machen wir» (meine Studenten und ich), «um einander nicht entsetzlich zu langweilen?» Ich weiß nicht mehr genau, wessen Idee es war, aber eine Weile amüsierten sich die Ortskräfte zwischen dem Aufzeichnen und Übertragen von Temperaturen, Taupunkt und Windrichtung damit, mir koreanische Flüche beizubringen. Mehr als ein halbes Jahrhundert später erinnere ich mich noch an einige dieser Kraftausdrücke, was ein bisschen seltsam ist, weil ich so gut wie nie Gelegenheit habe, sie anzuwenden, und obendrein als Gegner von Obszönitäten bekannt bin, denn sie zeugen von mangelndem Wortschatz und geistiger Unterbelichtung.

Schließlich entdeckten wir aber einen Zeitvertreib, der nicht nur für beide Seiten befriedigend, sondern auch profitabel war. Und obendrein ein Schlag gegen den Kommunismus des Kalten Kriegs, denn er war ein funktionierendes Beispiel für kapitalistische Prinzipien auf demokratisch fundamentaler Ebene. Wir wurden Schwarzhändler.

Der PX-Laden auf dem K-2 Luftwaffenstützpunkt war in einer Wellblechhütte auf einem baumlosen, tristen Gelände untergebracht und zeigte der Welt gegenüber eine streng militaristische Einstellung: kein Unsinn, kein Firlefanz. Im Innern jedoch bot er zu reduzierten Preisen eine ansehnliche Zahl von vertrauten Waren, die der Durchschnittsamerikaner für sein Streben nach Glück, wenn nicht sogar für sein Überleben unerlässlich findet. Dazu gehörten Zigaretten der Marken Camel, Pall Mall, Kool und Marlboro. Die Regeln erlaubten jedem Flieger im K-2, zwei Stangen Zigaretten pro Monat zu kaufen, was in meinem Fall irrelevant war, weil ich nicht rauchte. Tja, eines Tages nun kam einer meiner Schüler, er hieß Kim (wenn ich recht darüber nachdenke, hießen meine Schüler alle Kim, ich glaube sogar, dass im Jahre 1955 sämtliche Männer, Frauen und Kinder in Korea Kim hießen, und nach allem, was ich weiß, könnte es heute noch so sein) – wie auch immer, dieser Kim kam jedenfalls zu mir und machte mir ausgesprochen schüchtern den Vorschlag, ihm eine Stange Marlboros zu besorgen, für die er mir das Doppelte dessen zahlen würde, was im PX verlangt wurde.

Nun bin ich alles andere als ein Geschäftsmann – das Leben ist einfach zu kurz, um es mit dem Streben nach schnödem Mammon zu vertun –, doch diese Transaktion schien kinderleicht zu sein, und hey, dieser Kim hatte zwar einen Allerweltsnamen, war aber ein gutmütiger Kerl und kicherte wie ein Schulmädchen, wenn er mir beibrachte, wie man «Wichser» auf Koreanisch sagt.

Kommen wir zur Sache. Bald versorgte ich Kim nicht nur mit meinen beiden Stangen, sondern auch mit Zigaretten, die ich zum Kasernenpreis anderen Nichtrauchern in meiner Einheit abkaufte. Es dauerte nicht lange, bis wir auch mit Toilettenartikeln handelten. Sie brachten noch mehr ein als die Kippen. Man muss sich vor Augen halten, dass Südkorea damals ein verarmtes, vom Krieg zerrissenes Land war und nicht mal annähernd über einen modernen, produzierenden Industriesektor verfügte. Allein von der Menge her war klar, dass alles, was ich Kim vertickte, an eine oder mehrere Parteien weiterverkauft wurde.

Solcherlei Geschäfte in der Wetterstation zu tätigen wäre riskant für uns beide gewesen, deshalb versteckte ich die Ware in einem Wäschesack und nahm sie mit zu unseren Treffen in einer zivilen koreanischen Wäscherei, etwa zwanzig oder dreißig Meter auf der ungepflasterten Straße entfernt, die zum K-2 und auch wieder hinausführte. Die meisten Flieger ließen ihre Wäsche dort waschen, und die Wachen am Tor merkten nicht, dass meine Klamotten viel öfter schmutzig waren als die der anderen.

Ich sollte vielleicht betonen, dass wir bei diesem Unternehmen nur kleine Brötchen backten. Es ging um Peanuts. Ein Mafiaboss hätte nicht mal den Hintern des Pudels seiner Frau damit abgewischt. Doch diese Art von Unterhaltung war im Nachkriegsasien billig, und meine illegalen Profite, so mager sie auch sein mochten, brachten mir ausgezeichnete Sukiyaki-Essen, Kabuki-Vorführungen und reizende weibliche Gesellschaft ein, wenn ich auf Urlaub nach Japan reiste. Erst gegen Ende meines Einsatzes erfuhr ich, dass ein Großteil unserer Schmuggelware, insbesondere die Toilettenartikel, hinter dem Bambusvorhang landete, der damals Rotchina vom Rest der Welt trennte. Schimpfen Sie mich einen Verräter, wenn es sein muss, aber vermutlich habe ich damals tatsächlich acht oder neun Monate lang Mao Tsetung mit Colgate-Zahncreme versorgt.

In der Kaserne der Wetterbeobachter im K-2 wurde fast immer Poker gespielt. Einer der leidenschaftlichsten Spieler war ein umgänglicher, nicht besonders gebildeter Typ aus dem Süden namens Jody. Neben seinen Pflichten in der Wetterstation und der ständigen Jagd nach einem Royal Flush blieb Jody kaum Zeit für etwas anderes, beispielsweise Briefe an seine Freundin in North Carolina zu verfassen, deshalb bot er mir fünf Dollar für einen Brief an Sue Ellen an (er hatte in dieser Woche viel Glück gehabt).

Da mein Interesse an Karten sich auf Joker beschränkte, spielte ich nur selten mit und verbrachte meine Freizeit lieber im Service Club, wo ich mit den Bardamen flirtete und Bier trank, oder in der Kaserne, wo ich meinem neuen Interesse für japanische Ästhetik nachging. Dazu gehörte auch der Versuch, Konzepte wie *wabi-sabi* (die Kunst, Schönheit in Dingen zu finden, die unvollkommen, unvollständig, schlicht oder unkonventionell sind) zu verstehen und mir anzueignen. Es ist eine Übung, die mich wegen ihrer Untertöne von «verrückter Weisheit» bis heute fasziniert. Doch für einen jungen Amerikaner kommt *wabi* mehr oder weniger auf dasselbe hinaus wie *sabi*, und mein schäbiger Schwarzmarktring war nicht zeitaufwendig, deshalb erklärte ich mich bereit, an Jodys Stelle der blonden Sue Ellen zu schreiben – unter einer Bedingung: dass er den Brief unterschreiben und abschicken würde, ohne ihn vorher zu lesen. Er willigte ein.

Ich vermied es, so poetisch zu werden, dass sie Verdacht schöpfte, und schrieb, dass ich (Jody) sie liebte und vermisste, aber auch stolz darauf sei, meinem Land zu dienen und dafür zu sorgen, dass die amerikanischen Werte erhalten blieben. Ich unterließ alle Hinweise auf Poker und fügte noch ein paar Zeilen über das Lager und die Arbeit hinzu, aber sie kamen mir irgendwie öde vor. Ich hatte das Gefühl, dass dem Brief ein bisschen Farbe fehlte, ein Hauch von Gefahr und Aufregung.

Beflügelt schloss ich mit der Bemerkung, dass ich vor kurzem eine Schlange gefangen hätte, die ich jetzt als Haustier in meinem Wäschesack hielte. Sie sei sehr hübsch, schrieb ich, eine Verwandte der Königsnatter in North Carolina, und dass ich sie mit selbstgefangenen Mäusen aus einem nahegelegenen Reisfeld und aus der Messe stibitzten Eiern fütterte. Als letztes romantisches i-Tüpfelchen gab ich noch dazu, dass ich (also Jody) sie ihr zu Ehren «Sue Ellen» getauft hätte.

Jody hörte nie wieder von ihr.

Obwohl er ein paarmal über Liebeskummer klagte, vergaß er sein gebrochenes Herz – und Sue Ellen – schnell über dem Mischen und Austeilen der Karten. Ich hingegen hatte das Gefühl, eine gute Tat getan zu haben, indem ich möglicherweise einen Kameraden vor der Ehe mit einer fantasielosen, um nicht zu sagen, verständnislosen Frau bewahrt hatte.

Für mehrere Wochen wurde ich an eine Fernmeldestelle der U.S.-Streitkräfte im Zentrum von Taegu versetzt, der drittgrößten Stadt in Südkorea. Es war ein wundervoller Einsatz, bei dem ich mich jeden Morgen zu Fuß zur Arbeit begab, durch schmale, kopfsteingepflasterte Straßen, in denen es sehr lebendig zuging.

Es war ein wogendes, exotisches Sensorium. Überall ratterten Karren vorbei, manche wurden von zotteligen Ponys gezogen, die meisten aber von bärtigen alten *papa-sans* mit ausgebeulten weißen Hosen und Zylindern auf dem Kopf. Großfamilien schoben Trennwände aus Reispapier zur Seite und strömten aus ihren einstöckigen Häusern, die Frauen in langen, hochtaillierten Röcken und eng sitzenden Brokatjäckchen unter einer weiten Steppjacke. (Barfrauen und Prostituierte, die es in Taegu in großer Zahl gab, trugen westliche Kleidung – gewöhnlich Geschenke von GI-Boyfriends, die sie aus dem Sears-Katalog bestellten –, doch solche Lerchen der Nacht ließen sich selten vor der Mittagszeit blicken.)

Nase und Augen füllten sich mit dem Rauch aus *hibachi*-Schalen, dem durchdringenden Aroma der *kimchi*-Gärtöpfe und dem süßsauren Duft unidentifizierbarer Gewürze, Lotionen, Öle, Farbstoffe und allerlei körperlicher Ausdünstungen: seltsame Gerüche, die zu der seltsamen Sprache passten, deren Strichmännchen-Buchstaben auf Holz- und Papierschildern in jede Richtung tanzten und deren Aussprache wie unsichtbare Kanonaden durch die Luft ringsum flogen.

Zu Beginn meines Einsatzes verlor ich mich manchmal in den Gässchen und dem wuseligen Durcheinander, und da ich keine Ahnung hatte, wie man nach der Richtung fragte, ließ ich mich von der Menge einfach treiben, bis ich irgendwo eine bestimmte kleine Brücke oder ein altes Auto ohne Reifen wiedererkannte und wusste, hier muss ich nach links und den Hügel zum Fernmeldezentrum hochsteigen. Meistens kam ich zu spät zur Arbeit. Wie gesagt, es war wundervoll.

Bei diesem Einsatz wurde ich in einem Armeeposten untergebracht, da die Air Force in der Stadt keine Basis hatte und vom K-2 aus hierher und zurück zu pendeln zu umständlich gewesen wäre, obwohl es nur fünfzehn oder zwanzig Kilometer entfernt lag: zu viele Schubkarren, Fahrräder und Fußgänger verstopften die Straße. Wenn ich abends nicht auf dem Futon einer süßen Bardame endete, schlief ich in einem Transitquartier, das im ersten Stock eines hässlichen grauen Steinhauses lag, einem Relikt der japanischen Okkupation (1910–1945). Dieses temporäre Quartier, ein langer, kalter Saal mit etwa dreißig Pritschen, die meisten davon unbenutzt, teilte ich mir mit den ausschließlich koreanischen Mitgliedern des U.S.-Army-Boxerteams.

Jeder von ihnen hatte eine Meisterschaft des Korean Command in seiner Gewichtsklasse gewonnen. Jetzt trainierten sie, um gegen die Meister des Japanese Command anzutreten. Die Gewinner dieser Wettkämpfe würden nach Deutschland reisen und gegen die besten Boxer der europäischen Streitkräfte kämpfen. Meine Jungs wurden von einem Italoamerikaner trainiert, dessen Akzent aus der Bronx so schwer war wie ein U-Bahn-Waggon, und nahmen ihre Vorbereitung extrem ernst. Manche träumten vielleicht von einer professionellen Karriere als Preisboxer nach dem Militär. Aber sie waren gute Zimmergenossen, lustig, freundlich und immer darauf bedacht, den spindeldürren Nichtkombattanten nicht zu wecken, wenn sie um fünf Uhr zu ihrem Morgenlauf aufstanden.

Das Zusammenleben mit den Boxern der Streitkräfte gab mir das Gefühl, in dem Buch *Verdammt in alle Ewigkeit* zu leben, jenem monumentalen Opus von James Jones, das Kritiker leider und in manchen Fällen aus purer Hochnäsigkeit übersehen, wenn sie die Kandidaten für den Titel des «Großen Amerikanischen Romans» auflisten. Andererseits ist Prosaschreiben ja nicht dasselbe wie ein Boxwettkampf. Hemingway und Norman Mailer wären vielleicht anderer Meinung, aber einen literarischen Schwergewichtschampion gibt es einfach nicht.

Eines späten Abends, lange nach der mitternächtlichen Sperrstunde, fielen etwa zehn Grünschnäbel in unser Quartier ein, die noch nicht lange bei der Army waren und gerade erst den Truppentransporter *U.S. Somewhere* verlassen hatten. Auf der Reise von Inchon nach Taegu hatten sie es geschafft, sich Unmengen von Bier einzuverleiben, und jetzt waren sie so laut und albern, wie es nur Neunzehnjährige sein können, die noch nicht viel Erfahrung mit den Eigenschaften von Äthylalkohol haben. Fügt man der Ausgelassenheit das Gefühl hinzu, vorübergehend unbeaufsichtigt zu sein, zum ersten Mal im Leben in einem fremden Land, und schon hat man ein Rezept für unausstehliche Kraftmeierei. Das Gewieher, die betrunkene, vulgäre Art, das Herumpoltern und die schnippischen Antworten auf die höfliche Bitte der Koreaner, Ruhe zu geben und das Licht auszumachen, kamen bei den aus dem Schlaf gerissenen Boxern nicht besonders an, deren anstrengender Trainingstag mit dem ersten rosigen Kribbeln der Morgendämmerung begann.

Als die jugendliche Herumalberei einfach kein Ende nahm, lachte ich unter meiner vom Staat gestellten Decke in mich hinein. Man musste kein Hellseher sein, um zu wissen, wie das enden würde.

Es endete schnell. Ohne eine überflüssige Bewegung glitten die Boxer aus dem Bett, durchquerten langsam den Raum und WUMM! PENG! ÜBERRASCHUNG! Mit wenigen, gut platzierten Schlägen in die Bauchgegend ließen sie drei oder vier lärmenden Rekruten die Luft heraus; das klang ungefähr so wie platzende Reifen. Ernüchtert fielen die Bürschlein rückwärts gegen ihre erstaunten Kameraden oder auf ihre ächzenden Pritschen. Damit war die Piñata zerschlagen und die Fiesta vorbei. Alle Lichter wurden gelöscht, die Neuankömmlinge grummelten noch ein wenig vor sich hin, dann waren sie eingeschlafen, und die Boxer träumten weiter von Titelkämpfen, Blitzlichtgewittern, Schlagzeilen und dicken Brieftaschen, zumindest aber davon, wie sie es mit Hilfe ihrer Fäuste schaffen würden, aus dem verdammten Korea herauszukommen. Und ich lachte mich zum zweiten Mal seit meiner Ankunft in Asien in den Schlaf.

Es gab noch etwas außer Modekram aus dem Sears-Katalog, das Barmädchen in Taegu von ihren tugendhafteren Geschlechtsgenossinnen unterschied, und das war ihr Atem. Diese unternehmungslustigen Damen verzichteten nämlich im Gegensatz zu Jung und Alt in diesem Land auf *kimchi*. Ihre Enthaltsamkeit war ein diätetisches Opfer ungeheuren Ausmaßes, aber unerlässlich, wenn sie Kontakt mit amerikanischen Soldaten haben oder, anders gesagt, finanziell prosperieren wollten.

Kimchi gilt als Nationalgericht oder Nationalbeilage von Korea, aber es ist erheblich mehr als das. Es ist ein Charakteristikum des Landes, gastronomisch repräsentativer als *salsa* für Mexiko oder Knoblauch für Italien. In vergangenen Zeiten, als Geld und Fleisch noch knapp waren, war *kimchi* so etwas wie koreanische Lebensart schlechthin gewesen, und in gewisser Weise ist es das noch heute.

Traditionell handelt es sich um Chinakohl, der mit Chili und Knoblauch mehrere Monate lang in einem irdenen Topf in Salzlake eingelegt wird, bis das Ganze anfängt zu gären. Es gibt verschiedene Variationen mit Rettich, Rüben und/oder Gurken, aber das Wichtige ist der Gärungsprozess – und die Wirkung ist immer gleich. Wer *kimchi* gegessen hat, kann mit seinem Atem einen ganzen Zug antreiben. Andererseits treibt es aber auch alle GIs, Marines oder Airmen in die Flucht – egal wie verliebt oder testosterongesteuert sie sein mögen –, wenn ihre olfaktorischen Rezeptoren von einem durchdringenden, fremdartigen Mundgeruch umwabert werden, der wie eine Ladung Herbizide selbst die rosigste Rose der Leidenschaft erblassen lässt.

Einen *kimchi*-Esser zu küssen ist etwas anderes, als selber *kimchi* zu essen. Zwar unterschied ich mich kaum von meinen

Kameraden beim Militär, was die Aversion gegen die einen angeht, reihte mich aber dennoch in den Rang der anderen ein, als mich auf mein eigenes Drängen hin eine zauberhafte junge Dame, die sich Sally nannte (jede Wette, dass sie eigentlich Kim hieß!) und deren Warnungen ich in den Wind schlug, mit diesem unbezähmbaren Gericht bekannt machte. Damit sorgte ich auf der Wetterstation für erhebliche Verstimmung, denn mein gesamter Vorrat an Listerine-Mundspülung war bereits an den Vorsitzenden Mao gegangen.

Ich esse heute noch *kimchi*, wenn auch notgedrungen die in Amerika hergestellte Version. Amerikanisches *kimchi*? Ja, es ist tatsächlich möglich, in einer erklecklichen Zahl von amerikanischen Supermärkten oder Feinkostläden tiefgekühltes *kimchi* zu finden, besonders an der Westküste. Es reicht, um ein Thunfischsandwich oder eine Schale Schweinefleisch mit gedämpftem Reis pikanter zu machen, ist aber trotzdem nur ein müder Abklatsch des authentischen koreanischen Produkts. Das Problem liegt darin, dass die Zutaten hier nur selten fermentiert werden. Heutzutage ist es möglich, Kohl gären zu lassen, ohne ihn den ganzen Winter über vergraben zu müssen (eine Vietnamesin in La Conner, Washington, hat mir mal welchen in ihrer Garage gemacht: Schwarzmarkt-*kimchi*), doch aus Rücksicht auf die Empfindsamkeiten der Yankees werden die meisten Kohlsorten in diesem Land (in Japan übrigens auch) nur eingelegt, ohne dass man sie gären lässt. Ich nenne es *kimchi light*.

Kimchi light verhält sich zu echtem *kimchi* wie ein Schoßhündchen zu einem Wolf, Billard zu einem Rugbymatch, Disneyland zu Burning Man, ein Golfwagen zu einem frisierten Lincoln, der Mormon Tabernacle Choir zu den Rolling Stones, eine Wunderkerze zu einem Knallfrosch, Barbie zu King Kong oder … nun ja, Sie verstehen schon. *Kimchi light* kann ein Thunfischsandwich aufpeppen, aber echtes *kimchi* stellt die Welt auf den Kopf.

«Wenn du essen *kimchi*», hatte Sally mich gewarnt, «deine Frau-san dich nicht mögen. Sie schnappen andere Mann.» Das zierliche Barmädchen hatte laut losgeprustet, als ich den ersten Bissen *kimchi* probierte («Ich weinen vor Spaß», hatte sie gejapst), aber was meine Frau anging, sollte sie tatsächlich recht behalten, obwohl Peggys Feindseligkeit nichts mit der koreanischen Küche zu tun hatte. Oder mit koreanischen Barmädchen, wenn wir schon dabei sind. Wir drifteten – nein, rasten – bereits auseinander, noch bevor ich ins Ausland ging.

Romantische Liebe ist von Natur aus unbeständig und muss in einem festeren Grund verankert werden als Lust, wenn sie andauern soll. Eheliche Zerrüttung wird dadurch beschleunigt, dass nur einer oder keiner fest verwurzelt ist und wachsen kann oder sich in einem anderen Tempo oder in andere Richtungen entwickelt als der Partner. Während ich mich mehr und mehr für Kultur, geistige und spirituelle Fragen interessierte, wurde meine halbwüchsige Braut immer materialistischer. Peggy war völlig unbeeindruckt, als ich einen Kurzgeschichtenwettbewerb der Air Force gewann, und ich spottete heimlich über ihre Modemagazine oder ihre Begeisterung über das finanzielle Potenzial von Immobilien in Florida. (Ich war zunächst in einem Lager außerhalb von Orlando stationiert gewesen, um potenzielle Hurrikane zu beobachten.) Die sporadischen Briefe, die sie mir nach Korea schickte, waren etwa so zärtlich wie die Ankündigung einer Zwangsvollstreckung. Die Feder war kratzig, die Tinte Zombieblut.

Als ich 1955 urlaubshalber auf einem Truppentransporter mit Kurs Seattle nach Hause fuhr, sicherte ich mir den Job des Herausgebers der Schiffszeitung (ein fotokopiertes Blättchen, das einmal am Tag verteilt wurde) und vermied damit sowohl den Küchendienst als auch die nächtliche Internierung unten in den furzverseuchten Rattenlöchern, wo die Soldaten wie Klafterholz übereinandergestapelt wurden. Stattdessen teilte ich mir eine komfortable Kabine mit drei Ärzten. Unter dem Pseudonym «Figmo Fosdick» verfasste ich auch eine satirische Kolumne mit dem Titel *Shipboard Confidential*, die zwar bei meinen Kameraden beliebt war, mich jedoch mehrmals mit dem Berater der Zeitung aneinanderrasseln ließ. Er war ein römisch-katholischer Geistlicher mit der purpurroten Physiognomie und dem ständig sabbernden Schmollmund eines übereifrigen, zickigen Zensors. Ich möchte dem guten Priester nicht unterstellen, dass er je einem Chorknaben an die Wäsche ging, aber an meinen Texten hat er sich mit Sicherheit vergriffen.

Auf alle Fälle hatte ich während der Überfahrt nicht viel Zeit für Besinnlichkeit. Deshalb nahm ich, als wir nach vierzehn Tagen in Seattle anlegten, einen Greyhound-Bus nach Virginia, sparte damit das Geld für das Flugticket und verschaffte mir vier ungestörte Tage auf der Straße, um über meine Situation nachzudenken.

Vor meiner Verlegung nach Asien war Peggy meine einzige Sexpartnerin gewesen. Inzwischen aber hatte ich mich nicht nur mit fünf Koreanerinnen auf dem Futon vergnügt – Kim, Kim, Kim, Kim und Sally –, sondern auch mit einer extrem bezaubernden Japanerin namens Reiko. Ich hatte mir die Hörner abgestoßen, um diesen veralteten Viehzüchterslogan zu benutzen, und bildete mir ein, nun endlich «sesshaft» werden zu können – noch so ein altmodischer Ausdruck –, um mit Peggy und unserem Sohn Rip (der kurz vor meiner Verlegung nach Korea zur Welt gekommen war) «ein Leben aufzubauen» (die Klischees nehmen kein Ende). Dazu kam, dass ich Peggy nur ansehen musste, als ich endlich in Richmond ankam, um mich auf der Stelle erneut in sie zu verlieben. Doch leider wurde dieses Gefühl nicht erwidert.

Der unterkühlte Empfang hätte selbst den zähesten Eskimo

verleitet, sich zu den Schlittenhunden zu flüchten. Peggy war offenbar auch kein Kind von Traurigkeit gewesen, denn sie war von einem anderen Mann schwanger. Ob ich es verdient hatte oder nicht, die Ablehnung zerriss mir das Herz wie ein rostiger Dosenöffner und verletzte mich so tief, dass sie noch Jahre später als höhnisch grinsendes Kürbisgesicht in meinen Träumen auftauchte.

Verstehen Sie, damals war ich noch nicht so weit, die fließende Natur der romantischen Liebe zu verstehen, ihre Gleichgültigkeit gegen die menschliche Sehnsucht nach Beständigkeit und Sicherheit, ihre primitive, ungezähmte Natur (sie hat mehr Ähnlichkeit mit einem Fuchs, der den Mond anheult, statt mit einer wohlklingenden Melodie), oder, und das ist vielleicht noch wichtiger, zu begreifen, dass es ein *Privileg* ist, jemanden zu lieben, ihn wahrhaftig zu lieben. Dass es der Himmel auf Erden sein kann, wenn dieses Gefühl erwidert wird, aber unfair, es zu fordern oder zu erwarten. Wir sollten uns glücklich schätzen, geehrt, ja gesegnet, dass wir die Möglichkeit besitzen, Zuneigung in einem solchen Ausmaß zu empfinden, und wir sollten dankbar sein, selbst wenn sie unerwidert bleibt. Liebe ist das einzige Spiel, bei dem wir sogar dann gewinnen, wenn wir verlieren.

Hmmm. Dieser letzte Satz erinnert mich an meine Gallenblase.

Im Jahr 2006 ergab ein Ultraschall, dass sich in meiner Gallenblase so viele Steine angesammelt hatten, dass ich damit einen Zenpfad hätte pflastern können. Ein paar Wochen später wurde sie mitsamt den Steinen entfernt. Der Eingriff verlief komplikationslos, trotzdem musste ich über Nacht im Krankenhaus bleiben. Außerdem hatte man mich mit irgendetwas vollgepumpt, das mich berauschte. Ich weiß nicht, was es war, aber es sang in meinen Adern und gab Gas in meinem Kopf. So lag ich selig die ganze Nacht wach und schrieb im Geist ein Selbsthilfebuch.

Kein Witz und auch keine Übertreibung. Stunde um Stunde, Abschnitt für Abschnitt, Seite für Seite, Kapitel für Kapitel schrieb ich einen kompletten Ratgeber. Gegen Morgen schlief ich jedoch irgendwann ein, und als man mich mehrere Stunden später weckte, konnte ich mich nur noch an den Titel erinnern: *Wie man mit jedem Blatt verliert und trotzdem gewinnt.*

Ja, Sie haben richtig gelesen: *Wie man mit jedem Blatt verliert und trotzdem gewinnt.* Hätte ich mich bloß an den übrigen Text erinnern können, jede Wette, ich hätte zwanzig Millionen Exemplare des Buches verkauft und mich in die Nähe des Megamotivators *Tony* Robbins katapultiert. Vielleicht habe ich es genau deshalb vergessen.

gott segne die künstler

Bei meiner Rückkehr aus Übersee stolperte ich in ein Amerika, von dessen Existenz ich keine Ahnung gehabt hatte, ein Land innerhalb des Landes oder, besser gesagt, einen Staat im Staat, dessen Verfasstheit gewöhnlich als bohemienhaft bezeichnet wird und zu dessen Bewohnern ich mich bis heute zähle. («Bürger» wäre eine zu gesetzeskonforme Formulierung, und außerdem habe ich für alle Fälle immer noch einen Fuß in der etablierten bürgerlichen Gesellschaft, also im Feindesland.)

Das Greenwich Village hatte ich mir schon in den Monaten vor meiner verfrühten Hochzeit angesehen, doch es war mir exotischer vorgekommen als Japan oder Korea, und da ich weder Führer, Dolmetscher noch einen gültigen Pass, ja nicht einmal einen anständigen Bezugsrahmen hatte, war ich dort nicht nur ein Außenseiter, sondern so etwas wie der Taube in der Oper oder der Blinde im Zirkus gewesen. Ironischerweise machte mich dann meine Ex mit dem bekannt, was einige Jahre später als «Gegenkultur» bezeichnet (und häufig verunglimpft) wurde. Peggy war zwar Materialistin, aber auch ein Party Girl, und im konservativen Richmond waren es die Bohemiens, Künstler und Intellektuellen, echte oder falsche, die – zwanglos, versteht sich – die lebendigsten und beliebtesten Partys gaben.

Es gibt ein charmantes Viertel im urbanen Richmond, das

Fan District heißt und die dichteste Konzentration an Künstlern und Pseudokünstlern zwischen New York und New Orleans aufweist. (Auf den Fan District selbst komme ich später noch zurück, denn 1957, nach meiner Entlassung aus der Air Force, zog ich dorthin.) Peggy nahm Unterricht in Gesellschaftstanz. Ein schwuler Tanzlehrer namens Chubby, der dünn wie ein Essstäbchen war, führte sie in die Fan-Partyszene ein. Am zweiten Abend nach meiner Rückkehr quer durchs Land im Bus durfte ich Peggy zu einer Versammlung im Atelier eines Malers begleiten. Innerhalb einer Stunde war sie verschwunden, und ich sah sie an diesem Abend nicht wieder, doch der Schmerz darüber, dass sie mich hatte sitzenlassen, wurde von dem intensiven Zauber der seltsamen neuen Welt, in die ich geraten war, erheblich gemildert. Das war die Boheme, Baby; ich war zwar nicht wirklich überwältigt, aber ganz sicher fasziniert.

In Japan hatte ich Holzschnittdrucke bewundert, doch bis zu diesem Abend in Richmond kannte ich moderne Malerei nur in Form von Reproduktionen, und auch davon nicht viel. Ein Hokusai-Druck ist exquisit in seiner handwerklichen Ausführung und ergreifend in der Art, wie er die Essenz der Natur durchdringt und filtert. Trotzdem geht solche Raffinesse angesichts der schieren Vollkommenheit eines großen modernen Gemäldes einfach unter, besonders eines, auf dem die Farbe noch so frisch ist, dass man mit dem Finger kleben bleibt, wenn man sie berührt. In diesem Atelier im Fan District war ich umgeben von echten Originalen; manche hingen an den Wänden, andere standen halbfertig auf Staffeleien, wieder andere an die Wand gelehnt. Von diesem Abend an wirkte die Mischung aus Ölfarbe und Terpentin mit ihrem Hauch von Geheimnis, ihrem angedeuteten Hinweis auf Aktivitäten, die sich außerhalb normaler Erwartungen abspielten, wie ein berauschendes Parfüm auf mich.

Ausgestattet mit drei klapprigen Holzstühlen und einem fleckigen Sofa, das zu viel gesehen und zu wenig vergessen hatte, war der Hauptraum des Ateliers, dessen nackter Holzboden mit Farbklecksen jeder Couleur übersät war, der Mittelpunkt der Party. Hier tranken die Gäste in ihren kunterbunten Klamotten – keiner war in militärischer Uniform oder «konventioneller Kleidung» à la W&L erschienen – Bier oder billigen Rotwein (Marihuana kam in Richmond erst zehn Jahre später an) und lauschten der Schallplatte einer Sängerin, deren Stimme so unglaublich klagend klang, dass ich es zuerst für einen Witz hielt. (Die Sängerin hieß Billie Holiday, und noch ehe mein Urlaub vorbei war, hatte ich sie ungefähr ein Dutzend Mal gehört und war dermaßen verrückt nach ihr, dass ich mir eine ihrer Platten kaufte, obwohl ich genau wie der Ladendieb im W&L gar keinen Plattenspieler besaß. Für mich war Verwirrung häufig der Beginn einer großen Liebe.)

Die Party war nur mäßig laut, doch wurde das Stimmengewirr ernsthafter Gespräche hin und wieder von abstrusen Ausrufen unterbrochen, bizarren, surrealistischen Proklamationen, gefolgt von zustimmendem Gekicher. Zwischen diesen verrückten, poetischen Ausbrüchen warfen die Gäste mit Ideen um sich wie Edelsteinschleifer mit Juwelen und würzten die Unterhaltung mit Namen wie Freud, Picasso oder Strawinsky. Nachdem die Jungs aus der Air-Force-Kaserne sich hauptsächlich über Autos, Sportmannschaften und ihre Freundinnen ausgelassen hatten – in dieser Reihenfolge –, fand ich das alles sehr erfrischend, und als ich hörte, wie jemand Henry Miller erwähnte, gab auch ich meinen Senf dazu.

Kaum einer der Anwesenden hatte Henry Miller tatsächlich gelesen (die Grove-Press-Taschenbuchausgabe von *Wendekreis des Krebses* sollte erst 1961 erscheinen), und meine Beobachtungen aus erster Hand machten so viel Eindruck, dass ich wiedererkannt und eingelassen wurde, als ich am nächsten Abend – ohne Peggy – erneut an die Tür des Ateliers klopfte. Willkommen in der Boheme, Tommy Rotten.

Den Rest der drei Wochen meines Urlaubs verbrachte ich in diesem Milieu, vor allem mit zwei Malern, die in dem Atelier lebten und arbeiteten, das ich nun fast täglich besuchte: William Fletcher Jones und William Philip Kendrick, ein überlebensgroßes Paar, mit dem ich mich rasch anfreundete.

Jones sah aus wie Dylan Thomas mit schwindendem Haar und schwellendem Bauch. Ein dicker, nachdenklicher Riese, der boshaft die Backen aufblies und die großen, von einer Schilddrüsenüberfunktion gezeichneten Augen hervortreten ließ, bis er aussah wie ein Nilpferd, das sich aus dem Flussschlamm wälzt. Dann öffnete er die fleischigen Lippen und stieß ein nervöses, kleines, fast lautloses Kichern aus, eins wie die, mit denen gewisse Jazzdrummer am Ende eines besonders komplizierten Riffs ihre Ekstase zum Ausdruck bringen. Auf dieses Kichern folgte gewöhnlich irgendeine ungereimte – auf alle Fälle verwirrende – Bemerkung über das Leben oder die Kunst, wobei die Grenze zwischen den beiden für Jones buchstäblich nicht existent war. Später wurde er ziemlich bekannt mit seinen semiabstrakten Stadtbildern in leuchtenden, satten Farben, die voller Spannung und Energie waren. Damals aber malte er Liebespaare, realistisch in jeder Hinsicht bis auf die Köpfe, die er als nichtssagende Eier darstellte.

Kendricks, der von seinen Freunden nur «B. K.» genannt wurde, war besessen von dem Tänzer Nijinsky in der Rolle von Petruschka, dem Kasper mit dem gebrochenen Herzen, der für einen strahlenden Augenblick auf dem goldenen Thron Gottes saß, ein Thema, das er buchstäblich Hunderte von Malen gemalt hatte. B. K. war (und ist) selbst ein Kasper, wenn auch ein schüchterner: Manchmal sprang er einfach auf, schlug die Hacken zusammen und tanzte eine alberne kleine Pirouette, bevor er sich am Ende mit einem zaghaften Lächeln im Raum umsah, wie ein Kind, das halbwegs damit rechnet, für seinen unangebrachten Übermut bestraft zu werden. Tatsächlich zeigte sein rundes Gesicht fast immer den staunenden Ausdruck und das überraschte Lächeln eines Kindes, dem man gerade die Augenbinde abgenommen hat und das sich nun in einem Schloss voller Eiscreme, Puppen und Spielsachen wiederfindet.

B. K.s empfindsames Kindergesicht war umso unpassender, weil er gleichzeitig ein preisgekrönter Meister im Gewichtheben war, dessen voluminöse Muskeln sich wie Gürteltiere im Winterschlaf in den Falten seiner ausgebeulten Klamotten versteckten. Als wir zehn Jahre später zusammen nach New York zogen (ich kam aus Seattle und machte einen Umweg, um ihn in Richmond abzuholen), schnorrte er die Drinks für uns zusammen, indem er auf den Händen über die gesamte Länge des Bartresens spazierte und es irgendwie hinkriegte, nie über eins der Getränke zu stolpern, die dort herumstanden. Ein einhändiger Handstand auf einem Barhocker brachte uns fast immer eine Cola-Rum oder ein großes Guinness ein, die wir dann in zwei kleinere Gläser umfüllten. Ich revanchierte mich symbolisch für diese Großzügigkeit, indem ich 1971 mein erstes Buch unter anderem ihm widmete.

Heute ist B. K. weit über achtzig, und wir sind seit mehr als einem halben Jahrhundert Kumpel. Es ist eine Freundschaft, die manche Leute ein bisschen … nun ja, bohemienhaft finden würden, vor allem angesichts dessen – was ich allerdings erst später erfuhr –, dass es B. K. gewesen war, der meine Frau geschwängert hatte, als ich in Korea war.

Mit sechs war ich einmal morgens aufgewacht und hatte entdeckt, dass es Frühling war. Beim Einschlafen war es noch Winter gewesen, doch irgendwann nachts war der Frühling wie eine beschwipste Debütantin, die sich von einem Ball nach Hause stiehlt, mit zerzaustem Haar und aufgebauschtem grünem Rock, einem Lied im Herzen und einem träumerischen und doch herausfordernden Lächeln auf den Lippen nach Blowing Rock zurückgekommen.

Ich hatte seit fast einer Woche Grippe, und meine Mutter, die ewige Krankenschwester, hielt es für nötig, dass ich noch einen Tag im Bett verbrachte. Vielleicht hatte sie recht, aber als ich sah, dass die Welt hinter meinem Fenster zum Leben erwacht war, fast wie ein Insekt, und dass es überall summte und blühte, erhob auch ich Anspruch auf einen Platz an der Sonne. Deshalb machte ich das Fenster auf (mein Zimmer war im Erdgeschoss), sprang hinaus und lief zu Mutters Entsetzen Purzelbäume und Räder schlagend in Unterwäsche im Garten herum.

Für diesen Unsinn wurde ich tüchtig ausgeschimpft, musste auf das versprochene Eis verzichten und unter Aufsicht einen weiteren Tag im Bett verbringen, um sicherzugehen, dass mir meine kleine Eskapade keine Lungenentzündung eingebracht hatte. Das war es absolut wert gewesen.

Meine Begegnung mit der Boheme und den Bohemiens sollte eine ähnliche Wirkung auf mich haben. Herb Gold, der verstorbene Autor aus San Francisco, hat einmal Folgendes geschrieben: «In all den Zwischenräumen einer Gesellschaft, die noch nach Kunst, Fantasie, Trägheit, Abenteuer und Möglichkeiten verlangt, von denen Familie und Beruf nichts wissen wollen, breitet der Bohemien seine zarten Wurzeln aus.» Hat man bei «zarte Wurzeln» nicht sofort den Frühling vor Augen?

Aus dem stickigen Krankenzimmer des zugeknöpften Amerikas der fünfziger Jahre, diesem beige verhangenen Jahrzehnt mit Vanillegeschmack, dessen Leitstern eine nach Fichtennadeln duftende Kerze auf dem Gartentisch war, sah ich hinaus auf etwas, das mir vorkam wie behavioristischer Frühling – eine metaphorische Zeit unaufhaltsamer Erneuerung, fruchtbar, wild, grün und frei –, und hatte das Bedürfnis, halbnackt darin herumzutollen. Doch kaum hatte das erste Rotkehlchen gezwitschert, da wurde mein Bohemefrühling schon wieder vom Regimentswinter abgelöst. Der Urlaub ging zu Ende, und diesmal verschlug es mich in ein Lager außerhalb von Omaha, Nebraska, wo ich während der nächsten zwanzig Monate drei Stockwerke unter der Erde in einem theoretisch atombombensicheren Gebäude arbeiten sollte, einer Festung des Kalten Krieges ohne ein einziges Fenster, aus dem man hätte springen können.

Die Offutt Air Force Bay, Nebraska, ist das Hauptquartier der Strategischen Luftstreitmacht. Während der Spannungen im Kalten Krieg war es jede Minute des Tages auf den Heißen Krieg ausgerichtet und vorbereitet. Jederzeit, Tag und Nacht, während der Woche, am Wochenende und an Feiertagen (darunter auch dem angeblichen Geburtstag des «Friedensfürsten») waren SAC-Bomber in der Luft, jeder hatte eine Ladung Atombomben an Bord, und die Mannschaften warteten nur auf das entsprechende Signal, um ein bestimmtes Ziel anzufliegen und es in radioaktiven Schutt und Asche zu legen. Sobald der Präsident der Vereinigten Staaten den symbolischen roten Telefonhörer aufgelegt hätte, würde der Befehl aus Washington, die Welt zur Hölle zu machen, in dem Gebäude landen, wo ich Dienst tat.

Alle möglichen potenziellen Ziele blinkten auf den riesigen elektronischen Landkarten an den Wänden der SAC-Schaltstelle. Zu den Faktoren, die eine Rolle bei der Entscheidung spielten, welches Ziel oder welche Ziele tatsächlich bombardiert würden, gehörten auch die Flugbedingungen für die jeweilige Umgebung. Die Piloten mussten wissen, wie das Wetter in irgendwelchen obskuren Ostblockecken war, und meine Spezial-Wetterinformationseinheit hatte die Aufgabe, sie mit möglichst aktuellen Informationen zu versorgen. Wenn sich beispielsweise eine Kaltfront mit schweren Schneefällen auf einen Raketenstützpunkt unweit von Tscheboksary zu bewegte und die Sichtweite einschränkte, musste man den Angriff möglicherweise auf einen U-Boot-Stützpunkt bei Sewastopol umlenken, wo die Winde günstiger und die Wolkendecke hoch waren.

Wie wir das wissen konnten? Wetterspionage. Versteckte Amateurfunker im Innern der Äußeren Mongolei oder aus der Pampa von Pskow übermittelten uns – verschlüsselt – Umfang und Typus der Wolkendecke, Windgeschwindigkeit und -richtung, Temperatur, Taupunkt, Luftdruck und Sichtweite am Boden. (Wie und ob überhaupt sie für diese geheime und sicher gefährliche Arbeit bezahlt wurden, hat uns niemand verraten.) Wir dechiffrierten diese Informationen, verschlüsselten sie dann neu und übertrugen die Zahlen und Symbole mit Füllfederhaltern in Landkarten auf Papier. Aus diesen Informationen konnten unsere Meteorologen ein recht gutes Bild der aktuellen und unmittelbar bevorstehenden Wetterbedingungen in der Sowjetunion und jenseits davon gewinnen. Es fehlte nur der lustige Fernsehfritze, der die Ehemänner von Nischni Nowgorod informierte, dass sich am Dienstag eine gute Gelegenheit bot, «mal wieder den Golfschläger zu schwingen».

Trotz der erhöhten Sicherheitsstufe und des hochdramatischen Beigeschmacks (Dr. Strangelove hätte sich hier ausgesprochen wohl gefühlt) war meine Arbeit bei der Spezial-Wetterinformation größtenteils Routine in klösterlicher Abgeschiedenheit. Wie gesagt, eine Menge Zeit verbrachten wir in einem unterirdischen Bunker. Der eigene Gemütszustand kann dann wie die Boheme eine Rettungsluke sein, und so ergaben sich während der fortgesetzten SAC-Generalproben für den Atomkrieg im Zentrum von Nebraskas omnipräsenten Mastparzellen und Maisfeldern auch immer wieder Möglichkeiten, «zarte Wurzeln» auszubreiten.

Während meines Urlaubs in Richmond hatte B.K. – der Maler-Gewichtsheber-schüchterne Kasper – mir nebenbei einen Einführungskurs in Kunstgeschichte erteilt. Wenn wir durch die kopfsteingepflasterten Gässchen des Fan Districts schlenderten, im Eton's auf der Grace Street Bier tranken oder in den Bildbänden und Kunstmagazinen blätterten, die in seinem Atelier herumlagen, hatte B.K. unablässig über Rembrandt, Cézanne, Caravaggio und so weiter geplaudert, und manchmal sah es so aus, als staunte er selbst, dass es solche Menschen tatsächlich gegeben hatte. Zwar interessierte er sich besonders für die höchstwahrscheinlich erfundenen Gerüchte über das Privatleben der Künstler, konnte mir aber zu meiner vollsten Zufriedenheit auch die Unterschiede zwischen Analytischem und Synthetischem Kubismus erklären oder wie der Impressionismus den Betrachter dazu verleitete, die Farben in seinem eigenen Auge zu mischen. Nicht lange nach meiner Ankunft in Nebraska entdeckte ich zu meinem Entzücken, dass das Joslyn Museum von Omaha eine beeindruckende Sammlung beherbergte, die alles Mögliche umfasste, angefangen bei griechischen Vasen aus der Antike über Meisterwerke der Renaissance (Tizian und El Greco) bis hin zu impressionistischen Glanzstücken von Pissaro, Monet und Renoir.

Nachdem ich meinen ersten Wagen gekauft hatte – er kostete fünfzig Dollar und war jeden Cent wert –, wanderte ich fortan an meinen freien Tagen durch die Ausstellungssäle des Joslyn Museums, wo ich unter anderem versuchte, Renoirs plumpe und rosige, vom Wein erwärmte Weibsbilder mit der eleganten, wenn auch düsteren Schönheit der B-47-Bomber in Einklang zu bringen, die auf meinem Raketenstützpunkt gehegt und gepflegt wurden. Am Ende kam ich zu dem Schluss, dass alles, was das

Leben bejaht (wie ein Renoir), automatisch den Krieg ablehnen muss, egal wie ansprechend seine Waffen und Rechtfertigungen auch verpackt sein mögen. So kam es, dass Airman Second Class Tommy Rotten wie die Bohemiens, mit denen er sich mehr und mehr identifizierte, eines Morgens aufwachte und merkte: Er war ein unverbesserlicher Pazifist.

Auch Musik gab es in Nebraska. Vor allem Jazz, der schon lange den offiziellen Soundtrack für alles bildete, was in Amerika mit der Boheme zu tun hatte, abgesehen von einer Phase etwa zwischen 1962 und 1980, als der Rock'n'Roll überwog. (Thelonius Monks «Round Midnight» ist die Nationalhymne der modernen Boheme.) Insbesondere gab es ein Ensemble mit dem irreführenden Namen New York Jazz Workshop, dessen Gründungsmitglieder alle einmal mit einem berühmten Jazzmusiker in Manhattan gespielt hatten. Der Name war also nicht nur vermessen. Die Band hatte ihren Sitz in Omaha (sehr zeitgenössisch, sehr cool) und reiste durch den ganzen Mittleren Westen, mit Auftritten hauptsächlich an Colleges. Jeden Sonntagnachmittag aber spielte sie in der Red Lion Lounge – und so saß auch ich jeden Sonntagnachmittag im Red Lion an einem Tisch neben der Bühne, es sei denn, ich hatte Dienst in meinem unterirdischen Bunker und zeichnete Wetterkarten.

Es war meine verwirrende Beziehung zu Billie Holiday (erst spöttisch, dann bewundernd), die mich durch die Schwingtür des Jazz befördert hatte (noch so ein Nachhall des einschneidenden Urlaubs in Richmond). Im zweiten Jahr in Omaha war ich dermaßen in das Medium eingetaucht – die gewagten Verzerrungen, das Jonglieren mit Tonhöhen und die schillernden Rhythmen, mit denen man entschlossen nach neuen Möglichkeiten suchte, Musik zu spielen oder zu hören –, dass ich mich in meiner Naivität für kompetent genug hielt, darüber schreiben zu können. Als ich hörte, dass der New York Jazz Workshop eine Platte aufnahm, setzte ich mich an den kleinen, von der Regierung gestellten Schreibtisch in meiner Kaserne und schrieb ein paar Zeilen für das Cover.

Am nächsten Sonntag überreichte ich sie im Red Lion dem Leader der Band. Offenbar überflog er meine Notizen in der Pause und fand sie gut, denn nachher stellte er sich vor das Mikro auf der Bühne und las Wort für Wort vor, was ich geschrieben hatte. Das Publikum klatschte Beifall. Die Musiker klatschten Beifall. Die Jazzer, denen ich seit mehr als einem Jahr jeden Sonntag applaudiert hatte, klatschten jetzt *mir* Beifall. Es ist schwer zu beschreiben, was für ein Hochgefühl das auslöste. Ich schwebte auf Wolke sieben, und mein Herz schlug ein Trommelsolo, das von Joe Morello hätte stammen können.

Mehrere Jahre vergingen, bevor mir dämmerte, dass sie nicht etwa meinen dürftigen Jazzkenntnissen applaudiert hatten, sondern meinem Umgang mit der Sprache, der ebenfalls ziemlich gewagt war. Trotzdem war es ein Schlüsselerlebnis für mich. Nach einer längeren Pause begann ich wieder zu schreiben, und kurz ehe ich Offutt und das Militär verließ, beteiligte ich mich an einem weiteren von der Air Force ausgeschriebenen Wettbewerb, den ich prompt mit einer Kurzgeschichte gewann. Es ging um einen Mann, der sich erst psychisch und dann auch physisch in einen Mosquito verwandelt. Etwa einen Monat später schickte ich sie an das *Weird-Tales*-Magazin – und bekam das erste Ablehnungsschreiben meines Lebens.

Zum Glück erhielt ich im Lauf meiner literarischen Capricen (diesen Ausdruck ziehe ich «Karriere» vor) nur noch eine einzige weitere Absage. Sie kam ein Jahr später als Reaktion auf ein Gedicht, das ich an den *New Yorker* geschickt hatte. Wenn ich mich richtig erinnere, ging es so:

Auf ein Klimpern deiner Wimpern
Kreischen Pfauen
Pfauen kreischen, Elefanten
Haben ein langes Gedächtnis
Kamele kommen tagelang
Ohne Wasser über die Runden
Und Dinosaurier aller Art sterben aus.

Ich habe mich zwar nie als Dichter ausgegeben, weiß aber bis heute nicht, ob der Lyrik-Redakteur beim *New Yorker* damals die richtige Entscheidung getroffen hat.

Mein erster Wagen, der Fünfzig-Dollar-Flitzer, war ein 47er-Kaiser. Ein was? Ja, ein Kaiser, ein völlig übergeschnapptes Teil mit sechs Zylindern (meiner kam allerdings höchstens auf drei), das zwischen 1945 und 1953 in der Nähe von Detroit gebaut wurde. Es sah aus wie das uneheliche Kind eines Pottwals und eines Pizzaofens und war so tief gelegt, dass man beim Einsteigen tatsächlich das Gefühl hatte, eine Stufe hinunterzusteigen. Ungefähr so, als wollte man ein versunkenes Wohnzimmer betreten oder in einem Themenpark an Bord eines Tunnel-of-Love-Boots gehen.

Damals war ich mit einer süßen kleinen Kameradin zusammen, und wenn ich «klein» sage, meine ich das nicht etwa umgangssprachlich. Bunnie war höchstens eins fünfzig groß, und es ist ein Wunder, dass die Air Force sie überhaupt genommen hatte. Wenn sie in dem tiefliegenden Kaiser neben mir saß, konnte kein Mensch wissen, dass sie überhaupt da war. Von außen sah man höchstens ihren Scheitel. Infolgedessen verbreitete sich bei der Truppe das Gerücht, dass «Robbins in Omaha herumkurvt und Selbstgespräche führt». Ein Glück, dass niemand von meinem Redestab wusste.

Ob dies dazu beitrug, dass ich der einzige Airman in meiner

Einheit war, der keinen Vortrag über eine Weiterverpflichtung bekam, kann ich nicht sagen. Allerdings gab es gute Gründe dafür, warum eine Verlängerung meines Militärdiensts nicht erwünscht war. Ich war gut in meinem Job, erschien immer pünktlich und präsentierte meinen Kameraden und Vorgesetzten ein sauberes, ordentliches und angenehmes Äußeres, trotz einiger Verweise, weil ich mich weigerte, eine Kopfbedeckung zu tragen (mit diesem Unterschichten-Käppi kam ich mir vor wie ein Busfahrer aus Tijuana). In Wahrheit aber konnte eine fröhliche, gewöhnlich konforme Haltung offenbar den unbezähmbaren Duft der Boheme nicht verbergen, den ich mittlerweile verströmte, eine Ausdünstung, die manche als passiven Ungehorsam und andere als versteckten Antiautoritarismus interpretierten. Es war auch nicht gerade förderlich, dass mir gelegentlich Namen wie Freud, Picasso oder Strawinsky über die Lippen kamen. Es war nicht normal. Es war nicht amerikanisch. Es war nicht *richtig*.

Die Vorwürfe wegen «intellektueller Überheblichkeit» häuften sich, nachdem ich einen Sergeanten unschuldig gefragt hatte, was schlimmer sei, demonstrativer Konsum oder demonstrativer Nichtkonsum. (Ich hatte Margaret Meade gelesen.) Der Typ reagierte so stocksauer, als hätte ich gefragt, ob er Uncle Sam für eine Lesbe hielt.

Andererseits sprach man mich wahrscheinlich auch deshalb nicht auf eine Weiterverpflichtung an, weil es offensichtlich Zeitverschwendung gewesen wäre, ungeachtet dessen, dass die Aussicht, man könnte seine Zeit verschwenden, das Militär noch nie von irgendetwas abgehalten hat. Jedenfalls hat mir die Air Force eine ehrenhafte Entlassung gegönnt (eine armselige Entschädigung dafür, dass ich in vier Jahren nur zwei Mal befördert worden war). Ich schickte meine Habseligkeiten an die Adresse meiner Eltern, verkaufte den Kaiser für fünfzehn Dollar an einen Schrotthändler, schüttelte meinen Kumpels die Hand, gab meiner kleinen Air-Force-Freundin einen Abschiedskuss und fuhr per Anhalter zurück nach Richmond, wobei ich möglicherweise Neal Cassady oder Jack Kerouac begegnete, einer aufregenden und bald auch berühmten neuen Art von Bohemiens.

Sollte ich tatsächlich Vertretern der Beat Generation über den Weg gelaufen sein, als ich von Nebraska nach Richmond trampte, so sind sie mir nicht aufgefallen. Dafür lernte ich einen alten Herrn kennen, der den Beats sicherlich zugesagt hätte.

Es war, obwohl der Juni schon begann, ein kühler Morgen im Osten von Kentucky. Ich hing in der Peripherie einer Kleinstadt fest, denn es war Samstag, und der gesamte Verkehr bewegte sich Richtung Innenstadt, sodass die Kohlekumpel, Schwarzbrenner und die armen Farmer mit Kind und Kegel ihren samstäglichen Einkäufen nachgehen konnten (ein allwöchentliches Ritual). Ich aber wollte in die andere Richtung. Ein Pick-up nach dem anderen kam vorbei, und alle Führerhäuschen waren bis an den Rand der Illegalität vollgestopft mit Eltern, Großeltern und vielleicht noch anderen Verwandten, während sich auf den Ladeflächen Kinder in der frischen Bergluft aneinanderkauerten. Die meisten Fahrer hupten, wenn sie mich sahen, und ihre Kinder winkten. Hin und wieder rief eins von ihnen: «Hey, *soldier boy*!» Ich war jetzt zwar offiziell ins Zivilleben zurückgekehrt, trug aber weiterhin Uniform, weil sie beim Trampen half.

Die freundliche Begrüßung wärmte mir das Herz – in gewisser Weise waren es meine Leute –, doch der Rest von mir fror bis ins Mark. Schließlich machte ich halbtaub vor Kälte kehrt und suchte vorübergehend Zuflucht in einem ungestrichenen alten Kramladen, nicht weit von der Straße entfernt. Solche Läden, die heute verschwunden sind, unterschieden sich von modernen Minimärkten dadurch, dass sie erheblich weniger Junkfood anboten und dafür erheblich mehr Grundnahrungsmittel und was man sonst so im Haushalt braucht. Dieser Laden in Kentucky beispielsweise verkaufte alles, von Säcken mit Kartoffeln über Sprit, Mehl und Schulhefte bis hin zu Mausefallen und Zucker. Ich erstand ein Milky Way und saß damit neben dem bauchigen alten Ofen, als der zuvor erwähnte ältere Herr eintrat.

Hätte eine zentrale Castingshow jemanden gesucht, der mit Granny Robbins zusammen hätte auftreten können – hier war ihr Mann. Groß gewachsen, hager, stoppelbärtig und grauhaarig, mit verwaschener Latzhose und einem Jagdgewehr in der Hand. Er kaute auf einem Priem, und da er nicht mehr genügend Zähne hatte, lief ihm der Tabaksaft in braunen Rinnsalen über das Kinn. Als er zum Tresen schlurfte, lächelte der Verkäufer und fragte: «Na, wie fühlst du dich heute, Uncle Ben?» Woraufhin der brummte: «Halb tot, danke der Nachfrage.»

Es schwang nicht der geringste Hauch von Selbstmitleid in dieser Antwort mit, keine Spur von Verzweiflung, höchstens erkannte man ein leichtes Funkeln in den Augen, das von Gleichmut zeugte, nicht etwa von Ironie. In der gesamten Geschichte des Zen wird immer wieder die flüchtige Natur des Lebens und aller Dinge betont, und obwohl ich Uncle Ben keinesfalls als eine Art verkappten Zenmeister darstellen will, drückten doch sein Ton und sein ganzes Wesen aus, dass er auf seine gutmütige, leicht belustigte Art die unausweichliche Unbeständigkeit des Seins akzeptierte.

Es war nur ein kleiner Augenblick, der mehr als fünfzig Jahre zurückliegt, doch habe ich Uncle Ben nie vergessen. Wenn ich mit einer Erkältung oder Ähnlichem im Bett liege und meine Freunde fragen, wie ich mich fühle, antworte ich automatisch und mit entsprechend näselnder Stimme: «Halb tot, danke der Nachfrage!» Und jedes Mal geht es mir tatsächlich sofort besser.

fan man

Nur wenige Leser werden wissen, was das Richmond Professional Institute ist. Bevor es sich 1968 mit dem Medical College of Virginia zur erheblich größeren und umfassenderen Virginia Commonwealth University zusammenschloss, war es nicht besonders bekannt, obwohl es für aufstrebende Künstler im Südosten Amerikas so etwas wie Harvard, Stanford, Oxford und die Sorbonne auf einmal symbolisierte und in vielerlei Hinsicht ideal war für angehende Bohemiens auf der Suche nach einem liberalen akademischen Ambiente, wo man diese zarten Wurzeln sprießen lassen konnte.

Zum einen ging das deshalb, weil es sich um ein urbanes College mit einem Campus aus Ziegeln, Stein und Asphalt handelte; kein Grashalm erinnerte die Studenten an Vororte, kleinstädtische Unterdrückung oder das idyllische Leben zu Hause auf der Farm. Die meisten Seminare wurden und werden teilweise heute noch in ehemaligen Privathäusern abgehalten, prächtigen, alten Villen mit kunstvoll verzierten Treppen, Kuppeln, Balkonen und Erkern, von denen aus man bequem beobachten konnte, ob die Yankees bereits im Anmarsch waren. Zum anderen, weil es eine Fachhochschule war; es gab also keine Pflichtkurse in Englisch, Mathematik oder Fremdsprachen. Vom ersten Tag an konzentrierten sich die Studienanfänger auf die Fächer, für die sie sich entschieden hatten – und das waren häufig Kunst, Theater oder Musik. Es gab Studiengänge für Werbung und Marketing, Journalismus und Modedesign. Die Sozialwissenschaften hatten auch einen guten Ruf, aber vor allem war es der künstlerische Lehrplan, dem das RPI sein besonderes Flair verdankte. Das allerdings wusste in Richmond, einer der aufgeräumtesten und konservativsten Städte von Amerika, nicht jeder zu schätzen.

Das RPI hatte kein eigenes Footballteam, keine mit griechischen Buchstaben bezeichnete Verbindung, weder für Studenten noch für Studentinnen, und selbstverständlich auch keinen Dresscode. «Konventionelle Kleidung» am RPI bedeutete alles, was einem gerade in die Hände fiel, und der zur Schau gestellte *La-Bohème*-Stil verleitete die städtische Oberschicht ebenso wie die braven Bürger dazu, die Schule als Sammelbecken für Dekadente aller Art zu betrachten. Diese Charakterisierung, so übertrieben sie auch war, machte das College für viele Studenten nur noch anziehender, denn kaum etwas kann Bohemiens so aufmuntern, wie von Spießern missverstanden und verleumdet zu werden. Das RPI war das Richtige für William Fletcher Jones und B. K. gewesen, beides Alumni, und ich war sicher, dass es das für mich genauso sein würde, als ich mich dort kurz nach dem Abschied von der Air Force einschrieb.

Die Studentenzeitung des RPI hieß *Proscript*. Auch diesmal wusste ich nicht, was das bedeuten sollte, obwohl der Name irgendwie mehr Sinn ergab als *Ring-tum Phi*. Auf alle Fälle wurde ich Chefredakteur von *Proscript* und verfasste eine wöchentliche Kolumne unter dem Titel *Walks on the Wild Side*, eine Art Tribut an Nelson Algren, den wohl größten amerikanischen Schriftsteller des zwanzigsten Jahrhunderts. Wie an allen Colleges in Virginia, egal ob öffentlich oder privat, herrschte am RPI trotz seines Nonkonformismus noch strenge Rassentrennung. Aus Protest dagegen gaben sich zwei meiner Mitarbeiter, Pat Thomas und

Ginger Foxwell, genau wie ich alle Mühe, Pro-Integrationsbotschaften in die Studentenzeitung zu schmuggeln. Einige waren so clever, dass sie ans Esoterische grenzten; trotzdem flogen wir fast immer auf.

Zur Strafe für meine Subversion bekam ich eine schlechte Note in Journalismus, die zwar meine ansonsten erstklassigen Leistungen torpedierte, andererseits meine Chancen auf dem Arbeitsmarkt nicht ruinieren würde. Tatsächlich verbrachte ich das zweite Jahr an der Uni mit einem vollen Vierzigstundenjob in der Sportredaktion der *Richmond Times-Dispatch,* der führenden Tageszeitung von Virginia. Wie alle Morgenzeitungen wurde auch die *Richmond Times-Dispatch* über Nacht produziert. Ich jobbte also von vier Uhr nachmittags bis Mitternacht, und so schaffte ich trotz einer vollen Stelle meine achtzehn Stunden Unterricht pro Woche. Es war allerdings ein bisschen anstrengend, und deshalb freute ich mich wie ein Kind in der Junior Highschool, als das Studienjahr endlich vorbei war.

Die Abschlussfeier am RPI sollte um zehn Uhr morgens beginnen, und wegen meines vollen Terminplans wollte ich mir diese Zeremonie schenken. Ich fand es besser, auszuschlafen, als auf eine Bühne zu steigen, um mir einen flüchtigen Händedruck und ein Diplom auf Pergament abzuholen. Meine Kommilitonin Ginger Foxwell protestierte. Sie wollte einen Gleichgesinnten dabeihaben. Als ich erklärte, ich würde es einfach nicht schaffen, rechtzeitig aufzustehen, um mich anzuziehen und zur Aula zu kommen (die, ob Sie es glauben oder nicht, tatsächlich den Spitznamen Moschee trug), kam sie auf die Idee, eine Freundin vorbeizuschicken, die mich wecken und zu der Feier bringen sollte. So hörte ich an jenem schicksalhaften Tag um Viertel nach neun ein sachtes, sachtes Klopfen an der Zimmertür, und ich war ziemlich sicher, dass es nicht der Rabe war, obgleich Edgar Allen Poe einmal in Richmond gewohnt hatte. Und als ich einen verschlafenen Blick durch den Spion in meiner Tür warf, sah ich ein Vögelchen ganz anderen Schlages vor mir.

Patricia war seltsamerweise die beste Freundin der radikalen Ginger, eine verheiratete Frau aus der Vorstadt. Ich hatte sie vor einem Monat kennengelernt (und gleich hinreißend gefunden), als irgendwer nach einer Party angeboten hatte, mich nach Hause zu fahren (ich hatte noch immer keinen Ersatz für den Kaiser). So war ich neben ihr auf dem Rücksitz gelandet, und der angeschickerte Fahrer machte eine Spritztour durch die Straßen des Fan Districts. Patricia und ich hatten uns angeregt unterhalten, vielleicht um die Nervosität zu überspielen, während unser Fahrer wie ein Irrer um die Ecken kurvte, und als wir schließlich mit quietschenden Bremsen vor meinem Haus hielten, hatten wir uns spontan und unerwartet geküsst. Es war ganz zwanglos gemeint gewesen, ein schlichter Gutenachtkuss auf die Wange, doch die Welt wäre heute auch anders, wenn Madame Curie ein neues Rezept für Käsefondue entdeckt hätte statt eines für Radioaktivität.

Als sich unsere Lippen berührten, gingen Pfaue in Deckung, verloren Elefanten ihr Gedächtnis, entwickelten Kamele rasenden Durst, und längst ausgestorben geglaubte Dinosaurier tauchten plötzlich in den Abendnachrichten auf.

Der Kuss kann nicht länger als vier oder fünf Sekunden gedauert haben, doch der Kontakt von Haut und Lippen, das harmonische Vibrato von Zahnschmelz auf Zahnschmelz, die glitschige (aus irgendeinem Grund ebenso erstaunliche wie intime) Reibung bei der Berührung zweier Zungen (Überraschung!) – all das hatte in seiner Wucht epische, mythische, ja biblische Ausmaße. Es fühlte sich an, als teilte sich das Wasser, als gingen Büsche in Flammen auf, als erschienen einem Engel, als flössen Milch und Honig aus einem Stein. Als sähe man Streitwagen in voller Fahrt, Wetterleuchten aus unvordenklichen Zeiten, ein

Lamm, das sich auf einem Feld roter Mohnblumen neben einen Löwen legt. Bei einem solchen Kuss verwandelt man sich vorübergehend in einen behaarten Gott oder eine nackte Nymphe, schlürft gemeinsam Nektar aus demselben vollen Kelch und stellt sich vor, dass es vierzig Tage und vierzig Nächte so weitergehen könnte – doch wie gesagt, es war so schnell vorbei, dass sich die Beteiligten nicht einmal sicher sein konnten, ob es überhaupt geschehen war.

Und jetzt, Wochen später, stand Patricia vor meiner Tür, aufgebrezelt für meine Abschlussfeier und mit einem Lächeln, das zaghaft, verlegen und verführerisch zugleich war. In der Zeit, die wir voreinanderstanden und uns einfach nur anstarrten, hätte ich ein halbes Dutzend Abschlusszeugnisse einsammeln, mir einen Haarschnitt verpassen lassen und einen Verweis fürs Trödeln einhandeln können. Dann bewegten sich unsere Köpfe aufeinander zu, vor und zurück, wie misstrauische Tauben, die ein Weizenkorn aufpicken, bis wir nach mehreren Versuchen aufeinandertrafen und uns zum zweiten Mal in diesem Frühling küssten.

Patricia hatte mit sechzehn geheiratet und jetzt mit zweiundzwanzig drei entzückende Kinder und ein schönes Zuhause in einem kleinbürgerlichen Vorort von Richmond. Außerdem gab es irgendwo in ihrem Innern ein Loch, in dem ein bedeutendes, prägendes, unersetzliches Stück ihres jungen Lebens verschwunden war. Im Nachhinein klingt das natürlich so, als wollte ich sie entschuldigen. Was meine eigene Rolle bei alledem angeht, so muss ich gestehen, dass ich mich duckte, als Moses mir die Steintafel an den Kopf werfen wollte, auf der das siebte Gebot deutlich sichtbar eingeritzt ist, sodass sie geradewegs aus dem Fenster segelte.

Natürlich hatte ich Gewissensbisse, aber seit einiger Zeit beschäftigte ich mich mit Texten des Zen-Buddhismus. Das ist in gewisser Weise wie Schwimmen – in beiden Fällen muss man nach einer Weile die Bücher beiseitelegen und ins kalte Wasser springen. Jedenfalls war ich dabei, zu lernen, wie man den Augenblick auskostet. Mehr noch, in diesem Moment des Zögerns hörte ich plötzlich die Stimme des alten Billy Blake, der mir aus dem achtzehnten Jahrhundert zurief: «Küss die Freude, wie sie dir zufliegt!»

Wie auch immer, ich habe es nicht geschafft, zur Abschlussfeier meiner Uni zu erscheinen. Ich hätte ehrenhaft ausscheiden können, habe mich aber für Schimpf und Schande entschieden und mir stattdessen einen Graduiertenabschluss im Ehebrechen verdient. *Summa cum lotta.*

Der «Fan» im Fan District hat nichts mit jenen rotierenden Geräten zu tun, die dazu bestimmt sind, in stickigen Räumen die Luft zirkulieren zu lassen, oder jenen Dingern, mit denen man sich in erster Linie Kühlung zufächelt und die von überhitzten alten Damen dazu missbraucht werden, nervöse Zuckungen zu verbergen. Vielmehr bezieht sich die Bezeichnung darauf, dass die Straßen sich vom Monroe Park aus halbkreisförmig auffächern und so im urbanen Kern von Richmond eine grüne, wenngleich mit Ruß gesprenkelte Oase schaffen. Es ist ein altes Viertel in einer nach amerikanischen Maßstäben alten und prächtigen Stadt. Ein Block mit wunderbar renovierten Stadthäusern reiht sich an den anderen, belebt von der studentischen Bevölkerung und den entsprechenden Geschäften und Kneipen. Hier sind auch die Künstler, Schwulen, Lesben und Bohemiens zu Hause, die das Viertel seit Jahrzehnten sowohl bereichern als auch stigmatisieren.

Wenn ich an den Fan denke, und das tue ich oft, fallen mir vor allem seine Gassen ein. So bezaubernd die schattigen Straßen mit den renovierten Häusern, wo man beinahe noch die Geisterstiefel längst verstorbener Konföderierten-Offiziere poltern hört, auch sein mögen – die kleinen Gässchen, die diese Straßen kreuzen, prägen meine romantischen Träumereien von Richmond mehr als alles andere. Bilder und Stimmungen, die man gewöhnlich mit dem Wort «Gasse» verbindet – schmale, abgeschiedene, dreckige, meist unbeleuchtete und häufig gefährliche Durchgänge, bevölkert von ausgemergelten Katzen, Mülltonnen und Gangstern –, treffen beim Fan allerdings nur bedingt zu. Die Gassen dort sind bis heute einladend und abschreckend zugleich, elegant und ärmlich, anrüchig und voller Anmut.

Was einem an den Gassen im Fan als Erstes auffällt, ist das Kopfsteinpflaster. Altmodisch, mit einem pittoresken europäischen Flair – und wenn der Mond daraufscheint, könnte man glauben, es wäre mit goldenen Marshmallows gespickt (was automatisch Vorstellungen von Süßkartoffelpudding – oder Oz – heraufbeschwört). Außerdem lässt sich in der richtigen Jahreszeit entdecken, wie sinnlich, ja kokett eine Gasse sein kann, denn diese hier sind mit duftendem Geißblatt, Kletterrosen, Hartriegel, üppigen Magnolien und Kaskaden von lila Glyzinien geschmückt: verführerisch genug, um das Auge von den Mülltonnen abzulenken und die Nase von Stellen, die vor kurzem mit Urin getauft wurden.

Was die Gässchen im Fan weiterhin so ungewöhnlich, wenn nicht einzigartig macht, sind die Remisen, an denen man alle zwanzig oder dreißig Meter vorbeikommt. Im neunzehnten und frühen zwanzigsten Jahrhundert brachte die Oberschicht ihre Droschken und Pferde im Erdgeschoss dieser Anbauten unter, während das Obergeschoss als Wohnquartier für das Personal diente. Heute stehen unten meistens Fahrräder und Sportwagen, und der erste Stock wird als Arbeitsraum an Maler oder Bildhauer, Dichter und Musiker vermietet.

Mit Einbruch der Dunkelheit werden die Gassen noch interessanter, denn jetzt hört man Fetzen leiser Musik (live oder als Aufnahme), intellektuelle Diskussionen, Hundegebell, streitende Paare und Anmache, ganz zu schweigen von den weniger greifbaren Geheimnissen, die aus den dunklen Gebäuderitzen, den ummauerten Gärten und den nach hinten gelegenen Schlafzimmern der anständigen Häuser dringen. Diese sind mit gespielter Lässigkeit den Straßen zugewandt, als bemerkten sie die exzentrischen kleinen Bäche des nicht durchweg gesitteten, gelegentlich wilden und potenziell bedrohlichen Gassenlebens gar nicht, die hinter ihnen verborgen verlaufen, oder als wären sie ihnen gleichgültig.

In vielen schwülen Sommernächten, wenn sich das rastlose Richmond anfühlte wie das Innere einer mit Napalm in Brand gesetzten Wassermelone, machte ich um Mitternacht Feierabend in der Redaktion und lief bis zum Morgengrauen durch die Gässchen des Fan Districts, immer damit rechnend, dass sich Patricias bewaffneter Ehemann aus irgendeiner dunklen Nische auf mich stürzen könnte. An meinen freien Abenden (dienstags und mittwochs) hing ich im Eton's ab, spielte immer wieder Ella Fitzgeralds «But Not for Me» in der Jukebox (mein Gott, was für eine elegante, ergreifende Tour de Force! Bei ihr klingt Selbstmitleid so kultiviert, dass sich jemand mit Liebeskummer anschließend eher als edler tragischer Held denn als abgewiesener Trottel fühlt). Wenn das Eton's dichtmachte (ebenfalls um Mitternacht), begannen meine Kopfsteinpflasterstreifzüge, gelegentlich in Gesellschaft von Kumpels, die das Viertel ebenso liebten wie ich.

Irgendwann gegen Ende 1959 war das Eton's plötzlich nicht mehr angesagt (vielleicht war es mit der Zeit einfach zu sehr in Mode gekommen), und die hippe Szene zog beinahe geschlossen (nur die schwulen Jungs machten nicht mit) diagonal über die Grace Street ins Village Inn, einen abgefahrenen Schuppen unter der Leitung freundlicher Griechen, die wundervolle Jumbo-Sandwiches machten und von Ella Fitzgerald noch nie gehört hatten. (Natürlich gab es auch im Village Inn eine Jukebox, aber ohne den Vorteil des hervorragenden Schwulengeschmacks war die Plattenauswahl deutlich weniger anspruchsvoll und der Verstärker so miserabel, dass das Ding einfach einging, weil keiner es mit Münzen fütterte.) Mein Freund B. K. hatte inzwischen ein Remisen-Atelier in der Gasse gleich hinter dem Village gemietet, und hier fand die erste und einzige, lokal jedoch legendäre Performance der «Baboon Family» statt.

Es war an einem Mittwochabend im Jahr 1961. B. K., seine winzige Freundin Mary Lou Davis, ein echtes Pulverfass, und ich hockten in seinem Atelier – gelangweilt, pleite und mit einem dringenden Bedürfnis nach alkoholischer Stimulation. Es dauerte nicht lange, bis wir auf eine Lösung kamen. Wir zogen uns aus, bemalten unsere Ärsche großzügig mit roter Acrylfarbe und kletterten in die Dachsparren der Remise. Vorher hatten wir noch B. K.s Skizzenblock auseinandergenommen, um hastig ein paar Flugblätter zu kritzeln *(Besuchen Sie die Baboon Family, 10 Uhr, Eintritt: 25 Cent)*, und einen zufällig vorbeikommenden, gutmütigen Bekannten gebeten, sie im Village zu verteilen.

Die Sache sprach sich rasch herum. Gegen Viertel nach zehn war eine ansehnliche Schar von Leuten die Außentreppe hinaufgestiegen, um die rotärschigen «Paviane» zu bestaunen, die kreischend, grunzend und sich kratzend in den offenen Dachsparren herumturnten. Jetzt stellte sich das Problem, wie wir sie dazu bewegen konnten, wieder zu gehen. Das Leben als falscher Pavian ist ganz schön anstrengend.

Nach einer endlos langen Zeit aber hatte sich der Reiz des Neuen (ich zögere zu sagen: die Aufregung) gelegt. Die Zuschauer kehrten zu ihren Bänken, Barhockern und ihrem Bier zurück, viele murrend und kopfschüttelnd. B. K., Mary Lou und ich kletterten wieder hinunter und fanden mehr 25-Cent-Münzen in unserem Glas für das Eintrittsgeld, als die Village-Jukebox in einem Durchschnittsmonat schluckte. Nachdem wir unsere Bumstaratums gesäubert und uns wieder angezogen hatten, konnten wir uns eine Flasche billigen Sekt leisten, den wir in festlicher Stimmung schlürften, wie Schauspieler, die nach der Premiere einer vielversprechenden Broadway-Show auf ihren Erfolg anstoßen.

Vielleicht ist es nicht ungewöhnlich, dass ein um Anerkennung kämpfender Maler und ein aufstrebender Schriftsteller, der seine literarische Stimme noch nicht gefunden hat, sich den Hintern anmalen und nackt in der Öffentlichkeit herumalbern. Warum aber, so fragen Sie sich möglicherweise, würde ein nettes junges Ding aus dem amerikanischen Süden sich an einem derart schamlosen Spektakel beteiligen? Nun, Sie müssten Mary Lou Davis (auch bekannt als Menschliche Abrissbirne) erlebt haben, und hätten Sie in der zweiten Hälfte des zwanzigsten Jahrhunderts im Fan District gewohnt, hätte das durchaus passieren können.

Eigentlich wirkte Mary Lou auf den ersten Blick ziemlich harmlos. Sie war, wie gesagt, zierlich und sehr attraktiv (langes braunes Haar, glühender, ausdrucksvoller Blick, schmale Taille und ein ständig auf und nieder, auf und nieder schaukelnder Hintern wie vom Spielplatz eines Monroe-Memorials). In der Mitte ihres Lebens passte sie sich dann auch körperlich dem Spitznamen an, den man ihr wegen ihrer Neigung verpasst hatte, Ehen, Freundschaften und Bankkonten aufzulösen oder ernsthafte Gesprächsversuche gar nicht erst zuzulassen. Die echte Überraschung bestand vermutlich nicht darin, dass sie im Lauf der Zeit immer birnenförmiger wurde, sondern dass sie nach zahllosen Selbstmordversuchen, versehentlichen Überdosen,

Stürzen, Zickenkriegen, Keifereien und Konflikten mit dem Gesetz, die ihr einmal sogar sechs Monate im Knast einbrachten (Mary Lou war keine hysterische Tussi, sondern eine hysterische Diva, eine lautstarke Cleopatra auf dem Nil der Scherereien), überhaupt das mittlere Lebensalter erreichte. Mehr hat sie nicht geschafft.

Jedenfalls war sie noch ein einigermaßen süßes junges Ding aus einer angesehenen Familie im trägen, nach Erdnüssen duftenden South Hill, Virginia, als sie nach Richmond kam, um im Stuart Circle Hospital eine Ausbildung als Krankenschwester zu beginnen. Es dauerte nicht lange, bis sie den Fan District entdeckte (wahrscheinlich eine perverse Art von Heimfindevermögen), und dann hieß es, Abschied vom Krankenhaus, willkommen im Tollhaus. Eines späten Nachmittags, nicht lange nachdem sie in den Fan District gezogen war, stand sie, die Hände in die Hüften gestützt, im überfüllten Eton's, sah sich um und fragte dann so laut, dass es trotz des Stimmengewirrs und der plärrenden Jukebox jeder im Raum hören konnte: «Jemand da, der Lust zum Ficken hat?»

Um die ganze Wucht dieser schamlosen Einladung abschätzen zu können, muss man wissen, dass die sogenannte F-Bombe in den fünfziger Jahren tatsächlich noch eine explosive Qualität hatte und man sie unter keinen Umständen in der Öffentlichkeit detonieren ließ. Will sagen, es gab Kreise in Amerika, die sich noch immer nicht davon erholt hatten, dass Clark Gable am Ende von *Vom Winde verweht* das Wort «verdammt» in den Mund genommen hatte. Heutzutage hört man «fuck» quadrophonisch in jedem Multiplex-Kinosaal in jedem Einkaufszentrum des Landes, und unfassbar talentlose Komiker kompensieren ihren Mangel an Witz damit, dass sie das Wort bei jeder Pointe mindestens vier Mal einsetzen. All das trägt dazu bei, dass dieser einst verbotene Ausdruck seine herrlich schmutzige sexuelle Potenz verloren hat. Vor Mary Lou hatte ich noch nie eine Frau «ficken» sagen hören, auch nicht privat, und damals war ich schon sechs- oder siebenundzwanzig.

Tja, eine volle Minute lang hätte man meinen können, dass irgendwer ein lähmendes Gas im Eton's versprüht hatte. Keiner regte sich, keiner sagte einen Ton. Dann fingen die Schwulen an zu kichern, und die Heteros – jedenfalls diejenigen, die keine Freundin oder Frau dabeihatten – warfen sich verstohlene Blicke zu, seltsam nervös und forschend, so als wollten sie sehen, ob irgendeiner von ihnen antworten oder wenigstens nicken und Mary Lou zur Tür hinausbegleiten würde. Ich weiß nicht mehr, ob einer es getan hat. Jedenfalls nicht sofort.

Ich selbst reagierte, indem ich ein paar Quarters aus der Hosentasche kramte und drei- oder viermal hintereinander «But Not for Me» spielte. Vermutlich war das meine Antwort auf Mary Lous schockierende Anmache. Sie war gewiss nichts für mich. Als ich noch auf dem Bau arbeitete, hatte einer der älteren Kumpel dort (sie gaben mir ständig alle möglichen guten Ratschläge) diese Lebensweisheit parat gehabt: «Die ideale Frau für dich, die, mit der du zusammenbleiben würdest, ist eine, die in deinem Wohnzimmer die perfekte Dame und in deinem Bett eine echte Schlampe ist.» Was immer der Leser von dieser Weisheit oder ihrer politischen Korrektheit halten mag, ich muss zugeben, dass sie mich beeindruckte. In Asien waren sogar die Barmädchen, mit denen ich meine Zeit verbrachte, in der Öffentlichkeit schüchtern, und der Unterschied zwischen ihrer äußerlichen Zurückhaltung und der Art, wie sie sich veränderten, sobald sich die *shoji*-Wand schloss und der Futon entrollt wurde, war die Fackel, die meine Libido in Flammen setzte. Für einige von uns ist Reserviertheit, verbunden mit einer leicht verhüllten Verheißung auf Schamlosigkeit, einfach unwiderstehlich.

Nein, ich fand Mary Lou nie auch nur annähernd begehrenswert, nicht einmal, als sie splitternackt war (wobei natürlich der Grund für meine keusche Reaktion darin zu suchen gewesen sein könnte, dass ihr Hinterteil bei diesem Anlass rot wie ein Bremslicht war und dass sie schnatterte wie ein ausgerastetes Äffchen), doch als Freundin – und wir waren eng befreundet – konnte sie ebenso unterhaltsam wie provozierend sein. Nachdem sie B. K.s Ehe ruiniert hatte (sie kriegte selbst die glücklichste Partnerschaft klein, aber, hey, jede Frau braucht irgendein Hobby), scheuten wir drei keine Mühe, uns im verstaubten Richmond zu amüsieren, denn es gab Nächte, wo selbst der Fan District in Trübsal versank.

Einer unserer Späße entwickelte sich, nachdem B. K. irgendwie an Theaterschminke gekommen war, darunter ein Tiegel professionelle weiße Clownfarbe. Wir machten uns so zurecht, dass wir selbst die Prüfungskommission des Ringling Brothers Clown College von uns überzeugt hätten. Dann gingen wir in unseren normalen Alltagsklamotten, meistens Jeans und Pullover, zum Busbahnhof von Trailways oder Greyhound, suchten uns Plätze im Wartesaal – manchmal zusammen, alle drei nebeneinander, manchmal weit auseinander – und lasen lässig eine Zeitung oder Zeitschrift. Das heißt, wir taten so, als ob wir läsen; in Wirklichkeit beobachteten wir die Reaktion der anderen Reisenden. (Damals, Ende der fünfziger Jahre, reisten noch sehr viele Leute mit dem Bus.) Manche waren sichtlich belustigt, andere gaben sich gleichgültig, die meisten jedoch wussten nicht, was sie davon halten sollten. Zwar war mir Mary Lous verrückte Lust, Verwirrung zu stiften, eigentlich fremd, doch muss ich gestehen, dass ich die Störung der allgemeinen Selbstzufriedenheit schon lange als eine Art Dienst an der Menschheit betrachte.

Tja, aber als wir eines Abends nebeneinander im Busbahnhof saßen und so taten, als interessierten wir uns für das, was in der *Times-Dispatch* stand (für die ich noch immer fünf Tage in der Woche tätig war), fiel uns ein großgewachsener, schlanker, billig gekleideter junger Mann auf (wahrscheinlich Mitte bis Ende zwanzig), der uns schüchtern und neugierig beobachtete. B. K. winkte ihn heran und fragte in seinem typischen Clown-Singsang, ob er Lust hätte, sich dem Zirkus anzuschließen. Der Mann machte große Augen, dann gluckste er in sich hinein und schüttelte den Kopf, nicht ablehnend, eher ungläubig. Woraufhin Mary Lou, für die Lügen so selbstverständlich war wie Atmen, bekräftigte: «Wir meinen es ernst. Komm mit und steig beim Zirkus ein.»

Er zögerte, als versuchte er zu begreifen. Dann sagte er: «Eine Sekunde», und als er eilig, immer noch kopfschüttelnd, leicht humpelnd davonging, dachte ich, dass er mich an einen der armen Wanderarbeiter in *Die Früchte des Zorns* erinnerte. Er war ein junger Henry Fonda, niedergeschlagen, aber trotzdem irgendwie hoffnungsvoll. Er verließ den Wartesaal und ging nach draußen zum Busbahnsteig. Ein paar Minuten später kam er wieder, in Begleitung seiner jungen Frau – hübsch auf leicht verelendete, ebenso schäbige Weise wie er, in einem offensichtlich selbstgenähten Baumwollkleid, das ihr viel zu groß war, und mit zwei dünnen kleinen Kindern an der Hand. Sie kamen direkt auf uns und unsere ulkigen Bozo-Gesichter zu, blieben stehen und lächelten zaghaft, fast scheu. Sie waren bereit, uns zu folgen, wo immer wir sie hinführten, als wäre eine Anstellung in unserem nicht existierenden Zirkus die Antwort auf ihre verzweifelten Gebete.

Wir drei standen langsam auf, ließen unsere Zeitungen fallen, murmelten irgendetwas, das weder passend noch logisch war, und schoben betreten in Richtung Ausgang ab. Auf dem Weg zurück zum Fan sagte keiner ein Wort. Ich hatte B. K. noch nie den Tränen nah gesehen. Selbst Mary Lou, deren Herz so hart

war, dass man Löcher hätte hineinbohren und es als Bowlingku-
gel verwenden können, wirkte betreten. Ich versuchte, irgendetwas Philosophisches zu sagen, doch die Worte blieben mir im
Hals stecken. Es kam mir vor, als wären wir in Trauer; vielleicht
betrauerten wir unsere eigene Empfindsamkeit. Zurück im Atelier, schrubbten wir uns still die Farbe vom Gesicht, mit einer
Heftigkeit, die an Selbstgeißelung grenzte. Danach spielten wir
nie wieder Busbahnhof-Clowns.

1960 erwarb sich Richmonds Village Inn (wie das Seven Seas
in New Orleans, das Blue Moon in Seattle, die Cedar Tavern in
New York oder das Vesuvio in San Francisco) nach und nach
durch Mundpropaganda im ganzen Land den Ruf eines Alkohol
ausschenkenden Etablissements, wo Bebopper ohne Auftritts-
möglichkeit, durchreisende Künstler, nicht akademische Dichter,
freie Fotografen, praktizierende Existenzialisten, selbsternann-
te Revolutionäre, Dharma-Drifter, «Hipster mit Engelsköpfen»,
Fulltime-Exzentriker und frisch bekehrte Beatniks unterschied-
lichster Färbung darauf bauen konnten, vom Management toleriert und von den Stammkunden (viele davon Studenten mit
falschen Ausweisen) willkommen geheißen zu werden, denn
die waren immer scharf auf neue Storys vom Unterwegssein in
Amerika, den Austausch intellektueller Ideen und vielleicht, aber
nur vielleicht, auf jemanden, der aufregend und neu war und mit
dem man ins Bett steigen konnte.
  Richmond war jedoch kaum eine Stadt, die viele Leute anzog,
und es lag auch nicht strategisch günstig am großen Kerouac-
Highway, jener viel frequentierten Tramperroute zwischen
New York und Denver, Denver und San Francisco. Außerdem
war der Fan District ein verhältnismäßig kleines cooles Eiland
– eine Fan(tasie)-Insel – in einem Meer von ultrakonventionel-
len Rechten. Und es gab noch einen Grund, warum das Village

Inn nur eine relativ kleine Rolle in der spirituellen/sexuellen/ gesellschaftlichen Umwälzung spielte, die zu Beginn der zweiten Hälfte des letzten Jahrhunderts über die Vereinigten Staaten hinwegfegte: nämlich dass es wie alle Kneipen in Virginia um Mitternacht den Bierhahn zudrehen und seine Gäste vor die Tür setzen musste. (In den Restaurants von Virginia war Hochprozentiges rund um die Uhr tabu.)

Für die jugendlichen Gäste des Village Inn aber bedeutete die frühe Sperrstunde nicht unbedingt das Ende des Vergnügens, insbesondere freitag- und samstagabends. Wenn die öffentlichen Versammlungen endeten, fing das private Vergnügen erst an. Die Szene zog einfach in die Wohnung eines Freiwilligen weiter, gelegentlich auch auf das Dach eines Gewerbegebäudes, zu dem einer der Beteiligten halblegalen Zugang hatte. Im Allgemeinen gab es keine Probleme, wenn auch hin und wieder unaufgefordert die Polizei erschien, um die Vorstellung von Ruhe und Ordnung irgendeines Opis von nebenan durchzusetzen. Seltsamerweise kamen solche Polizeibesuche vor allem auf Partys vor, an denen Mary Lou teilnahm. Es gab Zyniker, die sie im Verdacht hatten, den Cops Tipps zu geben, und ich muss gestehen, dass sie merkwürdig aufgeregt, um nicht zu sagen, euphorisch war, wenn die Nachricht von einer solchen Razzia es wieder mal bis in die Zeitung geschafft hatte, vor allem wenn sie selbst darin namentlich genannt wurde. Wenn es etwas gab, was Mary Lou noch besser gefiel als Chaos, dann war es Aufmerksamkeit.

Anders als die typischen postpubertären Soireen, wo es hauptsächlich ums Vögeln oder zumindest um Anläufe dazu ging, hatten diese nachmitternächtlichen Partys im Fan einen kreativeren Fokus, denn sie drehten sich häufig um eine Gruppenaktivität, die ich «Sprachrad» taufte (ein Konzept, das ich aus dem tiefsten Brunnen indoeuropäischer Mythologie gefischt habe), obwohl niemand sie tatsächlich so oder überhaupt irgendwie nannte.

Ohne Wortführer oder ein erkennbares Signal setzten sich irgendwann mehrere Leute im Kreis auf den Boden. Dann trommelten die Teilnehmer auf Flaschen oder Dosen – gelegentlich war sogar eine echte Bongo dabei –, Paul Miller spielte kurze Triller auf seiner Flöte, und alle wechselten sich mit improvisierten Gedichtzeilen ab. Meistens fing der Maler William Fletcher Jones an, etwa indem er langsam und feierlich eine dramatische Zeile hervorstieß: «Der alte Mann kam mit einem Sack voller Leckerchen auf dem Buckel über den Hügel …», eine seiner Lieblingszeilen, und der Nächste spann den Faden fort: «… wohl wissend, dass kleine Plastikhummer religiöser Verstopfung nach seinen Fersen schnappten.» Und so ging es weiter, immer im Kreis, Zeile für Zeile, manche klug, andere lustig, einige echt poetisch, die meisten nichtssagend und viel zu viele wie das Gebrabbel, das in einer Vollmondnacht durch die Gitter eines Irrenhauses dringt, immer im Kreis, bis den «Poeten» das Bier, die Inspiration oder die Besinnung ausging, was immer zuerst kam.

(Soziologen sollten zur Kenntnis nehmen, dass solche Albernheiten in Richmond bereits mehrere Jahre vor der Einführung von Marihuana, nicht zu reden von anderen bewusstseinsverändernden Substanzen, gang und gäbe waren.)

Es macht nichts, dass ich mich an keinen meiner eigenen Beiträge zum Sprachrad erinnern kann, obwohl ich trotz meiner ungünstigen Arbeitszeiten oft daran teilnahm. Samstags rief zwischen halb zwölf und Mitternacht immer einer meiner Freunde aus der Telefonzelle des Village Inn in der Zeitungsredaktion an. Wenn er oder sie mich am Hörer hatte, sagte er mir, wo die Party in dieser Nacht steigen würde, und ich fuhr nach Feierabend meistens direkt dorthin. Im Lauf der Jahre sind diese Partys alle mehr oder weniger ineinander verschmolzen, doch zwei habe ich noch gut in Erinnerung.

Eines Sommerabends, gerade als das Sprachrad auf dem Dach eines Hauses in der Grace Street auf Touren kam, kündigte sich ein gewaltiges Südstaatengewitter an. Flackernde Blitze zerfetzten den Himmel mit der Wut eines Serienkillers, gefolgt von Donnerschlägen wagnerianischen Ausmaßes. Diejenigen, die am Sprachrad beteiligt waren, warfen sich vorsichtige Blicke zu, doch niemand wollte als Erster den Kreis verlassen. Dann öffnete sich der pechschwarze Himmel, und ein gewaltiger Regenschwall ergoss sich über uns. In Sekundenschnelle waren wir alle klatschnass, doch der Kreis hielt stand und bewies damit, dass Dichter, selbst unqualifizierte Laiendichter, zäher als professionelle Baseballspieler sind.

Am Ende aber wurden die improvisierten freien Verse so leise, dass sie kaum noch verständlich waren und sich anhörten wie Unterwasserpoesie. Von verwirrten Delfinen. Wenn jemand den Mund aufmachte, um etwas zu sagen, konnte man förmlich sehen, wie die Blasen aufstiegen, und Pauls Flöte klang wie die kaputte Pumpe in einem Swimmingpool. Doch kann ich mit Genugtuung berichten, dass wir Idioten erst nach Abzug des Gewitters in unsere jeweiligen Apartments, Studentenheime und Remisen in verschiedenen Teilen des Fan zurückschlurften und die Bierdosen und Flaschen, auf denen wir unseren eigenen kleinen Boheme-Donner fabriziert hatten, einfach zurückließen.

Bei dem anderen Mal hatte mich jemand früher als sonst in der Redaktion angerufen und mir erzählt, dass die Party in einem Privathaus in Windsor Farms, einem ultraschicken und teuren Viertel von Richmond, bereits angefangen hatte. Das war nicht ungewöhnlich. Gelegentlich lud ein Anwalt, Chirurg oder leitender Angestellter – jemand, der es eigentlich hätte besser wissen müssen – ein paar schräge Vögel aus dem Village Inn zu einer Party ein, in der Annahme, dass die anderen Gäste die Ungläubigen möglicherweise amüsant finden würden. Gewöhnlich bereuten sie diesen Impuls am nächsten Tag, vor allem wenn ihr Haus von zwanzig durstigen Hipstern gestürmt worden war und sie nur mit sechs oder sieben gerechnet hatten.

Diese Party neigte sich schon dem Ende zu, als ich endlich an einem bezaubernden Haus aus weißem Backstein ankam. Der Tudorstil stand bei Richmonds anglophiler Elite hoch im Kurs. Meine Freunde, so hieß es, seien alle draußen im Patio. Ich hatte den Eindruck, die typischen Geräusche eines Sprachrads zu hören, das dort im Gang war, beeilte mich aber nicht, dazuzustoßen, weil ich nicht nur Durst, sondern auch einen Bärenhunger verspürte und einen der goldgerahmten Fuchsjagddrucke an der Wand des Wohnzimmers hätte verschlingen können. Mein Instinkt führte mich geradewegs in den verlassenen Speisesaal. Tatsächlich stand dort noch eine große Schüssel mit einem cremigen Dip, doch der Rest der *Horsd'œuvres* war bereits verschwunden. Nicht ein einziger Cracker oder Chip war übrig, ganz zu schweigen von einem Stück Möhre oder Sellerie. Trotzdem, der Dip sah ziemlich verlockend aus. Wenn doch bloß …

Es gab noch etwas anderes auf dem Tisch. Genau in der Mitte schwamm eine einzelne, außergewöhnlich gefärbte Chrysanthemenblüte in einer Porzellanschale. Da fiel mir wieder ein, dass Chrysanthemen in Japan nicht nur gegessen werden, sondern sogar als besondere Delikatesse gelten. Ich zögerte, aber nicht lange. Dann schnappte ich die Chrysantheme, tunkte sie in den Dip und nahm einen Bissen. Hmmm? Nicht schlecht. Ich wiederholte die Prozedur und wollte gerade zum dritten Mal abbeißen, als ich Schritte hörte. Der Gastgeber betrat das Zimmer.

Instinktiv versteckte ich die zerfetzten Reste der Blüte hinter dem Rücken. Der Gastgeber schnappte nach Luft. «Wo ist meine Blume?», wollte er wissen, nicht unbedingt von mir. Vielleicht sprach er zu den Engeln im Himmel. Ich schüttelte den Kopf, und in diesem Moment merkte ich, dass mehrere Blütenblätter an meinem mit Dip verschmierten Mund klebten.

Diese Chrysantheme, so erfuhr ich wenig später, hatte am selben Nachmittag den ersten Preis in der alljährlichen, prestigeträchtigen Richmonder Blumenschau gewonnen. Es war eine besonders bedeutende Auszeichnung, auf die der Mann maßlos stolz war. So wie er sich aufführte, klang es, als hätte ich seine Frau und Kinder verspeist.

Ich ging, ohne mich zu verabschieden.

Vom Village Inn aus gesehen gab es am anderen Ende des sozialen Spektrums, besser gesagt, am anderen Ende jedes sozialen Spektrums, das einem einfällt, noch eine Quelle flüssiger Erfrischungen im Fan (so schien es jedenfalls), die um meine Aufmerksamkeit buhlte. Ich taufte sie «Il Palazzo della Contessa di Pepsi», doch in Wirklichkeit hatte sie kein Namensschild und gab sich im Großen und Ganzen so unauffällig, dass ich mir manchmal nicht ganz sicher war, ob sie überhaupt existierte.

Es handelte sich um das einzige kommerzielle Etablissement in einem stillen, schattigen Wohnviertel, relativ weit vom RPI und dem Village entfernt, sodass es weder bei Studenten noch bei Künstlern sonderlich bekannt war. Seine Klientel? Ich weiß nicht genau, wer dort hinging, wenn überhaupt jemand. Eine Weile jedenfalls schien der Laden schon in Betrieb zu sein, allerdings so eingeschränkt, dass man seine Identität als «kommerzielles Unternehmen» anzweifeln durfte. Er nahm die Ladenfront und das Erdgeschoss eines alten, längst in Mietwohnungen aufgeteilten Stadthauses ein und verfügte, wie gesagt, weder über ein Ladenschild, noch gab er einen anderen Hinweis darauf, welche Art von Ware hier zum Verkauf stand.

Die Besitzerin, meine «Contessa», war eine ältere Frau, allerdings weder zu alt noch zu zerbrechlich oder sichtlich plemplem, dass sie sich aus schierer Demenz entschieden haben konnte, ausschließlich Pepsi-Cola zu verkaufen. Obendrein waren die Pepsi-Flaschen, die sie in großer Zahl vorrätig hatte, nicht einmal gekühlt. Es war kein Ort, wo man sich an einem brütend heißen Tag in Richmond mal schnell eine eiskalte Cola reinzischen konnte. Trotzdem stapelten sich dort Kästen und Sixpacks bis unter die Decke, verstaubt, nicht vereist, und einzelne Flaschen (nie Dosen) schlugen in den Regalen hinter dem gleichermaßen verstaubten Tresen die Zeit tot.

Auch die Öffnungszeiten gaben Rätsel auf. Die Contessa (der Spitzname war ein bisschen sarkastisch gewählt, denn sie war sowohl in ihrer Kleidung als auch in ihrem Verhalten eher bescheiden) hatte aus Gründen, die nur sie allein kannte, beschlossen, den Laden vormittags von 10.17 bis 11.53 Uhr und nachmittags von 14.36 bis 16.41 Uhr zu öffnen. Kann sein, dass ich mich bei den Minuten um ein oder zwei vertue, aber Sie verstehen, was ich meine. Die Zeiten waren abstrus. Sehr abstrus. Und sie wurden streng eingehalten. Es ging nicht, dass man um, sagen wir, 16.42 Uhr auftauchte und erwarten konnte, Zutritt, geschweige denn eine warme Cola zu erhalten.

Dass ich die alte Dame nie um eine Erklärung für diese seltsamen Öffnungszeiten oder dieses einzigartige Warenangebot bat, hatte vor allem damit zu tun, dass ich das Geheimnis nicht zerstören wollte. Einstein hat einmal das Schöne mit dem Gefühl des Geheimnisvollen gleichgesetzt. Zwar stellte der namenlose, schäbige Pepsi-Ausschank nicht gerade eine exquisite Gleichung in Sachen Relativität oder geheime Ursprünge des Universums dar, trotzdem lenkte er die Aufmerksamkeit sowohl auf die rätselhafte, vieldeutige Bedeutung der «Zeit» als auch auf unsere unbeholfenen und ein wenig wahllosen Versuche, ihr eine logische Ordnung überzustülpen. Das Angebot des Ladens war eintönig und änderte sich nie, doch die ungereimten, anscheinend unlogischen Öffnungszeiten (die ohne vorherige Ankündigung jederzeit beliebig verändert werden konnten), machten sich irgendwie über unsere Vorstellungen von Harmonie und Beständigkeit lustig. Der Laden erschien einem eng und unbegrenzt zugleich. Auf seine stille Art unterstrich er den Konflikt zwischen bemessener Zeit und unfassbarer Grenzenlosigkeit.

Okay, okay. Zugegeben, ich hatte in diesem Jahr die Surrealisten gelesen und mich außerdem bis über beide Ohren in die Avantgardisten der Belle Époque verknallt; deshalb ist es nicht verwunderlich, dass es mir gefiel, wie dieser verstaubte kleine Pepsi-Laden gelassen die Grenzen der logischen Realität verschob – und das erklärt vielleicht, warum jedes Mal, wenn ich zu Fuß oder im Wagen dort vorbeikam, mir ungebeten die Hofdichter des Unbewussten in den Sinn kamen, die radikalen Verehrer des imaginativen Absoluten. Und warum ich noch Jahre später, wenn Freunde fragten, warum ich Pepsi statt Coke bestellte, wehmütig lächelnd André Breton zitierte: «Ich habe es lieber rot wie das Ei, wenn es grün ist.»

Meistens fragte dann keiner mehr nach.

friss & stirb

W enn Charme eine Badewanne wäre, hätte Richmond hundert Gummientchen schwimmen lassen können und immer noch Platz für die halbe Royal Navy gehabt. Mit seiner Vorkriegsarchitektur, seinen breiten Boulevards (ein bekannter europäischer Kritiker schrieb einmal, dass Richmonds Monument Avenue «die schönste Straße in ganz Amerika» sei), seinen Heldenstatuen, seinen Blüten, seinen Vögeln, seinen Zweigen, seinen High-Tea-Ritualen, seiner Maisgrütze-mit-Sorghum-Gastfreundschaft, seinem zaghaft übermütigen, berauschenden Frühling und seinem pferdenärrischen, goldenen Herbst war Richmond ein Muster an behutsam gegrillter Erlesenheit mit einer Prise Salz. Ach, aber alles hat auch eine Kehrseite, und die von Richmond war breiter und schmutziger als der James River, der die Stadt bourbonfarben durchzieht.

Vergessen wir das alljährliche Tabakfestival mit seinen üppigen Umzugswagen, Dutzenden von Marschkapellen und einem ganzen Hofstaat konkurrierender Schönheitsköniginnen. Sie feiern – ja, feiern! – eine stinkende, extrem suchterzeugende Substanz, die für den Tod von Millionen Menschen auf der Welt verantwortlich ist. Vergessen wir auch die Hundertjahrfeier zum Gedenken an den Bürgerkrieg, ein Fest, das genauso lange dauern sollte wie der grausame Konflikt selbst und sich nicht einmal die Mühe machte zu verbergen, wie stolz Richmond war, in der schändlichsten Periode der amerikanischen Geschichte Hauptstadt der Konföderierten gewesen zu sein, und dass es keine Kosten scheute, es zu demonstrieren. Ich möchte diese Gedenkfeiern und auch den verdammten Krieg und das Teufelskraut, die sie inspirierten, vorerst beiseitelassen und mich auf eine lebendigere, hartnäckige Leiche konzentrieren, die im Keller des charmanten Richmond mit den Knochen klappert.

Es gibt Historiker, die betonen, dass der Bürgerkrieg auch sein Gutes hatte (die Abschaffung der Sklaverei zum Beispiel), oder Apologeten, die mit einer gewissen Berechtigung auf die herausragende Rolle hinweisen, die der Tabak beim wirtschaftlichen Aufschwung unserer jungen Nation spielte. Trotzdem kann es keine Rechtfertigung für Rassismus geben, keine Verteidigung, die nicht genauso verwerflich wäre wie die Haltung und das Vorgehen des Rassismus selbst. An dieser Stelle möchte ich darauf hinweisen, dass ich das Thema nicht deshalb aufs Tapet bringe, weil ich Richmond in sein einstmals blindes Auge stechen will, ein Sinnesorgan, das zwar immer noch nicht einwandfrei funktioniert, aber heutzutage wenigstens imstande ist, ein menschliches Wesen von einer minderwertigen Subspezies zu unterscheiden und sich entsprechend zu benehmen, sondern weil Richmonds Rassismus die beiden ausgeflippten, aber folgenreichen Geschichten färbt (was für eine armselige Verbwahl in diesem Zusammenhang), die ich als Nächstes erzählen will.

An der Wand meines Arbeitszimmers hängt ein Poster, das so verblichen und zerfleddert ist, dass man meinen könnte, es habe einst die Herrentoilette des Crazy Horse Saloon geziert. Es zeigt die Karikatur eines gehörnten Tiers und folgenden Text: *The Rhinoceros Coffee House präsentiert Tom Robbins / Dichterlesung & Vortrag über die Kultur der Gasse / Mit Jazzmusik (Paul*

Millers Primitive Four) / 18. Jan. 1961 / 9:00 / 538 Harrison. Es ist mir schleierhaft, wie dieses alte Poster all die Jahre überlebt hat, während mir so viele andere und zweifellos wertvollere Andenken und Souvenirs im Lauf der Zeit abhandengekommen sind. Doch da hängt es, und an ihm hängt eine Geschichte.

Das Rhinoceros wurde einen halben Block vom Village Inn entfernt von ein paar Leuten aufgemacht (Gott weiß, wie wenig Geld sie damit verdienten), die auf den ein paar Jahre zuvor in San Francisco gestarteten Beatnik-Zug aufspringen wollten. Nun, für ein echtes Beatnik-Café brauchte man natürlich Beatnik-Dichter, und da Ferlinghetti und Ginsberg ständig woanders zu tun hatten, bot ich an, einzuspringen, und verfasste aus diesem Anlass hastig einen Stapel poetischer Ergüsse. (Wie der Redakteur des *New Yorker* bezeugen könnte, müsste ich eine Schraube locker haben, wenn ich mir einbilden würde, ein echter Dichter zu sein.)

Während der Lesung bekannte ich mich zwar zu meiner Liebe zu dieser Stadt, setzte aber auch dreiundzwanzig Spielarten der Satire und vierundzwanzig der Übertreibung ein, um Richmond eins hinter seine hübschen rosa Löffel zu geben, beispielsweise wegen des Tabakfestivals oder der bevorstehenden Hundertjahrfeier, der aufgesetzten Anglophilie und vor allem wegen seines Rassismus. So unprofessionell meine Gedichte sein mochten, die Metaphern waren originell, die Bilder ungewohnt und witzig, und die kleine Schar der Zuhörer schien dafür empfänglich zu sein – mit einer erwähnenswerten Ausnahme. Mitten in einer meiner wütenden Tiraden stand eine junge Frau auf und stelzte hinaus. Nicht etwa unauffällig, wohlgemerkt: Sie war sauer und sorgte dafür, dass jeder es mitbekam.

Ich erkannte die Frau wieder, ich hatte sie ein- oder zweimal im Village gesehen, obwohl wir einander nie vorgestellt worden waren. Man konnte sie kaum übersehen, offen gesagt, denn sie war groß, blond, wohlproportioniert und cremig wie ein Eisbecher mit warmer Vanillesauce. Sie hieß Susan Bush (keine Verbindungen mit der perfiden Bande in Texas) und wohnte nicht im chaotischen Fan District, sondern im ordentlichen West End als Tochter einer alten Aristokratenfamilie aus Virginia, die zwar ihr Vermögen, nicht aber ihren Dünkel verloren hatte. Sie arbeitete für ein Maklerbüro; ihre Freunde und vermutlich auch ihre Lover waren Börsenmakler, Banker und Anwälte, alle sehr episkopalisch und immer darauf bedacht, dir unter die Nase zu reiben, dass ihre Vorfahren Jamestown gegründet und große Plantagen angelegt hatten, während deine noch hinter ihren Strohhütten in der alten Heimat Kartoffeln ausbuddelten.

Wenn Susan sich im Village sehen ließ, glaubten die Stammgäste, sie wolle sich unters Volk mischen, und in gewisser Weise stimmte das auch, doch niemandem machte es etwas aus, denn sie vertrug einiges, war freundlich, respektvoll und schön. Kein Mann, der genügend Testosteron im Leib hatte, um auch nur ein einziges Barthaar hervorzubringen, konnte das leugnen.

Neun Monate vergingen, bis ich Susan wiedersah. Es war ein ungewöhnlich warmer Oktobertag, und ich war in den Finanzdistrikt gefahren, um mich mit meinen Vermietern zu streiten. In Richmond mietete man seine Wohnung gewöhnlich nicht direkt vom Hausbesitzer, sondern fast immer über ein Maklerbüro, das gewöhnlich Teil einer großen Immobilienfirma war und bei Meinungsverschiedenheiten nicht unbedingt Partei für den Mieter ergriff. Worum auch immer es an diesem Tag ging, das Treffen mit den Vermietern war nicht zu meinen Gunsten verlaufen. Erhitzt von dem Streit wie auch vom Wetter, suchte ich Zuflucht im nächstbesten Grillroom und bestellte ein Bier. Ich stand an der Bar und versuchte, mich mit einem eiskalten Pabst Blue Ribbon abzukühlen, als Susan Bush hereinkam, offenbar direkt aus dem Büro. Ich weiß nicht, ob sie mich zuerst erkannt hatte, aber innerhalb von Sekunden stand sie, möglicherweise durch Zufall, neben mir an der Bar. Wir sahen uns an. Sie schenkte mir etwa siebzig Prozent eines Lächelns. Und dann gab ich es ihr!

Ich meine, ich lehrte sie Mores. Ihr dramatischer Abgang aus dem Rhinoceros sei nicht nur haarsträubend unhöflich gewesen, sondern habe auch eine Kaltschnäuzigkeit offenbart, die nur von ihrer Oberflächlichkeit und Ignoranz übertroffen werde. Hätte sie das intellektuelle Format, Scheiße von Schuhwichse zu unterscheiden, dann müsse ihr aufgegangen sein, dass ich Richmond nur deshalb so kritisiert hätte, weil es mir etwas bedeutete. «Warum sollte ich mir die Mühe machen, Richmonds Makel aufzuzählen», fragte ich, «wenn ich diese Stadt nicht ins Herz geschlossen hätte und mir verzweifelt wünschte, dass sie sich etwas aufgeklärter benimmt?»

Nachdem ich mich so ausgekotzt hatte, trat ich zurück und trank einen langen Schluck Bier. Susan stand einfach nur da. Sie stand still neben mir und sah mich ziemlich konzentriert und intensiv an, starrte mir ins Gesicht, als wollte sie sich jede Pore dieses Kerls einprägen, der sie gerade als ahnungslose Spießerin beschimpft hatte. Nach einer vollen Minute erweckte sie ihr Siebzig-Prozent-Lächeln wieder zum Leben, nur noch eine Spur cremiger, und fragte dann leise, eindringlich und ohne einen Hauch von Sarkasmus oder Unernst: «Würdest du mich heiraten?» Vielleicht war ich verwirrt, aber auf den Mund gefallen war ich nicht. «Ja», sagte ich.

Am nächsten Tag fuhren wir nach North Carolina, wo es keine Wartezeit für die Heiratserlaubnis gab, und ließen uns trauen.

Damit der Leser nicht auf die Idee kommt, ich wäre noch bescheuerter als die spinnerte Tante der Ratte hinter dem Plumpsklo (die alte Müllhaldenratte, die sich für Minnie Maus hält), hier die Vorgeschichte.

Fast ein Jahr lang war ich mit einer Kunststudentin vom RPI

namens Lynda Pleet zusammengewesen. Lynda war intelligent, selbstbewusst, eine begabte Malerin und sah aus wie ein Filmstar. Aber sie wohnte in einem Studentenheim für Mädchen und war Jüdin, zwei Umstände, die uns auf Abstand hielten.

In ihrem Wohnheim herrschte nach zehn Uhr abends strikte Ausgangssperre, an Freitag- und Samstagabenden nach elf, aber diese Extrastunde spielte keine Rolle, weil ich außer dienstags und mittwochs bis Mitternacht arbeitete und Lynda dienstagabends einen Atelierkurs hatte. Im Wesentlichen führten wir also eine Mittwochs-Beziehung. Klar, wir konnten uns samstag- und sonntagvormittags sehen, aber das war nicht gerade die Kernzeit für Romantik, und so waren zum einen unsere kollidierenden Termine, zum anderen die Moralvorstellungen der 1950er Jahre daran schuld, dass unsere Beziehung körperlich nicht über ausgiebiges Petting auf dem Vordersitz meines vor kurzem erstandenen Plymouth Valiant hinausgekommen war.

Lyndas Eltern hatten mich cool gefunden, bis sie erfuhren, dass wir es ernst meinten. Von da an bearbeiteten sie Lynda, damit sie sich mit netten jüdischen Jungs traf, denn ein Goi in der Familie – das passte einfach nicht. Schließlich entschied sie sich für einen, und obwohl sie behauptete, er sei nur ein Alibi, ein Vorzeigefreund, eine Fassade, sah der Typ, der konventionellere Arbeitszeiten hatte als ich, sie bald öfter als ich.

Irgendwie hatte sich Lynda das Knie verletzt. Zwischen Ende des Frühlingssemesters und Beginn der Summer School, als das RPI für zwei Wochen dichtmachte, ließ sie sich im Medical College of Virginia operieren. Damals herrschten noch strenge Besuchszeiten in Krankenhäusern, und da ihre Familie und/ oder ihr Ersatzfreund in den offiziellen Zeiten ihr Krankenzimmer besetzt hielten, musste ich meine Fantasie anstrengen, um eine Möglichkeit zu finden, sie dort zu besuchen. Wie der Zufall es wollte, arbeitete ein Freund von B. K. als Arzt im MCV. Wir überredeten ihn, mir für ein paar Stunden seinen weißen Kittel und sein Stethoskop auszuleihen.

Am späten Abend fuhr ich zum Krankenhaus, stahl mich in die Toilette in der Eingangshalle und zog mich um. Der Kittel war mir zwei Nummern zu groß, aber *c'est la vie*: Jetzt konnte ich nicht mehr zurück. Ich hängte mir das Stethoskop um den Hals und ging lässig zum Aufzug. Mehrere Menschen fuhren mit, aber zum Glück waren es offenbar nur Angestellte: Wartungsleute, Ernährungsberater, Labortechniker und so weiter. Trotzdem wandte ich den Blick ab und starrte auf den Boden, als dächte ich an die bevorstehende Not-Darmspiegelung, zu der ich unterwegs war.

Im dritten Stock stieg ich aus – allein – und ging schnellen Schrittes zu Lyndas Privatzimmer, wo wir möglicherweise ein paar schöne, ungestörte Stunden in einem intimen Rahmen vor uns hatten. Und hey, dass ich im wahrsten Sinne des Wortes «Doktor spielen» würde, beschwor derart faszinierende Möglichkeiten herauf (*Grey's Anatomy* trifft auf *Kamasutra*), dass ich den langen, verlassenen Gang noch schneller entlangeilte.

Doch kurz vor Lyndas Tür bog eine Schwester um die Ecke: Uniform, mittelalt, verkniffenes Gesicht. Ihre praktischen weißen Schuhe kamen quietschend zum Stehen. Wieso stellte sie sich mir in den Weg? Warum musterte sie mich von oben bis unten? Vielleicht lag es an dem schlabberigen Kittel, der so groß war, dass er aussah wie eine Pferdedecke, die man einem Pudel übergeworfen hatte. Oder daran, dass ich mit meinen knapp neunundzwanzig Jahren immer noch aussah wie neunzehn?

Jedenfalls wurde mir bewusst, dass eine Debatte über meine Zulassung als Arzt wahrscheinlich nicht in meinem Interesse gewesen wäre. Zufällig befand sich nur wenige Meter links von mir ein Treppenhaus. Von Panik erfüllt, machte ich einen Satz dorthin, raste die drei Treppen hinunter und zog im Laufen den Kittel aus, obwohl das Stethoskop noch wild an mir hin und her schlenkerte wie eine mutierte Peitschennatter aus Nagasaki, als ich keuchend in der Eingangshalle ankam. Wie durch ein Wunder schaffte ich es, das Krankenhaus zu verlassen, bevor der Alarm losging.

Ich erzähle diese Geschichte nicht, um Lynda Pleet oder den netten jüdischen Jungen (und Glückspilz), den sie an meiner Stelle geheiratet hat, in Verlegenheit zu bringen, sondern um zu verdeutlichen, wie frustriert ich war – wie tief, breit und hoch der Frust war an jenem schicksalhaften Tag, als ich am Wasserloch des Finanzdistrikts Susan Bush begegnete. Dass ich mit Ja antwortete, als eine wildfremde Person, der ich nicht einmal vorgestellt worden war, um meine Hand anhielt, ist nicht nur ein Hinweis auf das Ausmaß meiner Frustration, sondern auch ein anschauliches Beispiel für zwei grundlegende philosophische Prinzipien, die mein Leben fortan lenken sollten.

1. Wenn etwas zu frustrierend ist, die Sache zu verfahren, wenn der Umgang mit ihr chronische Unzufriedenheit erzeugt oder anfängt, die Freiheit einzuschränken und die Entwicklung zu gefährden, dann ist es vielleicht Zeit, aufzuhören, mit dem Kopf durch die Wand zu wollen, und man sollte sich lieber eine dicke, fette metaphorische Stange Dynamit besorgen, die Lunte anzuzünden und die ganze leidige Angelegenheit zum Mond schießen.

2. Wenn man extreme Anstrengungen unternommen, alle Register gezogen und trotzdem kein Stück vom tibetischen Pfirsichstrudel abgekriegt hat, sollte man das als Zeichen verstehen, sich abregen und grinsend über den Apfelkuchen hermachen.

Wie auch immer, als der Rauch sich verzogen hatte und wieder Ruhe eingekehrt war, als die Kuchenplatte gespült und im

Schrank verstaut war, schien Lynda ebenso erleichtert zu sein wie ich, dass unsere persönliche *Romeo-und-Julia*-Vorstellung abgesetzt worden war, obwohl sie sich vielleicht ein konventionelleres Ende gewünscht hätte (ohne den Doppelselbstmord natürlich).

Um noch einmal auf die Rassenfrage zurückzukommen – ich sollte vielleicht gestehen, dass ich mich kaum je für Rasse per se interessiert habe. Meine Aktivitäten in Sachen Bürgerrechte waren weniger von pauschaler Bewunderung für dunkelhäutige Menschen als von einem tiefverwurzelten Hass gegenüber Ungerechtigkeit motiviert. Wenn Personenkreise oder Individuen verletzender Diskriminierung ausgesetzt sind, kommt mir die Galle hoch, und mein Blut fängt an zu kochen. Natürlich kam das immer wieder vor, als ich zwischen 1957 und 1962 mit dem Süden im Allgemeinen und Virginia im Besonderen zu tun hatte; trotzdem war es eher ein verrückter integrativer Zufall als offener Protest, der meinen Abschied von Richmond letztendlich unausweichlich machte, während um mich her der Kanonendonner neuerlicher Bürgerkriegsschlachten dröhnte.

In vielerlei Hinsicht war die *Times-Dispatch* eine ausgezeichnete Zeitung, will sagen, das Verfassen und Bearbeiten der Artikel genügte höchsten journalistischen Ansprüchen, und das ungeachtet dessen, dass das große Wörterbuch, das auf einem Pult in der Nachrichtenredaktion lag und Reportern und Redakteuren gleichermaßen diente, so veraltet war, dass es Uran als «wertloses Mineral» bezeichnete. Redaktionell war die *T-D* ähnlich antiquiert, indem sie die traditionell starre Ideologie und Neigungen ihrer landesweiten Leserschaft widerzuspiegeln trachtete, die derart konservativ war, dass sie den Unitarismus für einen Satanskult hielt und den Verzehr Russischer Eier für Hochverrat. In ihrem Editorial sprach sich die Redaktion ausdrücklich für «getrennte, aber gleiche» Rechte der Rassen aus, eine schönfärberische Umschreibung für: «Sollen die schwarzen Mistkerle doch ihre eigenen verdammten Busse nehmen!» In den Nachrichtenspalten wurden Afroamerikaner nie mit vollem Namen genannt, es sei denn, sie hatten gegen das Gesetz verstoßen, und selbst dann erschienen keine Fotos von ihnen, egal wie sensationell oder berichtenswert das Verbrechen sein mochte.

Am *T-D*-Redaktionstisch, wo ich saß, waren meine liberalen Ansichten gut bekannt, was mir den hübschen Spitznamen «Niggerfreund» eingebracht hatte. Diese Bezeichnung war jedoch nicht böse gemeint, wurde nie aus Abscheu oder Wut benutzt. Meine Kollegen – ein scharfsinniges, scharfzüngiges, knackiges Team von Grammatikwächtern – waren lediglich aufrichtig verdutzt darüber, dass ein gebildeter, anständiger weißer Junge aus dem Süden (dessen Heldentaten im Fan sie amüsant und anregend fanden) solche ketzerischen, perversen Ansichten hatte entwickeln können, und deshalb kritisierten sie mich auf diese lässige, joviale Art.

Vielleicht hätten sie giftiger reagiert, wenn sie gewusst hätten, dass ich im Jahr 1961 jeden Dienstagabend an gemischtrassigen Treffen der Unitarischen Kirche an der Grove Avenue teilnahm und mich gelegentlich der Gruppe anschloss, wenn sie unter Gefährdung von Leib und Leben ins King William County fuhr, um dort heimlich afroamerikanische Schüler zu unterrichten. Statt dem Bundesgesetz zu folgen und Rassenunterschiede abzuschaffen, hatte King William sämtliche öffentlichen Schulen geschlossen, schwarze wie weiße. Fortan wurden weiße Kids in «Privatschulen» unterrichtet, die sich in Kellergeschossen von Kirchen befanden («Gelobt sei das blauäugige Jesuskind!»). Deshalb versuchte unsere Gruppe, etwas Ähnliches in einer schwarzen Kirche draußen in der zeckenverseuchten Pampa zwischen den flickengroßen Flecken King William und Aylett aufzuziehen. Ich hatte mich für Erdkunde entschieden, für die ich mich schon interessierte, seit ich mit sieben den Weltatlas erstanden hatte, doch die schwarzen Kids hielten davon auch nicht mehr als ihre weißen Altersgenossen, nämlich ungefähr so viel wie von einer fetten Fliege auf einem Pferdeapfel. Jedenfalls hatten meine Kollegen bei der Zeitung keinen Schimmer von meinen subversiven Tätigkeiten am Dienstagabend (der Mittwoch war für Lynda Pleet reserviert). Ich respektierte und mochte sie trotz ihrer Vorurteile, und mir gefiel die Arbeit, besonders wenn es darum ging, Schlagzeilen zu entwerfen, eine Art Spiel mit Worten, das entfernt an Scrabble erinnert. Zu meinen allabendlichen Pflichten am Redaktionstisch gehörte es, die von Earl Wilson für mehrere Zeitungen verfasste Klatschspalte zu redigieren. Wilson saß in New York, und seine Kolumne, *It Happened Last Night*, bestand aus allerlei Klatsch und Tratsch über Broadway- und Hollywoodstars, die provozierend oder entlarvend sein sollten, besonders wenn Wilson oder seine Spitzel die Stars dabei erwischten, wie sie sich danebenbenahmen oder in den Nachtclubs von Manhattan irgendeinen neuen Deal feierten. Ich musste dann für ein passendes Foto des Stars sorgen, das man zusammen mit der Kolumne abdrucken konnte.

Eines Tages erwähnte Wilson aus irgendwelchen Gründen den großen Louis Armstrong. Ohne lange nachzudenken, ging ich in unser «Leichenschauhaus» und suchte ein passendes Foto von Mr. Armstrong aus dem Fotoarchiv, ließ es von unserem Layouter auf die richtige Größe bringen und platzierte es in Wilsons Kolumne. An diesem Abend schlief ich so unschuldig ein wie eine frisch geschlüpfte Schildkröte.

Ich hatte meinen schützenden Panzer noch nicht verlassen, als ich am nächsten Nachmittag zur Arbeit erschien und ins Büro des Chefredakteurs gerufen wurde, eine unerwartete Einladung, die ich unmöglich ausschlagen konnte. Es sah aus wie ein freundschaftliches Plauderstündchen, zumindest nach außen hin. John H. Colburn hielt die Seite mit dem strahlenden Gesicht von Armstrong in die Luft. Dann erzählte er mir, viele Leser hätten äußerst ungehalten auf das Foto reagiert. Ich war aufrichtig überrascht – wurde denn der gute Satchmo nicht von *jedermann*, abgesehen vielleicht von einem Großdrachen des Ku-Klux-Klan, verehrt? Mr. Colburn schickte mich lächelnd an den Redaktionstisch zurück, weil er die Sache offenbar für einen einmaligen Ausrutscher meinerseits hielt.

In der Redaktion galt ich aufgrund meines Interesses an der Region als interner Asienfachmann. In Laos fanden zu der Zeit heftige Kämpfe statt, und die *T-D* berichtete auf der ersten Seite darüber, doch allmählich zweifelten die Redakteure daran, ob so viel Aufmerksamkeit wirklich angebracht war. Deshalb beauftragte man mich damit, bei beliebigen Einwohnern von Richmond anzurufen und zu fragen, ob sie wüssten, wo Laos lag. Nur wenige wussten es. Meine Lieblingsantwort lautete: «Hier wohnt er nicht. Fragen Sie doch mal gegenüber nach.» Für einen Geografie-Experten musste diese Umfrage zugleich unterhaltsam und entmutigend sein, doch in irgendeiner Nische meines Kleinhirns brütete ich noch immer über dem Louis-Armstrong-Vorfall. Ein paar Wochen später erwähnte Earl Wilson eine schwarze Frau – ich glaube, es war Pearl Bailey –, und ich beschloss, das Terrain zu sondieren.

Der Tag, an dem ich Pearls Foto in Wilsons Kolumne einfügte, war ein Montag. Als ich am Donnerstagnachmittag an meinen Schreibtisch zurückkehrte, hatte ich kaum den Mantel aufgehängt und die Krawatte gelockert, als ich erneut zum Chef gerufen wurde, wo die Atmosphäre diesmal ungefähr so freundschaftlich war wie bei Morgengrauen in einer Todeszelle. Offenbar hatte es in der *T-D*-Telefonzentrale geblinkt wie am Diamanttresen eines Kaufhauses in Dubai. Wütende Leser hatten wissen wollen, was diese «hochnäsige Niggerschlampe» in ihrer Morgenzeitung zu suchen habe, und Mr. Colburn schwenkte eine Handvoll Briefe, in denen dieselbe brennende Frage gestellt wurde.

Einige Abonnenten beschwerten sich, sie hätten ihr Frühstück nicht beenden können, nachdem ihnen das Foto von Pearl Bailey aufgestoßen sei. Obwohl ich auf dem Schleudersitz saß, musste ich bei der Vorstellung aufgebrachter Leser grinsen, die die Zeitung verfluchten und ihre nicht angerührten Pfannkuchen beiseiteschoben, nur um dann eine dicke Mommy mit Kopftuch zu entdecken, die sie von der Schachtel mit Aunt Jemimas Pfannkuchenmischung anstarrte.

Zwar drohte man mir für meine Unbesonnenheit nicht mit sofortiger Entlassung – schließlich gab es bei der *T-D* keine offiziellen Regeln, die den Abdruck der Konterfeis von «hochnäsigen Niggerschlampen» untersagten –, aber man machte mir unmissverständlich klar, dass ich, sollten sich meine jüngsten Fehltritte wiederholen, in Zukunft Nachrufe für ein Wochenblatt in Ice Worm, Alaska, schreiben könne.

Weniger als einen Monat später hatte Earl Wilson Grund, sich zu Sammy Davis, Jr. zu äußern. Wo wir gerade von Hochnäsigkeit sprachen! Davis hatte nämlich die Dreistigkeit gehabt, eine weiße Frau zu heiraten, die sexy blonde schwedische Schauspielerin May Britt, eine Tat, die ihn auf Platz eins der Hassliste aller Rassisten katapultierte. Ich dachte lange und gründlich nach. In den hintersten Kammern meines Gewissens rangen kleine Teufel mit kleinen Engeln. Die Teufel schummelten natürlich; allerdings kannten sie sich in den hintersten Kammern meines Gewissens auch deutlich besser aus.

Ich stand von meinem Platz am Redaktionstisch auf, ging quer durch den Nachrichtenraum zum Büro des Chefs vom Dienst und kündigte mit zweiwöchiger Frist. «Ich habe mich entschieden, am Fernöstlichen Institut der University of Washington weiterzustudieren», gab ich als Begründung an. Das war ein

Gedanke, mit dem ich seit meiner impulsiven Eheschließung mit der fremden Susan Bush gespielt hatte. Mr. Colburn akzeptierte meine Kündigung, schüttelte mir die Hand und wünschte mir viel Erfolg. Daraufhin kehrte ich an meinen Platz zurück und sorgte dafür, dass das ultrahochnäsige Gesicht von Sammy Davis, Jr. in jedem Exemplar der *Times-Dispatch* vom nächsten Morgen zu sehen war.

In dieser Nacht lachte ich mich in den Schlaf. Und zwei Wochen später packte ich meine aktuelle Gattin, ihre zweieinhalbjährige Tochter und unsere Siebensachen in den Wagen und fuhr nach Seattle.

Am Tag bevor ich Richmond verließ (2. Januar 1962), ging ich auf ein letztes Bier ins Village Inn, verabschiedete mich von Stavros «Steve» Dikos, dem korpulenten, immer freundlichen Besitzer mit dem lockigen Haar, und dankte ihm, weil er das, was viele für eine Art Wildreservat halten mochten, mit so viel Leidenschaft pflegte und hegte. Das Wild selbst wünschte mir, möglicherweise ein kleines bisschen neidisch, alles Gute für die Reise. Sogar die «Mona Lisa», eine Frau in einem gewissen Alter, die jede Nacht kettenrauchend am Tresen saß, billigen Wein trank und kein Wort sagte, sondern immer nur mit einem vagen, geheimnisvollen Lächeln vor sich hin starrte, als wüsste sie und nur sie allein, wann die nächste Hiobsbotschaft käme, schenkte mir ein leichtes, katzenhaftes Nicken.

Und da wir gerade bei Geheimnissen sind: Am selben Tag hatte ich auch beim «Palazzo della Contessa di Pepsi» vorbeigeschaut, um mir mit einem letzten Besuch zu beweisen, dass dieser Ort tatsächlich außerhalb meiner Fantasie existierte. Selbstredend hatte er zugehabt.

Während meiner Anwesenheit auf diesem Planeten hatte ich nur eine einzige andere Begegnung mit einem ähnlich unerklärlich einseitigen Warenangebot wie dem des Pepsi-Ladens im Fan District. Das war in Gibsonton, Florida, einem Nest südöstlich von Tampa, in dem etwa dreißig Wanderzirkusse ihr Winterquartier aufschlagen. Während der späten achtziger und in den neunziger Jahren besuchte ich Gibsonton ein- oder zweimal im Jahr auf der Suche nach Leinwandplakaten von Kirmesattraktionen für meine Sammlung. (Es war gar nicht so leicht, gute zu finden, denn heutzutage werden sie so billig gemacht, dass sie meist schon nach einer Saison hinüber sind.) Dann ging ich oft in die Show Town Bar, deren Wände mit Fotos von Freaks und Performern geschmückt waren (inzwischen hängen sie in einem neugebauten Kirmesmuseum), um die besondere Atmosphäre der Stadt in mich aufzusaugen.

Ein paar Jahre lang amtierte als Bürgermeisterin dieser Stadt Der menschliche Torso, eine Frau, die ohne Arme und Beine auf die Welt gekommen war. Wenn sie offizielle Dokumente unterschreiben musste, nahm sie den Stift zwischen die Zähne. Ob sie tatsächlich mit einem Riesen verheiratet war, wie Gerüchte besagten, weiß ich nicht, allerdings war es nicht ungewöhnlich, Männer in der Stadt zu sehen, die weit über zwei Meter groß waren, und es gab auch jede Menge extrem kleine Menschen in dieser Szene. Gibsontons berühmtester Einwohner aber, wie selbst der flüchtigste Leser der Regenbogenpresse sich erinnern wird, war der Hummerjunge, der 1992 einem grässlichen Verbrechen zum Opfer fiel.

Aufgrund eines seltenen Geburtsfehlers waren Finger und Zehen des Hummerjungen so eng miteinander verwachsen, dass sie großen Scheren ähnelten. Auf den Plakaten war er als normal großer Hummer mit menschlichem Kopf zu sehen, der sich auf einem Felsen am Strand rekelt und von lauter schönen Frauen im Bikini anhimmeln lässt. In einer Zeit, in der politische Korrektheit noch ein Fremdwort war, gelang es ihm, sein Unglück in einer ziemlich lukrativen Tingeltangel-Karriere zu vermarkten. Da er Schwierigkeiten mit dem Gehen hatte, verbrachte er viel Zeit im Rollstuhl, wenn er nicht gerade auf der Bühne stand. So saß er im Rollstuhl vor dem Fernseher, als er von einem achtzehnjährigen Nachbarn aus Gibsonton mit einem Kopfschuss umgenietet wurde. Hinter der Sache steckte Mrs. Hummerjunge, die den Nachbarn beauftragt hatte und in dem Verfahren (das zur gleichen Zeit stattfand wie das gegen O. J. Simpson, aber viel interessanter war) ehelichen Missbrauch geltend machte. Sie behauptete, ihr Mann habe jedes Mal, wenn sie sich an seinem Rollstuhl vorbeiquetschte (sie lebten in einem Wohnwagen, und es war etwas beengt), den Arm ausgestreckt und sie mit seinen «Scheren» gezwickt.

Wie genau, wollen wir uns lieber nicht vorstellen, aber der Hummerjunge hatte vier Kinder gezeugt, von denen zwei, ein Junge und ein Mädchen, seine Missbildung erbten und Teil eines Tingeltangel-Tableaus wurden, der Hummerfamilie. Ein weiterer, anatomisch normaler Sohn wurde adoptiert und ist meines Wissens immer noch mit Kirmessen unterwegs, auf denen er als Menschlicher Holzkopf vermarktet wird. Bei seiner Vorstellung bearbeitet er seine Nase mit Nägeln oder Eisdornen. Vermutlich steckt so einem das Showbiz einfach im Blut. Wie auch immer, Leute, die den Hummerjungen persönlich kannten, beschrieben ihn als brutalen, hinterhältigen Säufer, und kaum einer betrauerte seinen gewaltsamen Tod. Dennoch galt er viele Jahre als bedeutende Kirmesattraktion, und ich hoffe, man hat wenigstens daran gedacht, ihn in geschmolzener Butter einzubalsamieren.

Angesichts der vielen Verrücktheiten und Kuriositäten in Gibsonton ist es kein Wunder, dass meine Frau Alexa und ich fasziniert waren, als wir bei einem unserer Besuche ein krudes, handgemaltes Schild entdeckten, das einen privaten Hinterhofverkauf ankündigte. Umgehend machten wir uns auf den Weg zu der Adresse. Wir fanden dort zwar nicht die erhofften bizarren, bunten Zirkusandenken, doch dafür schenkte uns der Hinterhofverkauf in seiner schrägen Exklusivität eine Erfahrung, die an den Laden in Richmond erinnerte, der Pepsi und nichts als Pepsi verkaufte.

Der «Hof» entpuppte sich als leeres Grundstück neben einer Tankstelle. Dort waren drei lange Biertische aufgebaut, so weit auseinander, dass es keinerlei Verbindung zwischen ihnen oder den einsamen Gestalten zu geben schien, die dahinterstanden. Eigentlich standen nur zwei, die dritte war nicht dafür gebaut, lange bequem in einer aufrechten Position durchzuhalten. Von ihrem stabilen Stuhl aus vertraute sie Alexa an, sie sei als «Haufen Spaß» bei einer Kirmes aufgetreten, bis sie aufgrund einer Krankheit mehr als hundert Kilo abgespeckt habe. Sie war immer noch so breit wie ein durchschnittlicher Kühlschrank, aber nicht mehr so fett, dass irgendwelche Bauerntrampel Geld dafür zahlten, ihre Schwarten zu bewundern. Auf dem Tisch dieser Frau stapelten sich Schokoriegel der Marke Butterfinger. Ausschließlich Butterfinger. Hunderte! Tausende! Zum Verkauf. Wir fragten uns, ob sie womöglich ihren persönlichen Vorrat an Schokoriegeln zu Geld machen wollte.

Auf dem zweiten Tisch lagen ausschließlich blaue Arbeitshemden aus Baumwolle, alle vom selben Hersteller, Girbaud. Und auf dem dritten haufen-, stapel-, massenweise Metamucil-Packungen.

Und das, Freunde, war der Hinterhofverkauf: eine bestimmte Hemdenmarke, ein Schokoriegel und ein beliebtes Abführmittel, alles in Unmengen. Den Lesern meiner Romane mag man verzeihen, wenn sie glauben, ich hätte mir das ausgedacht, doch Alexa ist meine Zeugin, und wenn ich übertrieben habe, möge der Menschliche Holzkopf meine Nasenlöcher mit gefrorenen Butterfingern traktieren.

roll over, rossini

Als ich zum ersten Mal das Konzert eines Symphonieorchesters besuchte, sollte ich es für die führende Tageszeitung einer Großstadt besprechen. Ähnlich war es bei meinem ersten Besuch in der Oper. In beiden Fällen wurden meine Kritiken gedruckt und dem Publikum präsentiert, als wären es die wohlüberlegten, scharfsinnigen Ansichten eines erfahrenen Musikexperten. Vermutlich schulde ich meinen Lesern, insbesondere denen, die sich im Gegensatz zu mir mit klassischer Musik gut genug auskennen, um *spezzati* von Spaghetti zu unterscheiden, eine Erklärung, wie es zu dieser Farce kommen konnte.

Wenn man eine entscheidende Lebenssituation sprengt, so wie ich es an zwei Fronten tat, ehe ich Richmond verließ, hinterlässt die Explosion möglicherweise ein Loch in der Psyche. Die Natur aber verabscheut das Vakuum, und deshalb füllt sich der Krater gewöhnlich im Lauf der Zeit mit neuer Weisheit – oder frischen Flausen. Manchmal ist es gar nicht so einfach, die beiden auseinanderzuhalten. Zum Beispiel waren meine Metamorphose zum Kritiker, ja im Grunde meine ganzen ersten zweieinhalb Jahre in Seattle eine seltene Mischung von transformativen Offenbarungen und absurden Umständen.

Susan, die kleine Kendall und ich waren an einem Freitagnachmittag in Seattle angekommen, nachdem wir das ganze

Land auf eine Art durchquert hatten, bei der nur die Schlittenhunde fehlten, dass man sie erfolgreich als Teil von *Nanuk, der Eskimo* hätte ausgeben können. Vom westlichen Pennsylvania bis zum östlichen Montana verstand Väterchen Frost keinen Spaß und strafte Fauna, Flora und Mineralien gleichermaßen (Autos zählen doch als Mineralien, oder?) mit peitschendem Wind, mörderischen Temperaturen und Schneestürmen. Da ich es nicht gewohnt war, auf vereisten Straßen zu fahren, bremste ich an einer einsamen Ampel in Perham, Minnesota, zu abrupt und schlitterte gegen den Laster eines Bauern. Dem Laster machte das nichts, und auch der Schaden an unserem Valiant hielt sich in Grenzen, doch seit dem Aufprall ließ sich ein Lüftungsschlitz unter dem Armaturenbrett nicht mehr schließen, sodass von nun an Kilometer für Kilometer Schnee in mein Hosenbein wirbelte. Als wir North Dakota durchquert hatten, waren die Kronjuwelen der Familie dermaßen vereist, dass sie an Michelangelos Marmorstatue von David nicht weiter aufgefallen wären.

Im Osten von Washington war es schon erheblich milder, aber trotzdem kühl. Die braunen Felder lagen unter einer dünnen Schneedecke, und erst als wir die Kette der Cascades überquert hatten und nach Seattle hinunterzufahren begannen, gab es eine drastische meteorologische und chromatische Verschiebung. Es war, als würde man vom offenen Schlund eines Smaragds verschluckt. Eine berühmte italienische Journalistin hat einmal ein Interview mit dem libyschen Diktator Muammar al-Gaddafi mit der Frage begonnen, ob er eine Lieblingsfarbe habe, und er antwortete: «Grün, grün, grün, grün, grün, grün, grün …», und so ging es weiter, immer wieder, fast fünf Minuten lang, wie sie erzählte, bis es ihr gelang, ihn zu stoppen. Die Journalistin hielt ihn für verrückt; ich hingegen glaube, dass er in telepathischer Verbindung mit Seattle stand.

Seattle, die milde grüne Königin: feucht und fügsam, nach Zedern duftend und mit einer Krone aus Binsen, das Giftpilzzepter Richtung Asien geneigt, das Gesicht dem Regen zugewandt, die Herrscherin, die sich öfter die Hände wäscht als der fleißigste Proktologe. Heutzutage unterscheidet sich Seattle kaum noch von anderen großen Städten in Kalifornien oder auch im Osten, 1962 aber war es eine magische Metropole, Moos, Moder und Matsch entrissen, belebt von Kettensägen und Chi statt von Kommerz und Chuzpe. Zwar vermisste ich Richmond und tue es in mancherlei Hinsicht bis heute, andererseits war ich fasziniert bis ins Mark, in diesem muschelzerfressenen Außenposten gelandet zu sein, wo man ungestraft Metaphern vermischen konnte, während man unter einem Himmel, der an verschimmelten Babybrei erinnerte, in austernfarbenem Licht badete.

Als ich an jenem Nachmittag zusah, wie Seattles Hügel anfingen zu funkeln, als ließen sich Trillionen liebestrunkener Glühwürmchen auf Haufen feuchter Silage nieder und sendeten Haikus in Morsecode, die kein hergelaufener Schmutzfink aus Virginia verstand oder zu schätzen wusste, begriff mein Herz und setzte meinen Verstand darüber in Kenntnis, dass ich eine neue Heimat gefunden hatte.

Wir hatten uns nicht für diese von winterlichen Gefahren strotzende nördliche Route durch die Vereinigten Staaten entschieden, weil wir so ahnungslos oder abenteuerlustig gewesen wären, sondern weil ich mir den zusätzlichen Sprit für eine wärmere und trockenere südliche Strecke einfach nicht leisten konnte. So kam ich mit gerade mal hundert Dollar in der Brieftasche, drei hungrigen Mäulern und ohne Bleibe an und hatte noch keine wirklich klare Vorstellung davon, womit ich uns alle durchbringen sollte.

Doch kaum hatten wir die Stadt erreicht und fuhren mit ungewissem Ziel die Boren Avenue entlang, als mein Blick auf ein Schild mit der Aufschrift «Zu vermieten» an einem Backsteinhaus aus den dreißiger Jahren fiel. Ich bog scharf rechts ab, parkte an der nordwestlichen Ecke von James und Minor und überreichte dem Besitzer fünfundachtzig Dollar, die erste Monatsmiete für eine saubere, geräumige Wohnung. Der Vermieter war ein japanischstämmiger Amerikaner, was ich als gutes – ja sogar erregendes – Omen betrachtete, denn, ehrlich gesagt, hatte ich mich unter anderem ja wegen seiner Verbindungen und relativen Nähe zu Japan für Seattle entschieden.

Mit den restlichen fünfzehn Dollar ging ich in einen kleinen Laden an der Ecke und besorgte uns einen Vorrat an billigen, nahrhaften Lebensmitteln wie Reis, Bohnen, Cornflakes und noch ein paar entschieden un-zenmäßige Dinge wie Rinderragout von Dinty Moore. Zur Feier des Tages verprasste ich volle neunundneunzig Cent für ein Sixpack Bier! Mehrere Minuten lang verglich ich die Etiketten von Olympia und Rainier und überlegte, welche der beiden lokalen Marken ich zuerst testen sollte. Schließlich entschied ich mich nur wegen des Etiketts für Olympia. Es war die falsche Wahl. Alles andere aber lief tage-, wochen- und monatelang so geschmiert, als hätten die Götter persönlich die Hand im Spiel.

Am nächsten Morgen machte ich mich, ausgestattet mit einem hübschen Empfehlungsschreiben von, ob Sie es glauben oder nicht, John H. Colburn, Chefredakteur der *Times-Dispatch*, auf den Weg zur Redaktion der *Seattle Times*. Es war zwar Samstag, doch irgendwer mit genügend Autorität würde ja wohl anwesend sein und über einen möglichen Teilzeitjob für mich entscheiden können. Ich wurde von niemand anderem als dem Chef vom Dienst, Henry McLeod, empfangen, der mir erzählte, nachdem er den Brief aufmerksam gelesen (und offensichtlich keinen Hinweis auf Sammy Davis, Jr. gefunden) hatte, dass ein Feuilletonredakteur der *Times* in Kürze für sechs Monate nach Europa gehen werde und bislang noch kein Ersatz für ihn eingestellt sei. Am folgenden Dienstag fing ich bei der *Times* an.

Zu meinen Aufgaben im Feuilleton gehörte es, die Kolumne unserer Briefkastentante *Dear Abby* zu betreuen. Wenn die Verfasserin, Abigail Van Buren, eine Stadt besuchte, deren Zeitung ihre Kolumne abdruckte, kam sie gewöhnlich in der Redaktion vorbei, um hallo zu sagen. Bei der *Seattle Times* bat sie speziell um die Möglichkeit, den Redakteur kennenzulernen, der für die Überschriften ihrer Kolumne zuständig war, denn sie seien so ganz anders als die *Dear-Abby*-Überschriften der anderen Zeitungen (und davon gab es Dutzende). Ich glaube, sie benutzte das Wort «farbig». So kam es, dass ich zum ersten Mal einer Frau die Hand schüttelte, die mehr an Liebeskummer leidende Liebende getröstet hatte als aller Alkohol in allen Kaschemmen diesseits von Casablanca. Allerdings vergaß ich während unserer kurzen Unterhaltung, Abby zu fragen, was ich mit meiner neuen Frau machen sollte, an die ich mich offenbar nicht so leicht gewöhnen konnte wie an meine neue Stadt.

Das Feuilleton hatte sein Büro neben dem erheblich kleineren Ressort Kunst und Kultur, und gegen Ende meiner ursprünglich auf sechs Monate begrenzten Anstellung bei der *Times* hatte ich freie Sicht auf eine Parade kleiner blauhaariger Damen mit Tennisschuhen, die sich auf die kürzlich frei gewordene Stelle des Kunstkritikers bewarben. Eigentlich war es ein Job für einen freien Mitarbeiter, der Kunstkritiker gehörte nicht zum festen Stab bei der *Times*, und während ich diese Dilettantinnen und Sonntagsmalerinnen hinein- und wieder herausscharwenzeln sah, erinnere ich mich, mir vorgestellt zu haben, dass die bildenden Künste in Seattle demnächst unter einem parfümierten Taschentuch ersticken würden. Verstehen Sie mich bitte nicht falsch: Diese Gefahr hatte nichts mit dem Geschlecht zu tun (Frauen wie Barbara Rose, Lucy R. Lippard und Rosalind

E. Krauss gehörten bereits zu den hellsichtigsten modernen Kritikerinnen im Geschäft), sondern eher damit, dass diese Möchtegern-Sachverständigen in Fragen des Geschmacks etwas ausstrahlten, das eher einen rückwärtsgewandten Ansatz denn analytische Fähigkeiten vermuten ließ. In ihrem künstlerischen Urteil würden sie unweigerlich das Traditionelle dem Neuen vorziehen, das Hübsche dem Drastischen, das Dekorative dem Ausdrucksvollen, das voll Bekleidete dem Nackten, das Prüde dem Gewagten.

An irgendeinem Punkt dieser stillen Klage kam mir der Gedanke, dass ich auch nach Beginn des Studiums – die University of Washington hatte mich inzwischen angenommen – das bescheidene Gehalt würde aufbessern müssen, das Susan von der Maklerfirma bekam, für die sie seit kurzem arbeitete. So folgte ich also wieder einmal einer Eingebung, bildete mir ja vielleicht sogar ein, der Ritter auf dem weißen Esel zu sein, und suchte ein paar Kunstkritiken zusammen, die ich für *Postscript* am RPI geschrieben hatte. Damit spazierte ich ins Büro nebenan und warf sie dem Ressortchef für Kunst und Kultur, Louis R. Guzzo, auf den Tisch. «Warum nicht ich?», fragte ich.

Ja, warum eigentlich nicht? Etwa einen Monat später gab ich mir selbst einen Crashkurs in Kunstgeschichte des Nordwestens (es half ein wenig, dass wir im Kunstunterricht auf dem RPI schon Maler wie Mark Tobey und Morris Graves behandelt hatten), und fortan wurde ich dafür bezahlt, mir Gemälde und Skulpturen anzusehen, ernsthaft über sie nachzudenken und meine Meinung dazu zu äußern, und keiner scherte sich darum, dass diese Meinungen nur gelegentlich von genaueren Kenntnissen oder tieferem Verständnis getragen waren.

Bald ergab sich noch etwas anderes. Lou Guzzos rechte Hand, der stellvertretende Redakteur für Kunst und Kultur, suchte sein Glück woanders (vermutlich hatte er grünere Weiden im Blick, aber was, abgesehen von Gaddafis Spinnereien, konnte grüner sein als Seattle?), und sie boten mir seinen Job an. Es wurde erwartet, dass ich, neben der Begutachtung von Kunstwerken, auch jene kulturellen Events beobachtete und besprach, die nicht erlesen oder populär genug waren, um Guzzos Aufmerksamkeit zu verdienen. So sollte ich mich beispielsweise um die Theaterabteilung der University of Washington, diverse Volksmusikfeste, wandernde Eiskunstlaufveranstaltungen, Popmusik und ausländische Filme kümmern. Wie cool war das denn? Ich redete mir ein (ahnungslos, wie ich nun mal war), dass ich das alles schaffen und trotzdem auch noch fließend Japanisch lernen könnte.

Selbstredend nahm ich das Angebot an. Es ist ein Traumjob, Rezensent zu sein, egal für welche Zeitung, und wenn es noch so zweitrangige Veranstaltungen sind. Ich hatte schon so manches Mal davon geträumt, wenn ich Theaterstücke und Musiktheater am RPI besprach. Jetzt war ich ins Feuilleton gefallen wie ein betrunkener Hobo in ein Fass mit Champagner. So viele Dinge hatten sich in den neun Monaten seit dem Abschied aus Richmond eins nach dem anderen von selbst ergeben, dass ich den leisen Verdacht hegte, Satchmo, Sammy und Pearl Bailey, ganz zu schweigen von den Göttern, hätten mich unter ihre Fittiche genommen und zögen die Strippen.

Und dann ... und dann gab es noch eine unerwartete Entwicklung. (Ob Pearl Bailey Voodoo praktizierte?) Ich hatte mich erst seit wenigen Wochen für die Kunst ins Zeug gelegt, als Lou Guzzo mit einem akuten Magengeschwür ins Krankenhaus eingeliefert wurde und um ein Haar gestorben wäre. (Vorsicht mit den Nadeln, Pearl!) Fast zwei Monate war er krankgeschrieben, und ich, der Grünschnabel, *war* plötzlich das Feuilleton der *Seattle Times*, B-Liste *und* A-Liste, mit allem, was dazugehörte, eine echte Feuertaufe! Und so, geduldiger Leser, kam es, dass

Tommy Rotten maßgebliche Kritiken der ersten Oper und des ersten Symphoniekonzerts schrieb, die er je im Leben besucht hatte.

Für das anstehende Winterkonzert hatte mein symphonischer Jungfernstecher, das Seattle Symphonieorchester, ein Rossini-Programm angekündigt. Der Name Rossini war mir vage bekannt, aber eine Komposition von ihm hätte ich ebenso wenig erkannt – Was? Rossini hat die *Wilhelm-Tell*-Ouvertüre geschrieben? Ich hätte schwören können, dass es Tonto war – wie die Sterne im Krebsnebel. Mir blieb nichts anderes übrig, als zu einer öffentlichen Bibliothek im Zentrum der Stadt zu gehen und nachzuschlagen. (Ja, die Bibliothek: 1962 war «Google» noch der Ausdruck für irgendetwas Seltsames, das Clowns mit den Augen machten.)

Es gab ein Bild von Gioachino Rossini in einer Musikenzyklopädie, und mir fiel sofort die Ähnlichkeit zwischen dem Komponisten und dem Filmschauspieler Robert Mitchum auf. Beide strahlten etwas träumerisch Bedrohliches aus, was wohl vor allem mit den halbgeschlossenen Lidern zu tun hatte. «Schlafzimmeraugen» werden sie manchmal genannt, obwohl es in Mitchums Fall hieß, dass er immer so schläfrig aussah, weil er immer high war – ein Gerücht, das Klatschmäuler in Hollywood verbreiteten, nachdem man ihn verhaftet hatte, weil er beim Grasrauchen erwischt worden war. In Rossinis Biografie fand ich keine Hinweise darauf, dass der Komponist eine ähnliche Verletzung seiner Privatsphäre hatte hinnehmen müssen; stattdessen war er weithin bekannt als *«gourmand»*, die höfliche französische Umschreibung für jemanden, der an chronischer Fresssucht leidet. Man kann sich leicht vorstellen, wie er nachts auf der Suche nach Schokokeksen die Speisekammer durchwühlte. Außerdem war Rossini berüchtigt für seinen Zynismus und die Maske von Gleichgültigkeit, unter der er seine Gefühle versteckte, beides typische Merkmale jener Film-noir-Sensibilität, als deren Prototyp Mitchum lange galt. Übrigens hatte Rossini anlässlich der Komposition von *Stabat Mater*, jenes zehnteiligen Werks, das das Symphonieorchester von Seattle an diesem verschneiten Abend aufführte, von seinem Gönner eine goldene, mit Diamanten besetzte Schnupftabakdose (ach wirklich? «Schnupf»tabak?) erhalten, und die Musik selbst ist so düster und ausdrucksvoll wie der beste Film noir, abgesehen von einem Quartett, zu dem man seltsamerweise fast tanzen könnte.

Okay, vielleicht war ich zu ehrgeizig, aber was sollte ich machen? Nach dem Konzert raste ich zurück in die Redaktion und schrieb meine Kritik für die Ausgabe des nächsten Tages in einem Rutsch nieder. Da die musikalischen Kenntnisse, die ich mir auf die Schnelle in der Bibliothek angeeignet hatte, nicht ausreichten, um den mir zugewiesenen Platz zu füllen, plusterte ich die Rezension mit ein paar Vergleichen zwischen Rossini und Robert Mitchum, ihren Charakteren und ihrem Werk an verschiedenen echten und erfundenen Fronten auf. Die meisten waren erfunden. Dann wartete ich.

Ich wartete auf eine Reaktion. Sie blieb aus. Nicht ein einziger Fan des Symphonieorchesters drohte mit einer Kündigung seines Abonnements, kein aufgebrachter Christ forderte meine Kreuzigung, obwohl Rossinis *Stabat Mater* auf einem liturgischen Hymnus über Marias Trauer um Jesus basiert. Das war umso verwunderlicher, als meine Kunstkritiken, die eine Spur konventioneller und bedeutend sachkundiger waren, im Allgemeinen ein beachtliches Feedback erhielten. Auf alle Fälle beschloss ich, das Schweigen als Zustimmung anzusehen, und ließ in meiner ersten Kritik einer Opernaufführung (welche es war, habe ich vergessen) durchblicken, dass das Ganze pfiffiger und passender hätte sein können, wenn der Chor in schwarzen

Lederjacken, die Sopranistin als Bikerin und der Basso Profondo als Hell's Angel auf Speed aufgetreten wären. Die Musik war beeindruckend, aber die muffige, gekünstelte Atmosphäre der Oper so öde, dass ich, wenn ich mich recht erinnere, sogar Bedauern darüber äußerte, dass auf der Bühne keine Harleys gestanden hatten.

Sicher spielte eine Rolle, dass ich mir vor kurzem ein Motorrad gekauft hatte. Außerdem war ich schon lange ein Bewunderer der *Dreigroschenoper*. Als ich 1961 eine durchgeknallte Aufführung davon in New York erlebte, hatte es mich fast umgehauen, so sehr wärmte mir die Anti-Establishment-Flamme das Herz. Allerdings ist die *Dreigroschenoper* natürlich nur dem Namen nach eine Oper. Auch diese Kritik löste nicht den kleinsten öffentlichen Protest aus. Verstehen Sie mich recht, ich war nicht etwa darauf aus, mir eine Rüge einzufangen. Ich bin ein dünnhäutiger Krebs und habe nicht den Hauch masochistischer Gelüste. Meine Rezensionen waren nur deshalb unorthodox, weil mir aufgrund meines unglaublichen Unwissens über die Dinge, die ich besprechen musste, keine andere Wahl blieb, als das einzige Ass zu spielen, das ich immer im Ärmel hatte, nämlich meine Fantasie.

Meine nächste Kritik, in der ich mich über ein Stück des Brasilianers Villa-Lobos ausließ und die ich großzügig mit Phrasen wie «undurchdringliches Dickicht», «hitzige Rhythmen», «wilde Raubtierschreie» oder «kultivierte Primitivität» spickte, schaffte es ebenfalls nicht, die Leser gegen mich aufzubringen: Weder ein hitziger Brief noch ein wilder Raubtierschrei erreichte die Redaktion. Dafür erhielt ich wenig später eine Einladung zu einer privaten Cocktailparty bei Milton Katims, dem hochverehrten Dirigenten des Symphonieorchesters von Seattle. Was zum Teufel …?

Die Katims wohnten in einem großen, modernen Haus; es sah aus wie eine Ranch und lag in einem teuren Viertel. Ich fuhr zweimal um den Block, ehe ich schließlich den Wagen parkte, und auch das nur, weil Susan darauf bestand. Meine Freunde in Seattle waren abgerissene Bohemiens, die im Blue Moon abhingen, doch Susan, die sich nach ihrem royalistischen Virginia-Milieu sehnte, konnte es kaum erwarten, wieder Anschluss an die Oberschicht zu bekommen, wobei es keine Rolle spielte, dass sie noch weniger von klassischer Musik verstand als ich.

In dem Moment, als ich den Umschlag mit der Einladung aufriss, hatte ich Lunte gerochen, wenn auch eine Lunte, die mit Chanel No. 5 besprüht war. Das konnte nur eine Falle sein. Hatten Maestro Katims und seine hochgestochenen Kumpel mich nach ein paar Cocktails erst einmal in die Enge getrieben, noch dazu auf unvertrautem Terrain, würden sie mich bloßstellen, festnageln, bei lebendigem Leib grillen und schließlich in Stücke reißen, die klein genug waren, um auf ein Canapé zu passen. Susan war anderer Meinung, oder es war ihr egal. Sie bettelte, ging mir auf die Nerven und schaffte es schließlich, wie manche Frauen es so perfekt können, mit Hilfe ihrer vaginalen Schraubzwinge meinen Widerstand zu brechen.

Ein Hausmädchen in Uniform machte uns auf. Durch die auf elegante Weise schlichte, hauptsächlich in Beige und Weiß gehaltene Einrichtung waren das Klirren von Gläsern und das muntere Zwitschern zwangloser Plaudereien zu vernehmen. Etwa in der Mitte des Wohnzimmers stand ein Flügel, der so groß war wie ein Kanonenboot. Als ich meinen zweiten Cocktail intus hatte, konnte ich mir vorstellen, wie er in Havannas Hafen einfuhr und die Plaza de la Revolución mit einem Trommelfeuer von Beethoven und Brahms belegte. Susan mischte sich unter die Gäste, trank zu viel und protzte mit Lügen über ihren familiären Hintergrund in Richmond. Unterdessen plat-

240

zierte ich mich nonchalant, aber herausfordernd an der Steuerbordseite des Flügels, allerdings nicht so nahe, dass einer der Gäste auf die Idee kommen konnte, mich zum Spielen aufzufordern.

Es dauerte nicht lange, bis der distinguierte Maestro persönlich auftauchte, mir die Hand schüttelte und mir lächelnd gestand, dass er, aber auch andere Mitglieder aus den Kreisen des Symphonieorchesters und der Oper den Mann hatten kennenlernen wollen, der für die «äh … überaus ungewöhnlichen Rezensionen» in der *Times* verantwortlich zeichnete. Ich glaube, er benutzte das Wort «farbig». Noch nie in seiner Karriere habe er so etwas gelesen, erklärte Katims. Da erst dämmerte mir, dass die Culturati vielleicht gar nicht verärgert oder entrüstet waren … nicht geringschätzig, eher … nun ja, *entgeistert*. Dass sie mich, großer Gott, nicht etwa für einen Dummkopf, sondern für eine Art tickende Zeitbombe hielten.

Klasse! Ich entschied, dass es nur zu meinem Vorteil sein würde, diese Rolle anzunehmen. Am Tag zuvor hatte ich im Radio von einer Frau in Issaquah, einem Vorort von Seattle, gehört, die verhaftet worden war, weil sie ohne entsprechende Genehmigung Leuten aus der Hand gelesen hatte. Als jetzt ein Mitglied aus dem Opernvorstand mich nach meiner Lieblingsoper fragte, umging ich die Falle, indem ich ausgiebig über ein Libretto mit dem Titel *Die Zigeunerin von Issaquah* sprach, das ich gerade schrieb und für das ich aus dem Stegreif einen melodramatischen Plot entwickelte. Sie müssen zugeben, dass der Name etwas Opernhaftes hatte.

Und als eine andere Doyenne etwas harmloser fragte, ob ich einen Lieblingscocktail hätte, antwortete ich: «O ja, sicher, Gin Greasy.» Sie sah mich verwirrt an. «Beefeater mit Mayonnaise», erklärte ich. Danach ließen sie mich in Ruhe.

Der «Gin Greasy» war kein Witz. Es ist tatsächlich ein Drink. Oder war mal einer. Vorübergehend. Später hat er noch einmal ein Comeback versucht, das allerdings in die Hose ging.

Eines Mittwochabends, als ich Lynda kurz vor dem Zapfenstreich im Wohnheim abgeliefert hatte, saß ich ruhig in meiner Bude im Fan District und hörte Billie Holiday oder Chet Baker, als plötzlich zwei Freunde mit einer Flasche Beefeater aufkreuzten. Ich begrüßte sie überschwänglich und machte mich auf die Suche nach etwas, womit wir den Gin mixen konnten, denn keiner von uns wollte ihn pur trinken.

Hätte Sherlock Holmes einen Blick in meinen Kühlschrank werfen können, hätte er sofort kombiniert, dass ich erstens Junggeselle, zweitens pleite und drittens ein Mann mit sehr ausgefallenem Geschmack war. Der Inhalt des besagten Küchenmöbels bestand fast ausschließlich aus Zutaten für die schnelle Zubereitung meines Lieblingsessens: des bereits erwähnten Tomatensandwiches. Außer ein paar Tomaten gab es nur eine Packung Wonder Bread und drei (jawohl, drei) Gläser Hellman's Mayonnaise, dazu Erdnussbutter, Hüttenkäse und Blaubeersirup für Pfannkuchen, den ich gelegentlich auf meinen Frühstücktoast träufelte. Hmm? Nach eingehender Beratung waren wir uns einig, dass der Obstsirup die logischste Ergänzung für den Beefeater war. Das hätten Sie sicher auch gedacht.

Nun, was soll ich sagen – es schmeckte scheußlich. Absolut widerlich. Bitte, glauben Sie jemandem, der damals Neuland betreten hat: Kippen Sie Ihren Gin – egal, ob billig oder teuer – niemals in Blaubeersirup für Pfannkuchen, es sei denn, Sie sind zerfressen von Selbsthass, haben Ihren Geschmackssinn verloren oder sich als Kandidat für den Titel Feinschmeckdepp des Monats aufstellen lassen.

Okay, zurück zum Thema. «Wie wäre es, wenn wir es mit Mayonnaise versuchen?», schlug ich halb im Scherz vor. Es war nur logisch. Immerhin gibt es kaum etwas Essbares auf dieser Welt, das von Mayonnaise nicht bereichert würde. Davon war ich schon damals überzeugt und bin es heute noch. Meine Kumpel waren verständlicherweise skeptisch, doch niemand ging dazwischen, als ich einen gehäuften Teelöffel Hellman's in den Mixer gab und dann drei Messbecher Gin dazukippte.

Nach dem Schütteln hatte die Mischung Ähnlichkeit mit dem misslungenen Versuch einer jungen Hausfrau, eine Béarnaise zu machen: blassgelb, dünn und wässrig wie der Inhalt eines Zombie-Pisspotts. Da ich keine Cocktailgläser hatte, verteilte ich das Zeug auf drei Pappbecher. Dann schlossen wir alle die Augen und nahmen einen Schluck. Und noch einen. Nicht schlecht. Nein wirklich, nicht schlecht. Selbst meine Freunde, denen es an der Weisheit fehlte zu erkennen, dass es sich bei Mayonnaise (eine Erfindung übermütiger Nymphen, die sich einst in einer Höhle an den Hängen des Olymps tummelten) um eine wahre, authentische Götterspeise handelt – selbst sie mussten zugeben, dass Gin Greasy, wie wir ihn tauften, durchaus trinkbar war, wenn auch vielleicht nur im Vergleich mit Blaubeersirup-für-Pfannkuchen-Martini. Wie auch immer, auf diese Art machten wir die ganze Flasche Beefeater nieder, und anschließend ging es uns besser.

Trotz dieses positiven Eindrucks sollten fünfundzwanzig Jahre vergehen, bevor mir der nächste Gin Greasy den Gaumen kitzelte. Die Rezeption aber fiel deutlich kühler aus. Eines Nachmittags Ende der achtziger Jahre saß ich mit Curt Boozer in der Bar des Cafe Sport, ein Restaurant in Seattles Pike Place Market, als mich irgendetwas veranlasste, den seltsamen Cocktail zu erwähnen. Curt, Sohn des Profi-Basketballers Bob Boozer, hatte nicht gerade ein behütetes Leben geführt, machte aber trotzdem ein ungläubiges Gesicht, als ich ihm von meinem Abenteuer mit Gin Greasy erzählte. Als ich nicht aufhörte, die Vorzüge des Gebräus in den höchsten Tönen zu preisen, ließ er sich nicht nur überzeugen, sondern wurde so neugierig, dass er am Ende darauf bestand, auf der Stelle einen zu probieren.

Der Barmann war alles andere als offen für Experimente. Er hielt uns für angeschickert, und im Übrigen gab es ohnehin keine Mayonnaise in seiner Bar. Jetzt waren wir so entschlossen, dass wir die Kellnerin bearbeiteten. Coleen war handfest, und sie kannte Curt und mich, weil wir zwei- bis dreimal die Woche im Sport aßen und immer reichlich Trinkgeld gaben. Als sie einen Moment lang nichts zu tun hatte, lief sie in die Küche und kam mit einem Schälchen Mayonnaise für den Barmann wieder. Der mixte dann nach meiner Anweisung die Drinks.

Als Coleen uns das fertige Produkt servierte, reichte ein Blick, und ich wusste, das waren nicht die legendären Gin Greasy aus meiner Jugend. Diese Version war nicht gelb, sondern grün. Grün, grün, grün: Hielt uns der Barmann etwa für Unterstützer von Muammar al-Gaddafi? Irgendetwas stimmte hier nicht.

Curt war verwirrt, als ich zögerte. Jetzt glaubte er plötzlich, ich hätte ihn von Anfang an zum Narren halten wollen. Da meine Glaubwürdigkeit auf dem Spiel stand, prostete ich ihm zu, und wir tranken einen Schluck. Doch dann zogen wir beide eine Grimasse, mit der wir als Wasserspeier an die Fassade von Notre-Dame gepasst hätten. Komm zurück, Blaubeersirup für Pfannkuchen, alles ist verziehen!

Wie sich herausstellte, war die einzige Mayonnaise, die in der Küche des Cafe Sport aufzutreiben gewesen war, mit Kräutern angereichert. Kräuter! Estragon, Basilikum und weiß Gott welches Teufelszeug sonst noch. Keine Ahnung, ob die Nymphen am Olymp genauso entsetzt gewesen wären, aber es dauerte eine ganze Weile, bis Curt mir wieder vertraute und ich dem Cafe Sport. Und was den nächsten Eintrag im Gin-Greasy-Tagebuch betrifft – nun, der wurde auf unbestimmte Zeit verschoben.

jiminy critic

Als ich mit fünf verkündet hatte, Schriftsteller werden zu wollen, hatte ich nicht die geringste Ahnung gehabt, dass zu meinen Aufgaben auch Kunstkritiken gehören könnten. Doch da saß ich nun mit Anfang dreißig und schrieb Rezensionen statt Literatur, will sagen, produzierte Johannisbrot statt Schokokuchen – oder noch schlimmer, Juckpulver statt einen Zaubertrank. Andererseits hatte ich meine literarische Stimme, meinen persönlichen Stil oder mein Thema noch nicht gefunden, und deshalb schärfte es den Verstand, regelmäßig als Kritiker zu arbeiten, es vertiefte mein Wissen und bereitete mich darauf vor, drohenden Abgabeterminen ohne zu blinzeln ins Auge zu sehen. Im Übrigen hatte ich ständig mit kreativen Menschen zu tun.

Manche waren natürlich fortschrittlicher, origineller oder besessener als andere, und ich hatte mir vorgenommen, die Starken von den Schwachen, die Getriebenen von den Trägen, die Genies von den Langweilern zu trennen, so gut es mir möglich war. Das hatte es in Seattle noch nie gegeben, und so musste man in der sogenannten Kunstszene erst einmal eine Menge Mist beiseiteräumen und den unverdient schlechten Ruf einiger Protagonisten aufpäppeln, während man anderen die Luft abließ. Dieser Ansatz machte mich, wie nicht anders zu erwarten, in einigen Kreisen populär, in anderen hingegen zum Paria – und zum Sündenbock.

Kein Wunder, dass mich das Unkonventionelle faszinierte, und wenn mich ein radikales, einfallsreiches Werk berührte, kannte ich nichts und lehnte mich weit aus dem Fenster, um es zu loben, selbst wenn unten eine Bande Krakeeler stand und an der Tür rüttelte. Dabei ging es jedoch nie um die Frage, ob mein Geschmack besser oder schlechter war als der von anderen in der Kunstgemeinde. Um angemessen auf Kunst zu reagieren, muss man Vorstellungen wie «Geschmack» am besten gleich vergessen. Geschmack hat nur dann eine Berechtigung, wenn es darum geht, zwischen Werken von relativ gleichem ästhetischem Wert zu unterscheiden. Matisse den Vorzug vor Picasso zu geben kann beispielsweise ein zulässiger Ausdruck von Geschmack sein, Thomas Kinkade Picasso vorzuziehen ist eine ästhetische Geschmacklosigkeit. (Sie dürfen gern an meiner Tür rütteln.)

Als mich der stellvertretende Direktor des Seattler Kunstmuseums als «Hell's Angel» titulierte, fasste ich das als Kompliment auf und glaubte, es habe damit zu tun, dass ich nicht gerade mit Samthandschuhen gegen gewisse heilige Kühe und allseits verehrte Scharlatane vorgegangen war, doch dann stellte sich heraus, dass er mich deshalb so bezeichnete, weil ich immer auf meinem schwarzen Jawa-Motorrad zu den Ausstellungen kam, was sein hochentwickeltes Zartgefühl verletzte. Die Direktorengattin des besagten Museums hat sogar einmal versucht, mich mit Hilfe einer ganzseitigen Anzeige in der *Times* zu verunglimpfen, doch die verweigerte den Abdruck, was man ihr hoch anrechnen muss, denn dieser Akt der Loyalität hat sie eine Stange Geld gekostet.

Dass man von manchen beklatscht und von anderen verachtet wird, ist gewöhnlich das Kennzeichen eines guten Kritikers.

Ich kann jedoch nicht von mir behaupten, mich in meinem Job besonders hervorgetan zu haben. Gewiss gelang es mir, «das Wild aufzuscheuchen», wie H. L. Mencken sich gern ausdrückte, aber ich war keineswegs kompetent genug, um ein Gemälde von einer sachkundigen formalen Warte aus zu analysieren, zumindest nicht in meinen Zeiten bei der *Times*. Ich schlug mich hauptsächlich deshalb halbwegs durch, weil ich mich gut ausdrücken konnte und mit meinem didaktischen Ansatz starke Reaktionen bei den Lesern auslöste. Ich gab mir große Mühe, besser zu werden, beschäftigte mich mit dem, was ich tat, las, sah hin, dachte nach, legte mir ein größeres Vokabular und einen breiteren Bezugsrahmen zu. 1966, als ich für das *Seattle*-Magazin und gelegentlich auch für landesweite Publikationen wie *Arts in America* oder *Artforum* Kritiken verfasste und sogar Essays für die Kataloge des Seattler Kunstmuseums schrieb (das inzwischen unter einer neuen, weniger antiquarischen Leitung stand), hatte ich genügend Durchblick, um reinen Gewissens schlafen zu können.

1967, als ich fünfunddreißig war, öffnete mir die Kunstkritik schließlich die Tür und schob mich für immer auf den glänzenden, aber auch glatten Pfad der Literatur hinaus. Gleichzeitig bewirkte sie eine unerwartete und letztlich positive Veränderung meines Ehelebens. Susan und ich verbrachten einen Großteil unseres gesellschaftlichen Lebens in Künstlerkreisen. Mit der Zeit fiel ihr auf, dass selbst die besten und erfolgreichsten von ihnen privat ganz normale menschliche Wesen waren, die ihre Macken hatten und auch nur mit Wasser kochten, wie es so schön heißt. So beschloss – und verkündete – Susan, deren Verstand zunehmend vom Alkohol benebelt war, selbst Künstlerin zu werden. Was Soundso konnte, trotz seiner Manien und Probleme, das konnte sie auch. Ich habe im Lauf der Jahre mehr als ein Mal derartige Verblendungen erlebt. Klar, selbst die größten Genies pinkeln und pupsen, genau wie wir, aber das bedeutet noch lange nicht, dass wir uns kreativ auch nur ansatzweise mit ihnen vergleichen könnten, außer auf dem Klo.

Getrieben von ihren Dämonen, produzierte Susan fortan hin und wieder Gemälde, die eine gewisse rohe, primitive Kraft ausstrahlten. Sie hatten etwas Gehetztes, so wie sie selbst, waren aber bar jeglicher Technik oder Disziplin. Mit einem dieser schlampigen Ungetüme bewarb sie sich für eine Ausstellung, in deren Jury ich saß, und zwar nicht in der Kategorie der Amateure, sondern als professionelle Malerin. Außerdem erklärte sie mir, ich solle mich auf Konsequenzen gefasst machen, falls ihr Bild für die Ausstellung nicht angenommen würde.

Großer Gott, die ersten Konsequenzen hatte ich bereits zu spüren bekommen. Genau wie Kendall. Susan war uns beiden gegenüber zunehmend aggressiv, gelegentlich sogar handgreiflich geworden. Doch jetzt sah ich in ihrer plötzlichen Transmutation in eine «professionelle Künstlerin» die Lösung. Nach und nach, viel langsamer, als ich eigentlich wollte, konnte ich sie davon überzeugen, dass sie ein Studio brauchte, wenn sie wirklich malen wollte. Außerdem eigene vier Wände, wo sie allein sein konnte, um mit ihrer Muse zu kommunizieren, abseits von Ablenkungen und häuslichen Pflichten, die eine bürgerliche Hausfrau einengen.

Pearl Bailey muss noch immer ihre schützende Hand über mich gehalten haben, denn ich fand tatsächlich ein winziges, erschwingliches Haus mit zwei Zimmern auf einem Grundstück mit Apfelbäumen (etwas Ähnliches wie eine urbane Waldhütte), nicht weit von unserer Wohnung im Ballard District entfernt, sodass Susan nicht das Gefühl haben musste, Kendall zu verlassen. (Etwa zehn Jahre später sollten sie sich dann ein für alle Mal zerstreiten.) Ich half ihr beim Umzug. Es dauerte nicht lange, bis sie ganz dort lebte, von morgens bis abends trank und gelegentlich auf eine Leinwand losging wie ein weiblicher van Gogh, bloß mit neunzig Prozent weniger Talent und fünfzig Prozent mehr Ohr, während die jetzt vierjährige Kendall und ich unsere Freiheit genossen.

Ich kaufte der Kleinen weiße Sandalen und weiße Rüschenkleider mit Schärpe. So sorgte sie für einiges Aufsehen in der Stadt, wenn sie auf dem Sozius meines schwarzen Motorrads saß und wir zu Ausstellungseröffnungen, Konzerten und Filmpremieren rauschten. Außerdem begleiteten wir unsere Freunde auf Campingreisen durch den Regenwald oder Wanderungen durch die Natur. Bis heute hat sie es als glücklichste Zeit ihrer Kindheit in Erinnerung. Susan, mit der ich nie wieder zusammenlebte, nachdem es mir gelungen war, sie loszuwerden, gestattete mir zwar nicht, das Kind zu adoptieren (und behauptete in einer ihrer betrunkenen Tiraden sogar einmal allen Ernstes, ich führte kein «realistisches Leben»), doch bin ich sehr stolz darauf, dass Kendall mir bis heute jedes Jahr zum Vatertag eine Karte schickt.

Ich erzähle diese Geschichte, weil es vielleicht einen unglücklichen Leser gibt – wer weiß, vielleicht ja sogar Sie? –, der irgendwann verzweifelt einen Rat braucht, weil er eine Exit- (oder Rausschmiss-)Strategie sucht, und Abigail Van Buren weilt leider nicht mehr unter den Lebenden. Sollte der Partner, mit dem Sie jetzt zusammenleben, sich als unerträglich erweisen, wie es gelegentlich vorkommt, und Sie merken, dass Sie weder ausziehen noch ihn überreden können, sich woanders eine Bleibe zu suchen, ohne höllisch herzzerreißende, schuldbeladene oder rührselige Szenen heraufzubeschwören, appellieren Sie an seine unrealisierten (und zweifellos unrealistischen) kreativen Neigungen! Loben Sie sein künstlerisches Potenzial, fordern Sie ihn auf, seine Träume umzusetzen, versichern Sie ihm, dass Ruhm

und Reichtum warten, wenn er nur über die notwendige Abgeschiedenheit verfügt, eine Privatsphäre, in der sein gefangener
Vogel endlich die Schwingen ausbreiten und fliegen kann. Na los,
einen Versuch ist es wert. Bei mir hat es jedenfalls geklappt.

weiße kaninchen

Ja, ich hatte eine wildfremde Frau geheiratet, meinen Job
gekündigt, die Uni sausenlassen, war viertausend Kilometer
weit weggezogen und in eine Karriere als Kunstkritiker gestolpert, doch all diese Veränderungen, die die meisten von uns als
bedeutsam bezeichnen würden, waren Peanuts in einem Plastik-
portemonnaie im Vergleich zu der Umwälzung, der alchimisti-
schen Wandlung und Neuorientierung, die ich erlebte, als ich
eines Nachmittags im Juli 1964 ruhig in meinem Sessel saß. Ich
übertreibe nicht. Genau genommen gibt es keine Übertreibung,
die dieser Erfahrung gerecht werden könnte.

Es war nicht bloß eins, sondern gleich eine ganze Reihe von
weißen Kaninchen, die erst hier, dann dort auftauchten und
mich schließlich durch das Loch ins Wunderland schubsten.
Das erste dieser rätselhaften Hoppelhäschen war mir aufgefallen,
als mich eines Samstags ein paar Künstler zu einem Ausflug in
die Berge eingeladen hatten, um Herbsttrompeten zu sammeln.
Herbsttrompeten? Das klang nach Chet Baker in einem Pariser
Nachtclub. Ich war ziemlich sicher, dass sich kein cooler Jazzmusiker in die Cascades verirrt haben würde, aber was konnte
eine Herbsttrompete sonst sein? Nun ja … ein Pilz zum Beispiel.
Und was für einer!

Unten im Süden, wo ich herkomme, würden die Leute niemals einen perfekten Herbstnachmittag damit verschwenden, über Stock und Stein zu wandern und nach wilden Pilzen zu suchen. Ganz im Gegenteil. Immer wenn jemand aus meiner Familie zufällig einen Pilz entdeckte, fluchte er leise «Giftzeug!» und beförderte das Ding mit einem Tritt durch die Torpfosten der Vergessenheit, als wäre es ein Football des Teufels.

Der Pilz ist ein geheimnisvolles Ding. Er gedeiht in den dichten Nebeln des Aberglaubens, seine Wurzeln reichen bis in die tiefsten Keller des menschlichen Unbewussten. Zum einen ist er als Aphrodisiakum bekannt; sowohl sein Bild als auch seine vielen Namen in zahlreichen Sprachen sind durchdrungen von erotischer Bedeutung. Überall auf der Welt wird der Pilz als Symbol für Phallus, Vagina und den Geschlechtsakt selbst verwendet. Umgekehrt (vielleicht aber auch nicht) wurde er seit Urzeiten dazu benutzt, das Böse und den Tod abzubilden. Der Fungus gehört zum Standardrepertoire angehender Giftmischer, gilt als notwendiges Accessoire einer gut ausgestatteten Hexe und hat einen überaus finsteren Ruf.

Von unserer kulturellen und rassischen Zugehörigkeit her sind wir entweder mykophob oder mykophil: Wir lieben oder hassen Pilze, dazwischen gibt es nichts. Die passioniertesten Pilzliebhaber sind die Indoeuropäer, jene riesige Menge von Völkern, die von China über die Staaten der ehemaligen Sowjetunion bis an die Ränder von Mitteleuropa siedeln. Franzosen und Italiener sind in puncto Pilze sehr engstirnig und beschränken sich auf wenige bekannte Sorten; alle anderen fallen als giftig oder ungeeignet unter den Tisch. Griechen, Kelten und Angelsachsen hingegen haben Pilze schon seit altersher in jene Schublade gesteckt, die sie sonst für Spinnen, Fledermäuse, Bohemiens und anderes unheimliches Krabbelgetier reservieren.

Ich als genetischer Angelsachse, vom Temperament her aber Bohemien, fand die Vorstellung, wilde Pilze zu suchen, zu sammeln und zu essen, bedenklich, wenn nicht sogar abstoßend, aber auch irgendwie faszinierend, weil die Verlockung verbotener Früchte darin aufflackerte. Daher ließ ich mich widerstrebend überreden, bei der Suche nach den geheimnisvollen Trompeten mitzukommen, ohne im Traum damit zu rechnen, dass ich im Verlauf des Prozesses einen ersten Blick auf die weißen Kaninchen erhaschen würde, die dazu bestimmt waren, mich durch einen Riss im Gewebe dessen zu schleusen, was man im Allgemeinen unter Realität versteht.

Es gibt weiße und beigefarbene Pilze, doch die Herbsttrompeten gehören nicht dazu, sie sind dunkel, gekräuselt wie ein elisabethanischer Kragen und haben tatsächlich eine gewisse Ähnlichkeit mit winzigen Trompeten. In den Douglasfichtenwäldern der unteren Cascades sprießen sie in dichten Flechten oder taten es zumindest, bis unsere Wälder von den Holzbaronen abgeholzt wurden. Im Herbst 1962 befanden sie sich noch in einem erheblich besseren Zustand als heute. Wir verteilten uns und gingen zwischen den gewaltigen Fichten hin und her, wie durch die Säle eines uralten Tempels, unwillkürlich respektvoll, um nicht zu sagen, ehrfürchtig, und ganz gegen unsere sonstige Gewohnheit still, bis einer von uns auf eine filzige Bläsergruppe stieß, die stumm darauf zu warten schien, dass der Elfendirigent den Taktstock erhob. Dann stieß der Entdecker einen unterdrückten Freudenschrei aus, und wir alle stürzten mit unseren Körben hin.

Für einen Jungen aus dem Süden, dem man sein ganzes Leben lang eingetrichtert hatte, wilde Pilze unter keinen Umständen anzurühren, war es etwas völlig Neues, ja Mystisches, wenn man so will, wilde Pilze zu sammeln, um sie zu verspeisen. Extrem faszinierend. Die entsprechenden Gene in meiner alten Sammler- und Jäger-DNS lebten wieder auf. Selbst als unsere Körbe voll waren, wollte ich den Wald noch nicht verlassen. Als wir dem Fluss nach La Conner hinunterfolgten, von wo wir aufgebrochen waren, fühlte ich mich wie ein aus seinem angestammten Territorium vertriebener Ureinwohner.

Ah, aber das Beste kam ja erst. In dem alten Bauernhaus in La Conner, wo meine Freunde lebten, bürsteten wir vorsichtig Sand und Fichtennadeln von den Pilzen, tunkten einige in einen dünnen Teig und brieten sie in Butter knusprig. Andere wurden geputzt, zerkleinert, mit Paprika bestäubt und in Butter angeschwitzt, mit Sauerrahm verfeinert, ein paar Minuten leise geschmort und schließlich auf Toast serviert. Das Fleisch der Herbsttrompeten war fest und prall, schmeckte ein kleines bisschen pfeffrig, aber sonst … Sie ahnen es … wie Hühnchen. Ich stellte mir eine mit Nesseln und Datteln gemästete Henne vor.

Heutzutage, da Pfifferlinge, Morcheln, Portobello-Champignons und andere nicht domestizierte Pilze auf der Speisekarte vieler gehobener Restaurants stehen und in der Saison haufenweise die Regale besserer Supermärkte füllen, kann man sich kaum vorstellen, was für ein Erlebnis, was für eine exotische Erfahrung meine persönliche Einführung in die Welt der Pilze in einer damals noch extrem fungophoben Umgebung bedeutete. (Sir Arthur Conan Doyle sprach für den größten Teil der angelsächsischen Bevölkerung, als er Pilze «widerliche Pusteln» und «Dreckszeug» nannte, ein Vorurteil, das durch den General, der nach der Explosion der ersten Atombombe in Los Alamos 1945 von einer «pilzförmigen Wolke» sprach, kaum entkräftet wurde. Mom! Dad! Freunde! Schwestern! Alle Mann in Deckung! Der Pilz ist im Anmarsch!) Ah, aber jetzt war ich angefixt und wurde zu einem leidenschaftlichen Pilzliebhaber.

La Conner, malerisches Fischerdorf und Künstlergemeinde, wo ich mich acht Jahre später niederlassen sollte (wenn dieser Ausdruck nicht zu kraftlos ist), war ein idealer Ausgangspunkt für Ausflüge in die Pilze. Von hier aus fuhren Freunde und ich den ganzen Herbst hindurch in die Cascades, um Austernpilze,

Steinpilze, Matsutake und Pfifferlinge zu suchen, oder fielen über Wiesen in den Ausläufern der Berge her, manchmal sogar auf der Flucht vor einem aufgebrachten Farmer oder Bullen, um eine von mehreren schmackhaften Wiesenchampignonsorten zu sammeln. Der Winter setzte diesen Ausflügen ein Ende, aber schon von Ende März an machten wir uns wieder auf die Suche nach Morcheln, einem der teuersten und wohlschmeckendsten Wildpilze überhaupt, trotz seiner frappierenden Ähnlichkeit mit dem verkümmerten grauen Penis einer tausend Jahre alten Mumie. Wir suchten, wir sammelten, wir kochten, und wir aßen.

Die Frühlingspilze mögen den Sommer genauso wenig wie die Herbstvarianten den Winter, deshalb stellte ich meinen Korb Mitte Mai 1964 vorübergehend beiseite und konzentrierte meine gastronomischen Interessen auf zahmere Früchte, da ich wusste, dass mein Vater mir in wenigen Monaten Tomaten aus seinem Garten in Virginia schicken würde. Etwa um diese Zeit aber hörte ich zufällig von einem kürzlich erschienenen Artikel im *Life*-Magazin, der sich ausführlich über eine ganz andere Art von Pilz ausließ, eine Gattung, die nicht den Gaumen kitzelte, sondern das Bewusstsein.

Neugierig geworden, besorgte ich mir die Ausgabe von *Life*, schlug den Artikel auf, und husch! – schon sauste wieder ein charismatisches Kaninchen an mir vorbei, es war kleiner, schneller und verstohlener, aber irgendwie auch ominöser als seine Vorgänger, und ich hatte das Gefühl, wenn ich ihm (im übertragenen Sinne, versteht sich) folgte, würde es mich zu einem Loch bringen, einer Öffnung, einem Schacht, einem unterirdischen Portal, und das wiederum führte zu einer geheimen, schrägen Welt, die sich nicht weit – gar nicht weit – von dort verbarg, wo ich saß und eine beliebte Zeitschrift las.

Life war durch und durch Mainstream: etabliert, populär, kommerziell. Trotzdem gibt es Grund zu der Annahme, dass diese Hochglanzzeitschrift mehr Amerikaner «angetörnt» hat, um diesen Slangausdruck zu benutzen, als etwa die *High Times*, der *Berkeley Barb* und alle anderen Zeitschriften der Gegenkultur zusammen. Hätte Ken Kesey Stände mit Electric Kool-Aid auf allen College-Campussen des Landes aufgebaut, hätten sie weniger zur Entwicklung der beispiellosen Unruhen beigetragen, die wir «die Sechziger» nennen, als *Life*. Der Artikel, den ich an jenem Tag in dieser Zeitschrift las, katapultierte mich definitiv auf die spiralförmige Flugbahn psychedelischer Drogen, und ich kenne viele (durchaus einflussreiche) Menschen, für die derselbe Artikel zum Ausgangspunkt einer persönlichen Magical-Mystery-Tour wurde, einem Häschenpfad, den Robert Frost sicher nicht im Kopf hatte, als er von «dem stilleren Weg» sprach.

Es ging um die Erfahrungen eines gewissen R. Gordon Wasson, eines erfolgreichen Wall-Street-Bankers, dessen leidenschaftliches Interesse an der Mykologie ihn in die Berge oberhalb von Oaxaca verschlagen hatte. Dort hatte er in der Hütte einer *bruja* einen Pilz namens *teonanácatl* probiert, der bei den indigenen Mexikanern als heilig galt. Wasson berichtete über Wellen der Ekstase, die mehrere Stunden anhielten. Während der gesamten Dauer war er bei vollem Bewusstsein und Herr seiner Sinne, hatte jedoch unglaublich lebendige Visionen von strahlenden Lebewesen, leuchtenden außerirdischen Landschaften, schmelzenden, mit Edelsteinen geschmückten Schlössern und Ähnlichem. Die *bruja* erzählte ihm, dass die Weißen *zu* Gott beten, die Indios von Oaxaca sich hingegen *mit* Gott unterhalten, auf Augenhöhe, und der Pilz sei die Verbindung, die einen solchen Austausch erst ermögliche.

Meine Reaktion auf Wassons Bericht war spontan und unmissverständlich: Diesen *teonanácatl* wollte ich auch probieren, und zwar so schnell wie möglich! Aber warum?

Die Frage ist berechtigt. Warum? Es ging mir nicht bloß um die Suche nach dem Kick. Als Junge hatte ich von einem Leben als romantischer Abenteurer geträumt, aber das war unrealistischer Kinderkram gewesen, beeinflusst von Filmen und Büchern und außerdem komplett nach außen gerichtet, anders als Wassons Reise ins Innere. Vermutlich gab es ein romantisches Element in meinem Verlangen, den mexikanischen Pilz zu probieren, ein erwachsenes Gegenstück zu dem Wunsch, als blinder Passagier auf einem Schmuggelschiff mitzufahren oder mit einem Zirkus durchzubrennen. Im Nachhinein glaube ich, dass es etwas war, das auf der ganzen Welt empfunden wird, aber nur selten zur Sprache kommt: ein vages, herzergreifendes Bedürfnis, die fundamentale Natur der Realität aus nächster Nähe leibhaftig zu erleben, jenes «Das, von dem kein Dasseres existiert», den Geist in der Maschine. Ich glaube, ich wollte in das schmelzende, mit Edelsteinen geschmückte Schloss einbrechen und nachschauen, ob es dort irgendwen – oder irgendwas? – gab, der oder das tatsächlich wusste, was zuerst da gewesen war, die Henne oder das Ei.

Seit mehreren Jahren beschäftigte ich mich unregelmäßig mit Zen, war auf den kleineren Wellen des Sufismus gesurft, hatte mit tantrischem Hinduismus geflirtet und versucht, das Tao zu verstehen. Das war alles sehr erleuchtend und inspirierend. Zwar gilt der asiatische Mystizismus immer noch als beliebte Zielscheibe des Spotts für säkulare Zyniker und sektiererische Dogmatiker gleichermaßen, lässt sich aber erheblich besser mit der modernen Wissenschaft vereinbaren als die falsch verstandenen Mythen aus dem Morgenland, kirchlichen Märchen, pietistischen Platituden und das beinahe verzweifelte Wunschdenken, das man mir in der Sonntagsschule der Südlichen Baptisten eingetrichtert hatte. Die diesen spirituellen Texten innewohnende Weisheit war nicht zu übersehen, doch hatte ich sie bisher nur mit minimalem Erfolg in meinen Alltag integrieren können. Von einer praktischen Warte aus war es so, wie wenn ein Affe versucht, Schach zu spielen.

Dabei war ich nicht unbedingt unglücklich. Ich hatte einen interessanten Job, ausreichend materielle Annehmlichkeiten und einen angeborenen Sinn für Komik: eine innere Leichtigkeit, gegen die nicht einmal eine neurotische, alkoholsüchtige Ehefrau ankam. Trotzdem fehlte etwas. Der Mystizismus war zu abstrakt, zu entfernt, als dass ich mit ihm hätte warm werden können die Kunst wiederum war zu konkret, zu leicht zugänglich, um einen wirklich nachhaltigen Widerhall in den Bereichen des Gehirns zu erzeugen, die jenseits des Sehnervs liegen. In dieser undefinierbaren Periode zwischen dem Ausklang der beigefarbenen fünfziger Jahre und dem Auftakt der neonerleuchteten Sechziger trieb ich unerfüllt auf dem Meer meiner Lebensverhältnisse. Vielleicht brannte ich einfach darauf, mich noch weiter aus dem Bereich normaler Erwartungen hinauszubewegen und mich so vor den Verlockungen des bürgerlichen Kompromisses zu schützen. Vielleicht war ich auf der Suche nach Glückseligkeit, Freiheit, tieferer Bedeutung, wollte erfahren, was surrealistische Dichter meinten, wenn sie vom Absoluten schwärmten. Vielleicht wünschte ich mir sogar ein Tête-à-Tête mit einem höheren Wesen. Aber vielleicht war ich auch nur chronisch neugierig. Was immer ich mir wünschte oder zu wünschen einbildete – dank des *Life*-Magazins schwante mir, dass es im guten alten Mexiko einen Pilz gab, der den Schlüssel zu dem einzigen Schatz enthalten mochte, der wirklich zählt – abgesehen von der Liebe, natürlich.

Ich griff also zum Hörer und rief in der Botanischen Fakultät der University of Washington an. Ich ließ mich mit Dr. D. E.

Stuntz verbinden, dem zuständigen Mykologie-Experten (der Name stand in einem Pilzführer). Als ich ihn endlich an der Strippe hatte, stellte ich mich vor und kam dann direkt zur Sache. Würde er mir helfen können, an halluzinogene Pilze zu kommen? Wie naiv! Selbst 1963 war das naiv. Dr. Stuntz war nicht besonders amüsiert und verwies mich barsch an Dr. Varro Tyler in der Pharmakologischen Fakultät der UW. Ich rief ihn an.

Tyler gluckste und erklärte mir, er wisse zwar von Wassons Heldentaten und Pilzen mit ähnlich psychotropen Eigenschaften, die hier im Pazifischen Nordwesten wüchsen (wow! Echt jetzt?), doch sei das nicht sein Spezialgebiet. Aber ehe er auflegte, gab er mir den Namen und die Telefonnummer eines Akademiker-Kollegen, nennen wir ihn Jim, der schon einige Forschungen auf dem Gebiet der psychotropen Pflanzen angestellt hatte.

Ich rief also diesen Jim an, der sich nicht nur als Arzt mit Doktortitel in Pharmakologie entpuppte, sondern, wie der Zufall es wollte, auch ein Sonntagsmaler und eifriger Leser meiner Kunstkolumne in der *Seattle Times* war. Jim schlug vor, wir sollten uns zum Lunch treffen. So diskutierten wir ein paar Tage später bei unserer Pasta erst ein paar Stunden über Kunst und Philosophie, bevor die Sprache auf *teonanácatl* und dessen Gringo-Verwandtschaft kam. Als ich fragte, ob er wisse, wie ich da rankommen könnte, lächelte Jim und sagte: «Sie wollen doch nicht wirklich Pilze ausprobieren.»

«O doch. Genau das will ich.»

«Nein», sagte er. «Pilze sind unberechenbar. Die Menge der psychoaktiven Eigenschaften variiert von einer Saison zur anderen, von Fundort zu Fundort, selbst von einem Pilz zum anderen. Es kommt vor, dass zwei Pilze nebeneinander wachsen und völlig unterschiedliche Mengen des Wirkstoffs enthalten, der das Bewusstsein beeinflusst. Es ist nahezu unmöglich, die richtige Dosis zu bestimmen.» Er bemerkte meine Enttäuschung und zögerte einen Moment. «Es gibt da etwas, das viel sauberer, sicherer und zuverlässiger ist, aber die gleiche Wirkung hat. Eigentlich ist es sogar effektiver, wenn Sie es ausprobieren wollen.» Wieder zögerte er. Meine Gabel mit Tiramisu verharrte auf halbem Weg zum Mund. «Es heißt Lysergsäurediethylamid-25.»

Ich hatte noch nie von LSD gehört, aber in dem Moment, als Jim dieses Wort aussprach, flitzte ein weißes Kaninchen am Fenster des Restaurants vorbei, so groß wie der Cadillac eines Fernsehpredigers, so absurd wie ein Einhorn, und verschwand über die regennasse Straße.

Es war klar, dass ich nun unbedingt dieses LSD-Zeugs probieren wollte. Jim blieb vorsichtig. «Treffen wir uns nächste Woche wieder zum Essen», sagte er und brachte das Gespräch dann zu meiner Verzweiflung wieder auf die Kunst zurück. Wie sich herausstellte, wollte er mich besser kennenlernen und sich vergewissern, dass ich seelisch stabil genug war, um mit LSD umgehen zu können. So trafen wir uns eine Woche später erneut zum Essen, und diesmal erzählte er mir mehr darüber und beschrieb die Reaktionen mehrerer Studenten, denen er die Substanz unter Laborbedingungen verabreicht hatte. Ich glaube, er wollte herausfinden, wie eine Versuchsperson in einem entspannten, die Sinne stimulierenden Ambiente darauf reagieren würde. Wie auch immer, als wir mit dem Nachtisch fertig waren, hatte sich Jim von meiner relativen geistigen Gesundheit überzeugt und willigte ein, mich am folgenden Dienstag auf einem Trip zu begleiten. Das war der Tag in der Woche, an dem ich gewöhnlich die Galerien besuchte und mich in der Redaktion nicht blickenlassen musste.

Jim hatte ein Atelier in einem Ladenlokal im Stadtteil Wallingford, und dort, in einer ruhigen Straße (halb Wohnungen, halb Geschäfte), trafen wir uns. Es war neun Uhr morgens, aber vor lauter Aufregung und Nervosität war ich schon seit sechs Uhr wach. An dieser Stelle muss ich erwähnen, dass ich noch nie Marihuana geraucht hatte, noch nie von irgendetwas «high» gewesen war. Ich wusste, was ein Rausch ist, klar, und es gibt ignorante Mitmenschen, die bis zum heutigen Tag «high sein» mit «betrunken sein» gleichsetzen, doch in Wirklichkeit sind diese beiden Zustände diametral gegensätzlich. Der eine öffnet das Bewusstsein, so wie Entdecker im fünfzehnten Jahrhundert neue Welten erschlossen, der andere schließt es wie eine bankrotte Pfandleihe. Auf alle Fälle erschien ich an diesem Morgen mit leerem Magen (so ist es am besten) in Jims Atelier. Ich trug wie damals üblich verwaschene Jeans und ein schickes italienisches Hemd oder, wie ein Freund es mal ausgedrückt hatte: «Unten Cowboy, oben Banker.»

Ich setzte mich in einen alten Polstersessel. Jim reichte mir eine Tasse mit Wasser und drei kleine blaue Pillen (kleine Blaukehlchen des Glücks): dreihundert Mikrogramm reine Lysergsäure, direkt aus dem Flugzeug vom Hersteller Sandoz in der Schweiz. Ich schluckte sie dem dramatischen Anlass entsprechend mit großem Zeremoniell und versuchte, es mir bequem zu machen. Innerhalb der nächsten acht Stunden stand ich nur ein einziges Mal auf, und dieser Gang zur Toilette kam mir vor wie eine unwesentlich verdichtete Version von Homers *Odyssee*. Es war der lohnendste Tag meines Lebens, der einzige, den ich gegen keinen anderen eintauschen würde.

In den ersten dreißig oder vierzig Minuten passierte gar nichts. *Nada.* Ich fühlte mich genauso wie morgens beim Wachwerden und fing an, mich innerlich auf einen Antiklimax vorzubereiten. LSD war ein Schwindel, zumindest diese Charge war einer! Doch dann spülte eine träge, sanfte Welle über mich hinweg, fast wie ein leichter Stromstoß. Und … huch? Was war denn das? Die natürlichen Muster der Kiefernholzwand hatten sich in eine Reihe, eine Prozession von winzigen Maya und Azteken verwandelt, wie man sie aus Büchern über präkolumbianische Kultur kennt oder als Verzierung auf Töpfereien, Steinsäulen und Manuskripten, die es geschafft hatten, den Flammen der randalierenden spanischen Priester zu entkommen: leuchtend koloriert, seltsam geometrisch geformt, geschmückt mit Quetzalfedern und ausgestattet mit Schlangenstäben, Dolchen und Federfächern, als wären sie unterwegs zu einem Mondritual in Chichén Itzá. (Was war zuerst da, Chichén oder Itzá?)

Verzaubert sah ich zu, wie sich ihre Zahl an der Wand vervielfachte. Doch irgendwann hatte ich genug und schloss die Augen. Hinter meinen Lidern zogen immer neue Maya an mir vorbei. Na schön. Hier war es. Mach ein bisschen Platz, Alice, Baby. Endlich hatte ich den Kaninchenbau gefunden.

acid reflux

Es ist wichtig, festzuhalten, dass diese Vision durcheinanderwuselnder präkolumbianischer Figürchen die einzige Halluzination war, die ich an diesem Tag hatte, und nicht einmal sie war wirklich eine, denn ich hielt sie nicht eine Sekunde lang für real. Wie R. Gordon Wassons Verstand in Oaxaca funktionierte auch meiner während des gesamten Experiments einwandfrei.

Ja, die Dinge wurden ein bisschen seltsam, aber mir war die ganze Zeit bewusst, dass es an der Wirkung der Droge lag, die nach einer gewissen Zeit wieder verschwinden würde, und ich hatte es nicht eilig, wieder in die «reale» Welt zurückzukehren. Im Übrigen hatten zeitliche Begriffe wie «eilig» keinerlei Bedeutung in einem Zustand, in dem Einsteins Theoreme so konkret, gegenwärtig und offensichtlich waren wie der Sessel, in dem ich saß. Am Ende eines Tages, der für Jim sehr lang gewesen sein muss, war ich überzeugt, allenfalls zwei Stunden dort gesessen zu haben. Ich existierte in molekularer Zeit, in kosmischer Zeit, nicht in der von Uhren definierten. Mein System orientierte sich an Galaxien oder Systemen von kreisenden Teilchen in einem Indolring.

Es kommt mir so vor, als wären die sogenannten Halluzinationen, die man im Allgemeinen mit dem Konsum von psychedelischen Substanzen assoziiert, in Wirklichkeit Ablenkungsmanöver vonseiten der stockkonservativen menschlichen DNS, deren oberstes Ziel immer der Erhalt der Spezies ist. (Aus der DNS-Perspektive ist jeder Mann ein wandelndes Samenpaket und jede Frau ein wandelnder Eierkarton.) Unter dem Einfluss von LSD gibt es einen Teil unseres Gehirns, der, wenn er es nicht schafft, uns auf einen «Horrortrip» zu schicken, unglaubliche fraktale 3-D-Comics ausspuckt, in der Hoffnung, uns mit dieser Unterhaltungseinlage von den existentiellen Wahrheiten ablenken zu können, welche die Pilzalkaloide auf geheimnisvolle Weise zu offenbaren scheinen. Aus purem, beschränktem Eigennutz macht uns unsere DNS etwas vor, in der Hoffnung, einen Gefängnisausbruch unserer Psyche zu verhindern.

Was die Natur dieser Wahrheiten angeht, der Enthüllungen, die der verstaubten alten DNS solche Angst einjagen, so kann sie je nach Individuum sehr unterschiedlich aussehen, doch hat sie in fast jedem Fall eine Kopfnote, die sich am treffendsten als ozeanisch beschreiben und häufig auf eine Verbindung von Spiritualität und theoretischer Physik schließen lässt. Daher muss ich dem verstorbenen Bill Hicks beipflichten, der einmal erzählte, er habe auf LSD «alle Materie als verdichtete Energie» wahrgenommen. «Wir sind alle ein einziges Bewusstsein, es gibt keinen Tod, das Leben ist nur ein Traum, und wir sind nichts anderes als die Vorstellung, die wir von uns haben.»

Wir sollten uns hüten, über Hicks' Worte zu spotten. Die psychedelische Erfahrung sträubt sich so hartnäckig gegen gewöhnliche verbale Beschreibungen, dass sich nicht einmal ein professioneller Schriftsteller darüber äußern kann, ohne seine Beobachtungen in eine purpurne Wolke von Geschwafel zu hüllen. In diesem Sinne werde ich nun versuchen, so journalistisch und objektiv wie möglich einen Eindruck von den subjektiven, «verquereren und noch verquereren» Dingen zu vermitteln, die ich an diesem Tag in dem Atelier erlebte.

Jim hatte mich gebeten, meine Lieblingsplatte mitzubringen; vermutlich wollte er meine Reaktion auf vertraute Musik in einer fremden Umgebung prüfen. Die Platte (Vinyl natürlich), die ich ausgesucht hatte, war *Concert by the Sea* des Jazzpianisten Erroll Garner. Etwa nach der Hälfte unserer Sitzung legte Jim diese Platte auf. Ich fand sie entsetzlich. Die Klänge, die ich vorher so bewundert hatte, kamen mir jetzt klotzig, schrill und willkürlich vor, und Garners bislang so charmante Angewohnheit, beim Spielen leise zu grunzen, erschien mir plötzlich wie Lärm aus einem überhitzten Schweinestall. So entpuppte sich das Experiment zwar akustisch als Reinfall, dafür aber schenkte es mir eine der schönsten und erstaunlichsten visuellen Erfahrungen meines Lebens.

Visuell? Ja, denn während die Platte lief, konnte ich die aus den Lautsprechern kommenden Schallwellen *sehen*. Es ist bekannt, dass psychedelische Substanzen die Sehschärfe steigern, aber ich würde sogar behaupten, dass ich die Vibrationen des Klangs mehr fühlte, als sie tatsächlich zu sehen – abgesehen von einem wichtigen Detail. Auf dem kleinen Tisch vor meinem Sessel stand eine Vase mit frisch gepflückten Margeriten, und ich konnte ohne jeden Zweifel sehen, wie sich die Blütenblätter in diesen Klangwellen wiegten – kaum wahrnehmbar, aber doch unverkennbar sacht hin und her schaukelten. Und das war erst die Präambel.

Auf dem Tisch stand auch eine Schale mit reifen Pflaumen. Irgendwann (es mochte dreißig Minuten, drei Minuten oder drei Stunden her sein) hatte ich eine dieser Pflaumen betrachtet (dreißig Minuten, drei Minuten oder drei Stunden lang) und entdeckt, dass die violette Pflaumenschale in Wirklichkeit ein subtiles chromatisches Zusammenspiel von Rot, Blau, Pink, Magenta, Braun, Saphirblau, Indigo, Rostbraun, Rosé, Karminrot, Ultramarin, Lapislazuli und sogar Gold war: Meine ganze kunstkritische Nomenklatur war gefragt. Unter ihrer Schale, so glaubte ich, als ich jetzt die Zeit / Nichtzeit für grenzenlose Konzentration hatte, entdeckte ich eine wunderbar ausgereifte Komplexität von Fruchtmark, Saft und Kern, ein (niemals statisches) Wechselspiel von Säure, Salz und Zucker, die das Fruchtfleisch durchströmten, so langsam, dass es für das Auge, selbst unter Zuhilfenahme optischer Instrumente, nicht erkennbar war. Für unbestimmte Zeit war ich in purer Pflaumigkeit versunken. Jetzt aber wandte ich meine Aufmerksamkeit unter Leitung der ersten deutlich erkennbaren Jazzwellen den Margeriten zu.

Die Blüte der schlichten Margerite bildet eine perfekte logarithmische Spirale. Vielleicht dachte ich daran, dass unsere DNS und auch unsere Milchstraße ebenfalls spiral- oder schneckenförmig sind, und folgte mit dem Blick den Spiralen einer dieser Rosetten. Ich fing am äußersten Rand an und bewegte mich langsam, ganz langsam über die gewölbte Oberfläche auf den Ausgangspunkt zu, das Ende, das Zentrum. Und jetzt, ich warne Sie, tritt das Geschwafel mit beiden Feenbeinchen zu. Als meine Augen das Ende/den Anfang der Spirale erreichten, als sie im absoluten Zentrum der goldenen Krone angekommen waren, plumpste ich unversehens hinein! Mit anderen Worten, mein Bewusstsein drang in das Innere der Margerite. Offensichtlich saß mein Cowboy / Banker-Körper nach wie vor zurückgelehnt im Sessel, doch für eine unbestimmte Anzahl von Sekunden oder gar Minuten befand sich mein gesamtes bewusstes Ich buchstäblich – *buchstäblich!* – in dieser Blume.

Ich habe nur wenigen Menschen davon erzählt, wohl wissend, dass selbst ein verständnisvoller Zuhörer mich höchstwahrscheinlich für einen Schwindler oder Spinner halten würde. Diejenigen, denen ich zutraute, dass sie mir glauben würden, fragten unweigerlich: «Und wie war es da? Im Innern einer Margerite?» Und meine Antwort lautete: «Wie in einer Kathedrale aus Mathematik und Honig.» Vieldeutig, ich weiß, aber besser kriege ich es nicht hin. Ich habe Sie gewarnt, erinnern Sie sich, dass sich psychedelische Erfahrungen kaum mit Worten wiedergeben lassen. Es war erhebend dadrin, wie in einer Art Paralleluniversum, das von einem sanften goldenen Licht durchströmt wird, belebt von dunstigen Sequenzen abstrakter Symbole, die anscheinend den diversen Stärken, Tönen und Mustern des *chi*, jener Energie, die in allen Lebewesen pulsiert, einen numerischen Wert zuordneten. Sehen Sie, was ich meine? Eine Kathedrale aus Mathematik und Honig, so scheint mir, fasst es am besten zusammen.

Auf alle Fälle geht es nicht um eine stoffliche Beschreibung. Das Wichtige ist das, was ich aus diesem Erlebnis gewann, nämlich die Erkenntnis, dass jede Margerite auf der Welt – jede einzelne Margerite auf jeder einzelnen Wiese – eine Identität hat, die genauso ausgeprägt ist wie meine eigene! Eine solche Offenbarung muss das Leben umkrempeln, anders kann es gar nicht sein. Jedenfalls stellte sie meine Wahrnehmung der Natur und des Platzes, den ich darin einnehme, auf den Kopf, und noch Wochen später konnte ich keine Margeriten in einem Blumenkasten oder auf einer Wiese sehen, ohne dass mir die Tränen kamen. Dem Leser steht es natürlich frei, darüber zu lachen, zu spotten oder es sonst wie wegzuerklären, aber das ist meine Geschichte, und bei ihr bleibe ich. Wie die alten Käuze in den Appalachen immer sagten: «Du kannst mich zwar für dumm verkaufen, aber die Kohle kriegst du trotzdem nicht!»

Als Kind hatte mir die Vorstellung der Ewigkeit Angst eingejagt. Schon früh hatte meine gute baptistische Mutter mich in puncto Himmel aufgeklärt und betont, diejenigen, die brav genug seien, um dahin zu kommen, dürften für immer bleiben und ihr Leben gehe nie zu Ende. Nie? Niemals, nicht einmal nach tausend Billionen Jahren? Das überstieg einfach meinen Horizont. Die

Aussicht auf ein so extrem langes Dasein war verlockend, doch die Vorstellung, dass die Ewigkeit keinen Abschluss hatte – dass sie nie, niemals, nie und nimmer endete! –, fand ich irgendwie grauenerregend. Nachts lag ich wach und quälte mich damit herum. Und für einen Tunichtgut wie Tommy Rotten war die Aussicht, dass die Zeit in der Hölle genauso lang wäre, alles andere als tröstlich.

Doch unter dem Einfluss des LSD verlor ich an diesem sonnigen Tag im Juli endlich meine entsetzliche Angst vor der Ewigkeit. In einem Zustand, in dem die Zeit für mich entweder in mehr als eine Richtung strömte oder aber einfach stillstand, fiel es mir wie Schuppen von den Augen: In der Ewigkeit *gibt* es keine Zeit. Die Frage endloser Dauer stellt sich gar nicht, Zeit existiert dort einfach nicht, und sie war auch von Anfang an nie da. (Deshalb sind Konzepte wie «nie» und «Anfang» und Vergangenheitsformen von Verben wie «war» im Kontext der Ewigkeit natürlich auch absurd, denn dort herrscht ausschließlich Gegenwart.) Im Zen wird großer Wert darauf gelegt, sich auf das Hier und Jetzt zu konzentrieren. Auf Acid erkannte ich, dass Jetzt und Ewigkeit ein und dasselbe sind, egal, ob es so etwas wie den Himmel tatsächlich gibt oder nicht. Das alles klingt ziemlich großspurig, wenn ich es so hinschreibe, trotzdem ändert es nichts daran, dass LSD mich von einem lebenslangen Gefühl der Angst erlöst hat.

Carl Oglesby, der ehemalige politische Aktivist aus Berkeley, hat es einmal so ausgedrückt: «LSD steht für eine so unmittelbare, mächtige und unmissverständliche Veränderung, dass es eine Linie durch dein Leben zieht: vor LSD und nach LSD.» Er hat ohne jeden Zweifel recht, obwohl in meinem Fall weder die Verwandlung noch die Trennlinie für einen unbeteiligten Beobachter erkennbar gewesen wäre, zumindest in den ersten Jahren.

Als ich an diesem Nachmittag Jims Atelier verließ und endlich das Gefühl hatte, «wiedergeboren» zu sein – was mir zu meiner großen Enttäuschung bei meiner Taufe zwanzig Jahre zuvor im Rappahannock River nicht vergönnt gewesen war –, war ich überzeugt, dass der Kalte Krieg von einem Tag auf den anderen beendet werden könnte. Präsident Kennedy musste sich nur mit Nikita Chruschtschow zusammensetzen und einen Trip einwerfen. Viele andere Menschen hatten ähnliche Reaktionen auf LSD. Daraus lässt sich folgern, dass Acid eine entscheidende Rolle bei der Formierung der massiven Antikriegsbewegung gegen Ende des Jahrzehnts spielte. Mitte 1964 aber war die Friedensbewegung nicht mehr als ein Puckern im Herzschlag eines alten Quäkers und ich selbst, schon Jahre bevor ich weiße Kaninchen und kleine blaue Pillen kennenlernte, ein überzeugter Pazifist.

Nach außen erschien mein Leben unverändert; ich schrieb meine Kritiken, kümmerte mich um Kendall, lief in denselben Klamotten herum und aß wie immer, entwickelte allerdings eine plötzliche Abneigung gegen Alkohol, der mir nunmehr primitiv, ja barbarisch vorkam, wie ein Giftstoff, der das Ego aufbläht und dessen Tentakel noch weiter verlängert, während LSD eine umgekehrte, ekstatisch befreiende Wirkung hatte. Ich stellte außerdem fest, dass Lesen mich nicht mehr so befriedigte wie früher: Kein gedruckter Text schien dem gerecht zu werden, was ich nun als «wirkliche» Realität ansah.

Falls Kollegen in der *Times*-Redaktion irgendwelche Post-Trip-Veränderungen an mir entdeckten – die Faszination, die beispielsweise Muster oder Farben neuerdings auf mich ausübten, als hätte ich plötzlich ganz frisch geprägte Augen –, so ließen sie sich nichts anmerken, und Susan war viel zu sehr mit Trinken beschäftigt, um zu merken, dass ich es nicht tat. Ich sah sie ohnehin nur, wenn sie vorbeikam, um nach Kendall zu schauen oder sich flachlegen zu lassen. (Es gibt gewisse Grenzen für die Abstinenz.) Eines Tages bestellte ich eine Packung

Peyote-Buttons bei der Smith Cactus Ranch in Arizona (das war damals völlig legal), weil ich dachte, Susan und ich könnten zusammen auf einen mentalen Trip gehen, und vielleicht würden die gewonnenen Erkenntnisse helfen, ihren Alkoholkonsum zu beschränken, mich zu verstehen oder gar unsere Ehe zu retten.

Nachdem ich die grünen Kakteen zwei Wochen über einem Heizgerät getrocknet hatte, zermahlte ich sie, füllte das Pulver in leere Kapselhüllen und schluckte mit so viel Pseudo-Navajo-Ritual, wie ich ertragen konnte, fünf davon. Dann drängte ich je weitere fünf Susan und John auf, einem Freund aus dem Blue Moon, der unerwartet aufgekreuzt war. Das Peyote erwies sich als noch unverdaulicher als mein improvisierter Navajo-Hokuspokus, doch als Krämpfe und Schwindel erst einmal abgeflaut waren, breitete sich eine verworrene Flut von organischen Visionen in mir aus: dicht, primitiv und unterweltlich, ganz anders als die exquisite, Escher-ähnliche Morphologie des LSD. Mir war gleichzeitig elend und euphorisch zumute. Susan und John dagegen wurde es nur schlecht, sie fanden alles sterbenslangweilig und verzogen sich nach ein paar Stunden in eine Kneipe um die Ecke, um ein Bier zu trinken, denn auch John war ein getreuer Gefolgsmann des Gerstensafts.

Etwas später, als mein Kojote-gesteuertes Kopfkino sein Programm mehr oder weniger beendet hatte, beschloss ich, in die Kneipe zu gehen und nach Susan und John zu sehen. Ich machte mir Sorgen, sie könnten unter dem Einfluss von Peyote in Schwierigkeiten geraten sein. Es war Samstagabend, die Kneipe gerammelt voll, kein Tisch, kein Barhocker mehr frei. Als ich reinkam, verstummten die Gespräche, und sämtliche Blicke wandten sich mir zu. Verstehen Sie mich recht, nichts an meinen Kleidern oder meinen Haaren war ungewöhnlich, ich trug weder Bart noch Sonnenbrille, und doch starrten mich alle an, als wäre ich ein Alien aus der Äußeren Mongolei. Oder von der Venus.

Als ich zu dem Tisch kam, an dem Susan und John ihren Abend verbrachten, als wäre Peyote nichts weiter als eine lästige Magenverstimmung, die sich mit Bier beheben ließ, betrachteten sie mich besorgt. «Du verschwindest lieber gleich wieder», zischten sie mir zu. Ich war verblüfft. «Aus deinen Augen sprüht Licht», raunte mir Susan zu. Und John bekräftigte: «Mann, du siehst aus, als stündest du in Flammen.»

Ich befolgte den Hinweis und verdrückte mich mit so wenig Trara, wie es einem brennenden Mann möglich ist. Zu Hause betrachtete ich mich im Badezimmerspiegel, entdeckte aber weder Flammen noch Rauch. Ich schrieb das Erlebnis als verrückten Streich von Mescalito ab, dem indianischen Peyotegeist (von dem die pharmazeutische Bezeichnung «Meskalin» abgeleitet ist), ging schlafen und träumte intensiv von *arroyos*, Hopi-Trickstern und jadeköpfigen Klapperschlangen. Ich hatte die ganze Episode bereits mehr oder weniger aus meinem Gedächtnis gelöscht, als ich drei Monate später vollkommen nüchtern Mescalito persönlich begegnete – in Gestalt des Karottenbombers.

der karottenbomber

Zum Glück gehörte ich nicht zu den Leuten, die psychedelische Drogen zum Mittelpunkt ihrer Welt machten, obwohl ich ihre Besessenheit durchaus verstehen und sogar nachempfinden konnte. In dem Jahr, das auf meinen Tag im bodenlosen Kaninchenbau folgte, dachte ich viel über diese Erfahrung nach. Meine Gedanken waren ausschließlich positiv, vorwärtsgewandt, und doch war dieses Jahr das traurigste und einsamste meines gesamten Lebens. Ich trieb auf hoher See und fühlte mich unablässig zwischen Nähe und Vereinsamung hin- und hergeworfen.

Ich sage «Nähe», weil mein Bewusstsein im Margeriten-Modus funktionierte und ich mich auf ungeheuer persönliche, fürsorgliche, vereinnahmende und berauschte Weise mit der Natur und ihren unzähligen Manifestationen verbunden fühlte. Andererseits gab es niemanden, mit dem ich solche Dinge hätte besprechen, geschweige denn teilen können. Natürlich wimmelte es im Pazifischen Nordwesten nur so von Naturliebhabern, aber sie sahen keine Verbindung zwischen den Neuronen in ihrem Gehirn und der Photosynthese in ihrem Garten. Sie stiegen auf Berge, hörten aber nicht das Summen der Geologie (sie summte den siderischen Weltgesang der Erde), und es kam ihnen auch nicht in den Sinn, dass wir *tatsächlich* bloß der Traum eines Schmetterlings sein könnten. Sie freuten sich aufrichtig an der

Welt, die sie wahrnahmen, übersahen jedoch die Welten innerhalb der Welten innerhalb der Welten ... *ad infinitum.*

Das Problem war, dass ich nicht einen einzigen Menschen auf der Welt kannte, der LSD genommen hatte. Aus Gründen der Dezenz hatte Jim mich keiner seiner Laborratten vorgestellt, und zu dieser Zeit hatte die Öffentlichkeit – und in Seattle sogar die hippe Öffentlichkeit – noch nichts von einem ehrfurchteinflößenden, lebensverändernden Alkaloid gehört, das aus einem auf Gerste und Weizen sprießenden Pilz gewonnen wird. Richtig, das *Life*-Magazin! (Dessen Verleger Henry R. Ruce war, was psychedelische Drogen angeht, vielleicht bewusst, vielleicht auch ohne es zu merken, der erste Rattenfänger von Amerika.) Doch LSD-Trips waren kein Thema, das im Blue Moon oder sonst wo in der Stadt diskutiert wurde. Da mir die Verbündeten fehlten, kam ich mir vor wie eine Ein-Mann-Minorität, eine Nation oder Rasse für mich allein.

So einsam dachte ich zum ersten Mal daran, auszuwandern. Insgeheim brannte ich darauf, meine neue Sippe zu finden, mich mit anderen, ähnlich mutierten Zeitgenossen zusammenzutun. Ich spürte, dass sie irgendwo da draußen waren (stand ich in geistigem Kontakt mit Leary und Alpert?), ich wusste nur nicht, wo. Doch dieses Einsiedlertum war eigentlich gar nicht so schlecht. Während es meinem LSD-getränkten Ego einerseits an positiver Verstärkung mangelte, war es andererseits auch nicht der enormen Welle der Negativität ausgesetzt, die diese Substanz in den folgenden Jahren auslöste, dieser überwältigenden Feindseligkeit, vorgetragen mit Hilfe meist uninformierter, wenn nicht gar frei erfundener Argumente von offiziellen und anderen Kreisen, kurz, von all denen, die ein Interesse daran hatten, den fragwürdigen Status quo aufrechtzuerhalten.

Ich wäre bei diesem Thema lieber sachlich geblieben, so wie der legendäre Apple-Gründer Steve Jobs, der seinem Biografen erklärte: «LSD zu nehmen war eins der zwei oder drei wichtigsten Dinge in meinem Leben.» Der erfolgreichste, innovativste, einflussreichste Unternehmer und Geschäftsmann der Moderne führte sein Gespür für integrierte Systeme und Produktdesign zumindest teilweise auf LSD zurück und beließ es dabei. Meine Aufgabe hier jedoch bestand darin, so akkurat wie möglich zu beschreiben, in welchem Zustand ich war, als ich dem Karottenbomber begegnete.

Es war Freitag, Zahltag bei der *Seattle Times*. Die *Times* hatte ihren Sitz in der Fairview Avenue, Ecke John, an derselben Adresse, wo sie heute noch ansässig ist. Als ich meinen Gehaltsscheck am Personalschalter abgeholt hatte, lief ich ein paar Blöcke die Fairview Avenue hoch bis zur nächsten Bank, löste ihn ein und kehrte dann zurück in die Redaktion. Zu meinen Aufgaben gehörte jeden Vormittag ein Besuch in der Setzerei, wo ich die Umgestaltung des Feuilletons für die zweite Ausgabe beaufsichtigte. Es war schon fast elf, Abgabetermin fürs Layout (die *Times* war eine Abendzeitung), und ich rannte praktisch die Fairview Avenue wieder zurück. Die Schöße meines konservativen Sportjacketts und die sorgfältig geknotete Krawatte flatterten hinter mir her, und in meinem Gesicht wird sich eine strenge Mischung von Gehetztheit und Entschlossenheit abgezeichnet haben. In diesem Moment bemerkte ich eine Gestalt, die langsam auf mich zukam, einen Mann, der in dieser ruhigen, dünn besiedelten Nachbarschaft irgendwie fehl am Platz wirkte.

Trotz des milden Wetters trug er einen schweren olivgrünen Mantel, wie man sie im Ersten Weltkrieg an die Soldaten ausgegeben hatte. Der Typ war groß; trotzdem war ihm der einstige Armeemantel zu lang, sodass der Saum über den Boden schleifte. Seine Schuhe mit den hohen Absätzen waren ramponiert, genau wie das Gesicht, das von zerzaustem rotem Haar umrahmt und mit roten Bartstoppeln bedeckt war. Es war kein gepflegter Bart, er sah eher so aus, als hätte er sich ein paar Tage einfach nicht rasiert. Alles an ihm deutete auf jemanden hin – einen Obdach-losen, einen Alkoholiker –, der auf Sauftour gewesen war. Falls er einen Kater hatte, verdarb ihm das offenbar nicht die Laune, denn er sang laut und fröhlich vor sich hin.

Das war keine öffentliche Darbietung, verstehen Sie, er spielte kein Theater, er sang einfach gedankenlos ein nicht weiter iden-tifizierbares Lied. Als wir nur noch zehn Schritte voneinander entfernt waren, hörte er plötzlich auf. Dann blieb er stehen. Ich wusste genau, dass er es auf mich abgesehen hatte, schon seit fast einem Block hatte er mich im Visier gehabt. Bestimmt wollte er mich überfallen und mein frisch abgehobenes Geld klauen. Tatsächlich aber musterte er mich mit seinem durchbohrenden Blick aus den blutunterlaufenen Augen von oben bis unten und lachte dann laut auf, als ich an ihm vorbeieilte. Lachte mir ein-fach ins Gesicht. Es klang spöttisch, fast überheblich, gewürzt mit einem Schuss billiger Grausamkeit, verdünnt mit Belusti-gung und verziert mit einem Zweiglein Mitleid. Damit über-schüttete er mich, als kippte er mir einen Eimer voll billigen Fusel über den Kopf.

Er durchschaute mich wie ein Glasfenster und las mich wie ein Billboard in Las Vegas. Beinahe konnte ich seinen Blick hö-ren. «Du hältst dich wohl für was Besonderes», schien er zu sa-gen. «Du glaubst, du bist liberal, erleuchtet, fortschrittlich oder weiß Gott was, aber sieh dich doch mal an: ein junger Mann, der es eilig hat. Du reißt dir ein Bein aus, um es deinem Boss recht zu machen, bist ehrgeizig, angespannt, ein winziges Rädchen im Geldgetriebe und läufst rum wie ein Gemeinschaftskundelehrer an der Highschool! Du ziehst ein Gesicht, als hättest du dein Lä-cheln in einem Spiel verloren, bei dem du von Anfang an wuss-test, dass die Karten gezinkt waren. Beweg deinen jämmerlichen

Arsch hier weg, du versprühst Angst und Unzufriedenheit wie ein Skunk sein stinkendes Sekret.»

So sprach der Karottenbomber.

Ich lief weiter. Was hätte ich sonst tun können? Kurz vor der Redaktion drehte ich mich um, weil ich sehen wollte, ob er mir folgte. Er war weg! Vermutlich nur um die Ecke gebogen, aber es kam mir so vor, als wäre er in einer Rauchwolke verschwunden. Bis heute frage ich mich gelegentlich, ob er tatsächlich existiert hat oder nicht nur eine Erscheinung war, eine Manifestation von Mescalito, die mir irgendein Kaktus- oder LSD-infizierter Schaltkreis in den Abgründen meines Cerebellums vorgegaukelt hat, was möglicherweise der einzige Bereich ist, in dem sich weder Gewissen noch Illusionen verstecken können.

Jedenfalls ging ich an diesem Nachmittag nach Hause und brütete vor mich hin. Das ganze Wochenende brütete und erhitzte ich mich, wälzte mich im Trockner der Selbstbetrachtung. Die *Seattle Times* war kein Ausbeuterbetrieb, kein multinationaler Konzern, der über Leichen geht, keine seelenlose Bank. Es war angenehm, dort zu arbeiten, im Dienst der Öffentlichkeit, mit einem Stab von intelligenten Reportern, witzigen Kolumnisten und verantwortlichen Redakteuren, die alles dafür taten, Leser und Mitarbeiter gleichermaßen gerecht zu behandeln. Und trotzdem … trotzdem hatte dieser karottenrote Geist, egal ob echt oder nur eingebildet, einen wunden Punkt getroffen, hatte mit seinem schwefeligen Lachen meine Maske zerbrochen und mir meine Rolle als stinknormaler Jedermann vermiest.

Am Montagmorgen meldete ich mich gesund. Drei Wochen später zog ich nach New York. Aber ich hätte lieber nach San Francisco gehen sollen.

sprachradromanze

Ich hätte lieber nach San Francisco gehen sollen. Wenn ich die Absicht gehabt hatte, mit Gleichgesinnten in Kontakt zu kommen, mich vielleicht sogar mit anderen Reisenden, die den Kaninchenbau von innen gesehen hatten, zusammenzutun, dann war der Umzug nach New York ein Fehler.

Zugegeben, es gab Leute in Manhattan, die psychedelische Drogen genommen hatten oder nahmen, aber nur wenige. Sie fielen nicht weiter auf. So wohnte ich zwar in derselben Straße, in der sich auch der legendäre Peace Eye Bookstore befand, mischte mich unter die Stars der Beat-Generation, freundete mich mit Allen Ginsberg an, doch habe ich meine vermeintliche Sippe dort nie gefunden, während es zur selben Zeit, Ende 1964, in San Francisco von weißen Kaninchen nur so wimmelte, die sich zudem vermehrten wie … nun ja, wie Kaninchen eben. Eine radikal neue Musik (eine Mischung aus Surferrock, Southern Blues, Berliner Philharmonikern und indischen Ragas) mit großartigen Texten ergoss sich in die Straßen um Haight und Ashbury, die jüngeren Einwohner liefen herum, als wäre alle Tage Mardi Gras, und der Kolumnist des *Chronicle*, Herb Caen, sollte bald den Begriff «Hippie» prägen. In San Francisco fiel ein funkelnder Acid-Regen, aber Tommy Rotten, der keine Ahnung hatte, war vor dem grauen Nieselregen von Seattle in die schmutzigen Schneestürme von New York geflüchtet. Er hatte den Wetterbericht von Kalifornien nicht gehört.

Wenn ich heute zurückblicke, sehe ich, dass meine Unwissenheit ein Glücksfall war. In San Francisco wäre ich von der sich entwickelnden Psychedelic-Szene (was für eine *Scene*, Mann!) verschluckt und vielleicht von der heraufziehenden Politik der Ekstase mitgerissen worden, noch so ein Komet der Sechziger, der seinem eigenen strahlenden Schweif nachjagte. Abgesehen von meiner festen Überzeugung, dass man am meisten von den verbotenen Früchten des LSD hat, wenn man sie in der Einsamkeit probiert, sind psychedelische Erfahrungen wie gesagt entschieden nonverbal. Nachdem ich mehr als ein Jahr allem Wortgeklingel mit so viel Misstrauen begegnet war wie einem großspurigen Autoverkäufer mit gefärbtem Blondschopf und drei Exfrauen, hockte ich allein in meiner New Yorker Wohnung und verliebte mich langsam, aber sicher wieder in bedrucktes Papier. Ich glaube nicht, dass man in der Haight Street viel Zeit mit Büchern verbrachte.

Schon im Alter von fünf Jahren hatte ich mein kleines rotes Wägelchen hinter das Sprachrad gespannt, das aus dem knurrenden, grunzenden Sumpf der Prähistorie gerollt war, stracks auf die Bildung zuraste und dabei unzählige Variationen und Verfeinerungen ausprägte, die – mit Fantasie geschmiert – Dichtung, Theater, Balladen, Sutras und allerlei Tiraden erzeugen konnten. Der prä- und postliterarische LSD-Moloch hatte mich vom Weg abgebracht. Ich hatte geglaubt, im Graben gelandet zu sein, doch dann war Hermann Hesse in einem uralten Mercedes-Abschlepper aufgekreuzt, aus dessen Radio Mozart schallte, hatte mein Wägelchen herausgehievt und mit seinem *Steppenwolf* bewiesen, dass moderne Prosa durchaus die Spießerhaftigkeit überwinden und mit einerseits erleuchtendem, andererseits unterhaltsamem Schwung, spielerisch wirkend, aber todernst gemeint, Geist und

Materie verbinden und dem Leser die verborgenen Welten in unserer Welt nahebringen kann. Das ist gut.

Ich prüfte meine Ladung. Die Fracht schien noch intakt. Transformation, Liberation und Zelebration, Exotik und Erotik, Neuheit, Schönheit, Verschmitztheit und Ausgelassenheit: alles, was ich seit fast dreißig verdammten Jahren mit mir herumschleppte, alles noch da und an seinem Platz. Die psychedelische Erfahrung hatte es höchstens noch ein bisschen aufpoliert, ihm zusätzlichen Glanz verliehen. Das war ermutigend, aber da ich immer noch keine eigene literarische Stimme gefunden und nicht das Bedürfnis hatte, Hesse (oder sonst wen) zu imitieren, musste ich noch weitere drei Jahre warten, ehe ich der Muse so weit vertraute, dass ich meinen ersten Roman in Angriff nehmen konnte.

Inzwischen aber bekräftigte ich wie ein vorübergehend vom Glauben Abgefallener, der wieder in den Schoß der Gemeinde zurückkehrt, meine alte Liebe zur Sprache, dieser magischen Honigwabe aus Worten, in der sich die menschliche Realität unaufhörlich auflöst und aus der sie unaufhörlich wieder ersteht, nachdem sie sich selbst neu erfunden hat. Das Adjektiv im Lotus. Das Juwel im Tintenfass. Ein blauer Delfin, der aus einer Spüle mit schmutzigem Geschirr springt.

manhattan transfer

Ob die sogenannte protestantische Ethik eine selbstauferlegte Mühsal ist, eine Fessel, ein Kontrollmechanismus, eine Art Keuschheitsgürtel, der den vollen Genuss des Lebens einschränkt, oder nicht vielmehr ein Indikator für einen vertrauenswürdigen Charakter, für Redlichkeit und Besonnenheit, nun, darüber lässt sich trefflich streiten. Auf alle Fälle sieht es so aus, als wäre ich mit ihren Werten schon von Kindesbeinen an geschlagen – oder gesegnet – gewesen und bis zum heutigen Tag der damit verbundenen gewissenhaften Arbeitsdisziplin nicht entwachsen. Deshalb kam ich in New York zwar mit so viel Erspartem an, dass ich ungefähr ein Jahr ohne feste Anstellung hätte überleben können (meine Miete in der East Tenth Street betrug nur 51,50 Dollar pro Monat, und ich wusste, wie man mit ein oder zwei Dollar am Tag fürs Essen auskam), doch meine ethischen Grundsätze sorgten dafür, dass ich mich schnell wieder ins Laufrad begab – wenn auch nicht in irgendein beliebiges.

Die Aufgabe, die ich mir gestellt hatte, um mein Sabbatjahr in Manhattan zu rechtfertigen, bestand darin, ein Buch zu schreiben. Da ich immer noch auf meine literarische Stimme wartete, hatte ich mich für eine Doppelbiografie der beiden temperamentvollen, unkonventionellen Maler Jackson Pollock und Chaim Soutine entschieden, in der ich ihr Leben und Werk einander gegenüberstellen wollte. Bislang hatte noch kein Kritiker diesen Vergleich unternommen (und soweit ich weiß, gilt das bis heute), doch die Verbindung zwischen ihnen lag meiner Ansicht nach auf der Hand. Soutine (1893–1943), ein klapperdürrer, abgerissener Savant aus Osteuropa, und Pollock (1912–1956), ein muskelbepacktes Cowboy-Genie aus Cody, Wyoming, sind sich nie begegnet. Soutines Gemälde sind gegenständlich, Pollocks Hauptwerke hingegen völlig abstrakt, und doch gab es verblüffende Ähnlichkeiten in ihrer Haltung gegenüber Leben und Kunst, und ich bin davon überzeugt, dass Soutine, dessen Gemälde Pollock bekanntermaßen 1936 und 1937 in einer New Yorker Galerie gesehen hat, der Künstler war, der den nachhaltigsten Einfluss auf den amerikanischen Meisterkleckser ausübte.

Soutine war wohl der erste gegenständliche Maler, der die Renaissance-Perspektive komplett ablehnte und dafür eine alles umfassende Gewichtung einführte, die keinen zurückhaltenden Hintergrund oder zentralen Fokus kannte, sondern in der jeder Quadratzentimeter der Bildoberfläche genau dieselbe Bedeutung hatte wie alle anderen. Die Gewichtung verteilte sich von einem Rahmenrand zum anderen, genau wie es bald bei Pollock der Fall sein sollte, wenngleich Soutines dichte, dunkle Pigmentpassagen den Betrachter ansprangen wie in einer visuellen Attacke, während Pollocks Konstellationsstrudel um ihn herumwirbelten wie Trümmerteile in einem polychromen Tornado.

Beide Künstler besaßen eine fast übernatürliche Verbindung zu ihrem frühesten Unterbewusstsein und agierten in einem Modus, der an Wahnsinn grenzte, beide führten ein turbulentes, dionysisches Leben, legten häufig ein absonderliches Verhalten an den Tag, litten unter Ablehnung und ließen sich vom Erfolg blenden. Doch dies ist weder der richtige Zeitpunkt noch der richtige Ort, um darauf näher einzugehen. Es genügt der Hinweis, dass ich mich in New York ausgiebig mit Pollock und Soutine beschäftigte und zahllose Interviews mit Menschen führte, die sie gut gekannt hatten. Letztlich bin ich nie dazu gekommen, das Buch zu schreiben (der Dionysos in meinem eigenen Unterbewusstsein verlangte meine Aufmerksamkeit woanders), doch die Erfahrung war mehr wert als ein Dutzend Seminare an jedem College des Landes.

Der angesehene, aus Frankreich in die USA eingewanderte Bildhauer Jacques Lipchitz hatte Soutine in Paris gekannt, als dieser noch barfuß und ohne Mantel in einer verwanzten Bruchbude hauste. Eines Morgens war ein amerikanischer Sammler dort aufgekreuzt, hatte mit Francs um sich geworfen und auf einen Schlag sechzig Bilder von ihm gekauft. Daraufhin war der unberechenbare Soutine auf die Straße gerannt, hatte ein Taxi angehalten und den Fahrer angewiesen, ihn an die französische Riviera zu bringen, etwa dreihundert Kilometer weit entfernt. Seit diesem Tag wusch Soutine seine Pinsel nicht mehr aus. Wenn er eine bestimmte Farbe im Augenblick nicht mehr brauchte, warf er den Pinsel einfach über die Schulter und nahm sich einen neuen aus dem Vorrat, den er sich zugelegt hatte.

Ich interviewte Lipchitz in seinem großen Atelier in Hastings-on-Hudson, hoch über dem Fluss. Während er mir bestätigte, dass sich Soutine wie Pollock mehr für das Malen an sich interessierte als für das fertige Produkt (für beide war es ein Akt konzentrierter Ekstase), merkte ich, wie sich meine Aufmerksamkeit von Lipchitz' Geschichten auf sein rechtes Bein verlagerte.

Zum Arbeiten trug er eine weite Baumwollhose, deren eines Bein er aufgekrempelt hatte, sodass eine erhebliche Menge nackter Haut zu sehen war. Die entblößte Fläche war weiß wie das Gefieder eines Pinguins, glatt wie ein Ei und haarlos wie ein Baseballschläger. Kein Härchen, nicht einmal der Hauch eines Flaums verunstaltete diese makellose Oberfläche. Ich konnte weder Narben noch Pickel oder Hinweise auf die für Männer in seinem Alter charakteristischen Krampfadern erkennen. Es war, als hätte er sein Bein aus einem einzigen Klumpen reinsten weißen Marmors gemeißelt. Unwillkürlich fragte ich mich, ob er wohl etwas Ähnliches auch mit seinen Genitalien angestellt hatte. Was für Ausbrüche von Penisneid mochte das in der Sporthalle ausgelöst haben!

Und als er mir erzählte, dass Soutine, ein Jude, in einem Vorort von Paris jede Woche eine Nonne in einem Konvent wegen ihres Geheimrezepts gegen Haarausfall konsultierte, fragte ich mich, ob nicht vielleicht Lipchitz selbst die Tinktur der braven Schwester in die Hand bekommen und an seinem Bein ausprobiert hatte. Mir war aufgefallen, dass er auf diesen Körperteil immer wieder verstohlene Blicke warf, als erwartete er, dass sich dort jeden Moment ein versteckter Follikel öffnen und ein borstiges Haar zur Welt bringen könnte.

Aber natürlich war Lipchitz ebenso liebenswürdig und informativ wie talentiert, und schon damals schämte ich mich, meiner Fantasie gestattet zu haben, mit dem Bein des armen Mannes durchzubrennen.

Zu der Zeit, als Jackson Pollock bei einem Autounfall auf Long Island umkam, gehörten Barnett Newman und Tony Smith zu seinen besten Freunden. Bei mehreren separaten Interviews mit den beiden Künstlern erfuhr ich, dass sie eine bedeutsame Verbindung hatten, die noch auf die Zeit vor ihrer Freundschaft mit Pollock zurückdatierte. Mit Mitte zwanzig war Newman aus dem Geschäft seines Vaters ausgestiegen, weil er Maler werden wollte und sich zu diesem Zweck in einer Kunstakademie in der Eighth Street im Greenwich Village eingeschrieben hatte. Sein wichtigster Lehrer dort war Tony Smith.

Irgendwann hatte Newman, damals frisch verheiratet, Smith

zum Abendessen zu sich nach Hause eingeladen. Smith hatte die Einladung angenommen, und so saßen sie zusammen mit Newmans Frau an einem gewaltigen alten, aber eleganten Esstisch. Die Elternpaare der Brautleute hatten ihnen ihre erste gemeinsame Wohnung eingerichtet und sie mit Stücken möbliert, die sich schon seit Jahrzehnten in ihren jeweiligen begüterten Haushalten befanden. Die unzähligen Tische, Sessel, Truhen und Regale, ja selbst das Bett, waren so wuchtig, schwer, düster und imposant wie eins von Soutines Gemälden.

Nach dem Essen vertraute Newman seinem Lehrer an, dass er nicht nur den Ehrgeiz habe, ein erfolgreicher, sondern auch ein bedeutender Maler zu werden. Er bat Smith um Rat, wie er dieses Ziel erreichen könne. Überrumpelt schwieg Smith eine Weile, dann sah er sich um und sagte: «Als Erstes müssen Sie diese spießigen jüdischen Möbel loswerden.» Sprach's und ging.

Zwei Wochen später lud Newman den erstaunten Smith erneut zum Essen ein. Tony hat mir nicht verraten, warum er die Einladung annahm. Vielleicht hatte er keine Lust mehr, immer in Lokalen zu essen, vielleicht sagten ihm Annie Newmans Kochkünste zu. Auf alle Fälle kam er wieder in die Wohnung, wo sich sein Erstaunen jäh verdoppelte. Das gesamte Mobiliar war verschwunden, jedes einzelne Stück. Das Abendessen wurde auf einer Transportkiste serviert. Zum Essen saßen alle auf dem Boden.

Da dämmerte Smith, dass der Typ es ernst meinte. Er war nicht bloß ein Dilettant, sondern wusste, was er wollte. Als Newman am Ende des Abends erneut fragte, was er tun könne, um einen Beitrag zum aktuellen Mainstream des Modernismus zu leisten, antwortete Smith: «Man weiß eine Menge über Horizontalen. Über die Vertikalen ist hingegen nicht viel bekannt.»

Dabei beließ er es, aber mehr brauchte Barnett Newman auch nicht. Er baute sich eine finanziell erfolgreiche und auch von der

Kritik wohlwollend begleitete Karriere auf, indem er die Wirkung von strategisch (aber nur selten vorhersehbar) verteilten vertikalen Streifen, Balken oder Spänen auf Auge und Geist erforschte, indem er sie beispielsweise quälend nah an den Rand seiner großflächig monochromen Leinwände setzte. Weit entfernt von den autokratischen Arrangements traditioneller Malerei, in der das Auge des Betrachters gezwungen ist, sich auf einen oder mehrere vom Künstler vorgegebene Aspekte zu konzentrieren, sind Newmans riesige Werke durchweg eine Einladung – oder Herausforderung – an den Betrachter, aus der vertikalen Einheit in einer Fläche von *realem* – im Gegensatz zu bildhaftem/illusionärem – Raum zu machen, was er will. Es gibt keine Narration, keine Verführung, kein «Bitte, bitte» es gibt nur eine Plattform, von der aus wir die elementare Vertikalität «fühlen» können, wenn sie sich überzeugend, aber unerwartet vor einem flachen Grund zeigt.

Schade, dass Tony Smith nicht mehr unter uns weilt und die menschliche Rasse weiter in Sachen Vertikalität berät, denn während wir uns vermehren wie Fruchtfliegen, zerstört unsere Vorliebe für die Horizontale – die industrielle, wohnbauliche und sogar landwirtschaftliche Ausbreitung – die Erde und den Planeten. Visionäre Architekten träumen von Gebilden, die so hoch sind, dass ihre Spitzen tatsächlich bis ins All reichen, in einem Stockwerk ein Park, in anderen Krankenhäuser, öffentliche Bibliotheken, Sportanlagen und Kaufhäuser: eine ganze Stadt in einem einzigen Gebäude. Und denken Sie nur an vertikale Farmen: hochaufragende Hydrokultur-Treibhäuser, die mehr Mais und Tomaten produzieren als die Millionen Hektar Land, auf denen es heute keine Wildtiere oder Bäume mehr gibt, weil sie von Chemikalien und Habgier vergiftet sind. Wenn wir uns nicht nach der Decke strecken, werden wir untergehen.

Das ist das Tolle an Künstlern, nicht? Selbst wenn sie es gar nicht mitkriegen, nehmen sie uns das Träumen ab.

Alles in allem habe ich mehr aus Gesprächen mit Malern als mit Schriftstellern gelernt. Nicht weil Maler schlauer wären als Schriftsteller, das trifft nur selten zu, doch im Gespräch verschwenden Schriftsteller gern unmäßig viel Zeit darauf, mit Rezensionen oder Vorschüssen anzugeben oder darüber zu jammern, über ihre Verleger zu schimpfen oder über andere Autoren zu lästern. Die oft ebenso unsicheren Maler können genauso langweilen oder herumzicken – es ist schließlich nicht leicht, in einer materialistischen Gesellschaft kreativ zu sein –, da sie aber nicht in den Weinbergen des Wortgeklingels arbeiten, sondern auf den Eisschollen visueller Erscheinungen, können sie ihre Vorstellungen sprachlich ungehemmter als die Wortschmiede erkunden oder vermitteln. Niemand bewertet ihren sprachlichen Ausdruck oder vergleicht ihn mit ihrem schriftlichen Werk, deshalb empfinden sie die Sprache als weniger belastend.

Der Maler Morris Graves beispielsweise legte eine nicht literarische Eloquenz an den Tag, als er mir erzählte, er sei in Indien einmal vor Tagesanbruch von seltsam schönen, hypnotischen Tönen geweckt worden, einer Art wunderbarem Gesang. Beim Frühstück erfuhr er, dass in diesem Dorf, wie auch in anderen Dörfern Indiens, die Männer und Jungen seit undenklichen Zeiten jeden Morgen hinausgehen, um mit ihrem Gesang die Sonne zum Aufgehen anzuregen. «Zyniker spotten darüber», sagte Graves lächelnd, «aber die Leute im Dorf betonen, dass über all die Jahrtausende hinweg, die sie gesungen haben, die Sonne immer aufgegangen ist.»

Als NASA-Wissenschaftler den mystischen Maler nach Cape Kennedy einluden, damit er sie in Dingen beriet, die sie zunehmend beunruhigten – Bereiche, in denen Astronomie, theoretische Physik und höhere Mathematik anscheinend unausweichlich die Grenze zum Reich der Metaphysik überschritten –, erzählte Graves ihnen von den indischen Sängern und schlug vor, die NASA täte vielleicht gut daran, bei der Erforschung des Weltraums eine gleichermaßen respektvolle und achtsame Haltung an den Tag zu legen. Bei vielen Wissenschaftlern stieß Graves auch auf offene Ohren und Zustimmung, als er behauptete, wenn man den Weltraum wirklich erobern wolle, müsse man die Reise in sein eigenes Inneres ebenso wichtig nehmen wie die ins Äußere, und dazu seien die gleiche Konzentration, Ernsthaftigkeit, Anstrengung, Courage und Entschlossenheit erforderlich wie bei der Suche nach Anzeichen für Leben auf dem Mars oder der Errichtung einer Kolonie auf dem Mond.

Graves war ein Meister darin, die Dinge nach innen zu wenden. Ein nüchternes Interview über das Thema Form versus Formlosigkeit in der modernen Malerei endete damit, dass ich in seinem Atelier auf dem Boden saß, chinesische Münzen warf und das *I Ging* zu Rate zog. Wie sollte ich das unter die Leute bringen? Mittlerweile war ich zu dem Schluss gekommen, dass spirituelle Texte aus Asien am besten bei spirituellen Asiaten aufgehoben waren. Die Bibel ist schlicht und einfach ein Buch aus dem Osten, und wenn man bedenkt, wie viel psychologischen und materiellen Mist wir Westler in ihrem Namen angerichtet haben, läuft einem ein Schauer über den Rücken bei der Vorstellung, welcher Schaden von ähnlichen Missdeutungen der *Bhagavad Gita,* des *Rigveda* oder des *Tibetischen Totenbuchs* (größtenteils aufgrund von Unwissenheit, teilweise aber auch kalkuliert und heimtückisch) ausgehen könnte.

Ich wusste, dass das *I Ging* ein rätselhaftes Buch mit Weissagungen war, dessen Hexagramm-System über drei Jahrtausende hinweg in China verfeinert worden war und das auf dem Konzept eines dynamischen Gleichgewichts von Gegensätzen im gesamten Universum sowie der Erkenntnis beruhte, dass alle Ereignisse, seien sie persönlicher oder kultureller Natur, sich einigermaßen vorhersehbar in einer Matrix beständigen Wandels entfalten. Ich fand dieses Konzept zwar ansprechend und war neugierig auf seine praktische Anwendung, beharrte aber gleichwohl darauf, denselben Abstand zum *I Ging* zu wahren wie etwa zum Ashram eines Gurus oder einem Zigeunerlager. Mit Ausnahme von Allen Ginsberg war Morris Graves der charismatischste Mensch, den ich je kennengelernt habe. Wenn er sagte: «Komm mit!», nahm man seine Jacke und ging mit, denn man wusste, dort, wo er einen hinführte, war es bestimmt interessanter als dort, wo man sich gerade aufhielt.

Deshalb gab ich Graves' Drängen nach, stellte eine Frage (eine ziemlich allgemeine darüber, wie ich mein Leben fortsetzen sollte) und warf die Münzen (Schafgarbenstängel, die bevorzugte Methode, hatten wir gerade nicht zur Hand). Ich kann mich an den englischen Namen des Hexagramms, das ich zur Antwort bekam, nicht erinnern, aber die Erklärung mitsamt der dazugehörigen Anweisung habe ich nie vergessen. Sie war ziemlich steif, gestelzt und ein bisschen überheblich formuliert, wie es sich möglicherweise für ein so altes Orakel gehört, aber letzten Endes lief es darauf hinaus: «Sei vorsichtig mit dem, was in deinem Mund landet und was aus ihm herauskommt.»

Der Rat war so gut – so einfach, weise und umfassend –, dass ich nie wieder das Bedürfnis hatte, das *I Ging* zu konsultieren. Vielleicht war es der beste Rat, den ich je bekommen habe. Unwillkürlich frage ich mich, was aus meinem Leben geworden wäre, wenn ich ihn tatsächlich befolgt hätte.

Grau, kalt, matschig und bäh – Manhattan im März 1965 hatte Ähnlichkeit mit jener Schale übrig gebliebenem Brei, bei deren Anblick Mama Bär ausrief: «Dieser Brei ist zu gottverdammt kalt!», falls Sie sich an das Märchen erinnern. Doch dann erwachten die New Yorker eines Sonntags gegen Ende des Monats zu einem Morgen, der so schön, strahlend und strotzend vor Optimismus war wie Goldlöckchens erster BH. Wie eine stumme und doch lautsprecherverstärkte Ansage rief die Sonne die Leute auf die Straße, wo die Abwesenheit von Schnee und Matsch sie dermaßen verblüffte, dass sie einander tatsächlich zulächelten. Nach südkalifornischen Maßstäben, ganz zu schweigen von denen auf Hawaii, war der Tag nicht wirklich warm, aber immerhin stellte es eine Veränderung, eine definitive Verbesserung dar, und die Reaktion darauf war enorm anregend.

An diesem Nachmittag schlenderte ich mit meiner Freundin Eileen rüber zum Washington Square im Greenwich Village. Der Wetterumschwung hatte den Park dort in eine Art begehbare Jukebox verwandelt. Alle paar Meter stolperten wir über einen neuen spontanen Live-Musik-Act. Es gab die üblichen ambitionierten jungen Folksänger, die sich, mit billigen Gitarren oder Mundharmonikas bewaffnet, an jedem schönen Tag hier oder da im Washington Square Park hinpflanzten, aber an diesem Sonntag traten zudem noch kleine Rockbands, Jazz-Trios, ältere klassische Geiger, die tatsächlich vor Notenständern fiedelten, sowie Männer aus Russland oder dem Nahen Osten auf, die einzeln oder zu zweit auf Instrumenten, die Eileen und ich nicht kannten, exotische Melodien zum Besten gaben, die wir ebenfalls nicht kannten. Ein paar Musiker hatten Schachteln aufgestellt, in die Passanten Münzen werfen konnten, wenn sie ihnen gefiel, doch die meisten spielten aus reiner Freude. Es war ein multikultureller, unvoreingenommener Vorläufer von *American Idol*, und selbst als unheilverkündende Wolken – dunkler und imposanter als Papa Bärs großes braunes Hinterteil – vom Atlantik heraufzogen, gingen die Minikonzerte zu Dutzenden weiter, als könnte allein die Musik den

frischen Frühling festhalten und einen erneuten Winterein-
bruch verhindern.

Dann (es muss zwischen drei und vier Uhr gewesen sein) erklang ein Geräusch – zuerst weit weg, doch es kam schnell näher
und wurde lauter und lauter –, ein so ungeheuer elementares
Geräusch, dass es nicht nur in den Ohren widerhallte, sondern
auch im Bauch, im Rückgrat, im Schritt und im Herzen. Es war
wie ein Ausschnitt aus einer Oper, die am fünften Schöpfungs-
tag aufgeführt wurde, vor der Erschaffung von Mann und Frau,
als Jehova noch bis zu den Achseln im Sternenstaub stand und
es Luzifer mit seinem verdrehten Taktstock aus Schlangenwurz
und Lehm überließ, den Chor zu dirigieren.

Nach und nach verstummten die Sänger, kamen die Instrumente fiepsend zum Schweigen. Rasch wurde klar, dass die lautstarke Unterbrechung von oben kam, und jetzt hoben alle wie
Marionetten an unsichtbaren Strippen den Kopf zum Himmel
und erblickten ein halb zusammengeklapptes Taschenmesser
aus Wildgänsen, die Gottes geheimen Namen in den Himmel
ritzten.

Ich hatte keine Ahnung gehabt, dass die Wanderroute der At-
lantischen Kanadagänse über New York führt. Vielleicht war es
eine Anomalie, vielleicht hatten ein Sturm oder ein ungewöhnlich großer Ausstoß von Chemieabgasen aus einer Raffinerie unweit der Küste von New Jersey die Gänse abgelenkt, aber weshalb
auch immer, das mächtige Dreieck zog direkt über uns hinweg
Richtung Norden, und zwar so tief, dass man sich wunderte,
warum sie nicht frontal gegen eine Beobachtungsplattform oder
das Penthouse eines Multimillionärs prallten.

Für einige auf dem Washington Square, nämlich die in Manhattan Geborenen, war es vermutlich der unmittelbarste Kontakt mit der wilden Natur, den sie je gehabt hatten. Selbst Zu-
gezogene aus Staaten wie Idaho oder Arkansas waren sichtlich

überrascht, bewegt und begeistert. Und kurz bevor die großen Vögel in der Ferne verschwanden, gerade als ihr vorsintflutliches Kreischen langsam verklang, brach alles, was sich im Park aufhielt – Musiker, Touristen, Säufer, Hundehalter, Arbeiter, die den freien Sonntag genossen, einfach jeder –, in spontanen Beifall aus.

Und dann … genau in diesem Augenblick – und ich schwöre, dass ich das nicht erfunden habe – riss der Himmel auf wie bei einem Kaiserschnitt, als hätte die Messerklinge der Gänse ihn aufgeschlitzt, und ein Schauer gigantischen Ausmaßes prasselte auf uns nieder. Er durchnässte, blendete und ergoss sich in solchen Mengen über uns, dass innerhalb von Minuten der Park wie leergefegt war. Selbst die Tauben suchten sich einen Unterschlupf. Der Washington Square lag verlassen da. Doch es würde mehr als eine Flut, mehr als den Fluss der Zeit selbst brauchen, um die magische, geflügelte Erinnerung daran wegzuwaschen, dass auf diesem Planeten Wunder am Werk sind, deren unheimlicher Schönheit der urbane Mensch trotz all seines Einfallsreichtums, all seines Ehrgeizes und all seiner Eitelkeit nie Gleichwertiges entgegensetzen kann. Soutine ebenso wenig wie Pollock, ja nicht einmal Graves, der mehr als jeder andere Künstler die haarsträubende und doch irgendwie nährende Musik der Wildnis in seiner Malerei verwirklichte.

Ich war noch keine drei Monate im Big Apple, als ich Mitglied der New York Filmmakers' Cinematheque wurde. Das war eine relativ neue Organisation, die gerade erst anfing, sich zu etablieren, und es machte nichts, dass ich nicht die Absicht hegte, Filme zu drehen. Ich hatte mir eine gewisse Qualifikation als Kritiker erworben (wenn auch im fernen Seattle), und da es zu den Zielen der Cinematheque gehörte, experimentelle Künstler und ihre Arbeit zu fördern, war ihr jede Art von Unterstützung recht.

Ich wiederum interessierte mich brennend für nicht kommerzielle Filme, seitdem ich im Jahr zuvor bei einer Vorführung in der University of Washington zum ersten Mal *Ein andalusischer Hund* gesehen hatte, jenes schockierende Gemeinschaftswerk von Luis Buñuel und Salvador Dalí aus dem Jahr 1929.

Einmal im Monat, ich glaube, es war immer am ersten Donnerstag, zeigte die Cinematheque kürzlich fertiggestellte Filme oder laufende Arbeiten von Underground-Regisseuren wie Jack Smith, Stan Brakhage oder Jonas Mekas. Die Mitternachtsvorstellung fand im New Yorker Theatre oben an der Fifth Avenue statt und war nur für Mitglieder reserviert. Ich war ein eifriger Besucher, und dieser Eifer grenzte bisweilen an Besessenheit, wenn nicht gar Blödheit. Hier zwei Beispiele.

Die große Mehrheit der Undergroundfilme war kurz, selten länger als fünfzehn bis zwanzig Minuten. Andy Warhols Werke bildeten da eine Ausnahme – sie waren bei minimalistischem Inhalt von epischer Länge. Als es daher hieß, die Premiere von Warhols jüngsten Bemühungen würde nur neunzig Minuten dauern (sein letztjähriger Film mit dem passenden Titel *Sleep* hatte sechs Stunden gedauert), fassten die Macher der Cinematheque Mut. Zudem ging es in dem neuen Film um einen «Star», den kultivierten Henry Geldzahler, einen ungeheuer einflussreichen Museumskurator und Störenfried der New Yorker Kunstwelt, um dessen Gunst unzählige Fans buhlten. Die Vorstellung von *Henry Geldzahler* lief vor fast vollem Haus. Der Film zeigte den Kurator, wie er, offenbar in einem sonnendurchfluteten Strandhaus in den Hamptons, in einem Lehnstuhl saß und eine Zigarre rauchte. Das war alles. Anderthalb Stunden lang. Die Kamera war die ganze Zeit in derselben Einstellung auf ihn gerichtet. Es gab weder Nahaufnahmen noch Totalen oder Überblendungen – und auch keinen Soundtrack. Abgesehen von dem Arm, der die Zigarre hielt, rührte Geldzahler keinen Muskel. Nach dreißig oder vierzig Minuten hörte ich ein Murren. Mehrere Leute in meiner Umgebung standen auf und gingen. Ich rief mir eine alte Zen-Weisheit ins Gedächtnis: «Wenn etwas fünf Minuten langweilig ist, versuch es mit zehn Minuten; wenn es zehn Minuten langweilig ist, versuch es mit fünfzehn», und so weiter. Ich war entschlossen, durchzuhalten. Und wurde dafür belohnt.

In dem ansonsten statischen Film passierten ein paar Dinge, die meine Aufmerksamkeit fesselten. Zum einen fühlte sich Geldzahler sichtlich und ernsthaft immer unwohler. Er sagte zwar kein Wort und ließ sich auch sonst nichts anmerken, doch der zunehmend gereizte Ausdruck und die steife Körpersprache waren die eines Mannes, der es kaum abwarten konnte, dass das Experiment ein Ende fand, und da dieses Gefühl offenbar von vielen, wenn nicht den meisten Zuschauern im Kinosaal geteilt wurde, förderte es auf seltsam glückliche Weise jene Identifikation von Darsteller und Publikum, nach der große Schauspieler und Schriftsteller so häufig streben.

Und dann war da noch die immer länger werdende Asche der Zigarre. Wenn man eine gut gerollte, langsam brennende Zigarre sanft und ungestört paffen kann, neigt sie dazu, die Asche zu halten, und dieser dicke Stumpen, zweifellos kubanischen Ursprungs, brannte und brannte (und brannte und brannte), ohne dass die Asche herabfiel. Je länger die Asche wurde, umso mehr wurde sie – jedenfalls für mich – nicht nur zum Mittelpunkt des ganzen Films, sondern geradezu zum Faszinosum.

Neben Geldzahlers Stuhl stand ein frei stehender Aschenbecher, einer von denen, wie man sie aus Empfangshallen in Hotels kennt. Im zweiten Teil des Films schickte Henry sich mehrmals an, die Asche abzuklopfen – nur um im letzten Augenblick einen Rückzieher zu machen und den nächsten Zug zu nehmen. Jedes Mal, wenn er das tat, wuchs die Nervosität. Langsam wurde die Spannung so unerträglich wie in einem Hollywood-Thriller. Das

Schicksal dieser langen Zigarrenasche – würde Henry sie jemals wegschnippen? Wieso fiel sie nicht einfach ab? – war vergleichbar mit dem eines in Gefahr geratenen Jimmy Stewart oder einer Tippi Hedren im aufregendsten Hitchcock-Meisterwerk. Ich atmete schwer und saß inzwischen zumindest im übertragenen Sinne auf der Kante meines Sitzes. Und als die Asche der Schwerkraft am Ende nicht mehr widerstehen konnte, kam es mir vor wie eine Katharsis, und die Erleichterung war beinahe orgiastisch.

Der Film war zu Ende. Das Licht im Saal flackerte wieder auf. Und ich war entgeistert und beschämt zugleich, als ich feststellte, dass, soweit ich sehen konnte, außer mir niemand mehr im Kino war! Ich allein hatte bis zum Schluss ausgeharrt.

Ich lief so schnell zum Ausgang, als stünde das Gebäude in Flammen, und war überzeugt, dass jeder, der mich jetzt zufällig sehen konnte, einen der folgenden Gedanken haben musste: 1) Ich war der coolste, Zen-erleuchtetste Typ in der ganzen Stadt. 2) Ich war ein Blender, ein Schwindler, der beweisen wollte, dass er allein über das nötige Feingefühl und die Intelligenz verfügte, um einen so anspruchsvollen Film zu verstehen. Oder 3) Ich war ein naives Landei, und dem gewieften Warhol war es gelungen, mich zu verarschen.

Am nächsten ersten Donnerstag einen oder zwei Monate später begegnete ich bei einer Vernissage in einer großen Kunstgalerie zufällig einer schönen britischen Filmschauspielerin, die noch jung, aber schon ziemlich bekannt war. Ich werde ihren Namen hier nicht nennen, denn sie lebt und arbeitet noch und ist häufig in Fernsehserien aus Großbritannien oder Episoden aus *Masterpiece Theater* zu sehen. Wir unterhielten uns so gut, dass wir beschlossen, das Gespräch woanders fortzusetzen, und zwar in der Bar ihres Hotels uptown. Nach zwei der drei Drinks drückte sie meine Hand, sah mir vielsagend in die Augen und lud mich in ihr Zimmer ein. Ich warf einen Blick auf die Uhr.

O nein! Es war schon nach elf, und das Filmprogramm in der Cinematheque begann um Mitternacht. Ich stammelte, ich sei leider moralisch verpflichtet, mir noch einen bedeutenden Undergroundfilm anzusehen, küsste sie auf die Wange und floh ins New Yorker.

Mein größtes Lob aller Zeiten stammt von der bekannten italienischen Literaturkritikerin Fernanda Pivano, die in einem führenden Blatt ihres Landes schrieb: «Tom Robbins ist der gefährlichste Schriftsteller der Welt.» Gewöhnlich lese ich keine Rezensionen, nicht einmal auf Englisch, aber hin und wieder steckt mir jemand das eine oder andere, und als sich die Gelegenheit ergab, der legendären Signora Pivano bei einem Empfang in Mailand vorgestellt zu werden, fragte ich, was sie mit dieser wunderbar schmeichelhaften Bemerkung gemeint hatte. «Sie aben gesagt, dass Liebe iste die Einzige, was zählt, und alles andere große Spaß.» Nun, ich war mir gar nicht ganz sicher, ob ich das wirklich so gesagt hatte, deshalb wechselte ich vorsichtshalber das Thema. Sie hatte vor kurzem bestritten, jemals mit Ernest Hemingway ins Bett gegangen zu sein, als sie ihn in den dreißiger Jahren durch Italien begleitet hatte.

«Warum haben Sie nicht mit ihm geschlafen?», fragte ich.

Signora Pivano seufzte, schloss die großen braunen Augen, schüttelte das graue Haupt und antwortete langsam und mit schwerem Akzent: «Ich war Idiota.»

Okay, zurück zur New Yorker Cinematheque. Warum sah ich mir lieber einen Haufen bekloppter, esoterischer, häufig ausschweifender 16-mm-Streifen an, statt mit einer verführerischen Schauspielerin aus England ins Bett zu gehen? Rück ein Stück, Fernanda, da ist noch Platz für einen zweiten Idioten.

In der Zeit, in der wir in New York zusammenwohnten, küssten Eileen und ich uns dermaßen oft und leidenschaftlich, dass die schiere Anzahl unserer Küsse einen Carl Sagan verwirrt hätte, während die Energie unserer Knutschorgien, in Strom umgewandelt, den Times Square und halb Coney Island erleuchtet hätte. So mannigfach und anhaltend verschmolzen Eileens und meine Lippen, dass es mir heute unmöglich ist, einen bestimmten Kuss besonders hervorzuheben, und das wiederum mag der Grund dafür sein, warum die zwei einzigen Küsse, die ich aus dieser Zeit in Erinnerung behalten habe, kurz, trocken und vollkommen leidenschaftslos waren (weshalb sie mit Eileen nichts zu tun haben konnten). Der eine war der oben erwähnte erbärmliche Schmatzer, den ich der britischen Schauspielerin zum Abschied auf die Wange drückte. Der andere stammte von Allen Ginsberg, dem einzigen Mann, der es je geschafft hat, mich auf den Mund zu küssen.

Es war an einem Wintertag im Jahr 1965. Ginsberg und ich hatten Schneeflocken auf Haar und Bart, als wir vor dem Frauengefängnis in der West Tenth Street im Greenwich Village aufzogen. Die Demo, die erste dieser Art und nicht allzu groß, war von «Lemar» (Legalize Marijuana) organisiert worden und richtete sich gegen die Tatsache, dass es in diesem Gefängnis von Frauen jeden Alters wimmelte, deren einziges Verbrechen darin bestand, dass sie privat, unauffällig und gewaltlos ein paar Rauchwölkchen von einem brennenden Kräutlein inhaliert hatten. Von Zeit zu Zeit erschien eine Frau an einem der vergitterten Fenster, um sich zu bedanken und uns zu ermutigen, bevor sie wieder zurückgepfiffen – oder weggeschleift – wurde.

Inmitten der wirbelnden Schneeflocken platzten und flackerten, wie die Augen durchgeknallter Eisbären, ständig Blitzlichter auf. Offensichtlich gehörten nicht all diese Fotoapparate Vertretern der Medien. In unserem Trüppchen wurde davon ausgegangen, dass mindestens ein halbes Dutzend Strafverfolgungsbehörden ihre Repräsentanten geschickt hatten. Vielleicht um Angst zu verbreiten und uns einzuschüchtern, gaben sich die diversen städtischen, bundesstaatlichen und nationalen Agenten keine Mühe, ihre Anwesenheit und ihre dokumentarischen Bemühungen zu verbergen, was zumindest mich zunehmend nervöser machte.

Die Angst muss sich in meinem Gesicht und vielleicht sogar in meiner Körpersprache widergespiegelt haben, denn irgendwann legte mir Ginsberg sanft die Hand auf die Schulter und sagte: «Mach dir deshalb keine Sorgen.» Er hatte mein Milchgesicht von den Lemar-Versammlungen im Peace Eye Bookstore wiedererkannt, obwohl er meinen Namen damals noch nicht kannte. «Mach dir keine Sorgen», sagte er und nickte in Richtung der Paparazzi. «Auf lange Sicht werden dir diese unscharfen Schnappschüsse im Ordner irgendeines Bullen mehr zur Ehre gereichen als dein Gesicht auf der Titelseite von *Newsweek* oder *Times*.» Und dann küsste er mich auf den Mund, so zart wie eine Schneeflocke.

An meine spontane Reaktion kann ich mich nicht mehr erinnern, aber bei vielen Gelegenheiten in den folgenden Jahren bedankte ich mich insgeheim bei ihm für diese nüchterne Betrachtung: Es war eine Lektion in Haltung, die durch den Kuss noch unvergesslicher wurde.

Aber das war vermutlich seine Berufung. Eine mitreißende Sutraschleuder, ein vedantischer Verseschmied, eine Wurlitzer aus heulendem Fleisch, berauscht von heiligen Orten, verfügte Ginsberg – indem er das Ewige im Flüchtigen beschwor und Paradox und Konfusion rückhaltlos als elementare Flüssigkeiten feierte, in denen die Conditio humana schwimmt (wodurch sie unsere fundamentale Unzufriedenheit zur lichteren Chemie von Akzeptanz, Mitgefühl, Albernheit und Trauer hinveredelt) – über die Fähigkeit, ein Netz des Zaubers über beinahe alles im

Leben zu werfen, von der fast abgestorbenen Sonnenblume bis zur potenziellen Verhaftung durch die Sittenpolizei.

Vor einiger Zeit gab die Post der Vereinigten Staaten eine Serie von Briefmarken zu Ehren der größten modernen amerikanischen Dichter heraus. Allen Ginsbergs Gesicht war nicht darunter. Das spricht doch Bände, oder?

Im Schutz der Nacht machten Eileen und ich uns aus New York davon. Allerdings war unser überstürzter Aufbruch weder so dramatisch noch so unehrenhaft, wie es klingt.

Eileen Halpin, klein, brünett und quirlig, mit gefühlvollen Augen und einem so sinnlichen Mund, dass sich bei seinem Anblick selbst der Papst kopfüber vom Balkon gestürzt hätte, studierte Kunst an der University of Washington. Wir waren uns im August 1964 begegnet, wenige Wochen vor meinem Umzug nach New York, als ich noch unter dem Einfluss des Karottenbombers stand. Wir hatten drei oder vier wundervoll schlaflose Nächte miteinander verbracht, ehe ich Seattle verließ. Ich hatte nicht damit gerechnet, sie wiederzusehen, doch nachdem ich eine Bleibe in dem Viertel gefunden hatte, das «East Village» zu nennen die New Yorker gerade erst begannen (wobei ich unterwegs Susan und Kendall in Richmond abgesetzt und B.K. eingesammelt hatte, der dann in das Mietshaus direkt neben meinem zog), begannen Eileen und ich eine dermaßen von wechselseitiger triebhafter Anziehung erfüllte Korrespondenz, dass ich kaum einen Monat später zur Grand Central Station fuhr, um sie vom Zug abzuholen.

Unternehmungslustig und selbständig, wie sie war, brauchte Eileen nicht lange, bis sie einen Job als Kellnerin im Café Renzi gefunden hatte, einem beliebten Treff im Greenwich Village, nur ein Stück die Straße runter von dort, wo ein Jungspund namens Bob Dylan gerade anfing, seine Nasenpolypen zu trainieren. Eileen verdiente zwar nicht viel, aber ihre Einkünfte halfen, meine Ersparnisse aufzustocken, und finanzierten teilweise sogar meine Recherche. Trotzdem waren diese Ersparnisse bis Ende Juni 1965 derart geschrumpft, dass Trinkgelder aus einem Café nicht mehr reichten, um sie aufzufüllen. Und dann war da noch die Sache mit Ken Kesey und dem Wetter …

Der Juni prügelte mit einer toten Flunder auf Manhattan ein, die Luft war schwül, feucht, voller Abgase und stank entsetzlich nach fauligen Abfällen. In unserer Wohnung gab es weder eine Klimaanlage noch einen Ventilator, deshalb mussten wir abends durchs Fenster klettern und uns auf die Feuerleiter setzen, um es einigermaßen kühl zu haben. Wenn Eileen im Renzi arbeitete, las ich da draußen und verdarb mir die Augen im schwachen Licht der Straßenlaterne. Wie es der Zufall wollte, war der Roman, den ich in diesem Sommer angefangen hatte, Ken Keseys *Manchmal ein großes Verlangen*, der im Pazifischen Nordwesten spielt und voller Bilder von grünem Moos, grünen Farnen, grünen Zedern und Tannen, kühlem grünem Nieselregen und kalten grünen Flüssen ist. Das Buch strotzte dermaßen von Grün, dass selbst eine alte Wüstenratte wie Gaddafi schockiert «Beige, beige, beige, beige, beige» skandiert hätte.

Eines Mitternachts (ich hatte in Keseys Pfützen geplanscht, und nicht ganz zufällig war kurz darauf die Julimiete fällig) kam Eileen aus dem Café Renzi zurück und fand mich beim Packen. «Such deine schnuckeligen Sachen zusammen, mein Schnuckelchen», sagte ich. «Noch ehe der Hahn zum dritten Mal kräht, werden wir New York verleugnet haben.» Das Maklerbüro unseres Vermieters befand sich im Erdgeschoss des Hauses und nahm um neun den Betrieb auf. Bis dahin saßen Eileen und ich längst zwischen unseren Habseligkeiten eingequetscht in dem treuen alten Valiant und fuhren durchs westliche New Jersey. Bei der Überquerung des Hudson hatte ich zum Abschied gewinkt, den Geistern von Soutine und Pollock ein Au revoir und Auf bald zugerufen und ihnen für die vergangenen neun Monate im Dienst meiner protestantischen Ethik gedankt.

Es hatte noch einen anderen Grund gegeben, New York zu verlassen. Die Gegend um den Tompkins Square, wo wir wohnten, war über viele Jahrzehnte hinweg ein Viertel für polnische und ukrainische Einwanderer gewesen. Doch in den frühen sechziger Jahren zogen immer mehr Puertoricaner hierher (die wiederum von den Hippies abgelöst werden sollten, aber so weit war es noch nicht), und nachts dominierten nun junge hispanische Gangs das Leben auf der Straße. Zu Gewalt kam es nur selten, trotzdem sorgte das nächtliche Übergewicht von jungen Latinos an den Straßenecken oder auf den Vordertreppen der Häuser für ein gewisses Misstrauen und Unbehagen. Wenn ich spätabends von Stanley's Bar über die Avenue B nach Hause ging, war ich immer auf der Hut vor möglichen Problemen und leicht nervös, selbst in der Begleitung eines Muskelmanns wie B. K.

Die beiden rivalisierenden Banden in unserer Nachbarschaft nannten sich «12th St. Boys» und «Dutchmen». Wieso sich eine Gruppe von halbwüchsigen Schlägern aus Puerto Rico ausgerechnet mit Käse produzierenden, Schlittschuh fahrenden, nordeuropäischen Windmühlenbesitzern identifizierte, blieb mir ein Rätsel, dafür lernte ich allerlei anderes über die Latino-Dutchmen, und zwar aus erster Hand.

Die beiden Gangs steckten ihr Territorium ab und machten es kenntlich, indem sie ihre Namen mit Kreide an jede verfügbare Wand kritzelten. Eines Nachmittags ging ich die East Tenth Street entlang und wurde Zeuge eines solchen Taggings durch eine Schar dieser Pseudoholländer, die wie üblich ihren eigenen geheiligten Namen falsch buchstabierten. Der Anführer dieses Kontingents hatte soeben D*U*C*H*M*E*N auf eine Backsteinfassade geschrieben und war einen Schritt zurückgetreten, um sein Werk zu bewundern, als ich, getrieben von einem unkontrollierbaren Verbesserungsdrang, der mich schon seit frühester Kindheit begleitet, zu ihm hinüberging, die Kreide verlangte (der Typ war zu verblüfft oder, weil er Blut roch, zu belustigt, um abzulehnen) und ein großes kreidiges T einfügte. «Da», erklärte ich, «so wird das geschrieben. D*U*T*C*H*M*E*N.»

Erst jetzt, als ich ihm die Kreide zurückgab, wurde mir klar, wie leichtsinnig meine spontane Besserwisserei gewesen war. *Um Himmels willen, Tom, was hast du getan!* Während ich mich darauf vorbereitete, um mein Leben zu rennen, verfolgt von einem Rudel urbaner Wölfe, nickten die Jungs. Dann grinsten sie. Bedankten sich auf Englisch und Spanisch. Und ich ging davon, ohne dass mir ein Haar gekrümmt wurde; ich widerstand sogar dem Bedürfnis, den Schritt zu beschleunigen oder mich noch mal umzusehen. Immerhin war es gut ausgegangen. Stimmt. Aber es war noch nicht vorbei.

Diese Gangster (alle zwischen vierzehn und achtzehn) hatten jede Menge Zeit. Wenn sie in Hauseingängen oder an irgendwelchen Ecken am Tompkins Square herumlungerten, quatschten sie. Sie konnten stundenlang reden, Tag und Nacht, und das ging nicht immer ohne Streit ab, wie ich erfuhr. Dabei hakten sie ein erstaunlich breites Spektrum an Themen ab: nicht nur Sport und Popkultur, auch aktuelle Ereignisse, Geschichte, Geografie und Natur (einschließlich der Sexualität von Tier und Mensch). Sie sehen schon, wohin das führte. Ich, der Gringo, der so gebildet war, dass er ihre Rechtschreibung korrigieren konnte, und obendrein die *cojones* hatte, ihren Namen (illegal, versteht sich) auf eine Mauer zu schreiben, wurde zu ihrem zuverlässigen Schiedsrichter. Seitdem konnte ich kaum an einer Gruppe Dutchmen vorbeigehen, ohne dass sie mich anhauten, damit ich irgendeinen Disput zwischen ihnen klärte.

Es war irgendwie schmeichelhaft, irgendwie cool, in der verruchtesten Gegend von New York das Orakel für eine Gangsterbande zu spielen, aber ich hatte das Gefühl, dass es mit mir als wandelnder Ein-Mann-Suchmaschine nur böse enden konnte. Was, wenn ein Streit ausartete und ich auf der Seite eines oder mehrerer jüngerer, schwächerer Mitglieder stünde statt auf der des Anführers? Was, wenn sie rauskriegten, dass ich ihnen unwissentlich oder um meine Ahnungslosigkeit zu überspielen eine falsche Antwort gegeben hatte? Was, wenn die 12th St. Boys ihren eigenen Mentor hatten, einen pensionierten Professor oder so was, und er mich zu einem dramatischen High-Noon-Wissensduell herausforderte? Das war, noch bevor die National Rifle Association dafür sorgte, dass jeder hitzköpfige Rabauke in Amerika Zugang zu einer Schusswaffe bekam, doch es hieß, all diese Typen hätten Rasierklingen bei sich. Ich sah keine Möglichkeit, den Dutchmen aus dem Weg zu gehen oder von meinem Posten abzutreten. Die Lage war nicht wirklich ernst, aber sie diente als zusätzlicher Ansporn, um sich «auf die Socken zu machen», wie Mark Twain es ausgedrückt hätte.

Also machten wir uns auf die Socken – im Wagen. In Anbetracht unserer Pleite ließen wir kommerzielle Übernachtungsmöglichkeiten links liegen und schliefen stattdessen in Parks, auf Feldern oder einmal in Minnesota auf einem Schrottplatz, wo der Valiant zwischen all den kaputten und ausgeweideten Klapperkisten ringsum nicht weiter auffiel. Die Nächte waren mild, es war Sommer, Kampieren unter freiem Himmel eigentlich kein Problem. Bis auf ein einziges kleines Haar, das in der Suppe Rückenschwimmen übte: Wir hatten nur einen Schlafsack.

Jeden Abend schlüpfte eine vom Fahren erschöpfte Eileen in den Schlafsack. Und dann quetschte ich mich ächzend, grunzend und strampelnd dazu, als wollte ich eine für ein Pfund ausgelegte Wurstpelle mit zwei Pfund Schweinefleisch vollstopfen. Wenn wir beide einigermaßen drin waren, konnte sich keiner mehr rühren. Wir konnten uns weder umdrehen, die Beine anziehen noch in irgendeiner Weise die Position verändern; wir klebten aneinander, ich mit dem Gesicht an ihrem Hinterkopf, denn hätten wir uns einander zugewandt, hätten wir die ganze Nacht die ausgeatmete Luft des anderen einatmen müssen. Geschlechtsverkehr war natürlich ausgeschlossen. Nicht einmal Houdini hätte diesen Trick geschafft, es sei denn, seine Partnerin wäre Yogalehrerin gewesen. Wir kamen uns in dem verdammten Sack vor wie eine ägyptische Doppelmumie: König Tut und seine Schwester Tutti.

Gerade als im Westen von Montana die untergehende Sonne einen friedlichen Fluss in Pfirsichsaft verwandelte, entdeckten wir ein Motel, dessen saubere weiße Zimmer für vier Dollar pro Nacht angeboten wurden. Wir brauchten eine Dusche, wir mussten das Niveau unserer Intimität neu justieren und nach Nächten auf dem hartem Boden unsere strapazierten Muskeln entspannen – und nachdem wir uns ausgerechnet hatten, dass wir am nächsten Abend bis nach Seattle durchbrettern konnten, gönnten wir uns den Luxus.

Wir schrubbten uns, bis wir glänzten wie Liberaces Schneidezähne, und näherten uns der weißen Wolke von Bett mit einer fast ausgelassenen Mischung von Erschöpfung und Vorfreude, die sich noch verstärkte, als wir merkten, dass wir eins dieser neuen, modischen «Magic Fingers»-Massagebetten erwischt hatten. Wenn man eine Münze in den entsprechenden Schlitz warf, erwachte ein solches Bett zum Leben, schaukelte gemächlich auf und ab, von rechts nach links und zurück und knetete dabei sanft die ausgestreckten Körper seiner Benutzer. Toll! Super! Es war wie die unerwartete Antwort auf eine Reihe unausgesprochener Gebete müder Straßenkrieger.

Tja, vielleicht war es schlechtes Karma, weil wir den Hausbesitzer um seine Miete geprellt hatten, vielleicht Fern-Voodoo der puertoricanischen Dutchmen, vielleicht auch nur ein kleiner Scherz der Götter (und wir sollten auch denen ihren Spaß gönnen), aber nachdem unser Bett, das etwa zwanzig herrliche Minuten lang ruckeln sollte, seinen Rhythmus gefunden hatte, hörte es nicht mehr auf. Es hörte einfach nicht auf! Es war, als wäre das Ding von Bill Haley und Little Richard – «shake, rattle and roll» – oder James Bonds Lieblingsbarkeeper programmiert worden.

Nach mehr als einer Stunde unablässigen Schaukelns, fast zu Tode geknetet, waren wir kurz davor, aufzugeben und auf dem Boden zu schlafen (im Nachhinein schien uns der Schrottplatz nur noch halb so schlimm), als unsere benebelten Hirne endlich darauf kamen, dass die manisch-mechanische Masseuse ein Elektrogerät war und deshalb an eine Steckdose angeschlossen sein musste. Wie ein Rodeoreiter an seinem halbwilden Pferd glitt ich an der Matratze herab und kroch auf dem Boden herum, bis ich die Leitung entdeckte, ihr bis zur Dose folgte und den Stecker herauszog. Das Bett erschauerte noch einmal und lag dann still. «Yippie!», rief ich. Doch als Eileens Cowboy wieder unter die Laken schlüpfte, war sie bereits eingeschlafen.

der brief

Wann hatte es eigentlich begonnen, dieses Hirngespinst von dem goldenen Brief? Wahrscheinlich mit neunzehn oder zwanzig, als ich mir unerklärlicherweise einbildete, eines Tages würde mir der Postbote einen Brief bringen, der mein Leben drastisch veränderte. Zum Besseren, sollte ich hinzufügen: Diese Überzeugung hatte nichts mit einer Vorahnung von Unglück oder Leid zu tun. Im Gegenteil: In meinen Tagträumen hatte der Brief so etwas wie eine goldene Aura.

Irgendwann im Jahr 1966 schloss ich meinen Briefkasten auf, der vor dem Haus an der Straße stand, und fand einen Umschlag mit dem Absender «Doubleday & Co.». Hmmm? Hatte ich da etwa etwas Goldenes flackern sehen? Ungeduldig und ein kleines bisschen kribbelig las ich den Inhalt, während ich die Treppe in meine bereits zuvor erwähnte Wohnung über der Maschinenwerkstatt hinaufstieg. Ein Typ namens Luther Nichols, angeblich der für die Westküste zuständige Lektor des berühmten Doubleday-Verlags, teilte mir mit, dass er in zwei Wochen nach Seattle käme und sich gern mit mir treffen würde, um über die Möglichkeit eines Buchs zu sprechen. Konnte er etwa Gedanken lesen?

Ich kam in die Küche, wo Eileen gerade das Mittagessen vorbereitete, und hielt den Brief in die Höhe. «Ich glaube, das ist

er!», rief ich. Sie sah mich verwundert an. «Der *Brief*», erläuterte
ich.

«Was für ein Brief?»

«Na, der *Brief*.» Ich wedelte mit dem Schreiben, als wäre es
die papierene Flagge eines verarmten, aber stolzen Landes. «*Der
Brief.*»

Es war nicht Eileens Schuld, wenn sie meine Aufregung nicht
sofort verstand. Nicht jeder hat ein Auge für goldene Auren.

Zwei Wochen später traf ich mich mit Luther Nichols im Café
des Benjamin Franklin Hotels, das mittlerweile längst abgerissen
und von den Zwillingsmaiskolben des Westin-Hochhauses er-
setzt wurde. Luther Nichols, ein schlaksiger, distinguiert wirken-
der Gentleman, bestellte eine Tasse jenes Heißgetränks, für das
Seattle damals noch nicht berühmt war. Ich – damals wie heute
clean und abstinent bei von Sonntagsschulen sanktionierten
Suchtdrogen wie Koffein (Methodisten-Meth) – entschied mich
für einen Eisbecher.

Nach ein paar Minuten Smalltalk kam Nichols auf den Punkt.
Irgendwer hatte ihm die Kolumnen in sein Büro in San Francisco
geschickt – *Tom Robbins über die Künste* –, die ich für das *Seattle
Magazine* geschrieben hatte. Jetzt sollte ich mir überlegen, ob ich
nicht ein Buch über die Kunstszene im Nordwesten schreiben
wollte. Meine Enttäuschung war vermutlich ebenso schwer zu
verbergen wie der dicke Bauch der Braut bei einer Zwangsheirat.
Sollte er tatsächlich meine Gedanken gelesen haben, brauchte er
eine neue Brille.

«Hmm», stammelte ich. «Ich hatte … äh … gehofft, wir würden über einen … äh … Roman sprechen.»

Diesmal musste er seine Enttäuschung verbergen. Wie viele
Male die Woche hatte er es mit spinnerten Möchtegernschrei-
bern zu tun, die ihm einen Roman andienten, für den sie weder

die innere Kraft noch das nötige Talent besaßen? Allerdings war Nichols wirklich ein Gentleman und überaus höflich, deshalb kaschierte er seine Ernüchterung, seinen Ennui, mit einer dünnen Schicht von Interesse und fragte (gähn), wovon denn mein Roman handele.

«Von Jesus Christus' mumifizierter Leiche, die aus ihrem Versteck in den Katakomben unter dem Vatikan gestohlen wird und später in einem kleinen Zoo am Straßenrand im pazifischen Nordwesten wieder auftaucht», sagte ich wie aus der Pistole geschossen.

Mit fast hörbarer Anstrengung riss Luther Nichols die Augen auf. Seine Nase zuckte, ungefähr so wie die eines Kojoten, der die Witterung eines Hasen aufgenommen hat. Er richtete sich auf. Schob seine Kaffeetasse beiseite. «Erzählen Sie mir mehr darüber», sagte er. Sein Interesse schien echt zu sein.

Es gab nur ein kleines Problem: Mehr wusste ich nicht. Der Corpus-Christi-Bazillus hatte sich mir ins Gehirn gesetzt, als ich noch in New York gewesen war, und dann war mir allmählich bewusst geworden, dass mein wahres Glück darin bestände, ihn zu einem Roman auszubrüten (und endlich auf den Ruf zu hören, den ich buchstäblich seit meinem fünften Lebensjahr vernahm), daher war ich nicht gänzlich abgeneigt gewesen, die sorgfältig recherchierte Doppelbiografie über Soutine und Pollock *ad acta* zu legen. Leider hatte ich mich bisher aus dem einen oder anderen Grund noch nicht weiter damit beschäftigt, nicht einmal in Gedanken. Ich wusste nicht mehr als das, was ich ihm gerade verraten hatte. Doch jetzt sah Nichols mich so erwartungsvoll und begierig an – und da wurde mir bewusst, dass es tatsächlich die Möglichkeit war, die mir der lange erwartete goldene Brief bot –, und ich fing an, die Handlung einfach aus dem Ärmel zu schütteln.

Sie war chaotisch und definitiv unorthodox, aber meine improvisierte Kurzfassung (von der ich später beträchtlich abwich) machte den Lektor neugierig, und als ich meinen Monolog beendet hatte, fragte er: «Wann kann ich das Manuskript sehen?»

«Nun ja», sagte ich und kreuzte heimlich die Finger, «es ist noch ziemlich im Rohzustand.»

Beim Abschied versprach ich, ihm ein vorzeigbares Manuskript zu schicken, sobald ich es präsentabel fand. Am gleichen Nachmittag bat ich Eileen, sich einen Moment hinzusetzen, und verkündete so feierlich, als wollte ich die Verantwortung für die verräterische Wölbung unter dem weißen Kleid der Braut übernehmen: «Ich soll einen Roman schreiben.»

ablenkungen

rotz des Antriebs – das Interesse vonseiten eines großen Verlags – sollten noch Monate vergehen, bis ich mich endlich dazu aufraffte, mit dem Schreiben zu beginnen. Um mich voll und ganz darauf konzentrieren zu können, wie jeder gute Roman es verlangt, musste ich mich erst einmal aus Seattles Kunstszene und seiner blühenden psychedelischen Kultur loseisen, zwei Bereiche, in die ich mich nach meiner Rückkehr aus New York zunehmend eingemischt hatte. Zumindest oberflächlich schienen die beiden keine Berührung zu haben und sollten auch nie wirklich miteinander verschmelzen, doch auf einer tieferen Ebene boten sowohl die moderne Malerei als auch die psychedelischen Sakramente der Menschheit eine neue Sicht auf die Welt, eine erweiterte und tiefgründigere Definition von Realität, ein frisches, intensiv sinnliches Bewusstsein dessen, was es bedeutet, als kognitives Säugetier auf einem winzigen Planeten zu leben, der unsicher im Kielwasser des unendlichen Universums trudelt, eine ständig bedrohte Spezies, die durch ihre Fähigkeit zu lieben am Leben erhalten und gelegentlich auch in den Wahnsinn getrieben wird.

Doch hüten wir uns davor, unsere Objektivität bei krampfhaften Kniefällen oder unter Schauern von Rosenblüten zu verlieren. Mittelmäßigkeit ist eher die Regel als die Ausnahme unter praktizierenden Künstlern (Sturgeons Gesetz: neunzig Prozent von allem ist Mist), und in den letzten hundert Jahren ging es in der Kunst zunehmend häufiger um Geld und Ego als um Wahrhaftigkeit und Erleuchtung. Die regelmäßige Entdeckung pfirsichgroßer Diamanten im großen Misthaufen des Kommerzes aber genügte, um einen weitergraben zu lassen, ungeachtet dessen, dass man sich dabei die Finger schmutzig machte.

Und was die psychedelischen Drogen betrifft, da waren viel zu viele Sakramente gepanscht oder gefälscht, zu viele Konsumenten intellektuell oder spirituell nicht darauf vorbereitet, etwas daraus zu lernen oder gar zu erkennen, dass die Götter ihre Masken vor ihnen fallen ließen. Nichtsdestotrotz gab es genügend Blitze, um den persönlichen Horizont zu erleuchten, sofern man seine Scheuklappen ablegte oder nicht gleich beim ersten Donnerschlag die Beine in die Hand nahm. (In den Mainstream-Medien wimmelte es nur so von angsterregenden Ammenmärchen, während die Polizei ihr paranoides Seemannsgarn spann wie Granny Robbins Wolle).

Jedenfalls erlaubte ich mir alle möglichen Ablenkungen von dem, was ich insgeheim als wahre Mission meines Lebens begriff und schon immer begriffen hatte. Ich tanzte zur Musik des Zeitgeists. Und was war das für eine Musik, im buchstäblichen wie im übertragenen Sinn! Von den Beatles bis zur Antikriegsbewegung, von Jefferson Airplane bis zur anschwellenden Flut des Feminismus erklangen Hymnen der Freude und der Revolution.

Ich rezensierte Kunstwerke für mehrere Publikationen in Seattle und Umgebung, schrieb Essays für Museumskataloge, organisierte Ausstellungen in Kunstgalerien, nahm (unter dem Pseudonym «Max Saint Cherokee») mit mehreren eigenen Assemblagen an Ausstellungen teil und war Anführer einer ausgelassenen Neo-Dada-Gang von Guerillakünstlern, der Shazam

Society, deren Raison d'être darin bestand, die verklemmten Elemente der Kunstszene in Seattle aufzumischen, die sich selbst zu ernst nahmen, als es der Kunst gutgetan hätte. Außerdem beteiligte ich mich an «Trip Festivals», mit denen wir die äußerlichen Manifestationen psychedelischer Erfahrungen feierten, und kreierte unter ausgefallenen, ironischen Motti wie «Mommy / Daddy / Bow / Wow / I Love You» sogenannte «Happenings» (später Performance Art genannt) – ein lässiges, exzessives Ausdrucksmittel, das nach wie vor extrem untalentierte Kunstausübende anzieht.

Das Happening, ein unehelicher Spross von Mr. Visual Art und Miss Theater und keineswegs ein Nebenprodukt der psychedelischen Revolution, kann seinen Ursprung unter verschiedenen Namen bis zu Picassos Paris in den zwanziger Jahren zurückverfolgen. Nachdem jahrelang nur engagierte Avantgardisten seinem Ruf folgten, wurde es im New York der späten Fünfziger wiedergeboren, als seriöse Künstler wie Allan Kaprow, Claes Oldenburg und Jim Dine sich daranmachten, Pollocks «Action-Painting» bis zum Extrem auszureizen, indem sie die Leinwand gänzlich abschafften und die Aktion von der Wand oder dem Sockel weg in den «wirklichen» Lebensraum des Saals verlagerten.

1966 waren sich Seattles Kulturbegeisterte dieses hybriden Mediums durchaus bewusst, doch nur wenige kannten es an Beispielen aus erster Hand, und als die Besitzerin von Current Editions, einer erstklassigen Galerie für Drucke, auf die Idee kam, ein Happening zur Erbauung und Schulung ihrer betuchten Stammkundschaft in Auftrag zu geben, wandte sie sich an mich. Nur allzu gern entsprach ich ihrer Bitte und stellte ein Stück mit dem Titel «Geld ist stärker als Staub» auf die Beine. Bescheiden, mit einem tüchtigen Schuss Sarkasmus und Satire gewürzt, bestand es im Wesentlichen aus einem auf Afroamerikaner geschminkten Amateur-Banjospieler im Kostüm von Uncle Sam mit dem patriotischen Zylinder auf dem Kopf. Unser personifiziertes Nationalsymbol saß auf einem kleinen Holzstuhl, spielte auf seinem Banjo und gab kitschige alte Volkslieder zum Besten – mit einer Stimme, die klang, als wäre sie mehr als ein Mal unter einen Mähdrescher geraten –, während ein Quintett von Shazam-Society-Künstlern zu seinen Füßen auf dem Boden kniete, Zehn- und Zwanzigdollarscheine in kleine Stücke riss und sie in eine Salatschüssel aus Glas warf. Habe ich schon gesagt, dass es sarkastisch gemeint war? Und bescheiden inszeniert?

Nach etwa einer halben Stunde wurden die Zuschauer, wie ich vermutet hatte, zappelig, aber niemand war ungeduldiger als ich. Wenn die Zuschauer darauf warteten, dass etwas passierte, so waren sie damit nicht allein. Meine Pièce de Résistance wollte sich nicht materialisieren. Im wahrsten Sinne des Wortes. Sie ruhte auf den Schultern eines jungen Mannes, den ich kannte und der in der Gegend von La Conner von Haustür zu Haustür ging und Staubsauger verkaufte. Das Gerät, mit dem Bruce hausieren ging, verfügte über einen eingebauten Teppichreiniger, und wenn man den entsprechenden Behälter bis zum Rand damit füllte, stieß er eine erstaunlich große Menge Schaum aus. Auf ein Stichwort hin sollte Bruce in seinem Vertreteranzug aus der Abstellkammer kommen, seine Werbeleier anstimmen, das Gerät aufbauen und Uncle Sam und die Geldschredderer (darunter auch mich) in einer Schaumwolke begraben. So hatte ich mir das große Finale vorgestellt. Doch als die Show losging, war Bruce noch nicht in der Galerie aufgetaucht.

Ohne ihn anzufangen war kein Problem, doch als die Zeit verstrich und ich vergebens auf ein Zeichen wartete, dass er da war, wurde ich allmählich nervös. Schließlich verließ ich die Bühne und begab mich in die Abstellkammer, um nachzusehen, ob er inzwischen eingetrudelt war. Keine Spur von Bruce. Zehn Minuten später sah ich erneut nach; vielleicht hatte er sich ja in einem Anfall von Lampenfieber irgendwo versteckt. Pustekuchen. Jetzt schlug meine Nervosität in Panik um.

Um Zeit zu schinden und die unbehagliche Eintönigkeit aufzulockern, nahm ich eine Packung Streichhölzer und fing an, die Banknotenschnipsel in der Salatschüssel abzufackeln. Sie flammten auf und verkokelten. Die Galeriebesitzerin sah beunruhigt aus. Willkommen im Club. Aus vollkommen anderen Gründen hatte sich meine Stirn derart in Falten gelegt, dass ich einen Hut darauf hätte aufschrauben können. «Geld ist stärker als Staub» litt an einer Art ästhetischer Erektionsstörung, gegen die so etwas wie Viagra erst noch erfunden werden musste.

Derweil verstrich die Zeit. Uncle Sam war bei seiner dritten heiseren Version von «Oh, Susanna» angelangt, einem der wenigen Stücke in seinem Repertoire. So gestresst, dass ich kaum noch Luft bekam, raste ich die Treppe hinunter auf die Straße und suchte – vergeblich – nach Bruces Lieferwagen. Uff! Am liebsten hätte ich mich in mein Auto gesetzt und aus dem Staub gemacht. Ich hatte das Bedürfnis, nach Hause zu fahren. Oder mich für ein, zwei Monate nach Alaska abzusetzen, nicht ohne vorher in La Conner haltzumachen und Bruce Wyman mit einem faulen Ei zu bewerfen. (Bruce, sollte ich später erfahren, hatte sich in den Straßen von Seattle nicht zurechtgefunden. Als echter Kleinstädter hatte er sich im Labyrinth um den Pioneer Square verfahren und kam nie in der Galerie an.)

Widerwillig sammelte ich ein, was von meiner Integrität noch übrig geblieben war, und machte mich darauf gefasst, mich einem Saal mit gelangweilten, verwirrten und wahrscheinlich wutschnaubenden Kunstliebhabern zu stellen. Auf dem Weg nach oben hatte ich eine gänzlich verzweifelte Eingebung. Zurück in der Galerie, wo Uncle Sam zum dritten oder vierten

Mal «Froggie Went A-Courtin'» spielte, blieb ich vor dem Erfrischungstisch stehen und schnappte mir eine Plastikflasche Honig, mit dem der Tee gesüßt wurde. Dann nahm ich meinen Platz zu Füßen der großen amerikanischen Ikone wieder ein, lächelte, als wäre alles paletti und Teil des Happenings – falls einer von den Philistern es nicht kapierte, war er selbst schuld –, und quetschte den Honig auf die verbrannte Währung in der Salatschüssel. Anschließend stopfte ich mir die klebrige Asche in den Mund, nickte den Verbündeten neben mir zu und forderte sie auf, es mir gleichzutun. Nachdem sie mir erst ein paar ungläubige Blicke zugeworfen hatten, folgten sie zögernd meinem Beispiel. Wir aßen das Geld. Wir aßen es einfach auf. Die – vermutlich unglücklichen – Zuschauer verstanden, worum es ging. Und das war's.

Jedenfalls fast. Am nächsten Abend benutzte der konservative Kommentator eines lokalen Fernsehsenders seinen ganzen redaktionellen Beitrag, um Shazam und mich in Stücke zu reißen, uns eines schändlichen, unpatriotischen Aktes zu beschuldigen, der genauso aufrührerisch war, wie die amerikanische Flagge zu verbrennen, und beschimpfte uns als verlotterte Gesellen, die vor Gericht gehörten, weil sie die Landeswährung verunglimpft und zerstört hatten.

Niemand kam uns verhaften. Und einige Wochen später wurde ich damit beauftragt, ein Happening für ein Kunstzentrum in einem wohlhabenden Viertel von Seattle zu organisieren. Wohl ein weiteres Beispiel dafür, dass nichts sich besser verkauft als Kontroversen.

Am 20. August 1966 wurde am Kirkland Arts Center «Ein kalorienarmes Menschenopfer an die Göttin Minnie Mouse» aufgeführt. Es war die Eröffnungs-Performance des alljährlichen Sommer-Kunstfestivals. Um die erwarteten Zuschauer vorzubereiten und sicherzustellen, dass ich mich nicht erneut in eine so stressige und peinliche Situation brachte wie bei dem subversiven Blindgänger in der Galerie Current Editions, nahm ich folgende Erklärung in den Flyer auf, mit dem der Event angekündigt wurde: «Es ist nicht die Absicht dieses Happenings, komisch, tragisch, satirisch, politisch, gesellschaftlich provokant, poetisch, charmant, aufklärerisch, künstlerisch, unterhaltsam oder gar interessant zu sein. In diesem Happening geht es nur um eins: dass es stattfindet.»

Nun, stattfinden tat es. Ich kann nicht behaupten, dass es künstlerisch wertvoll oder unterhaltsam war, aber es war offenkundig provokant. Aus meiner Sicht wurde es sogar ziemlich interessant. Vor allem nachdem die Polizei aufkreuzte.

Ich fürchte, dass ich mir den Polizeieinsatz nicht ganz allein an die Brust heften kann. Zugegeben, der Event lief aus dem Ruder, doch nur weil die Sponsoren der irrigen Meinung waren, dass ein Happening das Publikum mit einbeziehen sollte, und in der Öffentlichkeit und am Eingang – ohne mein Wissen – die Zuschauer dazu ermutigten, sich körperlich an der Performance zu beteiligen. Ich hatte das «Kalorienarme Menschenopfer» viel raffinierter und nuancierter als das erste Happening konzipiert, mehr als ein Dutzend Mitglieder der Shazam Society rekrutiert und mit ihnen geprobt (zusammen mit einer Erotiktänzerin aus Seattles führendem Go-go-Club) und die ganze Show sorgfältig so orchestriert, dass sie trotz ihres hemdsärmeligen Erscheinungsbildes einem theatralischen Aufbau folgte, den sogar Tschechow nachvollzogen, wenn schon nicht rückhaltlos gebilligt hätte. Leider aber ...

Ich hatte ein Endlosband von Joni James' «I'm in the Mood for Love» aufgenommen, und während das Lied immer wieder lief, sollte meine Tänzerin in regelmäßigen Abständen den versammelten Shazamern, die sich wie zu einem Gruppenbild aufgestellt und mit Künstlerbedarf bewaffnet hatten, Schalen mit Obst, Gemüse und ganzen rohen Fischen anbieten. Jeder Beteiligte würde dann ein Nahrungsmittel auswählen und es nach Belieben verzehren, dekorieren oder beides. (Im Übrigen sollte die Tänzerin, wenn sie aus den Kulissen kam, jedes Mal ein Kleidungsstück weniger tragen als vorher, und sie war von Anfang an keineswegs overdressed.)

Nach etwa zehn Minuten begannen die Zuschauer, offensichtlich auf ein Signal der wohlmeinenden Festivalleiterin hin, uns mit alten Druckerpressetypen aus Holz zu bewerfen (mit denen die unbedarften Sponsoren sie aufmerksamerweise versorgt hatten). Gekränkt warf einer meiner Performer eine Rübe zurück. Wie auf ein Stichwort sprangen daraufhin die meisten Zuschauer auf und stürmten fröhlich auf die Bühne. Leider. Denn jetzt artete mein Happening in ein Handgemenge aus.

Es flogen keine Fäuste, und es gingen auch keine Knochen zu Bruch, doch es herrschte Chaos; Farben, Obst und Gemüse flogen durch die Luft, und es muss horrende Rechnungen für die chemische Reinigung gehagelt haben. Irgendwann traf ich auf die Festivaldirektorin, die attraktive Frau eines Chirurgen aus Seattle, die verstört und hilflos durch den Tumult irrte. Mit grünen Farbspritzern im Gesicht und zerzaustem Haar murmelte sie immer wieder: «Jemand hat mir einen Fisch in die Bluse gesteckt, jemand hat mir einen Fisch in die Bluse gesteckt», während Joni James «I'm in the Mood for Love» sang.

Ich weiß nicht, wie der Abend geendet hätte, wenn die Polizei nicht erschienen wäre. Wie sich herausstellte, war sie nicht etwa von einem besorgten Bürger gerufen worden, der einen Aufruhr im Kunstzentrum gemeldet hatte, sondern von Maxine Cushing Gray, einer Art professioneller Schnüfflerin, die eine langweilige Kunstkolumne für eine anspruchsvolle Wochenzeitschrift in Seattle schrieb. Ms. Gray hatte sich genötigt gefühlt, die Behörden auf den Plan zu rufen, weil meine Tänzerin in ihren Augen «anstößig bekleidet» gewesen war. Fest stand, dass sie inzwischen eigentlich gar nicht mehr bekleidet war, es sei denn, man hielt grüne Farbe für ein Kleid.

Die Anwesenheit der Polizei machte dem Ganzen ein jähes Ende. Der Saal leerte sich erstaunlich schnell. Die Tänzerin und ich wurden festgenommen, doch nachdem die Polizei meine Version der Ereignisse gehört und sich an der jungen Frau sattgesehen hatte, wurden wir mit einer Verwarnung wieder auf freien Fuß gesetzt. Zwar war in der Verwarnung nicht ausdrücklich die Rede davon, dass ich mich hüten sollte, weitere Happenings zu veranstalten – wie die meisten Zuschauer hatte auch die Polizei keine Ahnung, was ein Happening eigentlich ist –, aber das war auch gar nicht nötig. Zu der Einsicht war ich längst selbst gekommen.

Als hätte ich noch nicht genug Ablenkung gehabt, sagte ich 1967 zu, eine wöchentliche Sendung auf KRAB-FM zu moderieren, einem der ersten Radiosender des Landes mit Zuhörerbeteiligung. In Anlehnung an Dostojewskis *Aufzeichnungen aus dem Kellerloch* trug die Show den englischen Titel *Notes from the Underground* und lief jeden Sonntagabend um zehn, nicht gerade die allerbeste Sendezeit. Außerhalb des Großraums von Seattle war der Empfang so schwach wie der Furz eines Vogelkükens, und meine Stimme, wie gesagt, so flach, dass Uncle Sam sich daneben wie Beyoncé angehört hätte. Wie auch immer, *Notes from the Underground* erfreute sich von Anfang an einer engagierten Zuhörerschaft, vor allem weil die Sendung positiv mit den drei Grundnahrungsmitteln der Zeit umging, ja sie sogar feierte: Sex, Drugs und Rock 'n' Roll.

Auf einem Eis balancierend, das gerade dick genug war, um den besorgten Sender davor zu bewahren, in die strafenden

Gewässer der Federal Communications Commission zu fallen, lieferte ich gewagte Häppchen (nicht selten aus Untergrundzeitschriften geklaut) zu Themen wie Bürgerrechten, Kriegsdienstverweigerung, Ökologie, Abtreibung, Polizeigewalt, politischer Korruption, bewusstseinserweiternden Substanzen und alternativen Lebensformen. Meistens jedoch spielte ich neue Platten, die von kommerziellen Sendern landesweit tunlichst gemieden wurden.

Es war eine jener seltenen Phasen in der Menschheitsgeschichte, in denen die populäre Musik der Zeit auch eine zugleich künstlerische und gesellschaftliche *Bedeutung* hatte, obwohl man sie im Radio so gut wie niemals zu hören bekam. Die Sender klebten an starren alten Formaten, in denen kein Song länger als drei Minuten sein durfte, und weigerten sich hartnäckig, Stücke aus LPs zu spielen (die meisten und besten Songs hatten sich von der dreiminütigen Zwangsjacke befreit). Stattdessen verzuckerten die kommerziellen Sendeanstalten den Äther immer noch mit Bubblegum-Singles, obwohl Bands wie die Beatles, Stones, Doors und andere die Klanglandschaft der englischsprachigen Welt bereits radikal verändert hatten.

Die Innenstädte brannten, es wütete ein so unnötiger wie unmoralischer Krieg, Rollenklischees waren im Wandel, Demonstranten aller Couleur stiegen auf die Barrikaden, eine beispiellose Generation von ekstatischen Wahrheitssuchenden flirtete mit ihrem neurologischen Schicksal, während die diversen Radiosender von Seattle uns Teenypop und Ohrwürmer auftischten. Für ein paar Stunden am Sonntagabend versuchte *Notes from the Underground,* den Menschen eine zeitgemäße, klar konturierte und widerständige Zuflucht vor der ekelhaften Werbung, dem Gelaber der Diskjockeys und der Verblödung durch die Top 40 zu bieten. Der Gerechtigkeit halber sollte ich erwähnen, dass sich irgendwann viele Sender wie KJR und KOL doch noch dazu durchrangen, auch anspruchsvollere Stücke zu senden. Trotzdem spielte ich beispielsweise «Light my Fire» von den Doors gut sechs Monate, ehe das Stück zum ersten Mal bei KJR lief. Und so, Kinder, leistete ich meinen Beitrag zur Geschichte des Radios – mit einem Stimmorgan, dessen bildliches Äquivalent ein vor Wochen überfahrenes Tier auf einer sommerlichen Landstraße in Tennessee gewesen sein muss.

Ich hätte noch einen anderen Beitrag leisten können. Während ich eines Sonntags darauf wartete, auf Sendung zu gehen, kam ein Unbekannter in die schlichte, ein wenig baufällige Holzbaracke, in der das KRAB-Studio untergebracht war. Er war dünn wie ein Spaghetto, hatte wildes schwarzes Haar, einen schwarzen Spitzbart und trug einen mexikanischen Poncho, über den er wie einen Patronengurt eine billige Gitarre geschnallt hatte. Mit anderen Worten, er sah genauso aus wie Tausende von anderen dünnen, langhaarigen, sichtlich musikalischen Typen, die wie Jo-Jos die amerikanische Westküste rauf- und runterpendelten. Er sprach auch wie sie und stellte sich kaum vor (Charlie), bevor er mich mit einem Vortrag über Frieden, Liebe und totale Freiheit beglückte. Dabei bewegte er sich ganz auf der Linie der vorherrschenden Hippie-Philosophie, allerdings mit einer enorm beeindruckenden und elektrisierenden Sprachgewalt.

Je mehr er redete, desto überzeugter war ich davon, dass er nicht nur an seine Philosophie glaubte, sondern sie tatsächlich auch lebte. Er hatte etwas Reines an sich, und seine Augen funkelten beinahe charismatisch. Zugleich hatte ich das Gefühl, es könnte gefährlich sein, sich näher auf ihn einzulassen: nicht weil er böser, gewalttätiger oder verrückter war als andere Leute, die ich kannte, sondern weil er offenbar komplett unkompromittiert und kompromisslos war. Wie Henry Miller über Rimbaud sagte: «Ein Mann, der die Elektrizität entdeckte, aber nichts von Isolierung wusste.»

Jedenfalls erzählte der Typ, er sei ein Songwriter und würde gern eine Auswahl seiner Stücke für *Notes from the Underground* spielen, das er irgendwie und irgendwoher kannte (er war nicht aus der Gegend). Gewöhnlich hätte ich zugestimmt, denn meine Sendungen waren zwar ziemlich durchgeplant, doch es hätte gegen ihren Geist und den der Zeit verstoßen, nicht jederzeit für Wandel und Überraschungen offen zu sein, ja aktiv danach zu streben. Aber ich wollte am nächsten Morgen eine einmonatige Tour nach Arizona antreten, und für diese eine Sendung hatte ich ausnahmsweise ein Skript verfasst, das einen Anfang, einen Mittelteil und ein Ende besaß. Jede Unterbrechung des aristotelischen Flusses hätte es ruiniert und den gewünschten kumulativen Effekt zerstört. Daher lehnte ich ab und schickte Charlie seines Weges.

Sichtlich enttäuscht, aber trotzdem höflich wandte er sich ab und verschwand in der sommerlichen Sonntagnacht. Zwei Jahre später entdeckte ich sein Foto in den Zeitungen, und da wurde mir klar, dass ich, ungeachtet der möglichen Folgen, eine Live-Performance mit Charles Manson ausgeschlagen hatte.

das buch

Trotz der unzähligen Ablenkungen – Kunstkolumnen, Happenings, Radioauftritte, Rockkonzerte, Demos, Haschpartys und so weiter – pulsierte das alte literarische Fieber weiter in meinen Adern. Manchmal vibrierte es wie eine musikalische Säge, doch meistens schlug es wie ein Tomtom, fern, leise, geheimnisvoll, aber anhaltend, irgendwie drängend, bis meine linke Gehirnhälfte murmelte: «The natives are restless tonight.»

Ein Roman hatte sich angekündigt. Er kam in die Stadt. Die Wände meines Kleinhirns waren mit Plakaten gepflastert, ein leeres Grundstück in der Nachbarschaft war reserviert. Doch das Datum des ersten Auftritts wurde immer wieder verschoben. Blöderweise gab es ein paar Dinge, die offenbar erst noch geklärt werden mussten.

Schon seit zwei Jahren oder länger hatte ich meinen Mittelpfosten: Jesus' gestohlene Leiche, die plötzlich in einem ausgeflippten Zoo am Straßenrand auftauchte. Dieses Bauteil war durchaus geeignet, ein großes literarisches Zirkuszelt zu tragen. Doch eine Zeltstange macht noch kein Zirkuszelt und noch viel weniger die Show selbst. Ich brauchte Zusammenhänge, Hintergrund, ein Milieu. Brauchte ein Ambiente, Nebenstränge und einen Trupp Darsteller. Ich steckte so sehr in der Sache drin, dass ich den Wald vor lauter Bäumen nicht mehr sah. Faulkner hatte seine inzüchtige, grausige Freakshow des Südens, Hemingway seine europäischen Schlachtfelder und Cafés, Melville sein New England mit den großen Schiffen. Und mir stand, allmählich dämmerte es mir, ein kulturelles Phänomen zur Verfügung, das die Welt noch nie zuvor gesehen hatte und seitdem nicht gesehen hat: eine psychische Revolte, ein Paradigmenwechsel, ein umfassender, wenn auch letztlich nicht nachhaltiger egalitärer Bewusstseinssprung. Und all das betraf mich sehr direkt und persönlich.

Ich möchte die Zirkusanalogie nicht überstrapazieren, muss aber darauf hinweisen, dass ich unlängst auch einen Zirkusdirektor, einen musikalischen Leiter und einen Designer aufgetan hatte, die den Ton der Show festlegten, mit anderen Worten: Ich hatte endlich meine Stimme gefunden. Das entdeckte ich in einer späten Julinacht des Jahres 1967, als ich für die Untergrundzeitschrift von Seattle, *Helix*, ein Konzert der Doors besprach. Meine Kritik und der Ton, den ich fand, um sie zu Papier zu bringen, waren nicht verwandt mit oder gar beeinflusst von Jim Morrisons schwerblütiger, ledergeflügelter Poesie. Aber das Konzert hatte mich auf seltsame, machtvolle Weise unter Strom gesetzt, den Riegel meiner Sprachbox aufgehebelt und meine letzte literarische Schüchternheit hinweggefegt. Als ich die Passagen, die ich um Mitternacht geschrieben hatte, noch einmal durchlas, entdeckte ich darin eine Leichtigkeit, eine Freiheit des Ausdrucks, eine Syntax, die wild und präzise zugleich war, eine seltene Mixtur aus sorgloser Hemmungslosigkeit und strenger Kontrolle, und dachte: *Yeah, das ist es. So muss sich das anhören.* Das war der Durchbruch.

Trotzdem stellte ein Roman, dessen Handlung in den sechziger Jahren spielte, in mindestens zweierlei Hinsicht eine Herausforderung dar: Die eine erkannte ich, noch ehe ich überhaupt angefangen hatte. Die andere – eine unvorhergesehene Gegenreaktion – hat sich aus unerfindlichen Gründen bis heute erhalten. Doch davon später.

Tom Wolfe, mein alter Schulkamerad, hat einmal beklagt, dass der entscheidende Roman über die sechziger Jahre noch geschrieben werden müsse. Wolfe ist natürlich entschiedener Verfechter einer Romantheorie aus dem neunzehnten Jahrhundert, eines dokumentarischen Ansatzes, der letztlich auf Journalismus mit einer dünnen fiktionalen Glasur hinausläuft. Ich aber hatte instinktiv gespürt, dass Dickens' Methode zwar ihre Tugenden besitzt, für das Material, das ich im Blick hatte, aber schlichtweg ungeeignet war. Damit würde ich die Nuss der Zeit nicht knacken, würde weder in ihren Kern eindringen noch das multikulturelle, bunte Geflecht des Mythos entwirren können, das ihn umgab. Denn die Sechziger, müssen Sie wissen, waren weniger von Sitten geprägt als von der Fantasie.

Fantasie kann man nicht unter dem Mikroskop des sozialen Realismus untersuchen. Ich wusste (wiederum instinktiv), dass ich für *Ein Platz für Hot Dogs* (der Titel war mir vor kurzem eingefallen) einen Ansatz brauchte, für den es noch kein zufriedenstellendes Modell gab. Daher beschloss ich, die Sechziger nicht so sehr zu beschreiben, wie auf dem Papier *neu zu erschaffen*; Stil und Inhalt mussten ihr Ambiente, ihre Farbigkeit, ihre Extreme, ihre Vibes, ihren Tiefgang, ihre Spleens und ihren Klamauk widerspiegeln (denn ungeachtet der im Vordergrund stehenden politischen Konflikte war es eine extrem spleenige Zeit). Professor Liam Purdon vom Doane College schrieb mir: «Sie haben sich in einer turbulenten Zeit vorgenommen, Schriftsteller zu werden. Als sich die leeren Seiten dem Strudel Ihrer imaginativen Schöpfung widersetzen wollten, haben Sie wie Burroughs in seiner späten schriftstellerischen Karriere einfach die Form des Romans verändert.»

Traditionell bewegt sich ein Roman über eine sanft ansteigende Ebene von einem kleineren Höhepunkt über einen weiteren kleineren zu einem größeren Höhepunkt. Fünfundneunzig Prozent der Romane werden auf diese Art konstruiert, doch diese Form eignete sich nicht, um die Vielfalt von Effekten zu entwickeln, geschweige denn die psychologische Gestalt, die nötig war, um den Schleier der Sechziger zu lüften und sie so greifbar zu machen, dass sie ihre kleinen und großen Geheimnisse preisgaben. Schließlich wurde mir bewusst, dass ich *Ein Platz für Hot Dogs* sich in kleinen Schüben steigern lassen musste, vielleicht in der Art von Zen-Koans, abstrakt-expressionistischen Pinselstrichen und kurzen Eingebungen, wie man sie unter dem Einfluss gewisser Sakramente erfährt. Mein Buch zielte demnach nicht so sehr darauf ab, die Realität nachzuempfinden, wie darauf, Realität *zu werden*, eine paradoxerweise mit Fantasie vollgesogene Realität.

Ich muss nicht extra darauf hinweisen, dass ein solcher Roman – einer, der aus Zick und Zack und Wirr und Warr besteht und seine Stunts selbst ausführt – dazu bestimmt schien, die geistige Flexibilität des kritischen Establishments auf die Probe zu stellen. Doch das war meine geringste Sorge, vor allem weil ich bislang noch kein Wort zu Papier gebracht hatte. Die Tomtoms aber kamen näher, wurden lauter, und der Gong riss mich immer wieder aus dem Schlaf. Am Morgen, nachdem ich Charles Manson davongeschickt hatte und mit meiner neuen Freundin in einem 1949er-Dodge-Lieferwagen (den ich eigenhändig silberfarben gestrichen hatte) den Highway 101 entlangfuhr, krochen die ersten Zeilen von *Ein Platz für Hot Dogs* über die Leinwand hinter meinen Augen.

Eileen hatte sich ein paar Wochen zuvor aus dem Staub gemacht. Sie und ich hatten eine intensive Beziehung geführt, in der wir ständig darum zu wetteifern schienen, wer von uns beiden den

anderen am besten vom Stuhl hauen konnte. Wir fanden es beide unglaublich spannend, einander auf neue Ideen zu bringen
oder auf Entwicklungen, einen erstaunlichen Künstler oder just
erschienene LPs aufmerksam zu machen, stets darauf bedacht,
der *garde* des anderen einen Schritt *avant* zu sein. Es war aufregend, stimulierend, aber auch sehr anstrengend, vor allem wenn
es mit Eifersucht auf beiden Seiten einherging, was wohl das
dümmste und nutzloseste aller menschlichen Gefühle ist. Am
Ende übertrumpfte mich Eileen und eroberte die Fahne, indem
sie die Koffer packte und nach San Francisco zog: ins Epizen-
trum der neuen amerikanischen Revolution. *Touché!*

Kaum hatte Eileens Wagen die Einfahrt verlassen, fuhr ich
– mit einer Mischung aus Herzschmerz und Erleichterung – rüber zum Pizza Heaven auf dem Campus, wickelte (im übertragenen Sinne) die süßeste Kellnerin in eine karierte Papierserviette
und nahm sie mit nach Hause. Jedes Mal, wenn ich mir eine
Pizza holte, hatte Terrie Lunden hemmungslos mit mir geflirtet.
Sie hatte einen Vortrag über experimentelles Theater besucht,
den ich an Seattles Free University gehalten hatte, und sich noch
am selben Abend in mich verknallt. Bei dem Vortrag war sie mir
nicht aufgefallen, aber im Pizza Heaven war sie kaum zu übersehen. Sie hatte immer ein Lächeln auf den Lippen und war so
lässig und unkompliziert wie Eileen fordernd und anspruchsvoll.
Als eine Art Gegenmittel und Erste-Hilfe-Set sah ich in ihr eine
ideale Begleitung für meine geplante Reise in die Wüste des Süd-
westens.

Doch bis nach Arizona schafften wir es nicht. Als wir in San
Francisco haltmachten, um der Stadt unseren Respekt zu erweisen, blieben wir dort einen ganzen Monat hängen, schliefen
und aßen (Tomatensandwiches natürlich) im Laderaum des silbernen Lieferwagens, parkten in einer Seitenstraße von Haight-
Ashbury und waren dermaßen verzaubert von der Szenerie, dass

wir keinen Gedanken mehr an Tucson oder Sedona verschwendeten. Wir besuchten Museen, den Buchladen City Lights und das Hafenviertel, tanzten unter pulsierenden Lichtamöben im Fillmore oder Avalon (wo zwischen den Tänzern Kinder und Hunde umherliefen), hauptsächlich aber wanderten wir durch Haight-Ashbury, wo das Spektakel, die psychedelische Parade, der mit Blumen geschmückte Strom von nackter Haut kein Ende nahm. Mehr als die allgegenwärtigen Kostüme, die eine Vielzahl von Zeitaltern und exotischen Ländern repräsentierten, mehr als das relaxte Lächeln und die offene Sexualität der langhaarigen, androgynen Wesen um mich herum beeindruckte mich der Geist echter Fürsorge und Großzügigkeit, den so gut wie jeder ausstrahlte, der mir über den Weg lief.

Wenn ich die edwardianische Weste oder das japanische Seidenhemd meines Gegenübers lobte, bestand derjenige darauf, sie mir zu überlassen; wildfremde Menschen verschenkten buchstäblich ihr letztes Hemd. Wenn ich an einem heißen Tag anerkennend das Eis in der Hand einer Frau musterte, bot sie mir an, es zu probieren, oder drückte mir gleich die ganze Waffel in die Hand. Haight-Ashbury triefte förmlich vor christlicher Nächstenliebe. Diese Kids, die frohlockend und in sich gekehrt zugleich waren, praktizierten das, was ihre Eltern predigten. Der Haight war das Neue Testament: beseelt, aktiviert, bunt. Die Naivität war so dick, dass man einen Eisstiel brauchte, um sie wegzukratzen – aber so war es bei Jesus ja angeblich auch gewesen. Als ich viele Jahre später einmal in der wilden afrikanischen Savanne stand, kilometerweit entfernt von der Zivilisation, und ein Rudel Löwen auf einer Seite des Horizonts und eine einsame Giraffe auf der anderen betrachtete, sagte ich mir: «So war die Welt geplant, und alles andere ist ein Irrtum.» Dasselbe dachte ich in jenem Sommer der Liebe in San Francisco.

Apropos Liebe – ich versuchte, im ausgelassenen Gedränge

des Haight einen letzten Blick auf Eileen zu erhaschen. Aber sie tauchte nicht auf.

Als ich nach Seattle zurückkehrte und mich daranmachte, meinen ersten Roman zu schreiben, siedelte ich keine einzige Szene in Haight-Ashbury an. In meiner Geschichte gab es weder Lightshows noch Love-ins, weder Straßentheater noch Gratiskliniken, Demos, Rockfestivals oder Straßenfeste. Ich hatte, wie gesagt, nicht die Absicht, das Phänomen der sechziger Jahre wie ein Journalist oder Historiker zu beschreiben, sondern wollte diese Jahre verdichten, privatisieren und personalisieren; sie reduzieren, ihre esoterische und doch typisch amerikanische Verzückung destillieren und die Essenz innerhalb der Grenzen eines Hot-Dog-Imbisses-mit-angeschlossenem-Straßenzoo im ländlichen, verregneten Washington State entkorken.

Um diesen Destillationsprozess zu verstärken, bediente ich mich zuweilen einer Collagetechnik, indem ich die Untergrundpresse, die Programme von KRAB, politische Flugblätter und Werbung für Dichterlesungen, Konzertmeldungen, ja sogar Briefe von Freunden durchforstete und versuchte, abstruse Themen oder aufschlussreiche Bilder zu finden, die dann zwar aus dem Zusammenhang gerissen waren, vielleicht aber historische Bedeutung hinzufügen mochten, wenn ich sie in mein intimeres, verinnerlichtes Porträt der Zeit übertrug. (In meinem zweiten Roman, dem im Zwielicht der ausgehenden Sechziger spielenden *Cowgirls*, bediente ich mich erneut der Collagetechnik, allerdings nur bei dem männlichen Protagonisten, dem Schlitz, der teilweise von Robert Crumbs mürrischem Cartoon-Antihelden Mr. Natural inspiriert war und teilweise auf einem gefakten «Nachrichten»-Artikel basierte, den Paul Dorpat unter Pseudonym geschrieben und in seiner wöchentlich erscheinenden Alternativzeitung *Helix* publiziert hatte.)

Die Professoren Purdon und Torrey weisen in einem langen Interview, das sie mit mir führten (*Conversations with Tom Robbins*, University of Mississippi Press 2011), darauf hin, dass Inhalt und Stil von *Ein Platz für Hot Dogs*, aber auch viele anthropologische und mythologische Aspekte der darin beschriebenen Zeit in Amanda und John Paul Ziller, den beiden Protagonisten des Romans, personifiziert sind. Beide Charaktere könnte man als Archetypen ansehen: Der Lendenschurz tragende, Flöte spielende Ziller verkörpert Orpheus, der seine Musik und seine Kunst dazu benutzt, die Welt zu bezaubern und sich zugleich gegen sie aufzulehnen, und sich obendrein die ganze Zeit über mit einem anderen Ort und einer fernen Zeit identifiziert, und Amanda symbolisiert die universelle Göttin (Jungfrau, Schlampe und Mutter / Ehefrau), die wie ein Pilz mit der Erde verwurzelt ist und zugleich unschuldig wie ein Schmetterling zwischen ihren Blüten herumflattert. Sie ist weise und gleichzeitig naiv, er ist verspielt und gleichzeitig düster, und beiden scheint etwas seltsam Bedeutungsvolles anzuhaften.

All diese Sechziger-Jahre-Phantasmagorien waren schön und gut – es machte Spaß, darüber zu schreiben, und es lohnte sich, darüber nachzudenken – aber vergessen wir nicht, dass die zentrale Stütze unserer Show eine gewisse mumifizierte Leiche war. Wenn die Grundlage für die Entstehung dessen, was viele als westliche Zivilisation bezeichnen, der Glaube an die Göttlichkeit und Unsterblichkeit eines Mannes ist, den manche von uns Jesus Christus nennen, was würde es dann für die Zukunft dieser Zivilisation, ihre Ethik und Moral, ihr Glaubenssystem, ihre Geschichte, ihre Stimmungsschwankungen und ihre allgemeine psychische Verfassung bedeuten, wenn man unwiderlegbar aufzeigen könnte, dass Jesus nicht unsterblich war, nicht von den Toten auferstanden ist und die römische Kirche den Beweis für die Fehlbarkeit ihres vermeintlichen Heilands seit mehr als siebzehnhundert Jahren vor der Welt verborgen hat? Mein Ziel bestand darin, die Auswirkungen dieser Frage näher zu beleuchten und sie in eine lebendige Erzählung einzubauen, die aus schubweise zunehmenden Gedankenblitzen bestand. Manche von ihnen würden die Handlung und andere den Leser erleuchten und voranbringen. Hoffte ich.

Trotz der reichlich vorhandenen Ablenkungen schickte ich im Herbst 1967 Luther Nichols dreißig Manuskriptseiten nach Kalifornien. Er las sie und fand sie so gut, dass er sie nach New York weiterleitete. Ich war hinter einem Vorschuss her. Erst da erfuhr ich, dass Doubleday als römisch-katholischer Verlag begonnen hatte. Eine Anzahl von älteren Lektoren, Überbleibsel aus dieser Zeit, waren entsetzt über die Prämisse meines Manuskripts und zugleich verwirrt von seiner Form. Das hieß: kein Vertrag und auch kein Vorschuss. Von Mr. Nichols ermutigt, gab ich nicht auf – bis ich schließlich irgendwann 1968 etwa siebzig weitere Seiten zusammenhatte. Die leitete Luther Nichols ebenfalls nach New York weiter.

Diesmal hieß es, die jüngeren Lektoren bei Doubleday seien von Inhalt und Form begeistert gewesen, aber es sei ihnen nicht gelungen, ihre Vorgesetzten dazu zu bewegen, grünes Licht zu geben. Die älteren Herren waren nicht mehr so abgeneigt wie am Anfang, wandten jedoch ein, sie verstünden nicht, wohin das Ganze führen solle. Tatsächlich? Willkommen im Club. Außer vielleicht in den schattigen Katakomben meines Unterbewusstseins hatte auch ich keine Ahnung, wohin die Reise ging. Obendrein wollte ich es gar nicht wissen. Etwas Neues zu entdecken war Teil des Prozesses, genau das faszinierte mich am Schreiben, es war ein Abenteuer und keine Schinderei, eine Reise und kein Job. Hatte nicht V.S. Naipaul gesagt: «Wenn ein Schriftsteller von vornherein weiß, was passieren wird, dann ist das Buch bereits tot, ehe es begonnen hat»? Wie auch immer, meine Enttäuschung wurde von der Tatsache aufgewogen, dass es jetzt, nach hundert Seiten, mein Leben übernommen und ein eigenes angenommen hatte. Nicht einmal eine Atombombe hätte mich daran hindern können, es fertig zu schreiben.

An diesem Punkt brauchte ich zwei Dinge, um weitermachen zu können. Ich musste mich aus Seattles Kunstszene loseisen und benötigte ein ausreichendes Einkommen, um die Lebensmittelhändler becircen zu können. Wie auf ein Stichwort hin grinsten die Götter. Zuerst bekam ich einen Wochenendjob am Redaktionstisch des *Seattle Post-Intelligencer*. Und dann bot uns Terries Schwester eine preiswerte Wohnung in South Bend, Washington, an. Rein äußerlich war es La Conner nicht unähnlich (wo ich keine Wohnung gefunden hatte, die ich mir hätte leisten können), doch was das Ambiente betraf, war es fast das Gegenteil von diesem kleinen Dorf am Meer, das einen hohen Grad an Diversität aufwies und viele Künstler anzog. South Bend war so provinziell wie nur was, bevölkert von trinkfesten Holzfällern und beladen mit deren unterschwelligen Schuldgefühlen.

In unserer ersten Nacht in South Bend wurden wir bis weit nach Mitternacht von Teenagern wach gehalten, die am Haus vorbeifuhren, hupten und riefen: «Hippies! Hippies! Dreckige Hippies!» Terrie zitterte vor Angst, doch ich beruhigte sie. «Keine Bange», sagte ich. «Das ist nicht weiter schlimm. Es ist der Anfang einer großen Liebe.»

Tatsächlich dauerte es nicht lange, bis die ersten Kids zu zweit oder dritt vorbeischauten, neugierig und ein bisschen verlegen. Nach einem Monat platzte unser Wohnzimmer praktisch jeden Abend aus allen Nähten – sie durchwühlten unsere Plattensammlung und bombardierten uns mit Fragen zu aktuellen Ereignissen (darunter der Vietnamkrieg), Sex (vage), Drogen (von uns kriegten sie keine) und Rock 'n' Roll (aufgrund meiner

Beziehungen zu KRAB hatte ich immer die neuesten Alben). Man hätte uns glatt mit dem örtlichen Jugendclub verwechseln können. Ich überlegte sogar, ob ich nicht United Way um Fördergelder bitten sollte.

Terrie nahm einen Job als Kellnerin in einem nahegelegenen Fischrestaurant an und brachte die Essensreste von den Tellern der Gäste mit nach Hause. Da wir immun gegen Keime waren, taten wir uns genüsslich und herzhaft an Abfällen *de la mer* gütlich. Kann es da verwundern, dass ich schon immer eine Schwäche für Kellnerinnen hatte? Viele Schriftsteller überleben mit Hilfe von Stipendien – mich hingegen haben amerikanische Kellnerinnen durchgefüttert. Die Töchter der Tagesspezialität.

Mein Beitrag bestand darin, jeden Samstagmorgen in die Redaktion des *Post-Intelligencer* zu fahren und am späten Sonntagabend nach South Bend zurückzukehren, außer in den Sommerferien oder an langen Wochenenden, wenn ich manchmal vier Tage am Stück durcharbeitete. In der Stadt quartierte ich mich im Apex Hotel ein, das in einem langweiligen, noch nicht gentrifizierten Viertel in der First Avenue lag. Es war so etwas wie eine Absteige im ersten Stock für drei Dollar die Nacht und wurde von einem japanischen Ehepaar geführt, das für Ordnung und Sauberkeit sorgte. Trotzdem stank es nach Tabakrauch, die Matratzen fühlten sich an wie mit Softbällen vollgestopfte Säcke, die Bettfedern quietschten wie ein Dickicht voller sich paarender Backenhörnchen, und bei der Tapete hätte Oscar Wilde einen Herzanfall bekommen.

Neben dem Preis sprach für das Apex die Privatsphäre, die es einem bot. Im Gästebuch trug ich mich stets als «Picasso Triggerfish» ein (die englische Bezeichnung für den Neon-Regenbogenfisch, den die Hawaiianer «humuhumunukunukuapua-a» nennen) und gab meinen Wohnsitz mit «Victoria, BC» an (ich nehme an, ich war Victoria's Secret). Wenn mich Freunde im

Apex besuchen wollten, erklärten die Besitzer: «So jemand gibt es hier nicht.» Als Kriegsgegner und entschiedener Kritiker der amerikanischen Außenpolitik erfreute ich mich eines gewissen Gefühls von Sicherheit (soweit man sich sicher fühlen konnte, wenn man auf einem Bett schlief, das die ganze Nacht knarzte wie Frankensteins Schuhe), wenn ich daran dachte, dass wahrscheinlich nicht einmal das FBI mich im Apex Hotel finden würde.

In jenen Tagen war die Redaktion des *P-I* genauso gespalten wie der Rest des Landes. Es herrschte ein unbehaglicher Waffenstillstand zwischen der alten Garde der Hearst-Komplizen und den zumeist jüngeren Redakteuren, die den Rhythmen anderer, progressiverer Trommeln folgten. Wir Letzteren wurden nur toleriert, weil wir gute Arbeit leisteten. Jede Woche wurden für die besten Schlagzeilen Preise vergeben, die Darrell Bob Houston (ein widerspenstiges Genie, Stammgast im Blue Moon und Tarzan-Doppelgänger) und ich so regelmäßig einkassierten, dass andere Redakteure es gar nicht mehr versuchten. Das Mutterhaus der Hearst Corporation lobte die Schlagzeilen des *P-I* so oft, dass unsere Bosse zufrieden waren. Unsere Arbeit schien übrigens nicht zu leiden, wenn Darrell Bob, ein paar andere und ich uns zwischen den verschiedenen Ausgaben an ruhigen Nächten aufs Dach verzogen, um einen Joint zu rauchen.

Eines Abends jedoch brachte ein Mitarbeiter Gelben Libanesen mit, direkt vom Schiff, und wir hatten das unwiderstehliche Bedürfnis, nach oben zu gehen und ihn zu probieren. Als ich an den Schreibtisch zurückkehrte, starrte ich ungewöhnlich lange auf das Blatt vor mir, als wäre es der Fußabdruck einer fremdartigen Lebensform, die ich nicht identifizieren konnte. Ich glaube nicht, dass ich an diesem Abend einen Preis gewann.

Da fällt mir ein, dass es mich immer wieder erstaunt, wenn

Leser mir vorschlagen, ich solle an meinen Büchern schreiben, nachdem ich Gras geraucht oder (Gott behüte!) LSD genommen hätte. Offenbar gibt es Menschen, die die Kraft der Fantasie mit der Wirkung von Drogen verwechseln. Kein Wort meines Œuvres, kein einziges Wort, entstand, während ich mich in einem künstlich veränderten Geisteszustand befand. Anders als viele andere Schriftsteller genehmige ich mir nicht einmal einen Kaffee, wenn ich schreibe. Weder Kaffee noch Cola oder Zigaretten. Es gab eine Zeit, da rauchte ich beim Schreiben dicke Havannas, aber nicht wegen des Nikotins (ich machte keine Lungenzüge), sondern als eine Art Anker, an dem ich mich festklammern konnte, um nicht über den Rand der Erde zu rutschen. Irgendwann fragte ich mich, wie sich ein solcher Sturz wohl anfühlen würde. Daher warf ich eines Tages die Zigarren über Bord und ließ los. Bislang, das muss ich zugeben, war der Sturz berauschend – allerdings könnte ich meine Meinung beim Aufprall eventuell noch ändern.

Ein Indiz für die kulturelle Spaltung in der Zeitung war die Reaktion auf den Tod von Jimi Hendrix. Als die Meldung vom vorzeitigen Ableben des Rockmusikers über den Ticker von Associated Press kam, schnaubte unser Nachrichtenredakteur: «Wen interessiert das schon?» Er knüllte das Blatt zusammen und warf es in den Papierkorb. Ungläubig fischte ich es wieder heraus, brachte es ins Büro des Redaktionsleiters und erklärte ihm, dass Jimi Hendrix nicht nur ein internationaler Star, sondern auch ein Sohn unserer Stadt war. Die Geschichte erschien auf der ersten Seite.

Der Redaktionsleiter beim *P-I* (zum Glück für mich war es zufälligerweise Louis R. Guzzo, mein früherer Ressortchef im Feuilleton der *Times*) war Experte darin, den Frieden zwischen beiden Fraktionen zu erhalten. Ich hatte einen Künstlerfreund überredet, mir eine Mausmaske zu basteln, nicht die des schwachköpfigen Micky, sondern die der langnasigen Agenten-maus aus dem *Mad*-Comic «Spy vs. Spy». Eines Abends kam ich mit aufgesetzter Maske zur Arbeit. Ich saß am Schreibtisch und tat meinen Job, während die stark stilisierte Nase des Nagers an die fünfzig Zentimeter aus meinem Gesicht herausragte und ein Raunen durch die Nachrichtenabteilung ging. Irgendwann kam Redaktionsleiter Guzzo vorbei und bemerkte meinen kaum übersehbaren Papierrüssel. Er blieb abrupt stehen, stemmte die Hände in die Hüften und starrte mich an. Plötzlich war es im ganzen Raum mucksmäuschenstill. Das Klappern der Schreib-maschinen verstummte. Meine Verbündeten fürchteten schon um meinen Job, meine Kritiker hofften, dass er mich hochkant rausschmeißen würde. Nach einer langen Pause sagte mein Chef: «Robbins, Sie haben noch nie besser ausgesehen.» Damit schob er ab. Und das war's.

Als ich jedoch einen Monat später als Gorilla verkleidet zur Arbeit erschien, schickte man mich ins Hotel Apex zurück, um mich umzuziehen.

An diesem Schreibtisch der *P-I*-Redaktion saß ich auch, als ich einen Anruf von Luther Nichols bekam und er mir berichtete, dass Doubleday beschlossen hatte, meinen Roman zu veröffent-lichen. Das war Mitte 1970. Ich hatte ihn während einer eisigen Januarnacht am ganzen Leib zitternd fertiggestellt (uns war das Heizöl ausgegangen), das handschriftliche Manuskript während der nächsten sechs Wochen oder so in meine tragbare Olivetti getippt und danach eine professionelle Schreibkraft bezahlt, die das Ganze noch einmal sauber abtippte. Das fertige Manuskript hatte ich dem guten Mr. Nichols geschickt, der es wie gehabt nach New York weiterleitete. Dort war es im Verlagshaus von Doubleday Gegenstand einer hitzigen Debatte geworden. Dies-mal hatten sich die jungen Lektoren durchgesetzt.

Nachfolgend kam ein Vertrag, in dem man mir einen selbst für damals bescheidenen Vorschuss von zweitausendfünfhundert Dollar und eine unterirdische Beteiligung an den Verkäufen anbot. Nicht ungewöhnlich für das Erstlingswerk eines Schriftstellers, der keinen Agenten hatte, um einen besseren Deal für sich herauszuholen. Nicht dass es mir groß was ausgemacht hätte, verstehen Sie mich recht. Mein bis in die Kindheit zurückreichendes Bedürfnis, Romane zu schreiben, hatte mehr mit meiner unbändigen Fantasie und Liebe zur Sprache zu tun als mit einer banalen Sehnsucht nach Geld oder Ruhm. Auf diese Haltung bilde ich mir nichts ein, glauben Sie mir, und ich würde sie auch nie auf irgendwelche festen moralischen Prinzipien zurückführen. Ich bin einfach so gestrickt.

1971 wurde eine Hardcover-Version von *Ein Platz für Hot Dogs* veröffentlicht («gedruckt» wäre die treffendere Beschreibung), in einer Auflage von gerade mal sechstausend Exemplaren und so gut wie ohne Werbeetat: weder Signierveranstaltungen noch Lesetouren, Interviews oder dergleichen. (Ich war einfach dankbar, dass man mich nicht öffentlich aufknüpfte.) Trotz des Beifalls diverser Schriftsteller von Graham Greene bis Lawrence Ferlinghetti hatte die Kritikerzunft das Buch kurzerhand verworfen oder gleich ganz ignoriert. Die erste Besprechung erschien in den *Kirkus Reviews*. Darin erklärte irgendein Besserwisser, *Ein Platz für Hot Dogs* sei gar kein Roman, sondern ein Haufen von in Prosaform aneinandergereihten LP-Titeln. Ist es anmaßend, wenn ich dreiundvierzig Jahre später mit süffisantem Grinsen darauf verweisen kann, dass der Titel immer noch lieferbar ist und sich nach wie vor gut verkauft?

Ich fand es damals weder erstaunlich noch besonders ärgerlich, dass die Hardcover-Ausgabe von den Kritikern weithin verrissen oder ignoriert wurde. *Ein Platz für Hot Dogs* vollzog einen radikalen Bruch, was Inhalt und Form betraf, und lag außerhalb der Wohlfühlzone durchschnittlicher Kritiker. Ungewöhnlich war nur, dass so viele Vertreter der akademischen und journalistischen Zunft mir diesen Roman bis zum heutigen Tag wie einen literarischen Albatros um den Hals hängen.

Seitdem habe ich acht weitere Romane veröffentlicht, von denen die meisten internationale Bestseller wurden und in denen Protagonisten wie CIA-Agenten auftreten, Börsenmakler, freischaffende Parfümeure, mythologische Gestalten und in Südostasien vermisste US-Piloten. Nicht einer davon spielt in den sechziger Jahren. Trotzdem werde ich von der Presse regelmäßig als Vertreter der «Gegenkultur» abgestempelt. Nun, wenn sie mit «Gegenkultur» die Boheme meinen, weil ich mich den Zwängen des Mainstreams verweigere (der Mainstream ist zu hohl und vorhersehbar), akzeptiere ich die Auszeichnung mit Stolz. Leider Gottes scheinen sie sich mit einer in der literarischen Geschichte noch nie dagewesenen Sturheit auf die Sechziger eingeschossen zu haben. Es kommt einem so vor, als fühlten sie sich von dieser Zeit und ihrer Freiheit immer noch so verschreckt und bedroht, dass sie sie unbedingt anprangern und hassen müssen, obwohl sie doch längst Schnee von gestern ist. Es war eine außergewöhnliche und sogar magische Zeit, das will ich nicht leugnen, aber sowohl in meinem Leben als auch in meinen Büchern habe ich die Sechziger schon vor Jahrzehnten verlassen. Könnte man dann von Medienvertretern, die über diese Zeit lästern, nicht erwarten, dass sie ebenfalls darüber hinweg sein müssten? Ich kann mir da ein gewisses Amüsement nicht verkneifen.

Ehrlich gesagt war ich verwundert und auch ein bisschen enttäuscht, dass kein einziger Kritiker den Mumm aufbrachte, schriftlich darüber nachzudenken, was für Folgen der Beweis der Sterblichkeit von Jesus gehabt hätte, doch die größte Enttäuschung war etwas anderes. In *Ein Platz für Hot Dogs* stiehlt einer der Protagonisten einen Pavian aus dem Woodland Park Zoo in Seattle. Tja, und dann stahl drei Wochen nach Erscheinen des Romans tatsächlich jemand einen Pavian aus dem Woodland Park Zoo. Ungelogen. Sie können es in den Archiven der *Seattle Times* nachlesen, die Nachricht machte Schlagzeilen. Ich war mir hundertprozentig sicher, dass mein Kumpel Darrell Bob Houston den Affen gekidnappt hatte, um für mein Buch zu werben. Ich hätte ihm sofort zugetraut, im Namen der Freundschaft einen solchen Coup zu landen. Wie auch immer, einige Tage später wurde das Tier unversehrt wiedergefunden, und es stellte sich heraus, dass der Übeltäter keine Ahnung hatte, dass sein Leben die Kunst imitiert hatte. Und das war wirklich ein Tiefschlag.

Die Hardcover-Ausgabe von *Ein Platz für Hot Dogs* ging nicht gerade weg wie warme Semmeln, aber die Taschenbuchausgabe für den Massenmarkt erfreute sich eines dauerhaften und lukrativen Daseins, obwohl sie nach einem angemessen skurrilen Start eine langsame und kurvenreiche Reise antrat. In jenen Tagen veröffentlichten große Verlage nur Hardcover. Die Taschenbuchrechte erfolgreicher Titel wurden an Taschenbuchverlage versteigert, die sie in einem kleineren und preiswerteren Format herausbrachten, nachdem das Hardcover an Schwung verloren hatte. Taschenbuchspezialisten kauften auch die Rechte an Hardcovertiteln, die nicht besonders erfolgreich gewesen waren, von denen sie aber annahmen, sie hätten in den Regalen von Drogerien und Supermärkten als Taschenbuch eine bessere Chance.

Ballantine Books war so ein Verlag für den Massenmarkt. Eines Freitagnachmittags steckte eine Lektorin namens Leonore Fleischer ein paar verwaiste Hardcover-Ausgaben in ihren Einkaufskorb, um sie mit nach Hause zu nehmen und über das Wochenende zu lesen. Vielleicht war ja ein Titel darunter, der zum Verlagsprogramm passte. Abends stapelte sie ein halbes Dutzend Bücher auf ihren Nachttisch. Dann setzte sie sich ins Bett und rauchte einen Joint. Und während sie im Stapel nach dem Buch suchte, das den meisten Lesespaß versprach, blieb ihr Blick – inzwischen war sie ziemlich stoned – am Cover von *Ein Platz für Hot Dogs* haften. Tja, wenn Sie das verrückte Cover der gebundenen Ausgabe von *Ein Platz für Hot Dogs* (das ich selbst entworfen hatte) jemals stoned gesehen hätten, würden Sie sofort verstehen, warum Leonore unter den eher konventionellen Kandidaten ausgerechnet mein Buch auswählte.

Dank ihres Engagements – und dafür bin ich ihr (und vielleicht auch dem Marihuana) zutiefst verpflichtet – veröffentlichte Ballantine Books *Ein Platz für Hot Dogs* 1972 als Taschenbuchausgabe. Es verkaufte sich nicht stetig, sondern stoßweise, hauptsächlich über Mundpropaganda, die schmeichelhafteste Art von Werbung überhaupt. Jedes Mal, wenn es so aussah, als würde das Buch vom Markt verschwinden, erhielt ich einen Brief von Leonore, in dem sie mir berichtete, sie würden eine weitere Auflage drucken.

Gelegentlich drang ein Echo der Untergrundreputation des Romans bis zu mir. Kurz nach Fertigstellung des Romans war ich nach La Conner gezogen. Dort schleppte ein lokaler Maler eines Tages ein Pärchen an – zwei alte Freunde, die er aus dem Osten kannte. Sie waren in einem VW-Bus durchs Land gefahren und hatten eine Geschichte zu erzählen.

Offenbar hatten sie ein paar Tage auf einem Campingplatz in New Mexico verbracht. Dort kampierte unter anderem auch ein einsamer junger Mann von Mitte zwanzig. Dieser Fremde saß von morgens bis abends an einem hölzernen Picknicktisch und las ein Taschenbuch mit einem seltsamen Umschlag. Es handelte sich, wie sie irgendwann rauskriegten, um *Ein Platz für Hot Dogs* von einem gewissen Tom Robbins. An ihrem letzten Tag dort hatte der Typ das Buch ausgelesen und knallte es auf den Tisch. Dann rief er, ohne jemand Bestimmten anzusprechen – es sei denn vielleicht den Himmel, die Pinien, die Eichelhäher oder die Eichhörnchen: «Junge, Junge! Der Roman ist also doch nicht tot!»

Wer brauchte bei so einer Bestätigung schon die *Kirkus Reviews*?

leute vom gleichen schlag

L a Conner, Washington, von Stinten beknabbert, von Enten
bevölkert, vom Regen gepeitscht und von der Muse geküsst,
ist eine Ansammlung von Geschäften mit falschen Fassaden (innen aufgemöbelt, äußerlich seit ungefähr 1890 kaum verändert),
typisch für den Westen bis hinauf nach Alaska. Die meisten Gebäude stehen auf Pfählen über dem Wasser. Im Dunst wirken sie
ein bisschen gebrechlich und verloren, tatsächlich aber strahlen
sie das Echo einer gewissen geistigen Kühnheit ab. Die haben sie
mit den Möwen gemein, die sie umschwirren wie Bienen ihren
Stock. Wenn man bei La Conner an ein Fischerdorf denkt, liegt
man nicht falsch, denn genau das war es, ehe das Ingenieurkorps
der Army (berüchtigt dafür, dass es wilde, stolze Flüsse in industrielle Abwasserkanäle verwandelt) den Swinomish Slough aus-
baggerte; ehe man entdeckte, dass sich Lachse und Zivilisation
nicht vertragen.

Eingeschlossen von einem Meeresarm (einem Cocktail, der
zu gleichen Teilen aus dem Süßwasser des Skagit River und dem
Salzwasser des Puget Sound besteht), einem Indianerreservat
und weiten Flächen landwirtschaftlichen Schwemmlands, so saf-
tig, dass man es beinahe gurgeln hören kann wie das Bäuchlein
eines überfütterten Kindes, ist La Conner trotzdem auf andere,
weniger greifbare Weise offen. Angesichts von Sumpfreis, Treib-

holz, Rohrkolben und Schlickbänken (Campus der Schlamm-akademie) ist es keineswegs aus der Luft gegriffen, wenn man hier an Blaureiher denkt, die durch Farbtöpfe stelzen, oder an Dichter, die den Mond mit Brombeeren bewerfen.

Morris Graves war der erste Künstler, der sich in La Conner niederließ. Man schrieb das Jahr 1937, und Graves war noch mehr als ein Jahrzehnt vom Glanz und Gloria der Kunstwelt entfernt. Tatsächlich war er damals so arm, dass er sich in einem ausgebrannten Haus niederließ, die verkohlten Böden mit Sand bestreute und sie harkte, damit es so aussah wie in den Sandgärten des berühmten Zen-Tempels von Kyoto. Bärtig und hager zog er wie ein Vogel durch die Stadt, die Hose von einem alten Strick festgehalten, und mit einem flammenden, aber gütigen Feuer in den Augen. Zuerst wussten die Einheimi-schen nicht so recht, was sie von ihm halten sollten. Da sie den Begriff Bohemien nicht kannten und die Bezeichnungen «Beat-nik» und «Hippie» noch nicht erfunden waren, kamen einige Einwohner auf ihrer verzweifelten Suche nach einer Kategorie oder einem Etikett zu dem Schluss, es müsse sich um einen Na-zispion handeln. Doch es dauerte nicht lange, bis Graves sie mit seiner fast überirdischen Ausstrahlung für sich eingenommen hatte.

Im Alleingang erweiterte er das Bewusstsein von La Conner und ebnete anderen Künstlern (manche schon wie er auf dem langen Weg zum Ruhm), Kunstliebhabern und den üblichen Trittbrettfahrern den Weg, die sich hier ebenfalls niederließen. Es ist nicht nur wunderschön, friedlich, abgeschieden und preis-wert, sondern wurde dank Graves zu einer echten Rarität: einer kleinen ländlichen Gemeinde, die Fremde willkommen hieß, kulturell die Nase vorn hatte und sich von exzentrischer Klei-dung oder sonderbarem Verhalten nicht aus der Ruhe bringen ließ. In diesem kleinen La Conner konnte und kann man ganz man selbst sein, eine Freiheit, die man gewöhnlich nur in einer Großstadt erlebt.

Es gab dort aber noch etwas, das mittellose Kreative anzog. Vielleicht ja auch nur mich. In unmittelbarer Nähe erstreckten sich östlich des Ortes scheinbar endlose Gemüsefelder: Blumenkohl, Spinat, Kohl und Rote Bete, die nicht für die Märkte angebaut wurden, sondern nur zu dem Zweck, Samen zu gewinnen, weshalb man sie praktischerweise längere Zeit nicht aberntete. Praktischerweise für Terrie und mich, die wir regelmäßig dort mitternächtliche Razzien durchführten. Nachdem ich den *P-I* verlassen hatte, um mich ganz auf meinen zweiten Roman zu konzentrieren, stand ich notgedrungen mit den Kassiererinnen von Thrifty Foods und Safeway nicht mehr auf so vertrautem Fuß wie zuvor. Ohne nennenswerte Löcher in die Kassen der ansässigen Bauern zu reißen, versorgten uns unsere Beutezüge mit den nötigen Nahrungsmitteln und sogar mit einem Hauch von romantischem Abenteuer: dem allgegenwärtigen Risiko einer Festnahme, das allerdings von der fast surrealen Schönheit der Felder wettgemacht wurde. Lange Reihen runder, im Mondlicht silbern leuchtender Kohlköpfe erinnerten an die Figuren eines Halmaspiels, das zum Vergnügen des Jolly Green Giant dort aufgebaut worden war.

Keith und Maxime Wyman – das ältere Paar, das mich in die Freuden der Pilzsuche, Vogelbeobachtung und bacchantischer Lachs-Grillpartys eingeweiht hatte und gewissermaßen zu meinen Ersatzeltern geworden war – hatten in La Conner endlich ein bezauberndes kleines Haus gefunden, das ich mieten konnte und am 1. April 1970 mit Terrie bezog. (Ich rate dazu, wichtige Entscheidungen am 1. April zu treffen. Für alle Fälle.) Im September, als der Kohl Samen trug und es mit unseren heimlichen landwirtschaftlichen Subsidien ein Ende hatte, traf der Vorschuss von Doubleday für *Ein Platz für Hot Dogs* ein. Ich stockte die Speisekammer mit konventionell erstandenen Vorräten für Terrie auf und kaufte mir ein Flugticket nach Tokio.

Seit mein Truppentransporter 1956 aus dem Hafen von Yokohama ausgelaufen war, hatte ich Heimweh nach Japan gehabt. Diese Sehnsucht hatte mich nach Seattle verschlagen, wo ich gehofft hatte, am Fernöstlichen Institut der University of Washington ein Studium zu absolvieren, um in Asien als Korrespondent tätig werden zu können. Dann hatte mir die bildende Kunst aufgelauert, eine anspruchsvolle Versucherin, aber jetzt, vierzehn Jahre später, kaufte ich mir von meinem eigenen Geld ein Flugticket zurück in das seltsame und einmalige Land, wo Jiujitsu-Krieger Gedichte über die Natur schrieben, unglaublich verführerische Frauen sich Grillen als Haustiere hielten und keine Geisha mit der sorgfältig getuschten Wimper zucken würde, wenn ich in eine Chrysantheme biss. Aber ich jagte nicht nur einem Regenbogen nach, sondern hatte einen legitimen und praktischen Grund, nach Japan zu fliegen. Ich recherchierte für meinen zweiten Roman und musste unbedingt Brüllkraniche sehen.

Nun braucht man nicht unbedingt Ornithologe zu sein, um zu wissen, dass es in Japan gar keine Brüllkraniche gibt. Ach so! 1970 gab es bloß noch einen kleinen, vom Aussterben bedrohten Schwarm dieser Spezies, und der verbrachte den Sommer an einem entlegenen See in Nordkanada und den Winter auf einer geschützten Insel vor der texanischen Küste. An keinem dieser Orte war es möglich, ihnen nahe genug zu kommen, um sie einigermaßen in Ruhe beobachten zu können. Allerdings gibt es eine etwas kompaktere Version «unseres» majestätischen Brüllkranichs, die den Sommer in Sibirien und den Rest des Jahres im nördlichsten Teil Japans verbringt. Dort kann man den Vogel in einem Naturpark in der Nähe von Kushiro ohne Hilfe von Ferngläsern beobachten. Er wird *tancho zuru* genannt und weist dasselbe Muster auf wie sein größerer nordamerikanischer Cousin, also schwarze Flügelspitzen und eine hellrote «Mütze». (Ich gehe davon aus, dass die Bezeichnung «Kardinal» bereits vergeben war, als die Vogelnarren die Kraniche tauften, denn soweit ich weiß, heißt *tancho zuru* auf Japanisch «Papst».)

In dem Roman, den ich gerade begonnen hatte, sollten Brüllkraniche als Geiseln und zugleich als lebende Inspiration für die gesetzlosen Besetzerinnen der größten Frauenranch im Westen dienen. Ich hatte die Vögel (zweifellos in einem Anfall von Anthropomorphismus) einer charakterlichen Eigenschaft wegen ausgesucht, die ich für die bewusst eingenommene Widerstandshaltung hielt, sich lieber ausrotten zu lassen, als sich anzupassen. Statt ihre uralten Verhaltensmuster zu ändern, hatten sie den ratternden, schnatternden Übergriffen des Homo sapiens, einer aggressiven, von Natur aus perversen Spezies, freien Lauf gelassen. Wie auch immer, meine Recherchen deuteten darauf hin, dass der *tancho zuru* als geeigneter Ersatz dienen könnte, als visuelles Modell für die flüchtigeren heimischen Schreihälse, und deshalb überquerte ich jetzt den Pazifik, um ihn mir anzuschauen.

Darrell Bob Houston war bereits in Japan. Er hatte ein Journalistenstipendium der Alicia Patterson Foundation an Land gezogen, das es ihm ermöglichte, dort zu studieren und regelmäßig Berichte für «Youth in Asia» zu schreiben. (Als ich gerade den *P-I* verließ und er mir zum ersten Mal davon erzählte, hatte ich «euthanasia» verstanden, was mir nicht nur einen Schrecken einjagte, sondern auch deshalb seltsam vorkam, weil Japaner sich aufgrund ihrer alten Traditionen mit dem Harakiri so gut auskennen, dass sie eigentlich auf fremde Hilfe verzichten können müssten, wenn sie ihrem Leben ein Ende setzen wollen.) Darrell Bob holte mich am Flughafen ab und fuhr mit mir zu einem Sushiladen, wo wir ausgiebig Asahi-Bier probierten, ehe er mich in einer winzigen Einzimmerwohnung absetzte, die er als Schreibstube und Liebesnest für seine Schäferstündchen mit einer japanischen Geisha namens Yoko gemietet hatte. (Nicht *die* Yoko.) Mein Tarzankumpel war nämlich verheiratet, und seine Familie war vor kurzem aus Seattle zu ihm nach Tokio gezogen.

Die Wohnung befand sich im Arbeiterviertel Otsuka über einer schmierigen Nudelküche namens *Ichi-ban*. In diesem schlichten, aber größenwahnsinnigen Fresslokal (*ichi-ban* bedeutet auf Japanisch Nummer eins) nahm ich mein Abendessen ein und wartete darauf, dass D. B. und Yoko (sie lebte bei ihren Eltern in einem vornehmen Viertel) Zeit fanden, um mich auf meiner Jagd nach den Ersatzschreiern zu begleiten. Da die Taifunsaison mit ihrem Regen Tokio fest im Griff hatte, nuckelte ich Abend für Abend nach dem Essen an meinem Bier und sah mir auf dem 24-Zoll-Schwarzweißfernseher des *Ichi-ban* europäische (darunter auch tschechische und jugoslawische) Filme mit japanischen Untertiteln an.

Eines Abends lief ein amerikanischer Film, ein Drama aus dem Zweiten Weltkrieg über US-Piloten, die Angriffe auf Deutschland flogen. Die Dialoge waren synchronisiert worden, sodass die amerikanischen Piloten alle Japanisch plapperten. Als ich so ganz allein inmitten eines Haufens Straßenbahnfahrer saß, die sich in einer fremden Sprache unterhielten, mein Asahi trank und mir ein globales Kuddelmuddel von Film ansah, während der wütende Regen gegen die Zement- und Reispapier-Fassade des schmuddeligen Gebäudes neben den Gleisen prasselte, fühlte ich mich so desorientiert und einsam wie noch nie zuvor. Oder so durch und durch und selig zu Hause. Jeder wahre Romantiker wird wissen, was ich meine.

In Japan bestand meine übliche Kluft aus verwaschenen Jeans, Rodeo-Hemd, Lederweste, schwarzem Cowboyhut und einem kurzen, steifen Lasso, mit dem jeder spießige Grünschnabel aus New Jersey so etwas Ähnliches wie einen Seiltrick hätte vorführen können. Warum? Nun, ich hatte die dämliche Vorstellung, dass die Japaner genauso erstaunt und entzückt wären, einem amerikanischen Cowboy zu begegnen, wie Amerikaner einem freundlichen Samurai-Krieger in den Straßen von, sagen wir, Cheyenne oder Little Rock. Pustekuchen! Erstaunt waren sie allemal, doch gerade das war das Problem.

Immer wenn ich auf der Straße jemandem begegnete, wandte er sofort den Blick ab. Hin und wieder blieben die Leute sogar stehen und wandten mir den Rücken zu, bis ich an ihnen vorbeigegangen war. Als ich das erste Mal mit dem Zug fuhr, stand die Person, neben die ich mich gesetzt hatte, unvermittelt auf und setzte sich ans andere Ende des Waggons. Und als ich meinen Sitznachbarn auf der anderen Seite in der Hoffnung auf Mitgefühl oder wenigstens eine Erklärung einen Blick zuwarf, verdrückte der sich ebenfalls. Diese Art von Ablehnung war gang und gäbe. Hatten die Einwohner von Tokio einen tiefsitzenden Hass auf Cowboys? Machten sie Hopalong Cassidy und Billy the Kid für die Bombardierung ihrer Stadt damals in den vierziger Jahren verantwortlich? War denn nicht der großartige Regisseur Akira Kurosawa tief beeinflusst von amerikanischen Western?

Wie ich bald erfahren sollte, sind Japaner nicht besonders spontan. Sie mögen keine Überraschungen. Sie lassen sich emotional von ihren alten Traditionen ebenso einengen wie ästhetisch von ihnen bereichern und scheuen stur vor jeder öffentlich zur Schau gestellten Gefühlsäußerung zurück, genauso wie sie sich jeder Situation entziehen, bei der sie auf dem falschen Fuß erwischt werden oder das Gesicht verlieren könnten. In den letzten Jahren sind sie ein bisschen lockerer geworden, aber 1970 war Gesichtsverlust praktisch gleichbedeutend mit dem Tod. Und wo bleibt ihre legendäre Höflichkeit? Die Wahrheit ist, wenn Japaner sich verbeugen und murmeln: «Tut mir so leid, so leid», meinen sie in Wirklichkeit: «Zehntausend Mal sei ich verflucht, wie konnte es mir bloß passieren, ausgerechnet in *deiner* Schuld zu stehen, egal wie kurz.»

Der einzige Ort, an dem meine Cowboyaufmachung geschätzt wurde, war nicht das *Ichi-ban*, wo Kellner und Kundschaft mir mit hartnäckiger Gleichgültigkeit begegneten, sondern ein kleines *okonomiyaki*-Restaurant ein paar Häuserblocks entfernt, wo ich gewöhnlich zum Lunch hinging.

Okonomiyaki ist ein Gericht mit Identitätskrise: Offensichtlich weiß es nicht, ob es ein Omelette oder eine Pizza ist. Es ist zwar rund und flach wie die besagte Pizza, besitzt aber die Konsistenz eines Omeletts, das dann jedoch nach Belieben mit Hühnerfleisch, Shrimps oder Tintenfisch belegt und mit einer würzigen dunkelbraunen Schmiere («Bulldogge» in der Übersetzung) aus Sojasoße, Gewürzen und Apfelkraut bestrichen werden kann. In dem Lokal in Otsuka gab es ausschließlich *okonomiyaki*. Sie wurden direkt vor den Kunden auf einer schmalen Grillplatte zubereitet, die sich über die volle Länge des Tresens zog.

Die beiden Kellner dahinter hatten fast so langes Haar wie ich – 1970 in Japan eine echte Seltenheit – und schienen in mir so etwas wie einen Geistesverwandten erkannt zu haben, denn sie grinsten wie zwei Schnellrestaurant-Buddhas, wenn ich ihnen bunte Postkarten schenkte, auf denen berittene Cowboys und Indianerhäuptlinge mit vollem Kopfschmuck zu sehen waren. Die Karten signierte ich mit «Buffalo Silver», dem Namen, den ich mir als Pseudonym für meine Japanreise ausgesucht hatte. Jedes Mal, wenn ich das Etablissement betrat, nachdem ich am Morgen die Zen-Tempel und Shinto-Schreine besichtigt hatte, begrüßten sie mich wie aus einem Mund mit «Buffaro Sirver!». Der Rest unserer Unterhaltung, nachdem ich meine Wahl in puncto Garnierung getroffen hatte, beschränkte sich auf den lauten und spontanen Austausch von Bandnamen. So rief ich etwa aus heiterem Himmel «Grateful Dead!», und einer von ihnen konterte mit «Rorring Stones!». Ich rief: «Beach Boys!», und beide antworteten: «Beaters!» Ich kann mich nicht erinnern, als Reisender in einem fremden Land jemals so befriedigende Unterhaltungen geführt zu haben.

Auf dem, was der Haiku-Meister Basho die «Straße zum fernen Norden» nannte, fühlten wir der Toleranz der Japaner für überschwängliche öffentliche Selbstdarstellung gründlich auf den Zahn: «Buffalo Silver» in seiner dämlichen Cowboyaufmachung, der eins neunzig große Darrell Bob, der sich im Gästebuch als «Victor Mature jun.» eintrug (nach einem Schauspieler, dem er – fälschlicherweise – ähnlicher zu sehen glaubte als Johnny Weissmuller), und die winzige Yoko, die sich ihren missbilligenden Landsleuten im Norden auf Englisch als «Miss Chocolate Cake» vorstellte. Das war ihr Tribut an das, was sie an der westlichen Zivilisation am meisten bewunderte.

In den Zügen ließen wir, beseelt von Unmengen Bier, vor den verschlossenen und reservierten japanischen Fahrgästen alle Hemmungen fallen (wobei wir Yoko ungehörigerweise mit hineinzogen). Während wir Songs von Hank Williams sangen, mit Essstäbchen auf Asahi-Dosen trommelten und zuweilen in den Gängen herumturnten, glaubten wir allen Ernstes, ein Beispiel dafür abzugeben, um wie viel schöner das Leben sein kann, wenn man sein Ego loslässt und seiner angeborenen menschlichen Verspieltheit freien Lauf. In Wirklichkeit nahmen wir den Japanern wahrscheinlich bloß den Rest der nagenden Schuldgefühle, die sie wegen Pearl Harbor noch empfunden haben mochten.

(Hmmm? Wenn ich an Pearl Harbor denke, muss ich einräumen, dass die Japaner doch bewiesen haben, dass sie unter bestimmten Umständen für eine Überraschung gut sind.)

Kushiro erwies sich als trostloses, von Hunden verseuchtes Kaff am Meer, das nach Urin und Fisch stank und unter einer grauen Glocke vage dräuender Gefahr lag. Es unterschied sich von Tokio wie Marseille von Paris, es hätte das Palermo für Kyotos Florenz sein können. Dass das einzige Kino am Ort Außenlautsprecher hatte und der Soundtrack, der über zwei schmutzige Häuserblocks hinweg bis zur Hafenpromenade zu hören war, von *Denn sie wissen nicht, was sie tun* stammte (als würde Natalie Wood, die Göttin meiner Jugend, mein erster Vorbote ozeanischer Liebe, mir noch einmal ans Herz gehen und mir in dieser zwielichtigen Stadt den Weg zeigen), trug zu einem städtischen Ambiente bei, das weniger kosmopolitisch als einfach absurd war.

Als wir am nächsten Morgen den Bus bestiegen, der uns zum Schutzgebiet der Kraniche fünf oder sechs Kilometer außerhalb der Stadt bringen sollte, schien es daher nur logisch, dass aus den Lautsprechern des Busbahnhofs ein amerikanischer Marsch ertönte, dessen alternativer Text « *Be kind to your fine-feathered friends …*» lautet. Auch der Naturpark selbst war eine bikulturelle Rarität, denn man betrat ihn zu Fuß durch ein Tor in der größten Coca-Cola-Reklametafel, die ich je gesehen habe. Auf einem gewölbten Schild über der Tafel standen ein paar Wörter auf Englisch und Japanisch. Der englische Text lautete: Sacred Cranes / Akan Naturaley Park. *Naturaley!*

Besonders viele Kraniche schienen dort nicht ansässig zu sein. Dieser Herbst war so mild, dass er den Zuzug der Massen aus Sibirien verzögerte, aber zumindest konnten wir uns die ersten Ankömmlinge genau ansehen. Unweit des Maschendrahtzauns aus Kunststoff, der das kilometergroße morastige Habitat der Kraniche vor den menschlichen Besuchern schützte, hatten die Aufseher Getreidekörner ausgestreut, und die Vögel scheuten sich nicht, sich uns Gaffern zu nähern, um an ihrem Frühstück zu picken: Wie der Brüllkranich ist auch der *tancho zuru* ein keineswegs ängstlicher Vogel. Seine aufsässige Natur, seine Weigerung, sich dem menschlichen «Fortschritt» anzupassen und sich dabei untreu zu werden, mag einer der Gründe dafür sein, warum die Asiaten den Kranich für heilig halten, eine Verehrung, die amerikanische Ölbohrer und das Ingenieurkorps der Army leider nicht teilen.

Obwohl wir nicht in den Genuss des großartigen Balztanzes der Kraniche kamen, eine Show, die in der Natur ihresgleichen sucht (nicht einmal John Travolta in *Saturday Night Fever* kann ihnen das Wasser reichen), benahmen sich die siebzehn Vögel am Zaun ähnlich ungesittet wie wir Yanks im Zug; sie hopsten auf ihren Pogo-Stick-Beinen umher, flatterten mit den Flügeln (eine Spannweite von über zwei Metern), hoben die Schnäbel zum Himmel und stießen – gelegentlich im Duett – Schreie aus, die an elektrisch verstärkte Schnipsel des Straßenverkehrs von Tokio erinnerten. Nach zwei voyeuristischen Stunden hatte ich das Gefühl, genug Kranichtum aufgesogen zu haben, um meine Bibliotheksrecherchen entsprechend zu ergänzen. Also kehrten wir nach Kushiro zurück, wo unser umständlicher, tintenfischäugiger Wirt (der Darrell Bob und mich an Lenny in *Von Mäusen und Menschen* erinnerte) uns ein Mittagessen aus stacheligen Krebsbeinen, rotem Kaviar und Seetang auftischte. Und wieder schwebte die körperlose Stimme von Natalie Wood über die kaputten Dachziegel und den schmutzigen Zement zu uns herüber und ließ selbst die allgegenwärtigen Ablagerungen von rußgesprenkeltem Möwenguano als heilig und richtig erscheinen. Kushiro, *mon amour.*

Am Flughafen von Sapporo, einer größeren und schöneren Stadt im Südwesten, trennten sich unsere Wege, sodass Victor Mature jun. sich wieder in Darrell Bob Houston verwandeln und sich seinen Aufgaben und seiner Familie in Tokio widmen konnte. Zum Abschied umarmten wir uns, was die Männer in der Nähe veranlasste, mit kaum verhohlenem Unbehagen den Blick abzuwenden. Miss Chocolate Cake verbeugte sich vor mir und sagte: «An die Wand mit dir, du Wichser.» Das hatte ihr Darrell Bob beigebracht, und da sie keine Ahnung hatte, was es bedeutete, sagte sie es leise und sanft, als wären es die zärtlichsten Worte der Welt.

Wieder allein, nahm ich den Zug am Drachenschwanz von Hokkaido entlang (stachelig wie Kushiros Krebsbeine), und danach begab ich mich zu Fuß an Bord einer Fähre, um die Meerenge zwischen Japans nördlichen und mittleren Inseln zu überqueren. Es dämmerte, als das große Schiff aus dem Hafen von Hakodate dampfte, in einem Quadranten ging die Sonne unter, und im anderen stieg der Vollmond auf. Rechts und links von uns lagen zahlreiche winzige Holzboote im Wasser, alle mit hellen Papierlaternen ausgerüstet, deren Licht Tintenfische anlocken sollten. Es war, als hätten mich die Götter mitten in einen Hokusai-Holzschnitt aus dem frühen neunzehnten Jahrhundert plumpsen lassen. Eine einsame Gestalt auf dem obersten Deck spielte Flöte, ätherisch, wehmütig, als wollte sie die Sterne aus ihren Verstecken locken, und als mein Herz anfing, einen erdigen Rhythmus dazu zu trommeln, erwachte meine tiefe Liebe zur japanischen Kultur aufs Neue.

In meiner Verachtung für das schmierige Kushiro und den Coca-Cola-Kommerz seines *naturaley* Kranichparks hatte ich den Blick für das *wabi-sabi* verloren, jenes ästhetische Prinzip, Schönheit im Unvollkommenen und Unerwarteten zu suchen; die heimliche, innere Freude, immer auf das Zen der Dinge eingestellt zu sein. Wenn Leute heute auf Japans grausame Verbrechen im Zweiten Weltkrieg zu sprechen kommen, auf seine Arbeite-bis-du-umfällst-Unternehmenskultur, seine unverzeihliche Neigung, die Umwelt zu verpesten, und das abscheuliche Abschlachten von Delfinen und Walen, rufe ich mir den wahrem Zen am nächsten kommenden Spruch in Erinnerung: Eine breite Front hat auch eine breite Kehrseite.

Auf dem Rückflug über den Pazifik suchte ich in einem Taschenbuch Zuflucht vor nippophilen Grübeleien. Es war Kurt Vonneguts *Schlachthof 5 oder der Kinderkreuzzug,* und obwohl das Buch nichts mit dem Zweig der Jackson-Familie zu tun hat, der in die Fleischbeschau eingestiegen war, gelang es ihm vorzüglich, mich abzulenken. Ich sah Japan erst 2002 wieder, als ich das Land auf einer Lese- und Vortragstour bereiste, die – ob Sie es glauben oder nicht – vom amerikanischen Außenministerium gesponsert wurde. Eine breite Front hat auch eine breite Kehrseite. *Naturaley.*

amerikanische lebensart

Ü ber das, was hinter den verschlossenen Fensterläden und den *shoji*-Wänden einer schmutzigen, undurchsichtigen Stadt wie Kushiro vor sich geht, kann man als ausländischer Besucher bestenfalls spekulieren; wer aber wie ich gern in amerikanischen Kleinstädten wohnt (obwohl ich Jahre in Metropolen wie Richmond, Omaha, Seattle und New York verbracht habe), kann bestätigen, dass das Leben in diesen Apfelkuchenkäffern keineswegs so beschaulich ist wie in den Szenerien aus Norman Rockwells Gemälden. Hinter der Fassade unserer Dörfer auf dem Land – sommersprossig, kuchenfleckig, fromm und leichtgläubig – können sich nicht nur politische Korruption (oder pathologische Unfähigkeit: Oft ist es schwer, zwischen beiden zu unterscheiden), illegale Drogenlabore und heimliche sexuelle Schweinereien verbergen, sondern auch alle möglichen alltäglichen Schrullen.

In South Bend, Washington, wo ich mich verkroch, um meinen ersten Roman zu schreiben, machte das Gerücht die Runde, der Bürgermeister könne weder lesen noch schreiben. Jedenfalls behauptete er jedes Mal, seine Brille zu Hause vergessen zu haben, wenn man ihm eine Urkunde zum Unterschreiben vorlegte, und ließ sich das Dokument von irgendwem vorlesen.

Da das Bürgermeisteramt nur einen kargen Lohn einbrachte, verdiente der ehrenwerte Herr seine Brötchen mit dem Verkauf von Herrenanzügen – nicht in einem Geschäft, sondern aus seinem Wagen heraus: Eine Reihe von Anzügen, vorherrschend schwarz oder dunkelblau, hing an einer Stange über dem Rücksitz seines eleganten Oldsmobile. Offenbar wurden sie von Holzfällern oder Austernsammlern erstanden, die auf die Schnelle etwas Anständiges zum Anziehen brauchten, um an einer Hochzeit oder einer Beerdigung teilzunehmen. In der Stadt kursierte die Story, der Bürgermeister bezöge die Anzüge von skrupellosen Bestattern in Seattle und Tacoma. Angeblich fledderten diese die Leichen in den Särgen (oft trugen sie brandneue Anzüge), sobald ihre Familien und Freunde einen letzten Blick auf sie geworfen hatten. Falls an den Gerüchten etwas dran war, müssen viele Gentlemen am Puget Sound so splitternackt in die ewigen Jagdgründe eingegangen sein, wie sie zur Welt gekommen waren. Es sei denn, sie wurden in ihrer Unterwäsche bestattet. Einen Schwarzmarkt für gebrauchte Leichenunterwäsche kann man sich jedenfalls kaum vorstellen.

Die bekannteste Einwohnerin von South Bend war eine Maklerin namens Helen Davis. Ms. Davis hat die offizielle Staatshymne von Washington geschrieben. Außerdem hat sie einige Musicals verfasst, allesamt Flops, und mit einer Rolle als Konzertsängerin kokettiert. Der Bürgermeister und seine Kumpel waren von ihrem Talent jedoch nicht besonders angetan und hielten damit auch nicht hinter dem Berg. Der Bürgermeister besaß einen Jagdhund, dem er beigebracht hatte, auf Befehl zu jaulen. In der Hauptstraße des Dorfes stand eine Holzbank, auf der bei gutem Wetter alte Herren – zumeist Holzfäller und Austernsammler im Ruhestand – ihren Stumpen pafften, Tabak kauten und sich Geschichten erzählten. Hin und wieder setzte sich der Bürgermeister in Begleitung seines Hundes dazu. Habe ich schon erwähnt, dass er den Köter «Helen Davis» getauft hatte? Im passenden Augenblick erklärte der Bürgermeister so laut, dass man ihn bis zum Büro der Maklerin einen Block weiter hören konnte: «Na los, Helen Davis, sing uns mal was vor!» Woraufhin der Hund den Kopf zurückwarf und losjaulte, mit einer Stimme, neben der sich selbst eine heulende Furie wie Shirley Temple angehört hätte. Die zweibeinige Helen Davis stand derweil vor ihrer Tür, stemmte die Hände in die Hüften und lief abwechselnd rot, purpurrot und violett an. Manche Dorfbewohner fanden das unterhaltsamer als das Fernsehprogramm.

Als ich La Conner für mich entdeckte, hatte die kleine Stadt eine Bürgermeisterin. Das war damals ungewöhnlich; allerdings war schon die Tatsache, dass der erste Stock des Rathauses als Atelier an einen Bildhauer vermietet war, ein Hinweis darauf, dass dieses Dorf kein typischer Philister-Außenposten oder das übliche öde Pfadfinderinnen-Cookieville war. Der Sheriff war ein Mann, sein einziger Stellvertreter ebenfalls. Neben ihren polizeilichen Aufgaben waren beide aufgrund der klammen Haushaltskasse auch dafür verantwortlich, Bürgersteige, Rinnsteine und Straßen instand zu halten oder zu reparieren.

Während eines ungewöhnlich heißen Sommers füllten der Sheriff und sein Stellvertreter die wetterbedingten Schlaglöcher am Ende der First Street mit frischem Asphalt, als plötzlich ein Streit zwischen ihnen ausbrach. Ich würde mir gern einbilden, dass es um etwas Metaphysisches ging, aber ich fürchte, es war Politik oder Sport. Jedenfalls nicht Religion: Bis heute, da die Einwohnerzahl auf etwa tausend angestiegen ist, gibt es nur zwei Kirchen in La Conner, und mit Ausnahme gelegentlicher Hochzeiten oder Beerdigungen wird jede nur sonntags etwa eine Stunde lang genutzt. In Warsaw, Virginia – als Beispiel für eins der Städtchen unten im Süden, in denen ich aufgewachsen bin –, gab es bei nur vierhundert Seelen vier Kirchen für Weiße und eine für Farbige, und in der Baptistenkirche fand praktisch an jedem

Abend Woche für Woche irgendetwas statt, und doch könnte ich nicht sagen, Warsaw wäre rechtschaffener gewesen als La Conner. Wie auch immer, egal, worum es ging, die Auseinandersetzung eskalierte, und es dauerte nicht lange, da wurden die Raufbolde – Sheriff und Stellvertreter – handgreiflich. Sie verstrickten sich in einen Ringkampf und plumpsten in den heißen Asphalt, woraufhin sich Einwohner und Touristen gleichermaßen um sie versammelten, um sich das Spektakel anzusehen. Innerhalb einer Minute glichen die beiden Teerbabys aus einer Geschichte über Onkel Remus. Oder dem Schrecken vom Amazonas.

Da niemand den Mumm hatte, dazwischenzugehen und die beiden Streithähne zu trennen (ein solches Opfer hätte den Nobelpreis verdient), wälzten sie sich bis zur Erschöpfung im klebrigen Asphalt, dann standen sie unter verhaltenem Beifall auf (Stichwort selbstgemachte Unterhaltung, die das Fernsehen übertrumpft), trollten sich mit einem dämlichen Grinsen in verschiedene Richtungen und hinterließen klebrige schwarze Fußabdrücke, die noch bis zum nächsten Herbstregen zu sehen waren.

Madame Bürgermeisterin war *not amused*. Vielleicht aber doch, und sie verkniff sich das Lachen nur. Egal, was sie privat gedacht haben mag, sie enthob die beiden Ringer für sechs Wochen ihrer Ämter. Sechs Wochen lang war La Conner eine gesetzlose Gemeinde. Alteingesessenen Bürgern zufolge war es nie so friedlich gewesen.

Anfang der Siebziger war La Conner die Zwergenhauptstadt von Amerika. Vielleicht sogar der ganzen Welt. Klar, in Sarasota oder Gibsonton, Florida, gab es viel mehr Kleinwüchsige (schließlich sind diese Städte Winterquartiere der Zirkus-und Jahrmarktszunft), aber Sarasota hatte damals fast vierzigtausend Einwohner, und Gibsonton war dreimal größer als La Conner, dessen – weder offizieller noch anerkannter – Titel auf einer Per-capita-Grundlage basierte: knapp siebenhundert Einwohner, drei davon Zwerge. Für dieses Verhältnis kann weder das Wasser noch die Erbmasse verantwortlich gemacht werden, denn keiner der drei – weder der Hippie noch der konventionelle oder der Indianerzwerg – waren miteinander verwandt oder in La Conner zur Welt gekommen. Es gab tatsächlich nichts, was dieses kleine Phänomen hätte erklären können, und wahrscheinlich schenkte ihm außer mir auch niemand Aufmerksamkeit. Möglich, dass ich anfällig dafür war, weil ich meine Teenagerjahre in Warsaw, Virginia, mit seiner magischen Familie von Weltklassezwergen verbracht hatte.

Der Indianerzwerg wohnte im Swinomish-Reservat und überquerte nur selten die Brücke in die Stadt. Er stamme nicht einmal aus Swinomish, erzählte man mir, sondern sei eine Leihgabe von einem anderen Stamm, aus Gründen, die nie weiter erklärt wurden. Dagegen nahmen der Hippiezwerg und der konventionelle Zwerg regelmäßig am Nachtleben von La Conner teil. Häufig mischten sie die Szene auf, indem sie sich in der *1890's Tavern* oder der Cocktail-Lounge des *Lighthouse Inn* in aller Öffentlichkeit Beleidigungen an den Kopf warfen (die Kneipen lagen nicht weit auseinander). Der konventionelle Zwerg war ein hollywoodreifer Schönling, tadellos rasiert, mit nach hinten gekämmter Michael-Douglas-Frisur, proper gebügelter Wollhose und modischen Kragenknopfhemden. Der Hippiezwerg dagegen sah aus wie ein Hobbit. Das graue Haar fiel ihm bis auf den Hintern, und die Spitze des Bartes eilte seinen Schuhen voraus, wenn er irgendwo ein oder aus ging. Der konventionelle Zwerg störte sich am Aussehen des Hippiezwerges und beschuldigte ihn fast jeden Abend (nach ein, zwei wohlgefüllten Gläsern), ein schlechtes Beispiel für Zwerge abzugeben, während er seinerseits dafür beschimpft wurde, nicht zu seinem unkonventionellen Geburtsrecht zu stehen – einem angeborenen Passierschein für ein individuelles, unangepasstes Leben – und sich ans Establishment zu verkaufen.

Wie es sich für seinen Haarschnitt gehörte, hatte der konventionelle Zwerg tatsächlich etwas mit Filmen zu tun, allerdings auf der Produzentenseite, und nach einer Weile zog er nach Utah, um dort von Mormonen finanzierte Streifchen über gesundes Leben in der Natur zu drehen. Der Hipster hieß Maury Heald und hatte ein Herz, ein Bewusstsein, ein Gemüt und einen Lebenslauf, die jeden doppelt so großen Mann im Vergleich zu ihm hätten zwergenhaft erscheinen lassen. Beispielsweise war er in den Fünfzigern nach Kuba gereist, hatte sich der Revolution angeschlossen und zusammen mit den Aufständischen in der Sierra Maestra gelebt wie Che Guevara und Fidel Castro. Als begabter Grafiker hatte Maury in Cape Canaveral als Zeichner gearbeitet, ehe es Cape Kennedy wurde, und war in Florida von Esther Williams vor dem Ertrinken bewahrt worden. Er war in einen Swimmingpool gefallen und konnte wegen seiner kurzen Beine nicht schwimmen. Ms. Williams, Schwimm-Champion und Kinostar, hatte das zufällig mitbekommen und war kurzerhand voll bekleidet ins Becken gesprungen, um ihn zu retten. Er behauptete, sie entschädigt zu haben, verriet aber nie, auf welche Weise.

Maury arbeitete für eine Werbefirma in San Francisco, wenn ich mich nicht irre, als er das rot-orangefarbene Fritos-Logo entwarf, das sich bis heute auf der Tüte gehalten hat. Das Design war sehr erfolgreich, und eines Abends verriet er mir nach ein oder zwei Joints, dass noch viel mehr dahintersteckte. Er behauptete, es gewähre, aus einem bestimmten Winkel betrachtet, Einsicht in die fünfte Dimension. Ich glaubte, er nähme mich auf den Arm; trotzdem ertappe ich mich seitdem immer wieder dabei, dass ich die Fritos-Verpackung länger beäuge, als gesunder Menschenverstand oder die Munchies es nötig machen würden. Vielleicht hat der Leser Lust, dieser Sache tiefer auf den Grund zu gehen als ich.

«lass tom laufen»

1971 war definitiv ein Hammerjahr für mich. *Ein Platz für Hot Dogs* erschien, Terrie brachte unseren Sohn Fleetwood zur Welt, und ich lernte die Literaturagentin Phoebe Larmore kennen, die mich mehr als vierzig Jahre später immer noch vertritt. Nach meiner Rückkehr aus Japan stürzte ich mich in die Arbeit an *Sissy – Schicksalsjahre einer Tramperin*, und Phoebes Engagement für dieses Buch sollte dem weiteren Verlauf meines Lebens einen gewaltigen Schub verleihen.

Mein Vertrag für *Hot Dogs* räumte Doubleday die Option auf die Erstlektüre meines nächsten Buchs ein und sah einen Vorschuss von fünftausend Dollar vor, falls es veröffentlicht werden sollte. Phoebe, die mit der für mich zuständigen jungen Lektorin bei Doubleday bekannt war, hatte einen Blick auf die ersten Seiten von *Sissy – Schicksalsjahre einer Tramperin* werfen dürfen und war, wie sie mir später erzählte, völlig aus dem Häuschen gewesen. Sie wusste, dass ich keinen Agenten hatte, und war fest überzeugt, einen besseren Vertrag für mich aushandeln zu können, deshalb schrieb sie mir nach La Conner (zu der Zeit konnte ich mir keinen Telefonanschluss leisten) und bot mir ihre Dienste an. Ich dachte ungefähr so lange darüber nach, wie ein Neutrino bei Zimmertemperatur braucht, um durch eine Scheibe Schweizer Käse zu wandern. Dann nahm ich an.

Allerdings hatte ich die fünftausend Dollar da bereits bekommen; sie sorgten für Fleetwoods Windeln und bewahrten mich vor nächtlichen Ausflügen auf die Felder. Hinter den Kulissen überredete Phoebe den in New York tätigen Verleger Ted Solotaroff, einen der letzten alten Hasen vom Schlag eines Maxwell Perkins, das unfertige Manuskript meines Romans zu lesen. Innerhalb von Tagen bot Solotaroff ihr unter vier Augen an, Doubledays Angebot um das Zehnfache zu überbieten, vorausgesetzt, ich käme aus meinem Vertrag mit Doubleday heraus. Phoebe nahm die Herausforderung an und überzeugte Doubleday, dass ich eine Blockade hatte, an chronischen Rückenschmerzen litt und so gestresst war, dass ich *Sissy* nicht zu Ende schreiben konnte. Hocherfreut fand Doubleday sich bereit, mich aus dem Vertrag zu entlassen, wenn ich die fünftausend zurückerstattete. Darauf borgte ich mir die Summe je zur Hälfte von zwei Freunden und wechselte zu Solotaroff bei Bantam Books, und das blieb für die nächsten siebenunddreißig Jahre mein Verlag.

Apropos, Phoebes Nase wurde nicht um einen einzigen Zentimeter länger, als sie von meinen Rückenschmerzen berichtete: Ich hatte tatsächlich chronische Rückenschmerzen. Sie saßen so tief – am Steißbein –, dass man sie als das hätte bezeichnen können, was unsere Verwandten im guten alten England «a royal pain in the arse» nannten. Tagelang war ich gezwungen, im Stehen zu schreiben. Als die Röntgenaufnahmen der Wirbelsäule keinen Befund ergaben, schickte mich meine Krankenversicherung wegen der Nähe zum Genitalbereich schließlich zu einem Proktologen.

Nach Seattle zu fahren, um jemanden einen Blick in meine Privatsammlung alter Mysterien werfen und möglicherweise mit metallischen Instrumenten darin herumstochern zu lassen, entsprach nicht gerade meiner Vorstellung von einem netten Nachmittag, also tat ich das, was ich immer tue, wenn ich in einer unangenehmen Lage bin: Ich beschloss, ein bisschen Spaß herauszuquetschen oder mir zumindest Mühe zu geben, das Beste daraus zu machen. Deshalb hatte ich meine Entenmaske hervorgekramt.

Es war keine gewöhnliche Entenmaske. Nicht das süße kleine Entchengesicht, mit dem eine Mutter die erste Geburtstagsfeier ihres Kleinen in Schwung bringen würde. Aus hartem Kunststoff, etwas dick und grob, orientierte sich die Maske – kränklich gelb mit ein oder zwei schmierigen roten Flecken – eher in Richtung von Donalds rüpelhaftem Cousin: dem Bösewicht, der wegen eines Raubüberfalls im Folsom Prison eingebuchtet worden war, jener Erpel, den man vom Hinterhof der Disneys abgeführt hatte, nachdem er Minnie an die Wäsche gegangen war. Man konnte sich ihn kaum ohne eine selbstgedrehte Kippe oder den Stummel einer billigen Zigarre im Schnabel vorstellen.

In einer harmlosen Papiertüte versteckt, begleitete mich die Maske zum Termin bei dem Proktologen. Dort wies mich eine Krankenschwester an, mich ganz auszuziehen und einen dieser peinlichen, papierdünnen Baumwollkittel überzustreifen, die im Rücken geschlossen werden, was allein schon schlimm genug ist. Sie sagte, ich solle mich auf die Kante der Untersuchungsliege setzen, Dr. Medwell sei gleich da. Kaum war sie draußen, nahm ich die Maske aus der Tüte und setzte sie auf.

Als der Arzt das Untersuchungszimmer betrat, warf er mir einen Blick zu und erstarrte. Er regte sich nicht. Er lächelte nicht. Er sagte kein Wort. Er stand nur da und starrte mich eine Weile an, als wüsste er nicht, ob er näher kommen oder Reißaus nehmen sollte. Um die Lage zu entspannen, sagte ich schließlich: «Wollen Sie mich nicht wenigstens an einen Veterinär überweisen?» Das brach das Eis. Trotzdem weigerte er sich, mich zu untersuchen, bevor ich die Maske abgenommen hatte.

Seit Anfang 1980 hatte ich eine Dauerkarte für die Seattle

Sonics und ging die nächsten sechsundzwanzig Jahre praktisch zu allen Heimspielen. Dr. Medwell war ebenfalls Basketballfan und hatte eine Dauerkarte für einen Platz ganz in meiner Nähe. Wir liefen uns häufig über den Weg, wenn wir die Sporthalle betraten oder verließen. Er war vor kurzem geschieden worden und hatte wechselnde Partnerinnen. Wenn er eine mitbrachte, die ich noch nicht kannte, stellte er mich auch noch Jahre später mit den Worten vor: «Das ist der Patient, von dem ich dir erzählt habe. Der Kerl mit der Entenmaske.» Ich habe sie immer noch und vermute, dass sie und ich dazu verurteilt sind, in die Annalen der Proktologie von Seattle einzugehen (oder sollte ich lieber «Analen» sagen?).

Der Ausdruck «legendär», wie viele andere Superlative ein Wort, das etwas Einmaliges oder ganz und gar Außergewöhnliches (um nicht zu sagen Wundervolles oder Herausragendes) bezeichnet, wurde in modernen Zeiten von Werbeheinis, Medienvertretern und halbgebildeten Massen derart maßlos und unverdientermaßen überstrapaziert, dass er einen Großteil seiner Wirkung und Bedeutung eingebüßt hat. Wendet man ihn jedoch auf New Yorks Chelsea Hotel an, ist er seinen Wurzeln treuer als eine Naturblondine. Jahrzehntelang bot das Chelsea Hotel unzähligen Künstlern jeglicher Couleur ein Zuhause, und seine Mauern waren Zeugen legendärer Aktivitäten, die vom Erhabenen bis zum Kitschigen reichten, von Bob Dylan, der dort «Sad-Eyed Lady of the Lowlands» komponierte, bis Sid Vicious, der hier seine Freundin erstach. 1975 residierte auch ich eine Woche im Chelsea und nahm an jedem Werktag die U-Bahn zum Verlagssitz von Bantam Books, 666 Fifth Avenue, wo ich zusammen mit Ted Solotaroff das Manuskript von *Sissy – Schicksalsjahre einer Tramperin* Seite für Seite, Zeile für Zeile durchging.

Diese Redaktionsarbeit war gründlich, sorgfältig und trotzdem federleicht, Änderungen und Korrekturen bestenfalls minimal. Ich war überrascht. Als notorisch langsamer Schriftsteller, der in Sprache und Ideen verliebt ist, war ich mir relativ sicher, dass meine Prosa wohldurchdacht war, aber sie war auch von «verrückter Weisheit» durchdrungen, von *wabi-sabi*, hatte einen spielerischen und trotzdem todernsten Ansatz, wie er in der westlichen Literatur nicht gerade alltäglich ist. Ich war mir nicht sicher, wie ein Lektor alter Schule darauf reagieren würde. Irgendwann am Anfang des überraschend schmerzlosen Prozesses hielt Ted einmal inne und erzählte mir folgende Geschichte:

Jim Thorpe, laut übereinstimmender Meinung der größte Sportler aller Zeiten, besuchte 1911 das winzige Carlisle Indian Institute in Pennsylvania. Zu dieser Zeit war Harvard die nationale Hochburg des Footballs, sodass die Fans schmunzelten, wenn das allmächtige Harvard sich dazu herabließ, nach Carlisle zu fahren, um sich mit dem armen pennsylvanischen Internat auf dessen Feld zu messen. Bei Harvard spielte ein All-American Linebacker, der für seine Kraft, Übersicht und sein ungewöhnlich schnelles Laufspiel berühmt war und auf dieser Position als bester Spieler des Landes galt. Bei Carlisles erstem Spielzug konnte Thorpe den Linebacker nicht umlaufen und wurde schon knapp hinter der Line of Scrimmage getackled. Beim zweiten Mal genauso. Nach dem dritten Down rief Thorpe erneut seine Nummer. Doch diesmal versuchte er gar nicht erst, an Harvards Star vorbeizukommen, stattdessen hielt der Indianer aus den Hügeln von Oklahoma direkt auf ihn zu, rannte ihn um, trampelte über ihn hinweg und sprintete achtzig Yards bis zum Touchdown. Dann machte er kehrt, rannte im gleichen Tempo zurück, half dem Linebacker (der immer noch auf dem Boden lag) auf die Beine, schüttelte ihn heftig und sagte höflich, aber bestimmt: «Lass Jim laufen.»

Ted wartete, bis seine Worte eingedrungen waren. Dann sagte

er: «Ich habe nicht lange gebraucht, um einzusehen, dass das der einzig vernünftige redaktionelle Ansatz für Ihr Buch war. Kein Lektor kann darauf hoffen, einer solchen Leistung seinen Willen aufzuzwingen. Wir müssen Tom laufenlassen.»

Damals war Bantam Books ein Taschenbuchverlag für den Massenmarkt, der die Taschenbuchrechte von erfolgreichen Hardcover-Erstausgaben ersteigerte und sie in billigen, kleinformatigen Ausgaben herausbrachte. Solotaroff und einige andere Verbündete jedoch planten, das Geschäftsmodell zu verändern, und begannen ihr Manöver mit *Sissy – Schicksalsjahre einer Tramperin*. Nachdem sie es gekauft hatten, versuchten nunmehr sie, die Hardcoverrechte zu versteigern. Den Spieß so umzudrehen war ein Novum, ein Traditionsbruch, der in der Verlagswelt auf beträchtlichen Widerstand stieß. Bantams Strategie, so in der New Yorker Verlagsgeschichte zum ersten Mal angewendet, traf auf fast einhellige Ablehnung. *Fast* einhellige. Schließlich zeigte eine mutige Seele bei Houghton Mifflin, dem alteingesessenen Bostoner Verlagshaus, der Tradition die kalte aristokratische Schulter, kaufte Bantam die Rechte in einem noch nie dagewesenen Deal ab und brachte 1976 *Sissy – Schicksalsjahre einer Tramperin* zeitgleich als Hardcover und Flexcover heraus. (Ein Jahr später veröffentlichte Bantam die Taschenbuchausgabe für den Massenmarkt.)

Obwohl *Sissy* nicht auf Anhieb ein Riesenerfolg wurde, liefen die Verkäufe recht gut. Die *New York Times* verglich das Buch wohlwollend mit Thomas Pynchon. Der wiederum schrieb, es habe einen überwältigenden Eindruck auf ihn gemacht, bezeichnete es als «ein Beispiel für angewandte Magie» und mich als «Schriftsteller von Weltrang». Als 1977 die Taschenbuchauflage bei Bantam erschien, gewann das Buch hauptsächlich durch Mundpropaganda eine große Anhängerschaft, und *Sissy* ist bis heute mein bekanntester Roman geblieben (wenn auch nicht mein am besten geschriebener), vermutlich weil er 1993 verfilmt wurde und weil Filme, ob sie es nun verdienen oder nicht, den Ruf genießen, sexyer zu sein als Bücher.

Vor allem Frauen bewunderten *Sissy*, und jahrelang war es das einzige Werk eines männlichen Autors, das in feministischen Buchläden verkauft wurde. Eine Philosophieprofessorin von der Wright State University hielt auf einer Konferenz einen Vortrag, in dem sie behauptete, *Sissy* sei das erste Buch in der Geschichte, in dem eine weibliche Hauptperson die klassische Reise eines Helden unternahm und alle Stationen durchlief, die Joseph Campbell in seinem monumentalen Werk *Der Heros in tausend Gestalten* beschrieben hatte. Zwar fühlte ich mich von dem Vergleich mit Joseph Campbell und der Weltmythologie gebauchpinselt, muss jedoch gestehen, dass der Erfolg, den *Sissy* bei Frauen genoss, profanere Gründe hatte.

In den dreißiger Jahren wuchsen wir Kinder in den Appalachen, noch unberührt von den Auswirkungen technologischer Massenunterhaltung, mit improvisierten Rollenspielen auf, die zumeist abenteuerlicher Natur waren, und hatten eine Menge Spaß daran. Unsere Hinterhofübungen in Sachen Fantasie waren vielfältig, zwar von männlichen Vorbildern dominiert, aber nur selten geschlechtsspezifisch. Meine geliebten Cousinen Martha und June konnten genauso gut wie Johnny, George oder ich in die Rolle eines Cowboys, Indianers, Piraten, Piloten, Polizisten, Räubers oder Soldaten schlüpfen. Erst viele Jahre später wurde mir bewusst, dass jeder von uns Jungs theoretisch später Soldat, Entdecker, Cowboy oder Detektiv hätte werden können, für Martha und June aber diese Möglichkeiten nicht in Frage kamen, vor allem nicht damals im Süden. Ihre Erwartungen an das Leben dürften, im harten Licht der Realität betrachtet, erheblich beschränkter und gedämpfter gewesen sein.

Es war also ein Akt der Vergeltung aus Mitgefühl, dass ich mein zweites Buch – einen sprachspielerisch angelegten, tragikomischen Roman, der eine Lanze für die körperliche, psychologische, sexuelle und geistige Freiheit brach – nicht nur mit einer weiblichen Tramperin ausstattete, deren Heldentaten auf der Straße noch die von Jack Kerouac und seinen Freunden übertrafen, sondern auch mit anderen jungen Frauen, die fest entschlossen waren, ihre Cowgirl-Dantasien zu verwirklichen, indem sie gewaltsam eine Ranch übernahmen. Diese Aktion kostete eine von ihnen, die Anführerin, das Leben – doch man sollte sich nie der Illusion hingeben, man könnte seine wildesten Fantasien ungestraft ausleben. Man muss schon auch bereit sein, einen hohen Preis zu zahlen.

Gestern habe ich mir zum ersten Mal seit vielen Jahren die Erstausgabe von *Sissy* angeschaut und bin dabei über einige Kritiken zu dem davor erschienenen Buch *Ein Platz für Hot Dogs* gestolpert, in denen ich mit Mark Twain *(Los Angeles Times)*, James Joyce *(Rolling Stone)* und Nabokov oder Borges *(Playboy)* verglichen wurde. Offensichtlich hatte das Buch seine verdienten positiven Besprechungen bekommen. Als typischer Krebs habe ich jedoch nur die negativen Dinge behalten und vergessen, dass es andere Kritiken gab, nach denen sich manche Kollegen die Finger geleckt hätten.

Seit dem Erscheinen von *Sissy* habe ich es mir zum Grundsatz gemacht, keine Rezensionen mehr zu lesen, obwohl mir Leute manchmal Passagen zitieren, entweder aus geteiltem Stolz auf meinen Erfolg oder aus Schadenfreude, weil sie das für eine wohlverdiente öffentliche Bestrafung halten. Ich kann nicht sagen, ob meine Verweigerungshaltung klug oder dumm ist: Wer weiß, was für gute Ratschläge ich dadurch verpasst habe? Andererseits hat sie mich vor unnötigen Ablenkungen bewahrt (und davon gibt es weiß Gott genug), weil das Elixier des Verstehens und Verstandenwerdens, das jedem Ego, wie gering seine philosophischen Neigungen auch sein mögen, schmeichelt und nach dem es sich bisweilen sehnt, gewöhnlich – und gelegentlich gleich kübelweise – aus anderen Quellen kommt.

So erhielt ich beispielsweise kurz nach Erscheinen meines dritten Romans einen Brief von einer jungen Frau, die ich nicht kannte. Sie schrieb: «Ihre Bücher bringen mich zum Lachen, sie machen mich nachdenklich, sie machen mich geil, und sie haben mir all die Wunder dieser Welt vor Augen geführt.» Diese Auszeichnung habe ich nie vergessen, weil sie den Nagel mit einem Titanhammer auf den Kopf traf. Obwohl ich mir dessen während des Schreibens nicht bewusst bin, ist das genau die Reaktion, die ich mit meinen Büchern erzeugen möchte. Und gibt es ein größeres Kompliment für einen Roman oder ein Gedicht, als dass er oder es den Leser zum Staunen bringt? Wohl kaum.

Mein größtes Lob aus dieser Zeit aber hatte mit Literatur allenfalls höchst indirekt zu tun. Terrie und ich hatten uns kurz nach Fleetwoods Geburt getrennt, unsere kurze Ehe war den turbulenten Sechzigern und ihren freizügigen Sitten zum Opfer gefallen, aber wir blieben gute Freunde und teilten uns von verschiedenen Wohnorten aus die Erziehung unseres Sohnes. Eines Tages, als Fleetwood ungefähr drei Jahre alt war, fuhr Terrie zum Einkaufen mit ihm in den nächsten Ort, da La Conner zum Glück von Einkaufszentren, Warenhäusern oder Konsumtempeln verschont geblieben ist. Dort kam sie mit einer anderen Kundin ins Gespräch, einer alten Frau, die sich irgendwann zu Fleetwood hinabbeugte und fragte: «Und was macht dein Daddy, mein Kleiner?»

Wie aus der Pistole geschossen antwortete Fleetwood: «Mein Daddy ist ein meschuggener Magier.»

Wie bitte??? Wow! Ich wusste nicht einmal, dass Fleetwood

die Worte «meschugge» und «Magier» kannte, geschweige denn sie in einen bestimmten Kontext zueinanderbringen konnte. Wie gesagt, er war erst drei. Und obwohl ich ihn mehrmals ausgiebig befragt, ihn sogar im Chuck Wagon in Mount Vernon mit Burgern und Pommes bestochen habe, hat er mir nie verraten, was er unter der Tätigkeit seines Vaters verstand. Ich glaube, für mich war es das höchste Lob, das ich jemals erhalten habe, und sollte auf meinem Grabstein «Meschuggener Magier» stehen, hätte ich meine letzte Ruhe gefunden, selbst wenn ein unmoralischer Bestattungsunternehmer meine Totenkleider verkaufen würde. Inklusive Boxershorts.

Da wir gerade bei Würdigungen aus Quellen sind, die nichts mit dem Literaturbetrieb zu tun haben: Um diese Zeit kehrte mein anderer Sohn Rip, den ich in einem Alter gezeugt hatte, als ich immer nur an das eine gedacht und sonst nicht viel im Kopf gehabt hatte, in mein Leben zurück. Ich hatte ihn nicht mehr gesehen, seit er ein Baby gewesen war. Seine Mutter hatte in Delaware einen wohlhabenden Gentleman geheiratet und Rip während seiner Kindheit immer wieder erzählt, sein leiblicher Vater sei ein Tunichtgut und Beatnik-Penner. Kein Wunder, dass er mich suchen kam, kaum dass er achtzehn war, und sich für ein paar Wochen bei mir einnistete, um mir auf den Zahn zu fühlen. Etwa ein Jahr später kehrte er nach La Conner zurück, und seitdem lebt er ganz in der Nähe. Offenbar haben manche Kids nichts gegen einen «meschuggenen Magier» oder «Beatnik-Penner» als Papa.

hollywood, hollywouldn't

Als ich Shelley Duvalls Küche betrat, fielen mir gleich die Ameisen auf. Nicht weil sie überall im Raum herumgekrabbelt wären, sie tummelten sich nur an einer einzigen Stelle – auf dem Fenstersims über der Spüle –, doch in derart großer Zahl, dass der Vatikan sich hätte veranlasst sehen müssen, den historischen Kontext der ominösen biblischen Direktive «Seid fruchtbar und mehret euch und macht euch die Erde untertan» noch einmal genauer unter die Lupe zu nehmen.

Was ich in Shelley Duvalls Küche verloren hatte? Ich war hineingegangen, um mir ein Bier aus dem Kühlschrank zu holen, und nachdem ich das getan hatte, kehrte ich ins Wohnzimmer zurück, wo ich Shelley erzählte, ihre Küche werde gerade von einer Ameisenplage heimgesucht. Ich riet ihr, einen Kammerjäger anzurufen. «Ach was», entgegnete die Schauspielerin fröhlich. «Die essen doch nur zu Mittag.»

Noch ehe ich an meinem Bier nippen konnte, führte sie mich in die Küche zurück, zeigte auf eine Honigflasche und erklärte mir, sie quetsche jeden Tag um die Mittagszeit einen Streifen Honig auf das Fenstersims und öffne das Fenster einen Spaltbreit, damit die Ameisen zum Mittagessen hereinkommen könnten.

Nun, das war typisch Shelley, im richtigen Leben wie so oft auf der Leinwand: komplett verrückt, mit großen Augen, langen

Wimpern, auf ihre bezaubernde Art wie ein Kind. In *Shining* spielte sie eine traditionellere Rolle, doch während die anderen Zuschauer im Kino von Kubricks gruseligem Meisterstück und Jack Nicholsons eskalierendem, mörderischem Wahnsinn fasziniert waren, konnte ich mir Shelley nicht einmal in den grausigsten Szenen vorstellen, ohne zu grinsen und zu denken: *Diese Frau füttert in ihrer Küche Ameisen.*

Ich war zu Shelley gekommen, um mich mit ein paar jungen Drehbuchschreibern zu treffen. Hollywood hatte in den siebziger Jahren mehrfach Interesse an *Sissy* bekundet, sich einige Optionen gesichert und zwei Drehbücher schreiben lassen, beide von erfahrenen Drehbuchautoren, doch sie hatten irgendwie nicht funktioniert. Die Autoren hatten das Buch einfach nicht richtig verstanden. Jetzt wollte Shelley Duvall den Film selbst produzieren und die Hauptrolle der *Sissy* spielen und suchte nach einem geeigneten Drehbuchautor. Dass die beiden Typen, die sie an diesem Sonntagnachmittag zu sich nach Hause eingeladen hatte, jung und weniger von traditionellen Vorstellungen eingeengt waren, ermutigte mich, doch als wir anfingen, uns zu unterhalten, wurde mir schnell klar, dass auch sie es nicht bringen würden.

Was genau begriffen all diese jungen Leute nur nicht? Nun, die manchmal fast nahtlos ineinander übergehenden Wechsel von Ernst und Komik im Leben im Allgemeinen und in meinem Roman im Besonderen. Sicher war ihnen klar, dass der Komödie, vor allem der Slapstickkomödie, ein Element von Verzweiflung zugrunde liegt, doch das Komische, das den nüchternen Alltag unterminieren kann, aufzuspüren und ihm den nötigen Platz zu geben, darauf kamen sie ebenso wenig wie auf den allgemeineren Gedanken, dass die menschliche Realität häufig ernst und komisch zugleich ist. Ich hingegen habe das Leben immer so betrachtet, und die Lektüre von Hesse, Nietzsche und Alfred Jarry (nicht zu vergessen meine Ausflüge in die östliche Philosophie oder Experimente mit psychedelischen Drogen) hatte mich noch weiter davon überzeugt, dass unsere Welt genau so strukturiert ist. Den Drehbuchautoren klarzumachen, dass eine solche Sichtweise einer erfolgreichen Adaption von *Sissy* die entscheidende Würze geben müsste oder könnte, erwies sich jedoch als vergeblich. Sie begriffen es partout nicht. Humorvoll in einer Szene, in der anderen todernst: Das leuchtete ihnen ein, aber beides zugleich …? Fehlanzeige.

Hatte Shelley Duvall es begriffen? Vielleicht, vielleicht auch nicht. Jedenfalls beauftragte sie nicht die beiden Drehbuchautoren, die wir auf ihrer liberalen Ameisenfarm befragt hatten. Etwa einen Monat später rief sie bei mir an (mittlerweile hatte ich einen Telefonanschluss), um mir zu sagen, sie habe das Drehbuch selbst geschrieben. Tatsächlich? Ja, und sie wolle, dass ich erneut nach L. A. komme und einen Regisseur kennenlerne, dem sie es vorstellen wolle. Damals hatte ich noch nie von Alan Rudolph gehört, doch dass er von Robert Altman empfohlen worden war, genügte mir.

Wir trafen uns in einem deutschen Restaurant auf dem Sunset Boulevard. Ich hatte einen Blick in Shelleys «Drehbuch» geworfen, kurz ehe Alan Rudolph zu uns stieß – und konnte nicht fassen, was ich sah. Nur dreiundzwanzig Seiten lang (ein Drehbuch ist durchschnittlich hundert Seiten länger), einzeilig, keine Absätze, keine abgesetzten Dialoge; es vermittelte den Eindruck, als hätte ein durchgeknallter Rentner in einer Pflegeanstalt in North Dakota es verfasst, jemand, der nicht nur in seinem ganzen Leben noch kein Drehbuch zu Gesicht bekommen, sondern auch versäumt hatte, ein Handbuch zu konsultieren. Ich war mir sicher, dass Rudolph einen Blick auf das Debakel werfen, ungläubig den Kopf schütteln und das Restaurant fluchtartig verlassen würde, noch ehe wir auch nur ein Schnitzel bestellt hatten.

Erstaunlicherweise blätterte der Regisseur, der, wie ich erfahren sollte, unbezahlbare und größtenteils ungenannte Beiträge zu Altmans Klassikern wie *Nashville* und dem leider unterschätzten *Buffalo Bill und die Indianer* geliefert hatte, Shelleys Nichtdrehbuch durch (lang dauerte das nicht), nickte und sagte nüchtern: «Klar. Gut. Das kriege ich hin.»

Und er meinte es ernst. Es war kein Witz. Und er hätte es tatsächlich hinkriegen *können*. In den kommenden Jahren sollte er wiederholt unter Beweis stellen, dass von allen amerikanischen Regisseuren nur einer aus Shelleys lumpigem Säckchen Kohle Diamantenstaub und aus *Sissys* Spagat zwischen dem Kantigen und dem Süßen einen Erfolg hätte machen können: Alan Rudolph. Seine rauchigen, in Neon getauchten Romanzen haben sich nicht gescheut, den Blick auf die ergreifende Dummheit zu lenken, vor der selbst die kultivierteste Beziehung in diesen modernen Zeiten nicht gefeit ist. Seine Linse zeichnet die kleinste Schwankung im Orbit des Herzens auf, und sein absurder Witz verleiht Szenen des Film noir eine existenzielle Weisheit, die einem bei einem anderen Regisseur nur gewalttätig und banal vorkämen.

Als ich sah, wie verständnisvoll und zuversichtlich er das dämliche Drehbuch akzeptierte, schloss ich Rudolph sofort ins Herz, doch dann bekam Shelley die Finanzierung nicht hin, und es sollten acht Jahre vergehen, ehe eine andere Schauspielerin mich noch einmal mit ihm zusammenbrachte. 1987 überredete meine Freundin Debra Winger Rudolph, mir eine kleine Rolle als Spielzeugmacher in *Made in Heaven* zu geben, einem Studiofilm, der in Charleston und Atlanta gedreht wurde. Während der Dreharbeiten entwickelten Alan und ich eine Freundschaft fürs Leben, obgleich er den besten Satz, den ich für meinen Protagonisten geschrieben hatte, weggeschnitten hat: «Spielzeuge werden im Himmel gemacht, aber die Batterien kommen aus der Hölle.»

Einer der Vorteile, wenn man mit Prominenten zu tun hat, besteht darin, dass man aus erster Hand erfährt, was es heißt, unsichtbar zu sein. Treten Sie mit einem Rockstar oder Hollywood-Schauspieler in die Öffentlichkeit, und *puff*! – schon haben Sie sich in Luft aufgelöst. Die Leute sehen glatt durch Sie hindurch. Es ist ein Zauber, der effektiver ist als ein Abschluss in Hogwarts. Doch einmal während der Dreharbeiten zu *Made in Heaven* wendete sich das Blatt, und der Schleier der Unsichtbarkeit fiel auf ungewohnte Schultern.

Es war nach einem kleinen, aber sehr angeregten Abendessen in dem Haus in Charleston, das Debra Winger und Timothy Hutton für die Dauer der Filmarbeiten zur Verfügung gestellt worden war. Das Haus lag in einem vornehmen Viertel, ziemlich weit weg von dem Hotel in der Innenstadt, wo die meisten Mitglieder der Filmcrew untergebracht waren. Am Ende des Abends nahmen Neil Young und sein Manager mich mit zurück ins Hotel. Während wir uns unterhielten, erfuhr Neil, dass der Kerl auf dem Rücksitz Schriftsteller war. Er hatte noch nie etwas von mir oder meinen Romanen gehört und den ganzen Abend geglaubt, ich sei Regieassistent oder ein Angestellter der Lorimar-Studios. Er war vermutlich ein bisschen überrascht, aber nicht besonders beeindruckt.

Es war bereits nach Mitternacht und die Lobby des Hotels menschenleer. Um uns die Schlüssel geben zu lassen, gingen Neil und ich mehr oder weniger nebeneinander auf die Rezeption zu. Als wir näher kamen, strahlte der Nachtportier – eine hübsche junge Frau von etwa Anfang zwanzig – uns an wie ein voll erleuchtetes Baseballstadion, fasste sich an die Brust und stieß einen vernehmlichen Laut aus, der sich wie eine Mischung aus Seufzen, Quieken und Schnurren anhörte. Natürlich ging Neil davon aus, dass sie ihn erkannt hatte.

«Sie sind Tom Robbins, nicht wahr?», platzte die junge Frau heraus. «Ich habe gehört, dass Sie zu Gast bei uns sind.» Dann erzählte sie mir, wie wunderbar meine Bücher seien und wie viel sie ihr bedeuteten, während der große Neil Young (und er ist *wirklich* eine große Nummer) ungeduldig – unsichtbar – auf seinen Schlüssel wartete. Das menschliche Ego ist ein hinterhältiges Etwas, das man am besten in sicherem Abstand von sich hält, aber ich muss zugeben, dass es mir ein gewisses Vergnügen bereitete, einen echten Star in den Schatten zu stellen.

aufstieg des buntspechts

B evor der *Buntspecht* erschien, hatte ich Schwierigkeiten damit, mich als «Romancier» zu bezeichnen, ohne mich wie ein Aufschneider zu fühlen. Diese Einstellung hatte weniger mit Bescheidenheit oder Unsicherheit zu tun als mit Respekt vor dem Beruf, dem Handwerk und der Sprache – einer Verehrung, die heutzutage möglicherweise den Weg der «an der Pflanze gereiften» Strauchtomate genommen hat. Doch als Bantam Books 1980 *Buntspecht* als erstes Hardcover veröffentlichte, nachdem ich einen ordentlichen Vorschuss bekommen hatte, und als das Flexcover – das zeitgleich erschien – in der Bestsellerliste der *New York Times* Platz eins eroberte, ich mich auf einer landesweiten Lesetour wiederfand, Vorsatzblätter mit meiner Sauklaue verhunzte und einen Haufen Journalistenfragen beantwortete, nun ja, da konnte ich zumindest in den Spiegel schauen und mir einbilden, dass ein waschechter, vollwertiger *Autor* zurückblickte. Es war cool, das kann ich nicht bestreiten; trotzdem besaß ich noch genügend gesunden Menschenverstand, um mich daran zu erinnern, dass die Götter denjenigen, den sie vernichten wollen, erst einmal berühmt machen.

Den ersten Vorgeschmack auf diesen Sturm, launische Böen literarischen Ruhms, erlebte ich in Austin, Texas. Meine Anwesenheit dort lockte eine unerwartet große Menschenschar in den

Buchladen, sodass man den Signiertisch im Biergarten nebenan aufstellte, um die vielen Menschen unterzubringen. Dort hockte ich, ohne auch nur ein einziges Mal aufzustehen, um mir die Beine zu vertreten oder zu pinkeln, und signierte … signierte … und signierte – fünf volle Stunden lang. Es war, wie gesagt, ein Biergarten, und die Menschen tranken, während sie in der Schlange warteten. Gegen Ende des Abends waren viele, die an meinen Tisch kamen, vor allem jene, die ganz hinten in der Schlange gestanden hatten, mehr als einfach nur beschwipst, was einige interessante Gespräche zur Folge hatte. Und das Benehmen …

Nach etwa vier Stunden knöpfte eine junge Frau ihre Bluse auf, vom Alkohol und möglicherweise von der Kühnheit des männlichen Protagonisten in *Buntspecht* ermutigt (sie hatte in einer Ausgabe des Buches geblättert, während sie darauf wartete, dass sie dran war), kam auf mich zu und bat darum, dass ich nicht nur ihr Buch, sondern auch sie selbst signierte. Da ich immer zu allen Schandtaten bereit bin, Hauptsache, meine Leser sind zufrieden, und da ich vermutete, dass selbst John Hancock[7] diese Gelegenheit der Unterzeichnung der Unabhängigkeitserklärung vorgezogen hätte, zückte ich meinen Filzstift, und im Handumdrehen schmückte meine schwungvolle Unterschrift den Raum zwischen zwei wohlgeformten Wölbungen, die – abgesehen möglicherweise von Mayonnaise und Karamell-Sahne-Creme-Torte – den höchsten bekannten Fettanteil der Welt besitzen: zwei vollkommen identische weiße Möpse oder das, was einige von uns als «Zwillingsmonde des Paradieses» bezeichnen.

Nun, dieses hübsche junge Ding erwies sich als Trendsetter. Sie war Studentin an der University of Texas, und wir wissen ja, wie anfällig College-Kids für Modeerscheinungen sind. Danach entblößten vier von zehn Mädchen ihre Brüste, wenn sie sich dem Tisch näherten, und baten darum, angemessen beschriftet zu werden. Ah, Texas! (Eine breite Kehrseite hat eben in vielerlei

Hinsicht auch eine breite Front.) Am Ende des Abends lungerte eine der so ausgezeichneten Studentinnen immer noch in der Nähe des Tischs herum, und ihre Blicke ließen darauf schließen, dass sie mich gern mit nach Hause genommen hätte, vielleicht um noch andere Teile ihrer Anatomie signieren zu lassen, doch inzwischen war ich so erschöpft, dass ich wie ein Bluter bei einem Blind Date mit einem Vampir nur noch ein schwaches Winken zustande brachte, als ich mich von meinen Betreuern zum wartenden Wagen schleppen ließ.

Auf der Fahrt ins Hotel murmelte der für die Gegend zuständige Bantam-Vertreter grinsend und kopfschüttelnd vor sich hin: «Tolles Produkt, Mann, heute haben wir aber mächtig Ware verkauft.» Es war, ob Sie es glauben oder nicht, das erste Mal, dass ich eine Vorahnung davon bekam, dass Romane, vor allem meine Romane, eines Tages als «Produkt» bezeichnet werden könnten. Natürlich wusste ich, dass Bücher ver- und gekauft werden, aber als Produkt, als Ware? Dieses Konzept erschütterte meine sensiblen Gefühle dermaßen, dass es den Glanz der vorangegangenen fünf Stunden verblassen ließ und mir, als ich ins Bett fiel, die trostlose Erkenntnis vermittelte, dass manche Menschen – beispielsweise wenn sie für *Playboy* oder *Hooters* arbeiteten – sogar die «Monde des Paradieses» als «Ware» betrachten würden.

Terry Bromberg, der Pressesprecher von Bantam, der mich auf der *Buntspecht*-Tour begleitete, teilte meine Leidenschaft für kulinarische Entdeckungen. Wir legten Wert darauf, in jeder Stadt, die wir besuchten, die lokalen Spezialitäten zu probieren. In Austin hatten wir uns am späten Vormittag nach einer Marathonsignierstunde ein herrliches mexikanisches Frühstück genehmigt und waren auf dem Weg ins Hotel zurück, um auszuchecken, als uns plötzlich einfiel, dass wir vergessen hatten, den Pekannusskuchen zu probieren, für den diese Gegend von Texas so berühmt ist. Wir zogen unsere Uhren zu Rate. Es war knapp vor zwölf, unser Flug ging erst um zwei, und gepackt hatten wir schon. Spontan betraten wir ein Restaurant in der Innenstadt, um den Pekannusskuchen auf unserer «Speiseliste» abzuhaken.

Das riesige, fast höhlenartige Restaurant füllte sich gerade mit Lunch-Gästen. Anwälte, Händler und Geschäftsleute kamen in kleinen Grüppchen herein. Fast augenblicklich nahm eine Kellnerin unsere Bestellung auf, und während wir noch auf unseren Kuchen warteten, winkte uns eine andere Kellnerin vom Ende des großen Saals zu. Sie verließ ihren Platz und kam an unseren Tisch, wo sie mit einem unglaublich süßen Lächeln die Bluse ihrer gepunkteten Uniform aufknöpfte und sich entschuldigte: «Über Nacht ist sie zwar ein bisschen verblasst, aber man kann sie noch lesen.» Dann präsentierte sie Terry, den Gästen neben uns, mir und Gott meinen Namen – leicht verwischt, aber immer noch gut lesbar zwischen ihren stolzen texanischen Brüsten.

Danach war der köstliche Pekannusskuchen so etwas wie eine Antiklimax. Terry und ich verließen Texas in der festen Überzeugung, dass die Beach Boys sich getäuscht hatten, als sie sich wünschten, alle Mädchen könnten «California girls» sein.

Zwei Nächte später lockten meine «Ware» und ich erneut eine Menschenmenge an. Diesmal ins Papa Bach's in Los Angeles, einen bekannten unabhängigen Buchladen auf dem Santa Monica Boulevard, und es gab sogar Suchscheinwerfer. Ja, echt: Suchscheinwerfer während einer Signierstunde. Und eine Schlange, die sich um den ganzen Block zog. Die Gänge im Papa Bach's waren so schmal, dass man meinen Signiertisch erneut nach draußen verlegte, diesmal in eine Gasse, passender, als der Buchhändler ahnen konnte, für jemanden, der einst einen Vortrag über «die Kultur der Gasse» gehalten hatte. Einige Meter hinter mir parkte ein Tieflader, auf dem eine Country-Rock-

Band spielte. Hatte ich schon erwähnt, dass die Signierstunde in L. A. stattfand? Tisch und Stuhl, die der Buchladen aufgestellt hatte, stammten aus der Kinderbuchabteilung, nicht unbequem, aber ziemlich niedrig. Der Angestellte, der sich um die Schlange kümmerte, hatte entschieden, dass sie zwei Meter vor mir warten sollte. Die Leute, die anstanden, um sich ein Exemplar des *Bunt-spechts* signieren zu lassen, durften nur einzeln zu mir vortreten, oder zu zweit, wenn es sich um ein Paar handelte. Weil fast alle beim Signieren auch auf ein kleines Gespräch hofften und mir dabei in die Augen sehen wollten, mussten sie sich hinhocken, und von weitem sah es so aus, als würden sie vor mir auf die Knie gehen.

Der Buchladen lag rechts von mir. Zu meiner Linken befand sich eine Tankstelle, deren Gelände durch einen hohen Maschen-drahtzaun von der Gasse abgetrennt war. Zwei oder drei Mexika-ner, angelockt von der Musik und den leuchtenden Astro-Tortil-las am Himmel, beobachteten alles mit beträchtlichem Interesse. Nicht lange darauf waren es fünf oder sechs, und dann standen mehr als ein Dutzend dort herum (das Signieren dauerte vier Stunden) und starrten auf jemanden, den sie für eine bedeu-tende religiöse Gestalt gehalten haben müssen, denn Hunderte von Gläubigen huldigten ihr. Doch was für eine Art Bischof oder Heiliger konnte dieser langhaarige junge Mann mit dem großen, schiefen Schnurrbart, dem auffälligen rotgelben Sweater und den vielen Ringen an den Fingern sein? Um ihre Verwirrung noch zu steigern, drehte ich mich gelegentlich um, hob die Hand zu ihnen und beugte die Knie, was sie für eine von Herzen kommende Segnung gehalten haben müssen. Sie schüttelten den Kopf und murmelten einander zu. Ihre Fassungslosigkeit war fast mit Hän-den zu greifen.

Gegen Ende der Veranstaltung, als ich mich umdrehte, um die hispanischen Glotzer ein letztes Mal zu «segnen» (mittlerweile mussten es an die zwanzig sein), erkannte ich mitten unter ihnen, dermaßen grinsend, dass alle Alarmglocken in der Stadt hätten losschrillen müssen, Dr. Timothy Leary.

Ich war Tim Leary fünfzehn Jahre zuvor einmal kurz begegnet, als ich in New York lebte, doch er erinnerte sich nicht daran, und es gab auch keinen Grund dafür: Ich war nur einer von vielen in einer Gruppe gewesen, die ihm nach einem Vortrag in der Cooper Union gratulierten. Als er in Folsom eingebuchtet wurde, hatte ihm ein Mithäftling – Sonny Barger, der Präsident des berüchtigten nordkalifornischen Charters der Hells Angels – ein Exemplar von *Ein Platz für Hot Dogs* in die Hand gedrückt und gesagt: «Das hier ist das Lieblingsbuch der Angels.» (Wer braucht also schon die *Kirkus Reviews*?) So war Tim ebenfalls ein Fan von mir geworden. An diesem Abend verabredete ich mich mit ihm nach der Veranstaltung im Papa Bach's, und da wurden wir Freunde.

Viele halten Leary für einen Blender, Verräter, Opportunisten und vor allem für einen grenzenlosen Egomanen. In Wahrheit war er bloß Ire. Wie Ken Kesey und Robert Anton Wilson, zwei andere legendär redselige Koryphäen der Gegenkultur, war Leary Ire. *Ire!* Er war ein begnadeter Redner: Er hatte den Fabulierstein geküsst, mit Zunge und allem, hatte ihn begrabscht und sich mit ihm an den vollmondbeschienenen Ufern des Shannon im weichen Gras gewälzt. Bildlich gesprochen. Ich persönlich hielt ihn für einen großzügigen, inspirierenden, unterhaltsamen und immer gutgelaunten Gesellen, einen Mann voller herausfordernder Ideen, der seine Schmeicheleien ernst meinte und Überraschungen liebte. Ich habe ihn niemals schlecht über jemanden reden hören, auch nicht über jene, die ihm eine Falle gestellt und ihn ins Gefängnis gebracht hatten. Halt, nein, das nehme ich zurück. In seiner Verurteilung von Abraham Lincoln war er gnadenlos, denn er machte den Ehrlichen Abe für die Wall Street und die faschistoide Unternehmenskultur in Amerika verantwortlich.

Einmal saß ich nachmittags bei ihm zu Hause, kurz nachdem Tim und seine Frau Barbara einen riesigen, zotteligen Hund adoptiert hatten, und sah auf dem Couchtisch ein Buch mit dem Titel *Es gibt keine schlechten Hunde, nur schlechte Herrchen*. Als Tim ans Telefon musste, nahm ich das Buch und blätterte ein wenig darin, und da fiel mir auf, dass er das Wort «Hunde» überall mit einem schwarzen Stift durchgestrichen und «Drogen» darübergeschrieben hatte, wie in dem Slogan: Es gibt keine schlechten Drogen, nur schlechte Konsumenten.

Wie viele von Tims verspielten Äußerungen musste auch diese eine Zeitlang im Sud nüchterner Vernunft eingeweicht werden. Gewiss, der Untergang der sechziger Jahre, dieser verheißungs- und hoffnungsvollen Ära, war zweifellos in nicht geringem Maße dem Missbrauch potenziell «guter» Drogen – wie LSD, Psilocybin und Mescalin – durch «schlechte» Konsumenten geschuldet. Nachdem das *Time Magazine* der aufkeimenden psychedelischen Revolution eine Titelgeschichte gewidmet hatte, strömten unzufriedene Kids aus Michigan, Illinois, New Jersey und von überall her im proletarischen Amerika, rebellische Kids aus kaputten Familien, unfähigen Schulen und langweiligen Gemeinden, die bislang Radkappen geklaut, Bier geschnorrt, Autos kaputtgefahren und Kinder in die Welt gesetzt hatten, nach Haight-Ashbury und wurden Hippies. Ihre Anleitung zum Hippiewerden und ihr Zugang zu dieser jugendgerechten Utopie hemmungsloser Freiheit und Freude stammten (meistens aus zweiter und dritter Hand) vom *Time Magazine* – doch der Artikel, der im Großen und Ganzen positiv war, beruhte auf diversen Missverständnissen.

So drückten etwa die Vorreiter der psychedelischen Drogen –

die überwiegend aus der Mittelschicht stammten, Mitte zwanzig waren und zumindest eine Zeitlang das College besucht hatten – ihre Befreiung von gesellschaftlichen Zwängen und ihre Sehnsucht nach einem natürlicheren Lebensstil dadurch aus, dass sie barfuß gingen. Nun, wenn man barfuß über die Bürgersteige einer Stadt läuft, kriegt man ziemlich schnell dreckige Füße. Den Reportern des *Time Magazine* fielen sie auf, und sie schlossen daraus, dass diese jungen Leute wie schon die Beatniks vor ihnen nicht viel von Körperpflege hielten. In Wirklichkeit wurde einem in diesem Milieu das Klischee «Dein Körper ist dein Tempel» unablässig vorgebetet, und seine Anhänger machten viel Aufhebens davon, ausgiebig zu baden, sich zu parfümieren und einzuölen oder maßlos viel Zeit damit zu verbringen, sich auszustaffieren. Sie suchten sich ihre eklektischen – und sauberen – Kostüme ebenso pingelig aus wie eine Debütantin ihr Ballkleid. Die neue Welle von Kids aus dem Rostgürtel und den Kornkammern des Landes aber, die sich der philosophischen Grundpfeiler der Bewegung, der sie sich so naiv in die Arme warfen, gar nicht bewusst waren, nahmen das *Time Magazine* beim Wort, und so wurde der Mythos von den «schmutzigen Hippies» zur Realität.

Kein Wunder also, dass diesen jungen Leuten die intellektuelle, spirituelle und emotionale Reife fehlte, in psychedelischen Drogen etwas anderes als Angst und Verwirrung zu finden. Das *Time Magazine* war (im Unterschied zu seiner älteren Schwester *Life* zuvor) offensichtlich nicht in der Lage, darauf hinzuweisen, dass unter entsprechenden Umständen und nach der richtigen Vorbereitung Drogen eine wundervolle Offenbarung sein können. «Gute Drogen» vielleicht, aber «schlechte Konsumenten» zuhauf.

Andererseits und im Widerspruch zur Meinung meines Freundes Timothy muss ich zugeben, dass es tatsächlich einige

Drogen gibt, die an und für sich «schlecht» sind. Soweit ich sehen kann, haben Methamphetamine oder Crack weder unsichtbare Vorzüge noch positives Potenzial, und ich würde auch den regelmäßigen Kokainkonsum auf die Verbotsliste setzen, trotz der traurigen Tatsache, dass ich im *Buntspecht* die Tugenden des Kokains besungen habe. Das bereue ich in meiner Rolle als Schriftsteller am meisten. In den Jahren 1978 und 1979 verbrachten meine hübsche, kluge, geistreiche und durch und durch verlogene Freundin Ginny Rose und ich die Samstagabende damit, an ihrem Esstisch in La Conner zu sitzen und Cribbage oder Scrabble zu spielen, wobei wir eine Nase nach der anderen hochzogen, bis wir gegen halb elf oder elf in die 1890's Tavern gingen, um zu Livemusik zu tanzen, bis sie dichtmachte. Wahrscheinlich liegt es daran, dass ich nur ein Mal die Woche kokste und niemals auf Partys oder in Gruppen, dass ich so lange brauchte, um die nackte Wahrheit zu erkennen: Kokain macht kluge Menschen dumm und dumme Menschen gefährlich. Schlimm.

Natürlich haben die Indios in den Anden jahrhundertelang Kokablätter gekaut, die Mutter des Kokains, um Hungerattacken zu unterdrücken und Kraft für lange Märsche und harte Arbeit zu schöpfen. Das, so scheint es, ist ein Beispiel für gute Konsumenten, die einer schlechten Droge beibringen, mit dem Schwanz zu wedeln, Haus und Hof zu bewachen und nicht auf den Teppich zu pinkeln.

Wenn ich heute an Timothy Leary zurückdenke, behaupte ich, dass er, selbst wenn er in Hinblick auf die Neutralität von Drogen falsch lag (das hört sich peinlicherweise fast so an wie: «Waffen töten keine Menschen, Menschen töten Menschen») und selbst wenn er die von seinen Kritikern unterstellten Charakterschwächen gehabt hätte, trotzdem immer noch ziemlich gut dasteht im Vergleich zu den geistlosen, verblendeten, langweiligen, selbstgerechten und oft selbsternannten Aufpassern, die nur allzu gern bereit sind, und umso mehr, wenn Geld im Spiel ist, am Tor des unerlaubten Unfugs Wache zu schieben.

Der *Buntspecht* brachte mir eine FBI-Ermittlung ein. Nicht sofort und bestimmt nicht wegen des rosigen Bildes, das ich (in meiner Naivität) vom Kokain gezeichnet hatte. Was unserer Regierung Sorgen macht, sind Substanzen, die das Bewusstsein erweitern und einem die Augen öffnen, nicht solche, die einem Scheuklappen aufsetzen. Nein, fünfzehn Jahre nach der Veröffentlichung von *Buntspecht* – eines Romans, der den Unterschied zwischen Gesetzlosen und Kriminellen unter die Lupe nimmt, zwischen Rotschöpfen und uns anderen, dessen Fokus aber auf die flüchtige Natur der romantischen Liebe gerichtet ist und darauf, was man gegen die Tücken der Liebe tun kann –, fünfzehn Jahre nach seiner Publikation also führte das Buch dazu, dass ich zu einem Verdächtigen im Fall des Unabombers wurde.

Als mich eines Donnerstags im Jahr 1995 jemand aus dem Büro des FBI in Seattle anrief und mir mitteilte, dass man mich befragen wollte, wusste ich augenblicklich, worum es ging, obwohl das FBI keine Gründe nannte. Ich wusste es, weil mich einen Monat zuvor ein Zeitungsjournalist aus Connecticut darüber informiert hatte, was ein dort ansässiger College-Professor den ermittelnden Behörden mitgeteilt hatte. Aus der antiautoritären Haltung, den Warnungen vor zu großer Abhängigkeit von der Technologie, der Romantisierung von Gesetzesbrechern und vor allem den authentischen Anleitungen für die Herstellung selbstgebauter Bomben, die in Tom Robbins' Werk *Buntspecht* enthalten seien, gehe klar hervor, dass er (ich) der Unabomber sein müsse, das Objekt einer landesweiten Fahndung. Der Journalist hatte angesichts des Humors und der leidenschaftlichen Ehrfurcht vor dem Leben, die den Roman durchziehen, die Sache amüsant gefunden, und auch ich selbst hatte sie nicht weiter ernst genommen, bis der Anruf aus dem FBI-Büro gekommen war. Und nicht einmal da war ich besorgt, sondern erklärte mich freundlich bereit, am folgenden Dienstag einen Agenten in meinem Haus in La Conner zu empfangen. Doch dann …

Doch dann, gleich am nächsten Morgen, wollte es die Synchronizität (dieser Grenzen sprengende und der Vernunft spottende Clown), dass Susan Paynter, eine Kolumnistin des *Seattle Post-Intelligencer*, in ihrer Freitagskolumne das weitverbreitete Phantombild des Unabombers mit Kapuzensweatshirt und dunkler Sonnenbrille neben einem vor kurzem geschossenen Foto von mir mit Kapuzensweatshirt und Sonnenbrille veröffentlichte. Die Ähnlichkeit war nicht zu übersehen. «Sollte unser Tom Robbins, der keiner Fliege etwas zuleide tut, etwa der niederträchtige Unabomber sein?», schrieb sie. Susan kannte mich und meinte das witzig, doch ich konnte mir vorstellen, dass sie beim FBI die Sache weniger lustig fanden.

Und ich hatte recht. Das ganze Wochenende über parkte Tag und Nacht ein unbekannter schwarzer Pkw an einer Stelle, von der aus man freie Sicht auf den Vorder- und Hintereingang meines Hauses hatte. Wäre ich mit einem Koffer oder einem Rucksack vor dem Haus erschienen, hätte es nicht lange gedauert, bis ein Typ mit schwarzen Schuhen mir meine Rechte vorgelesen hätte. Überwachung kann für den Überwachenden wie für den Überwachten reichlich öde werden, und als es Montag wurde, machte ich mir nicht einmal mehr die Mühe, nachzusehen, ob man mich immer noch auf dem Kieker hatte.

Am Dienstag standen die Agenten vor meiner Tür, ohne nach der Adresse fragen zu müssen. Sie waren zu zweit. Jung. Weiblich. Attraktiv. Das FBI ist nicht dumm, es kannte meine Schwächen. Und die Agentinnen wussten, dass ich jetzt wusste, dass sie es wussten. Nachdem das geklärt war, machten wir es uns gemütlich, um ein ausgiebiges Plauderstündchen zu halten, bei dem sie kein einziges Mal durchblicken ließen, dass ich unter Verdacht stand, sondern nur die Hoffnung ausdrückten, ich könnte ihnen den einen oder anderen Hinweis geben, dem sie dann nachgehen würden. Ob ich vielleicht Post von Lesern erhalten hätte, die im Stil des Unabombers geschrieben war (die *New York Times* hatte langatmige Pamphlete von ihm publiziert) oder eine übertriebene Bewunderung für meinen Protagonisten in *Buntspecht* und dessen Gewohnheit erkennen ließ, gesellschaftliche Stellungnahmen mit Dynamit zu punktieren. Und woher die ungewöhnlichen Rezepte stammten, die ich in meinen Roman eingeflochten hatte (die Honigsmack / Fledermausschiss-Bombe beispielsweise).

Professionell, wie sie waren, zuckten die beiden Frauen nicht mit den geschwungenen Wimpern, als ich antwortete, ich hätte erst letzte Woche einen Sack mit Fanpost auf die örtliche Mülldeponie gebracht und könne mich, es tue mir echt leid, partout nicht mehr an den Namen des Toningenieurs in Seattle erinnern, der mir durch einen Mittelsmann (dessen Name mir ebenfalls entfallen sei) die Anleitungen verschafft habe, wie man Haushaltsprodukte in etwas verwandelte, das nachts BUMM machte. Allerdings war ich mir sicher zu spüren, wie unterschwellig ein stillschweigender kleiner Austausch zwischen ihnen stattfand, als ich dummerweise erzählte, ich hätte die elektrische Schreibmaschine, auf der ich den *Buntspecht* geschrieben hatte, zertrümmert und schriebe wieder mit dem Füller. Das war ein offenbar unabomberreifer Vergeltungsschlag gegen die Technologie. Und als ich fragte, woher sie stammten, und beide Chicago sagten, rutschte mir heraus, dass ich selbst mal in der Gegend gewohnt hätte. Das entsprach der Wahrheit, ich hatte dort die Wetterschule der Army besucht, aber es war auch der Ort, von dem aus der Unabomber die meisten seiner tödlichen Pakete versandt hatte.

Aus welchen für Tommy Rotten typischen Gründen auch immer, ich war dabei, mich immer tiefer in die Scheiße zu reiten, und dann fiel mir plötzlich auf, dass die beiden mehrfach die verrückte, comic-mäßige Konstruktion aus Stöcken und Zwirn beäugten, mit der ich eine hohe, dürre Yuccapflanze in meinem Arbeitszimmer aufgerichtet hatte. Ein argwöhnischer Mensch hätte auf die Idee kommen können, sie mit den stümperhaften Vorrichtungen zu vergleichen, die der Unabomber an seine unschuldigen Opfer geschickt hatte. Als die Agentinnen sich verabschiedeten, war ich fest davon überzeugt, dass ich sie wiedersehen würde. Diese Aussicht in ihrer Dramatik weckte tatsächlich etwas Perverses in mir.

Als dann Monate vergingen, ohne dass ich etwas von meinen Agentinnen hörte, ging ich so weit, das FBI-Büro in Seattle anzurufen, um zu fragen, wie die Ermittlungen vorankämen. Ich konnte einfach nicht anders. Eine roboterhafte Stimme erklärte mir, die Agentin, nach der ich gefragt hatte, arbeite nicht bei ihnen. Ich fragte nach der anderen und bekam eine ähnliche Antwort. Eine Erklärung wurde mir nicht angeboten. Seltsam. Wirklich sehr seltsam. Wer waren diese Frauen dann gewesen? Wer war ihr Arbeitgeber? Was hatten sie eigentlich von mir gewollt? Meine Vorstellungskraft, dieser infernalische Flipper, leuchtete auf und spuckte eine Lastwagenladung 25-Cent-Münzen aus.

Um die Weihnachtszeit erhielt ich eine Ansichtskarte von einer der Agentinnen, der, mit der ich liebend gern offener geflirtet hätte, wäre es angesichts der Umstände nicht so geschmacklos gewesen. Sie und ihre Kollegin seien nach Oklahoma City versetzt worden, schrieb sie, um dort das Bombenattentat auf die Bundesbehörde zu untersuchen. Ich schrieb zurück, doch sie antwortete nicht mehr – und irgendwann wurde der Unabomber erwischt, und mir gingen die 25-Cent-Münzen aus.

süchtig nach wundern

N ach der Veröffentlichung von *Buntspecht* hatte ich endlich das nötige Kleingeld, um nach Herzenslust und in relativer Bequemlichkeit dem Verlangen nachzugeben, das der Kauf des Weltatlas mit acht Jahren in mir geweckt hatte. Wenn ich nicht gerade mit Schreiben (inklusive Recherche, Redaktion, vom Verlag organisierte Lesereisen für meine Bücher) und/oder außerplanmäßigen Aktivitäten wie Lektüre, Kinobesuchen, Sonic-Spielen[8], Volleyballtraining, Yoga und Pilates beschäftigt war oder immer mal wieder mit Amors Zirkus durchbrannte (wobei mir völlig klar war, dass ich am Ende wahrscheinlich doch nur wieder Erdnüsse verkaufen oder die Elefanten tränken würde), reiste ich in fremde Länder auf der Suche nach neuen kulturellen, kulinarischen oder auch einfach aufregenden Erfahrungen (wie Trekkingtouren in Afrika oder Wildwasserfahrten auf drei verschiedenen Kontinenten).

Meine Frau Alexa, der weiseste Mensch, den ich kenne, behauptet, all meine Triebe, darunter auch die Liebe zur Sprache und zu Frauen – und nicht zu vergessen das Interesse an bewusstseinserweiternden Drogen oder tibetischen und zen-buddhistischen Philosophien mit ihren «verrückten Weisheiten» –, seien Teil eines übergeordneten Strebens: meiner lebenslangen Suche nach den Schnittstellen mit dem Großen Mysterium (das vielleicht, vielleicht aber auch nicht Gott ist) oder zumindest meiner Sehnsucht nach Wundern. Diese Behauptung möchte ich weder anfechten noch bestätigen; jeder Leser, der das Bedürfnis danach hat, mag seine eigenen Schlüsse ziehen. Ich komme jetzt lieber zu Kuba.

Dorthin reiste ich 1978, einerseits weil es verboten war (seit zwanzig Jahren hatte kein Amerikaner mehr Kuba legal betreten), andererseits weil ich mir selbst anschauen wollte, inwieweit das offizielle Bild das die Vereinigten Staaten von unserer kleinen Nachbarinsel zeichneten, lediglich Propaganda des Kalten Krieges war (zu einem erheblichen Teil, wie sich herausstellte). Ich kann nicht wirklich behaupten, dass das Große Mysterium seine Hand im Spiel hatte, doch als ich nach einer durchtanzten Nacht im legendären Tropicana-Nightclub während eines heftigen karibischen Sturms mit einer französisch-kanadischen Lehrerin, die dort Urlaub machte, im Bett landete, war definitiv eine transzendente Präsenz im Raum zu spüren. Vergessen Sie Barry White, Percy Sledge, Mantovani und Sinatra; vergessen Sie romantische Stimmungsmusik jeglicher Couleur: Nichts kann prasselnde Blitze, apokalyptischen Donner, peitschende Palmwedel (Aphrodite, die uns Ozon zufächelte) und heftigen Platzregen als inspirierenden akustischen Hintergrund für eine tropische Liebesnacht übertreffen.

Als ich über reguläre Flüge von Kanada nach Kuba erfuhr, rief ich meinen Freund James Lee Stanley an und überredete ihn, mich bei dieser Eskapade zu begleiten. Er sagte ein paar Gigs ab (James Lee ist Sänger und Songwriter), dann buchten wir eine zweiwöchige Pauschalreise und flogen einen Monat später mit einer russischen Fluglinie von Montreal nach Havanna. Auf der einstündigen Busfahrt vom José-Martí-Flughafen zu dem flippigen kleinen Badeort, der uns als Hauptquartier dienen würde, reichten unsere Gastgeber Flaschen mit Rum herum, und es dauerte nicht lange, bis James Lee zu seiner Gitarre griff und alle – Kubaner, Kanadier und wir beiden Amerikaner – «Guantanamera» sangen. Wir amüsierten uns schon jetzt prächtig, dabei hatte ich die Lehrerin noch gar nicht kennengelernt.

In der ganzen Zeit, die wir auf Kuba verbrachten, hatten James Lee und ich einen Mordsspaß, was uns von den anwesenden Russen unterschied und bei den Einheimischen beliebt machte. Damals war Kuba so etwas wie das Hawaii der Sowjetunion. Wenn beispielsweise die Abteilung der russischen Traktorenfabrik, in der Iwan arbeitete, ihr Produktionssoll erfüllt oder gar übererfüllt hatte, wurden seine Familie und er möglicherweise mit einem Urlaub im Tropenparadies belohnt. Ob Iwan Kuba als Paradies empfand, stand auf einem anderen Blatt. Die Russen versuchten sich gar nicht erst an lateinamerikanischen Tänzen, sie verschmähten den einheimischen Rum zugunsten ihres geliebten Wodkas, und wenn sie betrunken waren, saßen sie mit feuchten Augen da und sangen traurige alte Heimatlieder. Man sah eine Busladung von ihnen auf dem Weg zum Strand, und ihren langen Gesichtern nach zu urteilen wurden sie gerade in einen Gulag verfrachtet. Insgeheim machten sich die Kubaner – ein warmes, überschwängliches Völkchen, das nichts, aber auch wirklich nichts lieber tut als tanzen – über die Russen lustig und nannten sie «Quadratschädel».

Während unseres Besuches dort wurde uns klar, dass gewöhnliche Kubaner der sowjetischen Regierung zwar für die Hilfe in schweren Zeiten zutiefst dankbar waren, für die Russen selbst allerdings nicht viel übrighatten. Umgekehrt verachteten sie die amerikanische Regierung, empfanden aber eine aufrichtige Zuneigung zu Amerikanern. Der Widerspruch ist leicht verständlich, wenn man sich mit der kubanischen Geschichte und Amerikas langjährigen Repressalien gegenüber der Insel ein bisschen auskennt, doch darauf will ich jetzt nicht eingehen. Ich möchte nur sagen, dass ich Sympathie, ja sogar Bewunderung für Kuba empfand, dass mein positiver Eindruck allerdings nicht ihr sozialistisches Wirtschaftssystem einschloss, dessen Strenge und Eintönigkeit erdrückend war. Das grenzenlose Konsumverhalten in kapitalistischen Staaten wie dem unseren ist Gift für die Seele, doch auch das Fehlen an Vielfalt und Wahlmöglichkeiten kann sie verkümmern lassen.

In der einzigen Pizzabude von Havanna bekam man kein Bier, obwohl sie es legal hätten verkaufen dürfen. In keinem Biergarten gab es etwas zu essen. Wenn man einem Taxi winkte, nahm der Fahrer einen nur mit, wenn man in die Richtung wollte, in die er gerade fuhr. Der Taxifahrer verdiente jeden Tag dasselbe, egal, wie viele Fahrten er machte, und der Profit eines Kaufmanns blieb immer gleich, egal, wie viel Ware er umsetzte. Waren gewöhnliche Bürger mit diesen starren vorgeschriebenen Regelungen zufrieden? Ungeachtet ihres überschwänglichen (und verständlichen) Stolzes auf die Revolution von 1959, mit der sie den brutalen Diktator Fulgencio Batista gestürzt und die amerikanischen Geschäftsleute und Mafiabosse, die ihn unterstützten, vertrieben hatten, glaube ich das eigentlich nicht. Wenn die Kubaner, mit denen wir Freundschaft schlossen, das Gefühl hatten, dass sie James Lee und mir vertrauen konnten, baten sie uns insgeheim, ihnen Kassettenrekorder, Radios, LPs mit Rockmusik oder Blue Jeans zu besorgen.

Es gibt eben Dinge auf dieser Welt – sogar materielle Dinge –, die stärker sind als Politik, beglückende Dinge, die die geistige Freiheit des Individuums fördern und auf eine grobe, nicht sonderlich raffinierte Weise vielleicht sogar das Bedürfnis verkörpern, mit dem Mysterium in Verbindung zu treten.

Abgesehen von Suzette aus Quebec, verdanke ich meine schönste Erinnerung an Kuba einer mechanischen und linguistischen

Panne. Eine Gruppe aus dem Gringo-Badeort unternahm einen Tagesausflug zur Schweinebucht, als der uralte Bus mitten in einer kleinen Stadt den Geist aufgab. Es war Mittag und heißer als in der Hölle. Als der Fahrer den Motor partout nicht starten konnte, drängte er uns, auszusteigen und, wenn möglich, ein schattiges Plätzchen aufzusuchen. Wir quetschten uns unter einen einsamen Baum auf dem Platz und machten uns auf eine lange Wartezeit gefasst, während der Fahrer am Motor herum-fummelte. Wir hätten wirklich wissen müssen, dass ein Fluch über der Schweinebucht lag.

James Lee packte seine Gitarre aus, klimperte darauf herum und sang leise ein Lied. Bis zu diesem Zeitpunkt wirkte die Stadt wie ausgestorben. Keine Seele ließ sich auf dem Platz blicken, und nichts in den umstehenden Häusern wies darauf hin, dass sie bewohnt waren. Irgendwer meinte, Castro hätte vermutlich alle Einwohner zur Zuckerrohrernte verdonnert, ein anderer verwarf diese Möglichkeit als amerikanische Propaganda. James Lee spielte weiter. Und langsam, ganz langsam kamen, zuerst die Kinder, dann die Erwachsenen, einer nach dem anderen aus ihren Häusern auf den Platz. Als wäre James Lee ein regloser Rattenfänger.

Jetzt spielte er lauter. Die Menschen kamen näher. Und ehe man sich versah, war ein spontanes Fest im Gange. Dutzende von Menschen sangen mit, zumeist zu endlosen Versionen von «Guantanamera», dem einzigen Lied, dessen Text alle Anwesen-den kannten. Offensichtlich waren wir keine Russen, trotzdem dauerte es eine Weile, ehe James und ich als Amerikaner identifi-ziert wurden, denn viele, wenn nicht alle, waren noch nie einem Amerikaner begegnet. Dennoch kannten sie ein paar Rock-'n'-Roll-Songs, weil sie heimlich und trotz eines beachtlichen Risi-kos Radiosender aus Miami gehört hatten. Außerdem kannten sie Chiclets. Mann, und wie sie die kannten! Irgendwann – und wenn nur in ihrer Mythologie – waren sie in Kontakt mit den kleinen zuckerbeschichteten Kaugummis gekommen und assoziierten sie automatisch mit Amerika. Land der Freien und Heimat der Chiclets. Chiclets und Stripes für immer!

Da sie James Lee nicht unterbrechen wollten – in Kuba ist Musik eine ernste Angelegenheit –, scharten sich die Kinder um mich und bettelten um Chiclets. Damals konnte ich so gut wie kein Wort Spanisch, nur ein texanisch-mexikanisches Kauderwelsch, das in Kuba niemand verstand, aber ich hatte handgemachte Schilder in kalifornischen Fensterläden gesehen, auf denen *se habla español* stand, worunter ich «Wir haben Spanisch» verstanden hatte, mit anderen Worten: Wir haben Spanisch im Repertoire. Jahrelang hatte ich *hablar,* sprechen, mit dem Verb *haber*, haben, verwechselt. Und als ich zu den jungen Kubanern immer wieder *no habla chiclets* sagte, sagte ich in Wirklichkeit, ich spräche kein Kaugummi.

Nun, das stimmte ja. Ich sprach kein Kaugummi. Später aber, als mir dämmerte, warum die Kubaner mich angesehen hatten, als hätte ich nicht alle Tassen im Schrank, fragte ich mich: Warum auch nicht? Ich versuchte mir vorzustellen, wie sich die Kaugummisprache anhörte, und begann mir ein elementares Kaugummilexikon auszudenken. Sie wissen schon, die wesentlichen Sätze. Einige weiß ich noch (sie klingen wie von Trickfilmmäusen rezitierte Passagen aus dem *Beowulf*), kann sie aber nur aussprechen, wenn ich mindestens vier Cuba Libre intus habe.

Ich bin ja linguistisch einigermaßen biegsam, wenngleich weit von einem Akrobaten entfernt, deshalb gelingen mir die tollsten sprachlichen Missgeschicke mit den unterschiedlichsten Folgen. Als ich zum ersten Mal allein in Paris zu Abend aß, machte ich beispielsweise einen Fehler, der unter Umständen zu meinen Gunsten hätte ausgehen können.

Als ich im Polidor, meinem erschwinglichen Lieblingslokal in dieser Stadt vorzüglicher und teurer Restaurants, die Speisekarte durchging, fand ich, das Kalbfleisch in Sahnesauce höre sich ziemlich gut an. Und als die unglaublich süße Kellnerin meine Bestellung aufnehmen wollte, bat ich fälschlicherweise nicht um *veau en crème*, sondern um *vous en crème*. Ich brauchte einen Moment, bis mir bewusst wurde, dass ich «Sie in Sahnesauce» bestellt hatte.

Aber natürlich hatte ich in Wirklichkeit genau das im Sinn gehabt. Wie *no habla chiclets* war es eine absolut aufrichtige Äußerung, und Freud, Gott hab ihn selig, hätte das sofort erkannt. Die Kellnerin, weil Französin, nahm es gelassen. Ohne zu kichern oder zu erröten, nahm sie die Bestellung auf und brachte mir das Kalbfleisch. Es war köstlich, aber nachdem ich meinen Fehler verstanden und mir das mögliche Resultat im Geiste ausgemalt hatte, fühlte ich mich doch ein wenig betrogen.

Linguistische Versprecher, die mit kau- oder essbaren Substanzen zu tun haben, sind nicht auf Trampel wie mich beschränkt. Denken Sie an John F. Kennedy an einem historischen Tag in Deutschland 1963.

Zu den von naschsüchtigen Deutschen bevorzugten Süßigkeiten gehört ein mit Marmelade gefülltes Gebäck namens Berliner. Nun setzt man in der deutschen Sprache vor Nationalitäten oder Substantive, die Menschen entsprechend deren Heimat oder Herkunft identifizieren, gewöhnlich keinen Artikel, wohl aber, und das scheint völlig plausibel, vor Süßigkeiten. Findige Grammatiker behaupten daher, dass Präsident Kennedy, als er mit seinen maßgeschneiderten Lederschuhen, der feinen Harvard-Krawatte und dem Anzug aus Kaschmirwolle aus seiner kugelsicheren Limousine stieg, zum Podium schritt und würdevoll, leidenschaftlich und mitfühlend seine Solidarität mit der umzingelten Stadt bekundete, indem er «Ich bin ein Berliner» rief, eigentlich behauptete, er sei ein mit Marmelade gefüllter Krapfen.

Andere – meist ernsthafte Liberale – behaupten, diese Interpretation sei lediglich der Versuch, den Ruf eines großen Staatsmannes in den Dreck zu ziehen. Ich teile diese Meinung nicht. Ganz im Gegenteil. Ich hatte Gelegenheit, meine Geschmacksnerven durch die ganze Welt zu schleifen und sie Gerichten auszusetzen, die von «vortrefflich» – Foie-Gras-Mousse in brauner Morchelsauce (Paris), warme Zabaglione mit frischen wilden Erdbeeren (Rom) – bis zu «gewöhnungsbedürftig» – Schneefroschfett in Eierrahm (Hongkong) oder Larven von roten Ameisen (Nordthailand) – reichten. Ich kann nicht behaupten, dass während meiner gesamten Tätigkeit als kulinarischer Globetrotter eine Delikatesse – abgesehen vom perfekten Tomatensandwich – einen größeren Eindruck auf Gaumen und Augen machte oder reichere, vielfältigere geistige Assoziationen auslöste als der Berliner: dieser mollig aufgegangene Pantheon, dieser ungebrochene Kreis, dieser heilige Tondo, dieser Himmelsdom aus Teig, diese süß geschwollene Frauenbrust, dieser herrlich klebrige Globus, dieses heimliche, runde Nest des scharlachkehligen Kaloriensängers, diese Sonne, deren Strahlen den proletarischen Gaumen entflammen, dieser Mittelpunkt im Rad des leiblichen Wohls, dieses mit Blut gefüllte Vampirteilchen, dieser Clown im Armeemantel, dieses fette, frittierte Ei mit purpurrotem Dotter, dieser Frühstücksmond, diese ausgebeulte Tasche, dieser Wecker mit Erdbeergeschmack, dieser Einhornscheißhaufen, dieses aus dem Kopf eines schmierigen Idols gebrochene Juwel (ein Rubin, so groß wie das Ritz), dieser homerische Oculus (blind, aber allsehend), dieses Gestirn, diese Schote, diese Krone, dieser Schoß, dieser Zuckerklumpen, dieser Wulst, dieser Kringel, dieser Gral, dieser … nun ja, Sie verstehen schon, was ich meine.

Ob bewusst oder unterbewusst – JFK hätte sich nicht mit einem verbreiteteren, demokratisch umfassender legitimierten Nahrungsmittel identifizieren können als einem mit Marmelade gefüllten Krapfen. Welchen Einfluss hätte es auf sein Vermächtnis gehabt, ganz zu schweigen vom Weltfrieden, wenn er stattdessen «Ich bin ein Kraut» oder «Ich bin ein Kartoffelpuffer» gesagt hätte?

Wie ich mit meinen Geständnissen hoffentlich klargestellt habe (zum Glück für den Leser und mich selbst ist Kaugummi keine geschriebene Sprache), kann man mich beim besten Willen nicht gastronomischer Zaghaftigkeit bezichtigen. In den letzten Jahren halte ich mich allerdings bei Speisen, die mit verstorbenen Mitgliedern des Tierreichs zu tun haben, zunehmend zurück, aber nur ein einziges Mal verzichtete ich auf einer Reise gänzlich darauf, in einer exotischen Umgebung exotische Kost zu probieren. Das war damals, als ich eingeladen wurde, mit meinen Untertanen (ja, richtig, *Untertanen*) zu dinieren, nachdem man mich zum König der Kannibalen gekrönt hatte (und das ist kein Scherz).

Ich war mit einer kleinen Gruppe im Nordwesten von Sumatra unterwegs – acht zahlende Floßtouristen, vier Führer von Sobek / Mountain Travel (einer Abenteuerreisegesellschaft mit Sitz in Kalifornien) und ein Englisch sprechender indonesischer Waldhüter, der seine Freizeit mit der Lektüre von Louis-L'Amour-Western verbrachte. Wir hatten uns vorgenommen, als zweite Gruppe überhaupt den Alas zu befahren, einen abgelegenen Fluss, der sich durch den größten Regenwald schlängelt, der in Asien noch übrig geblieben ist, einen dichten Dschungel, bewohnt von Orang-Utans, Nashörnern und Tigern und ständig von japanischen Holzunternehmen bedroht.

Abenteuerreisen sind *per definitionem* unberechenbar. Als wir uns im dunstigen Morgengrauen von Berastagi an Bord eines stupsnasigen, busartigen Gefährts unbekannter Bauart begaben und hofften, unsere aufblasbaren Boote zu Wasser zu lassen, ehe die Sonne grantiger wurde als irgendein Revolverheld in einem Roman von L'Amour, ahnten wir noch nicht, dass uns ein ungeplanter anthropologischer Schlenker bevorstand. Während einer Pinkelpause in den belaubten Hügeln, nicht weit entfernt von dort, wo der Asphalt aufhörte, begegneten wir einem überraschend aufgeschlossenen Feldgeologen von Mobil Oil, der uns mit echter Begeisterung berichtete, in einem entlegenen Dorf der Karo Batak, einem Stamm ehemaliger (?) Menschenfresser, solle eine seltene, tagelange Exhumierungszeremonie stattfinden. Er bedauerte außerordentlich, sich uns nicht anschließen zu können, zeichnete uns aber eine primitive Karte, mit deren Hilfe wir den Ort finden konnten, falls wir neugierig waren. Das waren wir. Deshalb folgten wir den Anweisungen des Ölmannes, fuhren bis zum Ende einer unbefestigten Straße und marschierten noch acht Kilometer zu Fuß (wehe, es würde sich nicht lohnen!), geradewegs in einen feuchten *National-Geographic*-Traum hinein.

Abgesehen von vereinzelten Ölsuchern, Holzfällern oder irregeleiteten christlichen Missionaren, hatten die Karo Batak noch nie mit blauäugigen Teufeln zu tun gehabt. Trotzdem wurden wir wie Ehrengäste aufgenommen, als unser fremdartiger Trupp – mit blauen Augen so groß wie Pokerchips – plötzlich wie aus dem Nichts vor ihnen auftauchte. Ihre Gastfreundschaft ging so weit, dass die Stammesführer nach kurzer Besprechung erklärten, ein Paar aus unserer Gruppe solle zu König und Königin des Tages gekrönt werden.

Zur Königin wählten sie Beth, eine altgediente Flussführerin vom Colorado, denn sie war nicht nur besonders kräftig, sondern auch besonders freundlich. Warum sie ausgerechnet mich zum König machen wollten, ist mir nach wie vor schleierhaft. Jedenfalls hatte es sicher nichts mit meinem literarischen Ruf zu tun, auch wenn man Schriftstellern gern nachsagt, *verbalen* Kannibalismus zu betreiben, wenn sie auf Cocktailpartys oder in Rezensionen so gnadenlos übereinander herfallen. Wie auch immer, unsere Gastgeber eskortierten Beth und mich zu zwei nach Geschlechtern getrennten Langhäusern, wo sie uns in königliche Sarongs und andere farbenprächtige Gewänder hüllten und uns fünfzehn Kilo Goldschmuck um den Hals und andere Gliedmaßen hängten – den gesamten Schatz des Dorfes. (Wahrscheinlich rechneten sie sich aus, dass wir damit zu schwer waren, um uns heimlich aus dem Staub zu machen.)

Danach folgte eine königliche Prozession zum Hauptlanghaus, wo die sterblichen, erst vor kurzem exhumierten Überreste von sieben Stammesangehörigen aufgebahrt waren. Sieben Jahre hatten sie in ihren Gräbern gelegen und gewartet, dann hatten ihre Familien genügend Geld gespart, um die Zeremonie zu finanzieren, mit deren Hilfe sie die Seelen der Verstorbenen in die Karo-Batak-Version des Paradieses geleiten würden. Die Knochen hatten sie liebevoll gewaschen, getrocknet, zu sieben sauberen Häuflein geschichtet und mit den Schädeln verziert wie einen Halloween-Eisbecher mit einer ausgebleichten Kirsche. Dann ging die Feier los.

Am Rande kauerten mehrere alte Frauen, die Betelnüsse kauten. Auch wenn Sie es kaum glauben werden, fand ich es nur höflich, es ihnen gleichzutun. Und die zahnlos grinsenden Großmütterchen taten mir den Gefallen. Nun, es dauerte nicht lange, bis mir klarwurde: Betelnüsse haben mit Kaugummis nicht viel gemein, Baby. Sie waren in mit einer Paste aus mineralischem Kalk bestrichene Blätter eingewickelt (dem Zeug, mit dem wir unsere Fußballfelder und Tennisplätze markieren) und betäubten meinen Mund, färbten Zähne und Lippen rot wie das Taschentuch eines Stierkämpfers und hinterließen Wunden an meinen Gaumen, die tagelang nicht heilen wollten, doch sie verliehen mir die nötige Energie, um mit meinen «Untertanen» Schritt zu halten, während wir rituell ein ums andere Mal um die Friedhofseisbecher herumtanzten.

Die Schritte waren monoton und leicht zu erlernen, und so vertanzten wir in einer Art Conga-Schlange, die zum Rhythmus der Trommler und mit Flöten ausgestatteten Schlangenbeschwörer zuckte, praktisch den ganzen Tag. Die Verwandten der Verstorbenen, die sich jahrelang aufgeopfert hatten, um das Ritual zu finanzieren, an dessen Ende die Überreste für immer begraben werden sollten, wollten keine Minute davon verschwenden.

Als der Nachmittag sich allmählich so schmalzig verfärbte wie die beste Kitschprosa, verstummte mit einem Mal die Musik, die Tänzer schnappten nach Luft, und der ganze Stamm schien einen anhaltenden Seufzer der Erfüllung und Erleichterung auszustoßen. Königin Beth tauchte aus einer dunklen Ecke des Langhauses wieder auf, wohin sie sich fast den ganzen Tag verkrochen hatte, vielleicht aus Angst, man könnte sie nötigen mitzutanzen, Betelnüsse zu kauen (obwohl nur die Ältesten – und ich – diesem Privileg frönten) oder, noch schlimmer, ihren ehelichen Pflichten mit dem königlichen Gatten nachzukommen. Einige Mitglieder unserer Raftingtour sahen sich stumm an und fragten sich, ob es nicht an der Zeit wäre, weiterzuziehen. Dann fielen unsere Blicke auf einen gewaltigen Kessel, der auf glühenden Kohlen in der Mitte des Langhauses stand. In ihm blubberte ein Eintopf, der gräulicher war als der graue Schatten zwischen Speisendem und Verspeistem. Essenszeit im Kannibalendorf und somit höchste Zeit, aufzubrechen.

Fairerweise sei gesagt, dass die Karo Batak trotz wiederholter gegenteiliger Berichte (Gerüchte, die von Nachbarstämmen gestreut wurden) viel zu harmlos und zahm wirkten, um als praktizierende Menschenfresser durchzugehen. Die indonesische Regierung versicherte, sie hätten seit etwa vier Generationen keinen mehr aus ihren eigenen Reihen verspeist. Manche waren zum Christentum konvertiert (was mich auf die Frage brachte, ob sie wohl besonders scharf auf die heilige Kommunion waren), und das Gehirn der Karo Batak eignet sich unerklärlicherweise dermaßen fürs Schachspiel, dass sie angeblich schon ein Jahr nach Einführung in dessen Feinheiten mit europäischen Meistern Schritt halten konnten. Alle Achtung! Trotzdem, ein Blick auf den makabren grauen Eintopf genügte, und wir empfahlen uns. Beth und ich schlüpften aus unseren Sarongs, übergaben unseren Gastgebern ihren Goldschatz (allein der Kopfschmuck hätte ausgereicht, um ein Pfandhaus in Las Vegas zu finanzieren) und schüttelten wie abgedankte Monarchen jede Hand im Dorf, ehe wir zu unserem langen Marsch durch den Schlamm zurück zum Bus aufbrachen.

Nun ja, schlimmstenfalls enthielt der Eintopf Hundefleisch. Oder Affe. Aber wahrscheinlich war es ja bloß Hühnchen. Wie auch immer, ich werde jedenfalls bis an mein Lebensende darauf pochen, dass ich einst in den tigerverseuchten Hügeln von Sumatra das wilde Zepter des Kannibalenkönigs geschwungen habe. Und allen, die an dieser Behauptung zweifeln, werde ich den uralten, traditionellen Fluch der Karo Batak entgegenschleudern: «Ich pule mir das Fleisch deiner Angehörigen aus den Zähnen.»

Zwei Tage ehe wir Freundschaft mit den Karo Batak schlossen, hatten wir ein Rehabilitationszentrum für Orang-Utans besucht. Das ist wahr, doch wenn jemand meint, die großen roten Affen wären aufgrund irgendeines darwinistischen Versehens entfernt mit Lindsay Lohan[9] verwandt, dann kann ich ihm oder ihr versichern, dass Orang-Utans weder Drogen- noch Alkoholprobleme haben. Dafür hatten sie eine viel gefährlichere Sucht entwickelt: Menschen. Stellen Sie sich eine Betty-Ford-Klinik[10] vor, in der der auszutreibende Dämon Betty Ford persönlich ist.

Kleine Orang-Utans sind angeblich wundervolle Haustiere. Wundervoll auf schräge Art – eine Art Kreuzung von Homer Simpson mit Lucille Ball[11] und dem Prototypen des Gerber-Babys[12]. Sie erinnern an Wesen, denen man zutrauen würde, die Kaugummisprache zu beherrschen. In Wirklichkeit plappern sie in der Kindergartensprache von Primaten daher, glucksen und gurren und entwickeln eine starke Zuneigung zu ihren menschlichen Besitzern, die sie mit Zärtlichkeiten und Küssen überhäufen. Ihre Zuneigung bleibt bestehen, auch wenn sie älter werden, doch als Halbstarke sind sie so kräftig, dass sie einem mit einer Umarmung die Rippen brechen und in ihrer Verspieltheit die Möbel zertrümmern können. Unter wohlhabenden Indonesiern ist es Mode, eine Art Statussymbol, sich einen kleinen Orang-Utan als Haustier zu halten – aber nur so lange, bis er ein Alter erreicht, in dem er in aller Unschuld zu einer Abrissbirne wird.

Auf Sumatra gibt es ein Gesetz, das die Haltung von Orang-Utans verbietet, aber die Holländer, die bis 1949 das Sagen auf der Insel hatten, entwickelten ein Programm, mit dessen Hilfe betuchte Gesetzesbrecher ihre jugendlichen Rowdys der Regierung als «Spende» übergeben konnten. Damit entgingen die Besitzer einer Bestrafung und wahrten das Gesicht (extrem wichtig in dieser Gesellschaft), während das Tier in ein Reha-Zentrum gebracht wurde. Im Medan-Reservat östlich der Hauptstadt gewöhnte man den Affen ihre Abhängigkeit von den Menschen wieder ab und brachte ihnen bei, ihnen zu misstrauen, ja sie zu fürchten. Sie wurden Schritt für Schritt neu konditioniert, um sich theoretisch wieder in der Wildnis zurechtfinden zu können. Etwa einen Kilometer vom Gehege entfernt hatte man eine hohe Plattform im Dschungel errichtet. Mitarbeiter des Zentrums bestückten sie am frühen Morgen mit Bananen und Milch, denn man musste davon ausgehen, dass die ihnen anvertrauten Affen noch nicht gelernt hatten, wieder für sich selbst zu sorgen. Besucher wie wir, die dorthin wanderten, hörten das Knacken in den Ästen, wenn sich ein junger Orang-Utan nach dem anderen durch die Bäume hangelte, um sich die Almosen der Regierung abzuholen. Man könnte von einer Art Affentafel sprechen.

Wie erwähnt lag das Gehege ziemlich weitab vom Schuss. Um bei Sonnenaufgang zur Futterstelle zu wandern, musste unsere Raftinggruppe die Nacht im Lager verbringen. Die Holländer hatten zwei Häuser im westlichen Stil auf dem Gelände erbaut. In dem einen wohnten die örtlichen Wildhüter, das andere stand leer und war für Besucher gedacht, und wenn ich leer sage, meine ich komplett unmöbliert. Wir sollten in den beiden Haupträumen in unseren Schlafsäcken auf dem Boden übernachten. Aber es gab noch ein winziges Zimmer neben der Küche am Rande des Dschungels mit einem separaten Eingang – und einem Feldbett. Ich hatte mir beim Volleyball kurz vor meiner Abreise den Rücken verletzt, deshalb bat ich unsere Sobek-Führer darum, in dem kleinen Raum schlafen zu dürfen. Um ehrlich zu sein, kaputter Rücken hin, kaputter Rücken her, der eigentliche Grund, weshalb ich in dem abgetrennten Raum schlafen wollte, war, dass ich einen äußerst leichten Schlaf habe: Wenn eine Motte gegen meine Fensterscheibe fliegt oder jemand im Umkreis von dreißig Metern ein Streichholz anzündet, bin ich schlagartig wach. Ein Schnarcher in meiner Nähe ist wie ein Feuerwerk neben meinem Bett, und ich wusste, dass Big Jim Pleyte, mit dem ich früher schon einmal in Afrika gezeltet hatte, ein Weltklasseschnarcher war.

Als aber meine Führer bei der Leitung des Zentrums anfragten, ob ich in dem kleinen Zimmer übernachten könne, wurde die Bitte abgeschlagen. Man erklärte, der Raum sei für Wildhüter reserviert. Als es Zeit zum Schlafen war und nichts darauf hindeutete, dass irgendein Wildhüter in das kleine Zimmer einziehen würde, setzte sich Beth erneut für mich ein. Wieder wurde die Bitte ausgeschlagen, doch sie blieb standhaft. So leicht ließ Beth sich nicht abspeisen. Sie gab so lange keine Ruhe, bis der verantwortliche Ranger sich widerstrebend breitschlagen ließ. Ich legte meinen Schlafsack auf die Pritsche und erfreute mich eines geruhsamen Schlafs.

Nun spulen wir eine Woche vor. Nach einem langen Tag auf dem Fluss hatten wir unser Lager am Ufer aufgeschlagen und waren gerade dabei, unser Abendessen über einer offenen Feuerstelle zuzubereiten, als zwei Waldhüter in einem motorisierten Kanu vorbeikamen. Nach einem freundlichen Wortwechsel, in dessen Verlauf wir sie nach der Tierwelt in der Nähe ausfragten (ich zum Beispiel brannte darauf, einen Tiger zu sehen), luden wir sie zum Abendessen ein. Nach dem Essen wollten sie wissen, was wir seit unserer Ankunft in Sumatra schon alles gesehen hätten (unser persönlicher Waldhüter legte vorübergehend seinen Louis L'Amour beiseite und übersetzte). Als wir erzählten, dass wir vor der Bootsfahrt einen Tag im Orang-Utan-Reservat verbracht hätten, nickten sie anerkennend. Dann fragte einer von ihnen: «Und haben Sie dort das Zimmer gesehen, in dem es spukt?»

«Das Zimmer, in dem es spukt?» Hallo! Wir wussten sofort, welches Zimmer gemeint war, und als die Ranger es näher erklärten, flogen aller Blicke zwischen ihnen und mir hin und her. Das kleine Zimmer neben der Küche stehe leer, erzählten sie, niemand wolle darin schlafen. Warum? Weil in der Vergangenheit mehrmals eine schöne nackte Frau mit langem schwarzem Haar auf der schmalen Lichtung hinter dem Haus erschienen sei und den Ranger, der dort schlief, aufgefordert habe, ihr in den Dschungel zu folgen. Und alle, die ihr gefolgt waren, seien anschließend wie vom Erdboden verschluckt gewesen.

Sie erzählten ihre Geschichte mit nüchterner Überzeugung, und in dieser Umgebung – generell in Sumatra – war es leichter, sie für bare Münze zu nehmen als in Seattle oder auch nur den Appalachen. Das indonesische Hinterland hat etwas Unheimliches, Dunkles; man bekommt leicht das Gefühl, hier wären übernatürliche Kräfte am Werk. Bei Besuchern aus fremden Ländern äußert sich das rasch als kribbeliges Gefühl, das sich kaum als bloße Anfälligkeit für die primitiven Ängste abergläubischer Einheimischer abtun lässt. Während die Ranger von dem verwunschenen Zimmer erzählten, breitete sich rings um das Lagerfeuer Gänsehaut aus, und alle sahen mich an, als hätte ich, der Überlebende, etwas hinzuzufügen. Hatte ich nicht.

Hatte ich tatsächlich nicht. Aber warum nicht? Warum hatte das Dschungelmädchen, diese unerwartete Manifestation meiner jugendlichen Sheena-Fantasien, nicht auch mich geholt? Unter Befragung entwickelte ich *ad hoc* einige Theorien dazu. Erstens hatte ich einen kaputten Rücken, für einen zukünftigen Liebhaber nicht gerade vielversprechend. Zweitens hatte ich wegen der Rückenschmerzen vor dem Zubettgehen eine Percocet geschluckt, ein Opiat, das einen schläfrig, benommen und schlapp macht. Vielleicht war ich derart neben der Spur gewesen, dass ich meine Besucherin gar nicht bemerkt hatte. Vielleicht aber hatte sie auch selbst gespürt, dass ich ihr nicht von Nutzen sein würde, und von mir abgelassen.

Und dann gab es noch die Pilze. In Sumatra, Borneo und einigen weiteren Gegenden dieses Teils der Welt gedeiht ein phosphoreszierender Schichtpilz, eine Spezies, die sprichwörtlich in der Dunkelheit leuchtet. Am Nachmittag war ich bei einem kurzen, spontanen Ausflug in den Dschungel auf ein Geflecht dieser lichtspendenden Spezies gestoßen. Sie wuchs auf einem heruntergefallenen toten Ast, der etwa so lang und dick wie ein Baseballschläger war. Ich hatte ihn mit ins Haus gebracht und auf die Schwelle des kleinen Zimmers gelegt, in der Hoffnung, er könnte so etwas wie eine organische Nachtbeleuchtung sein. Es entsprach meinem Sinn für Romantik, doch aus irgendeinem obskuren arborealen und/oder mykologischen Grund war vielleicht das die Erklärung dafür, warum die mörderische Nymphe einen Bogen um mich gemacht hatte.

Und es gab noch eine weitere Möglichkeit, das heißt abgesehen davon, dass sie mich körperlich einfach nicht attraktiv fand. An der ansonsten kahlen Wand des kleinen Zimmers klebte ein aus dem Traktat eines Missionars oder dem Pamphlet einer Sonntagsschule ausgerissenes Blatt, ein buntes Bildchen (ohne Worte) von einem einsam knienden Christus beim Beten in einem breiten Strahl aus Mondlicht. Aufgrund meiner baptistischen Erziehung erkannte ich in der Szene den Garten Gethsemane, wohin Jesus sich zurückgezogen hatte, um in der Nacht vor seiner Kreuzigung allein zu beten. Jemand hatte mit einer in silberne Tinte getauchten Feder alle Konturen in dem Bild kunstvoll umrandet, dem Strahl aus Mondlicht besondere Aufmerksamkeit gewidmet und ihn mit vielen silbernen Pünktchen zusätzlich betont. Aus künstlerischer Perspektive war die Wirkung dieser Verschönerung ziemlich interessant. Sie verlieh einer ansonsten banalen Illustration eine ästhetische und emotionale Bedeutung, und ich hatte das Bildchen von der Wand gelöst, um es als Souvenir mit nach Hause zu nehmen.

Später am Abend jedoch hatte ich ein zunehmend mulmiges Gefühl, weil ich es einfach eingesteckt hatte, und kurz bevor ich mich hinlegte, hatte ich es aus meinem Rucksack herausgenommen und wieder an die Wand geklebt. Jetzt, am Lagerfeuer, fragte ich mich, ob das bearbeitete Jesusbildchen nur deshalb an der Wand des «verhexten» Zimmers klebte, um den weiblichen Dämon fernzuhalten. Wenn ja, so hatte es mir vielleicht den schmalen weißen Arsch gerettet.

Für den Fall, dass jemand auf die Idee kommt, diese Geschichte hätte mich vielleicht dazu bewegt, meine Abkehr von der organisierten Religion zu überdenken, eile ich zu erklären: Zwar bin ich mir durchaus bewusst, dass Yeshua bin Miriam, der Mann, den wir Jesus nennen, die Galionsfigur einer großen und mächtigen theologischen Institution ist; dennoch halte ich ihn nicht für eine religiöse Gestalt, jedenfalls nicht in einem theologischen Sinn. Eher für einen wandernden jüdischen Eiferer, dessen philosophische Maximen und Verhaltensempfehlungen (vorausgesetzt, sie wurden ihm nicht Jahrzehnte nach seinem Tod von Evangelisten, die nach einem neuen Dogma drängten, wie manche Gelehrte behaupten, in den Mund gelegt) sich nicht nennenswert von den Verkündigungen anderer großer spiritueller Lehrer in China, Indien und Persien um dieselbe Zeit unterscheiden. Könnte es trotzdem sein, dass sein Abbild, kreativ verschönert durch die silberne Tinte eines Gläubigen, die Kraft besaß, eine Zauberin abzuwehren? Auf den ersten Blick erscheint es natürlich irrational, aber war es möglich, dass die aufgemotzte Aura des Erlöser-Archetyps an der transdimensionalen Kreuzung links vom Raum und rechts von der Zeit (wo steckte die Frito-Packung, wenn ich sie brauchte?) einen göttlichen Strahl erzeugt und die Zauberkraft der universellen Verführerin neutralisiert hatte? Das war meine Frage an die Runde.

Was die Frau selbst betrifft, so habe ich meine Meinung inzwischen geändert. Das Reha-Zentrum diente dazu, domestizierten Orang-Utans beizubringen, wieder wild zu leben. Vielleicht lockte die Frau Männer zurück in die Wälder, um sie genau dasselbe zu lehren.

Trotz der abgenagten, ausgelutschten Gebeine, die angeblich in ihrem metaphorischen Kämmerchen ruhten, waren die Karo Batak in Harvard ausgebildete Park-Avenue-Salonlöwen im Vergleich zu den Geistern der gelben Blätter. Das ist ein Nomaden-stamm, der (falls er überhaupt noch existiert) keine Lektion in Sachen Wildheit benötigt und so primitiv ist, dass er nicht ein-mal einen Namen für sich hat. Meine Braut Alexa, einige Mit-reisende und ich erfuhren (bei einer anderen Sobek-Tour) wäh-rend einer Übernachtung im Hmong-Dorf Ban Huai Yuak tief in den Hügeln von Nordthailand circa 1995 von seiner Existenz.

Obwohl dieses Hmong-Kontingent selbst ziemlich primitiv lebte (es gab weder Strom, fließendes Wasser noch motorisierte Verkehrsmittel im Dorf), besaßen die Leute Kenntnis von der Außenwelt und waren äußerst gastfreundlich. In der ersten der beiden Nächte, die wir bei ihnen verbrachten, veranstalteten sie eine Willkommenszeremonie für uns, eine Aufführung von vielen sehr langsamen, sehr gesitteten Tänzen um ein großes La-gerfeuer, an deren Ende sie sich ohne großen Erfolg bemühten, uns einen davon beizubringen. Da wir uns erkenntlich zeigen wollten, versuchten Alexa und ich, sie die einfachsten westlichen Tänze zu lehren, die uns in den Sinn kamen: den mexikanischen Huttanz und den Bunny-Hop. Das Ergebnis war nicht beson-ders ansehnlich. Es war ihnen weder psychisch noch physisch möglich, die Bewegungen in ihren Bezugsrahmen zu integrie-ren, und so stellten sie sich beim Erlernen unserer Tänze noch ungeschickter an als wir bei ihren. Aus diesem Grund werden Sie, wenn Sie heute diese Hügel in Thailand besuchen, wohl nie-manden finden, der den Bunny-Hop tanzt.

Am frühen Morgen des nächsten Tages brachte ein Scout die Nachricht, er habe über einem entfernten unbewohnten Tal eine Rauchwolke in den Himmel aufsteigen sehen – ein Zeichen da-für, glaubten die Hmong, dass möglicherweise Geister der gel-ben Blätter in der Nähe waren. In aller Eile stellten wir eine Ex-pedition zusammen. Mit uns kam ein Dorfbewohner, der schon einmal erfolgreich mit dem kleinen Stamm kommuniziert hatte.

Wie klein der war, konnte man nicht sagen – Schätzungen gingen von weniger als hundertfünfzig noch lebenden Mitgliedern aus, die sich auf zwei oder drei Gruppen in Thailand und eine in Laos verteilten. Sie lebten in temporären Unterschlüpfen im Wald, die sie aus Zweigen und grünen Blättern errichteten. Sobald sich die ausgerupften Blätter gelb verfärbten – gewöhnlich nach zwei Wochen –, zogen sie weiter und bauten neue Behausungen, weil sie der Meinung waren, es brächte entsetzliches Unglück, unter absterbender Vegetation zu schlafen. Daher ihr Name.

Die thailändische Regierung hatte vergeblich versucht, sie zu assimilieren, christliche Missionare hatten aus Verzweiflung, sie niemals bekehren zu können, die Hände über dem Kopf zusammengeschlagen – ein Widerstand, der natürlich meinen anfänglichen Respekt hervorrief. Doch als wir (nach einem beschwerlichen Marsch von mehreren Kilometern einen größeren Hügel hinauf und hinab) bei ihnen landeten, fiel es mir schwer, etwas Bewundernswertes an ihnen zu finden, abgesehen von ihrer Fähigkeit, sprichwörtlich so rasch und gewandt wie Affen auf Bäume zu klettern. Trotz meines Interesses für Mykologie waren die Fungi, die hier und da Flechten auf ihren Körpern bildeten, so wenig faszinierend, dass ich mir erst gar nicht die Mühe machte zu fragen, ob sie im Dunkeln leuchteten.

Von den dreißig Mitgliedern dieser Gruppe sprach nur einer mit unserem Führer. Wir hatten ihnen ein geschlachtetes Ferkel mitgebracht, das sie ohne viel Federlesens mit einer Machete zerhackten, in Blätter wickelten und ins Feuer warfen. Als sie meinten, das Fleisch sei gar, nahmen sie die Stücke aus den Flammen und verteilten sie unter den Mitgliedern ihrer Gruppe. Uns boten sie nichts an. Sie hatten sich auch nicht für das Geschenk bedankt, nicht einmal mit einem Lächeln oder einer Geste. Tatsächlich hatten sie uns nicht einmal begrüßt oder sich überrascht gezeigt, als wir unangemeldet auftauchten, und ebenso wenig verabschiedeten sie sich, als wir wieder gingen. Ich hatte den Eindruck, dass sie uns, sobald wir außer Sichtweite waren, vergessen würden. Ungefähr so, als wären sie Nachtportiers in einem Hotel in Charleston und wir Neil Young.

Weil sie zwei Macheten besaßen und benutzten (Geschenke von mitfühlenden Hmong) und alte Kleidungsstücke trugen (hier ein ausgebleichtes Hemd, dort eine zerrissene Hose, die ihnen Missionare angedreht hatten, vermutlich weil die von der lässigen Einstellung der Ureinwohner gegenüber der Nacktheit traumatisiert waren), konnte man die Geister der gelben Blätter technisch nicht als steinzeitlichen Stamm bezeichnen. In jeder anderen Hinsicht jedoch hätte man Schwierigkeiten gehabt, sie von Neandertalern zu unterscheiden. Da sie weder Uhren noch Kalender oder Namen für die Jahreszeiten kennen, leben sie außerhalb der Zeit (wenn auch wahrscheinlich nicht in einem chemisch oder mystisch veränderten Zustand), eine Disposition, die sich noch deutlicher im Fehlen eines funktionellen numerischen Systems bemerkbar macht: Sie können gerade mal bis drei zählen. Und es fehlt nicht nur der Name für ihren Stamm – die einzelnen Mitglieder haben ebenfalls keine Namen. Außerdem gibt es in ihrer Sprache keine Begriffe für «ich», «mir» oder «mein», was sie auf krasse, drastische Art von einem anderen Stamm unterschied, unter den ich mich vier Jahre zuvor bei den Academy Awards in Hollywood gemischt hatte.

1991 hatte ich Debra Winger zur Oscarverleihung begleitet. Debra war damals Moderatorin, daher hatten wir privilegierte Plätze; nur eine Sitzreihe hinter Kevin Costner, der 1991 den Oscar für den besten Schauspieler für *Der mit dem Wolf tanzt* erhielt. Anschließend drehten wir eine Runde durch die Partyszene und besuchten auch Swifty Lazars Prominentenrummel im Spago. Es wimmelte nur so von Stars (noch nie hatte ich vergleichbare Mühe gehabt, wahrgenommen zu werden). Zwar brauchen Filmstars ein großes Ego wie Raumfahrer ihren Astronautenanzug, doch mit meinem unvorteilhaften Vergleich von Hollywood-Schauspielern und den Geistern der gelben Blätter hinsichtlich ihrer Verwendung der ersten Person Singular wollte ich keineswegs unterstellen, dass die Schauspieler, mit denen ich an dem schrecklich langen Abend Umgang hatte, durchweg langweilige Narzissten waren. In Wahrheit unterhielt ich mich mit Leuten wie Sean Penn (dem ich schon früher begegnet war) oder Michael J. Fox sehr angeregt. Vielmehr war es mein eigenes Ego, das mir Schwierigkeiten bereitete, mich in Gefahr brachte und mir meine Nacht unter den Stars um ein Haar verdorben hätte.

Nach der Zeremonie gab es im Backstage-Bereich ein Abendessen für die Nominierten, Moderatoren und Entertainer. Viele Tische waren in dem überraschend weitläufigen Raum aufgestellt worden, und jeder bot Platz für sechs Personen. An meinem saßen außer Debra und mir Al Pacino und seine Begleiterin (ein britisches Model) sowie der Charakterdarsteller Danny Aiello (ein reizender Mensch) mit seiner Frau. Das Dinner war von Revlon gesponsert, deshalb lag auf jedem Platz ein Geschenk: Kosmetik für die Damen, Eau de Cologne für die Herren. Pausenlos liefen die Gäste zwischen den Tischen hin und her: «Mehr plappern, weniger essen» schien die Devise zu sein. Da ich in diesem Milieu unsichtbar war, blieb ich, leider noch nicht gänzlich eingeschüchtert, auf meinem Platz sitzen.

Irgendwann saßen nur noch Pacino, seine Begleiterin und ich am Tisch. Vielleicht langweilte er sich, wollte seine Begleiterin amüsieren oder beides, jedenfalls sprühte er sich, nachdem er sein Smokingjackett ausgezogen hatte, etwas Eau de Cologne auf die Hand und rieb es sich demonstrativ unter die Achseln. Um mich von Pacino nicht in den Schatten stellen zu lassen (obwohl er zu den großartigsten Schauspielern seiner Generation zählt), schüttete ich einen Finger breit Eau de Cologne in mein Wasserglas, prostete ihm zu und kippte es hinunter. Seine Reaktion bekam ich nicht mehr mit, denn ich war viel zu beschäftigt damit, zu sterben.

Ehrlich, es fühlte sich an, als hätte ich gerade Selbstmord begangen. Unfähig, Luft zu holen, geschweige denn einen Ton von mir zu geben, saß ich wie gelähmt da, während mir die Tränen in die Augen schossen, und wartete zu Tode erschrocken darauf, dass alles um mich herum schwarz wurde. Wie lange ich in der erstickenden Panik verharrte, vermag ich nicht zu sagen; wahrscheinlich nicht länger als zehn oder zwölf Sekunden, doch mir schien es so lang wie eine Doppelvorstellung von Ingmar Bergman auf Schwedisch ohne Untertitel. Als ich endlich wieder Luft bekam (Gott sei Dank!), mimte ich den Gleichgültigen, tupfte mir die Augen ab und blickte mich nicht einmal um, um zu sehen, wer außer Pacino und Freundin meine Vorstellung noch beobachtet haben könnte.

Wenn ich mir die Szene heute vor Augen führe, kommt sie mir wie eine Neuinszenierung jener frühen Episoden vor, in denen der kleine Tommy Rotten Tinte, äußerlich anzuwendende Desinfektionsmittel oder ätzende Spezialreiniger trank. Ich habe Witze darüber gerissen, schon durstig zur Welt gekommen zu sein; in Wahrheit aber, glaube ich, war ich eher *neugierig*. Wahrscheinlich gehen viele, wenn nicht alle meine Abenteuer und Missgeschicke (ob gedruckt oder nicht) auf das Bemühen zurück, das Lebendigsein intensiver zu spüren. Ironischerweise kann die Suche nach Lebendigkeit einen manchmal dem Tod näherbringen, egal ob man in einem krokodilverseuchten afrikanischen Fluss herumplanscht oder im glitzernden Hollywood an einem Schluck Eau de Cologne der Marke Revlon erstickt.

die guten, die bösen & die spinner

E s gibt, wie bereits angedeutet, brenzlige Situationen, die aufgrund der damit verbundenen Risiken berauschend, ja sogar lebensbereichernd sein können, vor allem wenn man sich ihnen freiwillig aussetzt. Dann gibt es andere, gewöhnlich unerwünscht, die einfach nur gruselig sind und von denen man sich vergewaltigt fühlt, selbst wenn man sie übersteht. Sie hinterlassen einen gewissen Nachgeschmack, und ich meine nicht den von Eau de Cologne. Hier ein paar Beispiele für beides.

In Namibia tauchten eines Nachts etwa zwanzig wilde Elefanten in unserem Lager auf. Besser gesagt, sie lungerten zwischen den Akazien herum, unter denen Alexa und ich unser kleines braunes Zelt aufgeschlagen hatten (in der Hoffnung, etwas Abstand zwischen uns und Big Jim Pleytes Schnarchen zu bringen). Unser Führer erklärte, wir hätten nichts zu befürchten, wir sollten einfach leise in unser Zelt schleichen und uns schlafen legen. Nun, nach dem Abendessen gelang es uns tatsächlich, unbemerkt das Zelt zu erreichen, indem wir die letzten Meter auf allen vieren zurücklegten. An Schlaf war allerdings nicht zu denken.

«Elefanten haben empfindliche Füße», hatte der Führer gesagt. «Wenn Sie einmal darauf achten, wie sie gehen, vor allem auf fremdem Terrain, werden Sie beobachten, dass sie sehr, sehr vorsichtig einen Schritt nach dem anderen machen. Sie haben

Angst, auf einen scharfen Stein, einen spitzen Ast, Dornen oder irgendetwas anderes zu treten, daher werden sie sich hüten, auf Ihrem Zelt herumzutrampeln.» Schön und gut. Was er uns verschwieg, war, dass Elefanten sechzehn Stunden am Tag fressen (zwei Stunden länger als ich). Die ganze Nacht hindurch brachen diese Ungetüme, nur durch einen dünnen Zeltstoff von uns getrennt, Zweige von den Bäumen, taten sich an den Akazienblättern gütlich, schnaubten, rülpsten und ließen laute Dickhäuterfurze los. (Ja, Kinder, auch Elefanten kann so was passieren.) Wie sollte man dabei schlafen?

Der Führer ging nicht näher darauf ein, aber es war unmissverständlich klar: Sollte einer von uns das Zelt verlassen – etwa um ein Foto zu machen oder zu pinkeln –, würde unser allzu sterbliches Fleisch anschließend wahrscheinlich wie eine Ladung von fünfzig zermatschten, mit Marmelade gefüllten Berlinern aussehen. Und trotzdem, statt uns über die schlaflose, möglicherweise fatale Lage zu ärgern oder zu beschweren, lagen wir in einem Zustand anhaltender Euphorie da und fühlten uns lebendiger, mehr im Einklang mit dem Auf und Ab des kosmischen Kürbis (sozusagen) als etwa bei einem Rockkonzert, in einem Fellini-Film, auf einer Neujahrsparty am Times Square oder (das sollte sich von selbst verstehen) bei einer politischen Kundgebung. Wir waren beide berauscht von dem, was Thoreau «das Elixier der Wildnis» nannte, von der fundamentalen, aber geheimnisvollen Wahrheit der Natur.

Einige Jahre zuvor hatte ich eine ähnliche Erfahrung gemacht, als unsere Schlauchboote während einer zweiwöchigen Bootsfahrt auf dem Rufiji in Tansania zwölf unterschiedliche Angriffe von zwölf verschiedenen Flusspferden überstanden, die als die gefährlichsten Tiere Afrikas gelten. Das Flusspferd ist Vegetarier, besitzt aber ein ausgeprägtes Territorialverhalten (möglicherweise trifft das auch auf gewisse Veganer in Ihrem Bekanntenkreis zu) und kriegt ein Schlauchboot mit einem einziges Biss klein. Wenn man dann ins Wasser plumpst, sind im Nu Krokodile zur Stelle und stürzen sich auf einen wie ein Haufen verhungernder Landstreicher auf eine Güterwagenladung Brathühnchen.

Wenn ein solcher Hippo ein Schlauchboot angriff, schlug der Führer, der außer in Stromschnellen immer am Ende des Bootes stand, mit dem Paddel auf das Wasser, und da in dieser Gegend von Tansania keine Menschen leben, erschreckte das ungewohnte Geräusch – *schwack!* – das Tier und hielt es zumindest vorübergehend auf. Dann spuckten wir sechs Paddler, je drei pro Seite, in die Hände und ruderten, als hinge unser Leben davon ab, was keineswegs ausgeschlossen war. Sobald wir das Revier des jeweiligen Flusspferds verlassen hatten, atmeten wir erleichtert auf, wischten uns den Schweiß von der Stirn und genossen keuchend das urzeitliche Schauspiel ringsum. Manchmal jedoch gerieten wir, nachdem wir das Revier eines dieser grässlichen Burschen verlassen hatten und noch ehe wir verschnaufen konnten, ins Reich eines anderen, der genauso wild entschlossen war, es gegen Eindringlinge zu verteidigen. Doch das ist eine andere Geschichte.

Auf gewisse Weise ist auch der Hollywood Boulevard ein Fluss, und bis vor kurzem war er noch ein Fluss von Prominenz, Illusion, Neonlicht und Korruption, verseucht von Touristen, Schwindlern, Irren, Kleinkriminellen und dem Los Angeles Police Department. An einem späten Nachmittag oder frühen Abend Mitte der achtziger Jahre trieben meine Agentin Phoebe Larmore und ich auf diesem Mississippi von Missetätern (mittlerweile waren die einzigen Stars die in den Gehweg eingelassenen Bronzesterne). Als wir an einer roten Ampel hielten, tauchte plötzlich aus dem Nichts ein junger Mann auf und versuchte, die Tür des Beifahrersitzes, auf dem ich saß, aufzureißen. Ich konnte sie zuhalten und die Sicherung herunterdrücken, doch als die Ampel auf Grün umsprang und wir (wegen des Verkehrs) nur langsam anfahren konnten, lief der Kerl neben dem Wagen her und hämmerte heftig gegen die Tür.

Ich schlug Phoebe dringend vor, an der nächsten Ecke abzubiegen, was sie auch tat. Sie bog rechts ab und fuhr bis zum Ende des Blocks, dann bog sie links in die Yucca Street ein, eine ruhigere Straße, die parallel zum Hollywood Boulevard verläuft. Wir warfen einen Blick über die Schulter und stellten fest, dass unser Angreifer verschwunden war; wir hatten ihn abgehängt. Doch dann … dann hörten wir Sirenen, ganz nah, und plötzlich blinkten überall um uns herum jene hektischen, ernüchternden roten Lichter, die von Krise und Alarm künden: der monochrome Regenbogen der Obrigkeit. Im nächsten Moment versperrte uns ein Polizeiwagen den Weg, zwei weitere heulende und blinkende Streifenwagen hefteten sich an unser Heck. Als wir anhielten, befahl uns eine Lautsprecherstimme, auszusteigen, befahl uns, die Hände zu heben, befahl uns, sie auf den Kopf zu legen. Hallo?

In weniger als einer Minute standen wir wortwörtlich an der Wand, bedroht von drei Revolvern, einer Schrotflinte und Cops mit den Fingern am Abzug. Kein Tier in einem Dschungel, keine Stromschnelle in einem Fluss (nicht einmal der Unterlauf des Sambesi in Simbabwe, wo einige Tiefen so tief und die Wellen so hoch waren, dass es Momente gab, in denen sich der Fluss tatsächlich *über* unser Boot stülpte), kein Abenteuer unter freiem Himmel könnte einen derartigen Angstschub auslösen.

Die Polizisten beschossen uns abwechselnd mit Fragen und Beleidigungen (immer noch besser als Kugeln). Irgendwann im Laufe dieses rüden verbalen Sperrfeuers erfuhren wir, dass zwei Männer, die uns ähnlich sahen (Phoebe hatte sich kürzlich das Haar extrem kurz schneiden lassen, und die Cops waren sich ihres Geschlechts nicht sicher, keine Seltenheit auf dem Hollywood Boulevard), vor einer Bar einer Frau die Handtasche entwendet und sich anschließend in einem Wagen davongemacht hatten. Offenbar war der Kerl, der unseren Wagen angegriffen hatte, ein selbsternannter Ordnungshüter, der versuchte, die Handtasche zurückzubekommen und die Diebe dingfest zu machen. Wahrscheinlich hatte er keine Zeit mehr gehabt, sich in eine Telefonzelle zu ducken und in seinen Superheldenanzug zu schlüpfen.

Wir versuchten, den Cops zu erklären, dass ich ein bekannter Schriftsteller und sie meine Agentin sei, doch diese Story wollten sie uns nicht abkaufen. «In dieser alten Schrottkiste?» Phoebes schnittiger Flitzer stand bei ihr zu Hause in der Werkstatt, und deren Besitzer hatte ihr für zwei Tage ein Fahrzeug geliehen, das tatsächlich ein bisschen ramponiert wirkte. Drei Revolver und eine Schrotflinte waren nach wie vor auf uns gerichtet (wahrscheinlich braucht man eine Menge Schusskraft, um einen Taschendieb zur Strecke zu bringen). Dann kam mir etwas in den Sinn, langsamer als eine Kugel, aber gerade noch rechtzeitig, um die Atmosphäre ein kleines bisschen aufzulockern. «Ich bin im *People magazine* von dieser Woche», platzte ich heraus, ohne wirklich damit angeben zu wollen.

Es stimmte, die Ausgabe war gerade erst erschienen: Wir hatten kurz vorher in einer Drogerie ein Exemplar erstanden, das auf dem Vordersitz des Wagens lag. Ich überredete die Gendarmen, mir zu erlauben, die Tür zu öffnen und die Zeitschrift aus dem Wagen zu holen. Dabei ließen sie mich keine Sekunde aus den Augen. *Voilà!* Sie untersuchten den dreiseitigen Artikel ebenso sorgfältig wie einen Tatort, verglichen die Fotos mit meiner Wenigkeit und den Namen im Artikel mit dem auf meinem Personalausweis. Schließlich senkten sie aufrichtig enttäuscht (ich hatte fast Mitleid mit ihnen) ihre Waffen.

Aber glauben Sie ja nicht, dass sie sich dafür entschuldigt hätten, grundlos unser Leben gefährdet zu haben (was, wenn ihnen der Finger ausgerutscht wäre …), obgleich sie etwas lockerer wurden, nachdem das Gendarm-und-Räuber-Spiel beendet war. «Vor ein paar Stunden haben wir Uncle Milty gesehen», sagte einer von ihnen. Gemeint war Milton Berle, schon der zweite Promi, den er während seiner Schicht zu Gesicht bekam, nicht schlecht für einen Streifenpolizisten, der in Beverly Hills und Malibu zu kurz gekommen war.

Ich habe Freunde und Bekannte, die über das *People magazine* die Nase rümpfen und die Sensationslust verachten, mit der die Zeitschrift Höhen und Tiefen von Filmsternchen und Fernsehschauspielern verfolgt: schönen und schwachköpfigen, schreckhaften und schussligen gleichermaßen. Kann sein, aber *People* war nicht nur nett zu mir und meinen Büchern, es bewahrte mich auch vor einer längeren Interaktion mit den Revolverhelden des LAPD, einer wirklich grässlichen Aussicht, die nichts mit der romantischen oder transzendentalen Belohnung dafür zu tun hat, ein paar wütende Flusspferde Amok laufen zu lassen oder sich inmitten einer Herde wilder Elefanten zur Ruhe zu betten.

Auch die Arena der literarischen Rezeption hat ihre Höhen und Tiefen. Ein Beispiel für Ersteres war der Tag, an dem ich in Sydney von weiblichen Teenagern belagert wurde. Und ein Tiefpunkt: die Nacht, in der ich mir selbst die Jon-Stewart-Show vermasselte.

In Australien verkaufe ich mehr Bücher (*Villa Incognito* schaffte es auf Platz eins der dortigen Bestsellerliste) als in jedem anderen Land außerhalb der Vereinigten Staaten, inklusive Kanada. Ich habe den Eindruck, dass die australische Empfindlichkeit im Allgemeinen amerikanisierter ist als die kanadische, was, wenn es stimmt, den Kanadiern sicher recht ist. Wie auch immer, man schickte mich nach Down Under (wo alle Sesamsamen auf der *anderen* Seite der Cracker zu finden sind), und einer meiner Auftritte mit Lesung und Signierstunde fand um die Mittagszeit in der Hauptstelle der Sydney Public Library statt. In der Nähe befand sich eine Mädchenschule, aus der eine Gruppe von dreißig oder vierzig Teenagern mit ein oder zwei Aufsichtspersonen im Schlepptau aufkreuzte, um sich die Lesung anzuhören.

Anschließend führte man mich in einen kleineren Raum im ersten Stock hinter der Bibliothek und setzte mich an einen langen, sehr schweren Holztisch. Dort bestand meine Aufgabe darin, mit meiner Sauklaue die Vorsatzblätter der verkauften Exemplare meines Œuvres zu verhunzen. Normalerweise stellen sich Leser, die ein Buch signiert haben wollen, brav in die Schlange und kommen dann einzeln oder zu zweit auf den Autor zu. Diese Mädchen aber waren so wild wie Dingos. Sie stürmten in einem unorganisierten Haufen zum Tisch und fuchtelten mit den Büchern herum, als hätten sie Meryl Streeps Outback Baby[13] gefunden. Es war hektisch, aber irgendwie auch unterhaltsam, und so ging es weiter, bis meine Betreuerin vom Bantam Verlag mir signalisierte, wir müssten los zum Radiosender, wo sie ein «wichtiges» Interview mit mir anberaumt hatte. Tatsächlich wartete vor der Hintertür schon ein Taxi mit laufendem Motor.

Als ich aufstehen wollte und die Mädchen mitbekamen, dass ich im Begriff war zu gehen, brach die Hölle los. Unsignierte Bücher und Autogrammblöcke schwenkend – manche hatten nichts zum Signieren dabei und schienen mich einfach nur mal berühren zu wollen –, stürzten sie so ungestüm auf mich zu, dass sie mich mitsamt dem klobigen Tisch an die Wand drückten. Ich hatte das Gefühl, die Tischkante würde mir die Luft rauben und mich in der Mitte durchschneiden. Ich sah mich nach Hilfe um. Fehlanzeige. Selbst Alexa, meine geliebte Frau, grinste nur und verdrehte die Augen. Tja, sagte ich mir, es gibt wohl schlimmere Arten zu krepieren.

Dann nahm ich meine ganze Kraft zusammen und konnte den Tisch weit genug zurückschieben, um draufzuklettern. Dort blieb ich einen Augenblick stehen, holte tief Luft und stürzte mich dann mitten hinein in die wogende Masse von Mädchenfleisch. Ich griff mir eins, dann ein anderes, küsste sie (auf die Wange, auf die Nase, auf den Scheitel: es war alles sehr wahllos) und bahnte mir unter Umarmungen und Küssen einen Weg zur Tür und ins Taxi. Als wir davonfuhren, winkte ich ihnen zu und lehnte mich anschließend benommen zurück. Es war, als wäre ich gerade aus einem besonders verrückten Traum erwacht. Das ganze Bett war zerwühlt. Ich kam mir vor wie ein Beatle. Nein, wie die Beatles, alle fünf, inklusive Brian Epstein. Ich war der glücklichste Schriftsteller der Welt.

Die Jon-Stewart-Show dagegen war eine ganz andere Liga, und für meinen verpatzten Auftritt bei ihm kann ich nur meine Naivität verantwortlich machen. In meiner grenzenlosen Ahnungslosigkeit war mir nicht klar, dass die Neckereien zwischen Gastgeber und Gast in einer späten Nachtsendung – in *allen* späten Nachtsendungen – bis zu einem gewissen Grad abgesprochen sind. Am Tag vor meinem Auftritt in der Show hatte mich die Produzentin in meinem New Yorker Hotel fast neunzig Minuten lang am Telefon gelöchert. Hauptsächlich ging es um meine LSD-Erfahrungen und, wie in derselben Woche auch in *USA Today* zu lesen war, um meine «Angewohnheit», meine weiblichen Bekannten mit Tattoos zu beschenken. (Stimmt, ich hatte mehreren Frauen ein Tattoo geschenkt, einschließlich einer Olympia-Athletin, doch das war, bevor Tattoos so in Mode kamen, dass alle jungen Dinger wie chinesische Schriftrollen herumliefen; im Übrigen hatte ich nur ihr rebellisches Bewusstsein stärken, nicht etwa ihnen ein Etikett verpassen wollen.) Fälschlicherweise nahm ich an, dass die Produzentin mich nur aushorchen und sich ein Bild von meinem Stil und meiner Persönlichkeit machen wollte.

Vierundzwanzig Stunden später fuhr ich ausnahmsweise vor

Selbstbewusstsein strotzend ins Studio. Mann, ich hatte es doch *geahnt*! Ich war kampfbereit, würde mich Stewarts Plänkeleien einer nach dem anderen witzig und schlagfertig stellen. Und natürlich mit ihm über mein neues Buch plaudern. Es war die alte Jon-Stewart-Show der CBS, desselben Senders, der vor kurzem *Pee-wee's Playhouse* abgesetzt und den Star wegen gewisser intimer Aktivitäten gefeuert hatte, deren Sinn jedes Kind verstand und nachvollziehen konnte.[14] Als Anhänger von Mr. Herman betrat ich die Bühne und stürzte mich als Allererstes in einen Monolog, mit dem ich *Pee-wee* verteidigte und die CBS ausgiebig beschimpfte. Die Zuschauer im Studio lachten, aber Jon Stewart, ein gefeierter Bilderstürmer, wirkte ein bisschen perplex.

Als ich auf dem Schleudersitz Platz genommen hatte, fing er an, mich zu befragen. Zuerst wollte er etwas über meine Erfahrungen mit LSD wissen. Dann erkundigte er sich nach den Tattoomädchen. Hallo? Die Frage war ihm offensichtlich von der Produzentin eingeflüstert worden. Ich antwortete kurz, fast knapp, in der Hoffnung, endlich auf meinen Roman zu sprechen zu kommen, der, was mich anging, der eigentliche Anlass für meinen Auftritt in der Show war. Doch dazu kam es gar nicht erst. Unzufrieden (wer kann es ihnen verübeln) mit meinen kurzen, nicht gerade gehaltvollen Antworten, bugsierten sie mich in der nächsten Werbepause höflich von der Bühne und bezahlten mir nicht einmal das bescheidene Mindesthonorar, das gewöhnlich alle Gäste erhalten, die an einer derartigen Show teilnehmen.

Freunde, die bei David Letterman und der Tonight Show aufgetreten sind, haben mir erzählt, dass TV-Moderatoren routinemäßig von ihren Produzenten über die Themen gebrieft werden, die man live ansprechen wird. Das hat seine Gründe, wie ich jetzt weiß, aber inzwischen ist es ein bisschen zu spät. Ich werde wohl kaum jemals wieder an einer derartigen Sendung teilnehmen. Es sei denn, sie wird von Teenagern aus Australien moderiert.

die welt ist klein

K uba, schön und gut. Sumatra, schön und gut. Namibia, Tansania, Botswana und Simbabwe, alles schön und gut. Doch wie steht es mit Disneyland?

Ich bin mit dem renommierten Akademiker Joseph Campbell durch Mexiko und Guatemala gereist; tagsüber haben wir uralte zeremonielle Orte erforscht und nachts auf der Terrasse tropischer Hotels Gin Tonic geschlürft, während Campbell das, was wir tagsüber herausgefunden hatten, in das prächtige, fantastische Geflecht der Weltgeschichte und Mythologie einwob. Ich bin mit der grantigen Brüder-Grimm-Nervensäge, dem Labyrinth-Laureaten Robert Bly, durch Griechenland und Sizilien gereist, wo wir die Tempelruinen der Götter besuchten und aus ihren Geschichten neue Einblicke in vertraute menschliche Angelegenheiten gewannen. Doch keiner dieser aufschlussreichen Ausflüge konnte die Erfüllung übertreffen, die ich mit meinem Sohn Fleetwood in Disneyland fand.

Verstehen Sie mich nicht falsch. Ich bin mir bewusst, dass der Mickymaus-Mythos nicht mehr und nicht weniger als ein Witz ist. Und das Magic Kingdom verhält sich zur Pyramide der Magier in Uxmal etwa so wie Kool Aid zu Champagner: Ihm fehlen die kosmologische Spritzigkeit und die psychologische Tiefe. In den Augen eines Siebenjährigen ist Disneyland zwar ein prickelnder, fantastischer Kontrast zur banalen Monotonie der gewöhnlichen Existenz, und manche Attraktionen machen zweifellos Spaß, doch selbst der junge Fleet fand sehr schnell heraus, dass die erfundenen Sensationen des Vergnügungsparks im Vergleich zu dem echten Wunder, das er in unserem nahegelegenen Hotel kennenlernte, verblassten. Ich meine den Zimmerservice.

Möglich, dass der Zimmerservice weder das Rad, das Streichholz, einen Kuss noch die Quantenphysik übertrifft, trotzdem rangiert er eindeutig ganz oben auf der Liste der größten menschlichen Erfindungen. Fleetwood war sicher nicht immun gegen den Nervenkitzel des Space Mountain oder den schwindelerregenden Charme der Tea-Party-Fahrt des verrückten Hutmachers, doch der Zimmerservice im Hotel war das weiße Kaninchen, das seine Vorstellungskraft in ganz neue, fabelhafte Gefilde führte. Wir kamen spät in Anaheim an, deshalb ließ ich uns das Abendessen aufs Zimmer bringen. Fleetwood war dermaßen hingerissen davon, wie das funktionierte, dass ich ihn am nächsten Morgen gleich wieder das Frühstück aufs Zimmer bestellen ließ. Danach nahmen wir alle Mahlzeiten nur noch dort ein, und Fleet besorgte das Bestellen. Es war immer viel zu viel und auch nicht besonders gesund, aber was soll's? Schließlich hatten wir Ferien.

Am dritten Tag klopfte auf sein Betreiben hin fast jede halbe Stunde ein Kellner an unsere Tür, und unser Zimmer war eine Müllhalde von angeknabberten Cheeseburgern und schmelzenden Schokoeisbechern. Am letzten Tag erschienen (nicht absichtlich, nehme ich an – aber es war sein großes Finale) zwei Kellner mit einem extragroßen Wägelchen und stellten so viele silberne Schüsseln und Platten mit kuppelförmigen Deckeln auf den Tisch, dass unser Zimmer dem Luftbild einer alten russischen Stadt glich. Die Unmengen an Dips und Kanapees, die darunter zum Vorschein kamen, hätten die Fresslust von acht oder neun Kiffern nach einem nächtlichen Hanfgelage befriedigen können. Fleet hatte aus Versehen das Empfangsmenü für geschäftliche Sitzungen oder Privatveranstaltungen auf Konferenzen bestellt.

Kein Wunder, dass wir beide vor dieser fulminanten Finger-food-Fülle kapitulierten, und als Fleet genug hatte, machte er sich daran, eine andere Verwendungsmöglichkeit zu suchen. Er spielte Bomberpilot und ließ mit größtem Vergnügen Häppchen von unserem Bankett auf den Parkplatz unter dem Fenster fallen. Da unser Zimmer im siebten Stock lag, zog ich rasch eine Grenze bei Käsebällchen und Eiswürfeln, hinderte ihn aber nicht daran, Erdnüsse und Oliven zu werfen, und frohlockte genau wie er, wenn er hin und wieder einen Volltreffer landete. Die verwirrte Reaktion der Opfer übertraf alles, was wir in Disneyland hatten beobachten können, inklusive Geisterbahn. Der Höhepunkt kam, als eine Scheibe Essiggurke an der Jarmulke eines dunkelbärtigen Herrn abprallte, der sie aufhob und einen Augenblick, der uns jedoch wie mehrere Minuten vorkam, zum Himmel aufblickte. Seine Worte waren aus der Entfernung nicht genau zu verstehen, aber ich hätte schwören können, dass er sagte: «Manna vom Himmel!»

Doch damit nicht genug. Am folgenden Morgen, unserem letzten dort, waren wir mit einer jungen Frau verabredet, mit der ich korrespondiert, die ich aber noch nie getroffen hatte. Katherine war nicht nur Erbin eines Pinienwaldes, sondern auch ein begnadetes Medium aus dem Osten von Texas. Sie lebte in England (wo sie uns ein Jahr später Stonehenge, Silbury Hill, Avebury Circle und andere angloastrologische Meilensteine des prä-arthurianischen Okkultismus zeigte) und besuchte gerade ihre Familie in den Staaten. Nach unserem letzten Bummel durch das Magic Kingdom kaufte ich ihr mit dem Vorschuss, den ich für *Buntspecht* erhalten hatte, ein Flugticket, damit sie uns auf unserem Heimflug begleiten konnte. Wohl oder übel lag die Zeit des Trampens und der Greyhound-Busse endgültig hinter mir (und tatsächlich ließ mich ein Gefühl des Verlusts danach lange nicht los, des Verlusts einer bestimmten Art von Freiheit, einer, die Materialisten oder Leute, die mit einem Silberlöffel im Mund zur Welt gekommen sind, nicht kennen).

In der Karibik hatte ich mal folgenden Spruch gehört: «Hauptsache, du siehst gut aus, Mann!» Wir sahen ziemlich gut aus, als wir an Bord der Maschine nach Seattle stiegen: Fleetwood trug ein makelloses weißes T-Shirt und seine neue Mickymaus-Uhr und teilte uns alle sechs oder acht Minuten mit, wie spät es war, Katherine ein flatterndes Sommerkleid, so weiß, als stammte es vom Polarkreis, und ich denselben weißen Leinenanzug wie schon zuvor in Havanna. Wir drei strahlten eine derartige Weiße-Tauben-Aura aus, als hätte Gott selbst uns soeben in die Welt gehaucht (nur die Uhr war, wie alle Zeitmesser, ganz bestimmt Teufelszeug).

Nach dem Start baten wir die Flugbegleiterin um Karten und spielten zu dritt Mau-Mau, Fleets Lieblingsspiel und eine Ablenkung, die für uns Erwachsene noch angenehmer wird, wenn wir gleichzeitig die Rotweingläser nachfüllen lassen können. Es war eine idyllische Szene: Katherine am Fenster, ich am Gang und Fleet in der Mitte. Ohne den *vino* hätte sie als familienfreundlicher Werbespot für ein Reisebüro dienen können, und wer hätte schon gemerkt, dass weder Katherine noch ich Eheringe trugen? Nun ja, für Mau-Mau braucht man nicht viel Grips im Kopf, aber eine gewisse Strategie kann nicht schaden, und jedes Spiel, das auch nur eine Sekunde deiner Zeit wert ist, einschließlich Krockett und Scrabble, hat es verdient, dass du es mit vollem Einsatz spielst. So gab jeder von uns sich zumindest nach außen hin ernsthafte Mühe, die anderen auf Teufel komm raus zu schlagen.

Das erste Spiel blieb bis zum Ende offen und ging letztlich an

Katherine. Beim zweiten hatte ich das Glück auf meiner Seite. Im dritten behielt Fleet die Oberhand bis kurz vor Schluss, als ich ihn mit der allerletzten Karte aus dem Rennen warf. Ja, ich weiß, ich hätte meinen Kleinen gewinnen lassen sollen, doch wie bereits erwähnt, spielten wir mit Feuereifer, und mein Wettkampfgeist war vorübergehend stärker als meine väterliche Zuneigung.

Aus lauter Frust darüber, im letzten Moment verloren zu haben, – beim Basketball hätte man es «buzzer beater» genannt –, schlug Fleet mit der Faust auf den Klapptisch, unseren Kartentisch. Nun weiß jeder, dass die Klapptische in Flugzeugen nicht die stabilsten sind. Die meisten Karten blieben auf dem Tisch, doch Katherines gerade erst nachgefülltes Weinglas ergoss sich über ihr weißes Osterkleid, während das andere samt Inhalt mit einem eigentlich kleinen, aber letztendlich verhängnisvollen Spritzer auf meinem Schoß landete.

Einen Moment lang saßen Katherine und ich ziemlich verdattert da, durchnässt von dem mittelmäßigen Merlot, bis eine Stewardess, die sich entsetzt angesehen hatte, was vermutlich wie das Resultat einer Hackebeilattacke aussah, mit einem aufmunternden Lächeln und vier Fläschchen (für jeden zwei) Mineralwasser wiederkam. Da sie wohl Erfahrung mit derlei Missgeschicken hatte, versicherte sie uns, dass der Wein keine Flecken hinterlassen würde, wenn wir den Stoff sofort mit Mineralwasser begossen. Wir nahmen sie beim Wort – etwas anderes blieb uns schließlich auch gar nicht übrig –, begaben uns mit dem Mineralwasser zur Toilette am Ende der Maschine, quetschten uns gemeinsam hinein und fingen an, uns erneut zu durchnässen, skeptisch, aber umso entschlossener. Und es klappte sogar.

Es klappte. Das Mineralwasser saugte den Wein auf, und zwar schneller, als die Leber eines alten Trunkenboldes es vermocht hätte, trotzdem brauchte es seine Zeit. Laut Fleets Mickymaus-Uhr verbrachten wir mindestens zwanzig Minuten in der Toilette mit Reiben. Unterdessen bildete sich davor eine lange Schlange; offenbar war es genau der Zeitpunkt im Verlauf eines Fluges, an dem die Blasen der Passagiere alle unisono den höchsten Füllpegel erreichen, eine Nierensymphonie in Piss-Dur. Zuerst klopften die Leute noch relativ leise an die Tür, doch dann wurde es von Minute zu Minute drängender.

Stellen Sie sich die Gesichter dieser Leute vor, als die Toilettentür schließlich aufging und zwei elegant gekleidete Menschen herauskamen, ein Mann und eine Frau, beide pitschnass, vor allem unter der Gürtellinie. Wenn ich mich jetzt an diese Gesichter erinnere, muss ich grinsen. Die Kinder waren verwirrt, die Erwachsenen aufgebracht, vielleicht sogar ein bisschen neidisch, als sie versuchten, sich vorzustellen (bzw. die Gedanken daran zu unterdrücken), was in diesem beengten Kabuff von einer öffentlichen Toilette wohl gerade vor sich gegangen war (wohl wissend oder vielleicht auch nur intuitiv erahnend, dass Eros, der plumpe kleine Mistkerl, seine unanständigen Flügel gern auch mal in besonders beengten Räumen entfaltet), und sich fragten, ob es hygienisch oder überhaupt moralisch zulässig wäre, jetzt da hineinzugehen.

russia with love

O bwohl ich mit den ersten drei Büchern aus künstlerischer Sicht im Großen und Ganzen zufrieden war und sie eine loyale Gefolgschaft unter den Lesern gewannen, die feststellten, dass ein Stück tibetischer Pfirsichstrudel genau das richtige Dessert für unzählige Fleisch-mit-Kartoffeln-Eintöpfe nach gutem altem amerikanischem Sozialrealismus-Rezept ist (wie viele Protagonisten mit schwieriger Jugend kann man ertragen, wie viele schlechte Ehen geschlossen oder geschieden sehen, und wen zum Teufel kümmert es irgendwann noch, ob es wirklich der Butler war?) – trotz dieser frühen Erfolge also glaube ich, dass ich den wirklichen Durchbruch als Schriftsteller erst mit *Panaroma* geschafft habe. Das Buch erschien 1984 und ist, abgesehen von *Buntspecht*, bis heute mein populärster Roman, vielleicht weil er aus einer frischen Perspektive heraus die tiefgreifende menschliche Sehnsucht auslotet, die Todesstrafe zu annullieren, die wir alle mit der Geburt verhängt bekommen, und weil er die Möglichkeit einer ewigen romantischen Liebe dramatisiert, ohne in Gefühlsduselei zu verfallen.

Auf *Panaroma* folgte 1990 *Salomes siebter Schleier*, ein Roman, dessen englischen Titel *(Skinny Legs and All)* ich mir von Joe Tex' Song auslieh. Ansonsten hat er nicht viel mit Tex zu tun, sondern entstand eher aus einer gewissen Faszination für die

Flittchen aus der Bibel heraus: Delilah, Isebel, Batseba, Lots geile Töchter und vor allem Salome, auf deren sogenanntem Tanz der sieben Schleier das Buch systematisch aufgebaut ist. Jeder fallende Schleier kennzeichnet die Befreiung von einer Illusion, die den Fortschritt der Menschheit begrenzt. *Salomes siebter Schleier* spielt in der heutigen Zeit vor dem Hintergrund der New Yorker Kunstszene, beleuchtet den jüdisch-arabischen Konflikt aus zwischenmenschlicher und mythologischer Perspektive. Dabei stößt das Buch so viele Vertreter des fundamentalistisch/apokalyptischen Christentums vor den Kopf, dass ich es mit Blick auf die aggressive Natur mancher wahrer Gläubiger keine schlechte Idee fand, die im Juni erhaltene Einladung anzunehmen und mit der Blaskapelle einer Highschool nach Moskau zu reisen.

Diese Gelegenheit verdankte ich meinem Freund Lee Frederick, einem ehemaligen Basketballstar an der Bradley University, der später Collegemannschaften und die Detroit Pistons trainierte. Dann hatte er das Training aufgegeben, um Sports Tours International zu gründen, ein Unternehmen, das sich darauf spezialisierte, Turniere für amerikanische Sportmannschaften in Lateinamerika, Europa und in der Karibik zu organisieren, damit die Spieler nebenbei auch ein bisschen andere Kultur schnuppern konnten. Seine Kunden waren größtenteils Basketball- und Volleyballmannschaften, aber einmal hatte er auch für eine Schachmannschaft eine Tour nach Übersee organisiert, und jetzt war er beauftragt worden, mit der Blaskapelle einer Highschool von New Richmond, Wisconsin, nach Russland zu reisen. Er fragte, ob ich nicht Lust hätte, mitzukommen. Klar doch.

Lee und ich trafen uns in Amsterdam, wohin ich gelegentlich zum Kuren reise, und flogen dann mit Aeroflot nach Moskau. Seine Angestellten hielten sich schon seit mehreren Wochen in Russland auf, sodass bereits alles organisiert war. Der Haupttross aus Wisconsin traf am selben Tag wie Lee und ich in Moskau ein. Wir alle waren in einem ziemlich großen und ziemlich trostlosen Moskauer Hotel (im Sowjet-Schick) am Stadtrand untergebracht. Am Abend sprach Lee in einem Speisesaal, der so groß war wie Stalins Paranoia, vor den versammelten Musikern und stellte der Band, deren Leitung und Entourage seine Mitarbeiter vor. Die New Richmond Marching Tigers hatten fünfundsiebzig jugendliche Mitglieder, und es kam mir so vor, als hätte jedes zweite einen Aufpasser dabei. Irgendwann stand auch ich auf, und er stellte mich schlicht als «amerikanischen Schriftsteller» vor, ohne darauf anzuspielen, dass ich möglicherweise auf der Flucht vor Jerry Falwell war.

Am nächsten Tag versammelte sich die Band – alle fünfundsiebzig Mitglieder in Uniform – im Hotel, um eine kurze Probe abzuhalten. Dabei fiel mir die Tambourmajorette auf; sie war nicht zu übersehen: sehr groß, sehr blond, weiße Stiefel, federgeschmückter Hut, kurzer Rock und eine unnachahmlich faszinierende Art, den Taktstock zu wirbeln, in die Höhe zu werfen und wieder aufzufangen. Ganz offensichtlich war sie das schönste Mädchen an ihrer Schule, die amtierende Königin der New Richmond High. Während ich ihr Teen-Queen-Selbstvertrauen und ihre versierten Bewegungen bewunderte, beschloss ich, mich ein bisschen zu amüsieren.

In der Pause schlich ich mich zu ihr und flüsterte mit todernstem Gesicht: «Ich weiß, man hat mich gestern Abend als Schriftsteller vorgestellt, aber …», hier senkte ich die Stimme noch eine weitere Oktave und warf einen verstohlenen Blick über die Schulter, «… aber in Wahrheit bin ich bei der Central Intelligence Agency. Ich habe den Auftrag, *Sie* in Moskau zu beschützen.» Dann machte ich eine Pause, damit sie das erst einmal verdauen konnte. «Ich werde Sie bei allen öffentlichen Auftritten auf dem Radar haben. Und falls Sie privat irgendetwas auch nur andeutungsweise Bedrohliches bemerken, meine Zimmernummer ist 804.»

Ihre von Natur aus großen blauen Augen weiteten sich zu Frisbees, doch noch ehe sie auch nur ein Wort herausbekam, machte ich auf dem Absatz kehrt und stiefelte davon. Immer wenn die Band auf dem Roten Platz, im Gorkipark und auf Moskaus großen Boulevards trötete, trompetete und ihre Erkennungsmelodie «Jesus Christ Superstar» schmetterte (was die Russen, die so etwas noch nie gesehen oder gehört hatten, erstaunte, verwirrte und gelegentlich wohl auch empörte), marschierte ich mit – nebenher, auf dem Bürgersteig –, immer auf gleicher Höhe und in Schrittweite meiner Tambourmajorette. Hin und wieder zog ich ihren Blick auf mich und nickte diskret, um ihr zu bedeuten, dass ich alles unter Kontrolle und sie im Auge hatte. Am zweiten Tag begrüßte sie mich schon mit ihrer Schulmädchenversion eines konspirativen Lächelns.

Weiter ging unsere «Beziehung» nicht, wenn man sie überhaupt als solche bezeichnen kann (es war mehr ein Streich als ein Flirt). Und das war auch richtig so: Ich war Anfang fünfzig, sie achtzehn und obendrein Tag und Nacht von einem ganzen Bataillon von Anstandswauwaus aus Wisconsin umgeben, die dank ihres Käsekonsums so kräftig und wachsam waren, dass sie selbst King Kong daran hätten hindern können, Fay Wray zu nahe zu kommen. (Ein potenzielles Techtelmechtel hätte sich ohnehin verboten, da ich 1987 die Liebe meines Lebens kennengelernt hatte: eine Begegnung der besonderen Art, über die ich später noch genauer berichten werde.)

Es wurde also nichts daraus – außer dass jetzt irgendwo in Amerika eine ehemalige Tambourmajorette ihrem Ehemann und ihren Kindern seit Jahren erzählt, sie habe damals in Russland ihren eigenen CIA-Agenten gehabt. «Ist das auch wirklich wahr, Mami?», fragt einer ihrer Söhne, und dann breitet sich ganz langsam dieses alte verschwörerische Lächeln in ihrem Gesicht aus, und sie sagt: «Ja, das ist es. Er hatte einen Bart und war irgendwie süß. Er hieß Tom; ich glaube, er hat nebenbei Bücher geschrieben.» Und in seiner Englischklasse erzählt ihr Sohn dann dem Lehrer: «Meine Mutter wurde früher mal von Tom Clancy beschützt.»

Irgendwann 1986 leitete ich die Trauungszeremonie für ein Paar aus Seattle. Ob ich gesetzlich befugt bin, eine Ehe zu schließen? Irgendwie ja, Sie übrigens auch, aber darauf wollen wir hier nicht eingehen. Es genügt, darauf hinzuweisen, dass von den fünf heiligen Ehen, die ich bislang geschlossen habe, nur eine in die Brüche gegangen ist, eine Bilanz, die sogar ein römisch-katholischer Priester nicht so schnell toppen könnte. Wie auch immer, Hochzeiten machen mich immer liebeshungrig (Beerdigungen ebenfalls, aber auch das ist ein Thema, das wir lieber überspringen). Kaum waren an diesem Nachmittag die Gelübde erst vor- und dann nachgesprochen, fing ich an, mich nach weiblicher Gesellschaft umzusehen.

Als ich eine süße kleine Blondine entdeckte, die offenbar ohne Begleitung erschienen war, stellte ich mich vor. Bei dieser Hochzeit gab es außer Kuchen nicht viel zu essen, deshalb schlug ich vor, dass wir uns ein Lokal suchten, wo wir etwas Vernünftiges bekamen. Sie willigte nicht nur ein, sondern gab darüber hinaus freimütig preis, sie sei Night Manager in einem großen Restaurant am Lake Union, wo wir umsonst ein anständiges Abendessen ergattern könnten. Tatsächlich war das Essen recht gut, und obwohl ich am Ende doch die Rechnung beglich, konnte ich mich nicht beklagen. Jedenfalls nicht an diesem Abend. In den folgenden Wochen aber ließ Kathleen nicht mehr locker: Ständig schickte sie mir Postkarten, Blumen und gute Zigarren. Ich ermutigte sie nicht dazu, wehrte mich aber auch nicht sonderlich: Blumen sind schön, und wie Twain, Kipling & Freud uns immer wieder eingehämmert haben: Eine gute Zigarre kann man rauchen.

Als sie mich an einem Dienstag Ende des Jahres anrief, um mir zu sagen, sie wolle ein langes Wochenende auf San Juan Island verbringen und am Freitagabend in La Conner haltmachen und mich zum Abendessen einladen, sagte ich zu. Ich hatte an diesem Freitag nichts vor, und heißt es nicht «Gebt mir die Freiheit, oder gebt mir eine Mahlzeit»? Kathleen versäumte zu erwähnen, dass sie noch jemanden mitbringen würde, eine junge Frau, mit der sie sich vor kurzem angefreundet hatte, eine gewisse Alexa d'Avalon, Schauspielerin, deren einfühlsame Tarot-Lesungen in einem Nachtclub von Seattle namens Pink Door viele Menschen anzog. Ebenso wenig erwähnte sie, dass sie Alexa einen Artikel über mich im *People magazine* gezeigt (erneut sollte *People* mein Leben beeinflussen) und dabei erklärt hatte: «Ich werde Tom Robbins heiraten und Kinder mit ihm haben.»

Auf der Fahrt nach Norden hatte Kathleen ihre Freundin vorgewarnt: «Falls zwischen Tom und mir heute Abend was Romantisches läuft, musst du im Wagen übernachten.» Dass sie den weitverbreiteten Fehler machte, Romantik als Synonym für Sex zu benutzen, soll uns egal sein, ebenso wie dass es Dezember war, der Wagen Alexa gehörte und es sich um einen VW-Käfer handelte.

Es war ein angenehmer Abend. Alexa war groß mit pechschwarzem Haar, Kathleen dagegen klein und blond, und als ich sie beim Essen betrachtete, hatte ich das Gefühl, zwischen zwei entgegengesetzten Aspekten der universellen Göttin zu sitzen – Schatten und Licht, Lebensspenderin und Zerstörerin. Allerdings muss ich zugeben, dass mir dieser Gedanke erst bei meiner dritten Bloody Mary kam. Nach dem Abendessen – das ich bezahlte, da Kathleen keinerlei Anstalten machte, nach der

Rechnung zu fragen – begaben wir uns zu meiner nahegelegenen Wohnung, um noch einen Joint zu rauchen. Dort unterhielt ich mich mit Alexa ausgiebig über meine Mineraliensammlung und erklärte ihr, dass ich Bergkristalle ausschließlich wegen ihrer physischen Schönheit bewunderte und ihre vermeintlichen Heilkräfte für noch fragwürdiger hielt als die gewisser Fernsehevangelisten, die, davon bin ich überzeugt, Magenverstimmungen, Analstrikturen und Nervenzusammenbrüche eher auslösen als kurieren. Kathleen verlor angesichts unserer angeregten Diskussion die Geduld und merkte wohl auch, dass wir an diesem Abend keine Kinder mehr zeugen würden, deshalb verkündete sie, es sei allmählich Zeit zu gehen.

An der Tür gaben Kathleen und ich uns einen kurzen Abschiedskuss. Dann hielt mir Alexa, die hinter uns gestanden hatte, das Gesicht entgegen, als wollte auch sie einen Kuss haben. Nun, sie hatte mir tatsächlich ganz gut gefallen, aber ich fühlte mich nicht besonders zu ihr hingezogen. In Vorbereitung auf ein rustikales Wochenende auf San Juan trug sie Stiefel und Mütze und sah aus wie ein Junge. Beim ersten Anblick war ich mir nicht einmal ihres Geschlechts sicher gewesen. Aber nach diesem Kuss … Er war keusch, weder ein Speichelbläschen oder ein Zucken der Zungenspitze dabei, aber irgendwie derart magnetisch aufgeladen, dass wir uns aus Gründen, die außerhalb unserer Absicht oder Kontrolle lagen – eine instinktive Reaktion, eine automatische, unfreiwillige Resonanz –, ein zweites Mal küssten, genauso kurz, mit derselben Hochspannung. (Was hatte das zu bedeuten?) Dann verschwand der Junge/das Mädchen, und das war's.

Nein, nicht ganz. Alexa tat es offensichtlich leid, dass Kathleen mich jetzt zum wiederholten Mal um ein Abendessen geprellt hatte (anscheinend war das ihr Modus Operandi), deshalb schrieb sie mir in der folgenden Woche einen Brief, entschuldigte sich für ihre Freundin und bedankte sich für die Einladung. Ich reagierte mit einem Kärtchen und versicherte ihr, das Erschwindeln von Essen und Trinken sei Teil von Kathleens irischem Charme, gegen den ich eigentlich nichts einzuwenden hätte. Dann bedankte ich mich für Alexas Besorgnis und wünschte ihr mit Blick auf ein bevorstehendes Vorsprechen im Theater, auf das sie angespielt hatte, mehrere Hals- und Beinbrüche ihrer Wahl. Und das, so nahm ich an, war's dann nun wirklich.

Ich sollte vielleicht erklären, dass ich damals allein lebte, sehr ungewöhnlich, aber zum ersten Mal war ich vollkommen zufrieden mit meiner häuslichen Einsamkeit. Mir war natürlich längst klar, dass man nicht auf ein Zusammenleben mit einem anderen Menschen hoffen kann, solange man nicht gelernt hat, mit sich selbst im Reinen zu sein, doch meine Wertschätzung für weibliche Gesellschaft war so groß, dass ich diese Erkenntnis nur selten in die Praxis umgesetzt hatte. Jetzt aber, nachdem ein paar Jahre zuvor die feurige Beziehung mit Donna Davis, die sich hauptsächlich durch Größe, Ausmaß und Häufigkeit der Echoimpulse auf unserem gegenseitigen Schlafzimmer-Radar definiert hatte, freundschaftlich zu Ende gegangen war, schlug ich mich allein durch und fand die Gesellschaft meiner selbst sehr befriedigend. Zwar ging ich hin und wieder mit der bekannten Bildhauerin Ginny Ruffner aus, einer außergewöhnlich talentierten, intelligenten und entzückenden Frau, aber da wir beide Südstaatler, Krebse, Kunstliebhaber und zutiefst unabhängig waren, ähnelten wir einander viel zu sehr, um Amor zum Opfer zu fallen. Ich war also seit einer ganzen Weile so etwas Ähnliches wie ein Eremit und genoss es so sehr, dass ich beinahe stolz darauf war. Mit anderen Worten, ich war reif für den Sturz vom hohen Ross.

Weihnachten – dieses alte heidnische Fest, das anscheinend

nur alle zehn Jahre stattfindet, wenn man ein Kind ist, und alle zehn Tage, wenn man erwachsen wird – rollte wieder einmal auf eine schlecht vorbereitete Bevölkerung zu, als Alexa, die sich wegen Kathleens kleinem Schwindel immer noch ein bisschen schuldig fühlte, mir ein symbolisches Geschenk schickte. Es war ein Schlüsselanhänger, so etwas wie ein «Zauberstab» in Gestalt eines durchsichtigen Plastikzylinders, gefüllt mit einer zähen Flüssigkeit, in der eine aufgewühlte Galaxie von winzigen bunten Sternen schwimmt. Als sie den Firlefanz verpacken wollte (den ich übrigens heute noch besitze), schimpfte ihr schwuler Hausmitbewohner Eddie, es sei ungebührlich, jemandem einen Schlüsselanhänger ohne Schlüssel zu schenken, und fummelte von seinem eigenen Schlüsselanhänger den Schlüssel zur «Bude irgendeiner Drag-Queen» ab. Passend zur Vergangenheit des Schlüssels, nehme ich an, schmückten sie ihn noch etwas weihnachtlich, indem sie ihn mit violettem Nagellack bemalten.

Ein oder zwei Wochen nach Weihnachten bedankte ich mich schriftlich für den Zauberstab. Mehr aus Höflichkeit als aus Neugier fragte ich bei der Gelegenheit, zu welchem Schloss der kleine violette Schlüssel denn wohl passe. Sie antwortete knapp und prägnant: «Es ist der Schlüssel zu deinem Herzen.» (Was sollte das nun wieder heißen?) Wie als Nachtrag hatte sie auch noch ihre Telefonnummer dazugekritzelt. Später behauptete sie, noch nie so direkt und kühn gewesen zu sein.

Also ja, ich rief sie tatsächlich an, aber nicht sofort, und erst als ich sie sprechen hörte – Alexa hat eine Telefonstimme, die, wenn sie richtig gepeilt ist, Lappland und halb Sibirien auftauen könnte –, lud ich sie (*sans* Kathleen) zum Abendessen ein. Das bedeutete, dass sie hundert Kilometer nach La Conner fahren musste. (So autonom war ich, so desinteressiert an allem, was auch nur im Entferntesten einer Beziehung ähnelte, dass ich mir nicht einmal die Mühe machen wollte, für ein Wiedersehen mit ihr nach Seattle zu fahren.) Sie sagte zu, und am 17. Januar 1987 stand sie in hochhackigen Schuhen und einem eleganten, enganliegenden Kleid, mit roten Lippen und wundervoll frisiertem Haar vor meiner Tür. Sie sah einem Jungen so wenig ähnlich wie ein Ferrari einem Ochsenkarren und strahlte eine solche Lebendigkeit aus, dass die Tinte auf meiner persönlichen Unabhängigkeitserklärung auslief.

Bestimmt wollte uns Oscar Wilde auf den Arm nehmen, als er uns riet, unsere Freunde nach ihrer Schönheit und unsere Feinde nach ihrer Intelligenz zu wählen; trotzdem kann es die Freude an einem Essen überaus steigern, wenn das Aussehen deines Gegenübers den Anblick von Sesamsticks oder Senfgläsern übertrifft. Ist man selbst nicht gerade geistig minderbemittelt, kann sich allerdings Langeweile auch noch vor dem Nachtisch breitmachen, falls die Persönlichkeit des besagten Gegenübers so fade ist wie der obligatorische Petersilienstängel und er oder sie nichts Stimulierendes oder zumindest Interessantes zu sagen hat. In Anbetracht unserer ersten Begegnung war ich mir ziemlich sicher, dass Alexa unter dem Gewicht der Unterhaltung nicht zusammenbrechen würde, doch für den Fall, dass sich die professionelle Hellseherin doch noch als New-Age-Dummerchen entpuppen sollte, hatte ich den Besitzer von La Conners bestem Restaurant gebeten, eine Flasche Cristal-Champagner zu besorgen (gewöhnlich steht der nicht auf der Weinkarte) und sie in einem Eiskübel auf unseren Tisch zu stellen. Dieses segensreichste aller Getränke war meine Versicherungspolice gegen einen langweiligen oder enttäuschenden Abend. Stimmt, Cristal-Champagner ist nicht ganz billig, aber das sind Versicherungen bei Blue Cross oder Mutual of Omaha auch nicht.

So himmlisch der Champagner und so gut ich gewappnet war, jegliches Defizit in unserer Unterhaltung auszugleichen, er erwies sich als ebenso überflüssig wie Spitze auf einer Lilie oder

Farbe auf einer Rose. Alexa setzte mir auseinander, sie benutze die Tarotkarten und deren Symbole, die über Jahrhunderte verfeinert worden waren, um unterschwellige Reaktionen im kollektiven Unterbewusstsein hervorzulocken, hauptsächlich als subtiles Mittel zur Fokussierung. Was sie während einer Sitzung eigentlich und aktiv machte, war, sich auf eine Frequenz einzustimmen, die es ihr ermöglichte, unterschwellige Signale der emotionalen und/oder intellektuellen Verfassung ihres Klienten aufzuzeichnen, Signale, die ihr oft so klar vernehmlich schienen, als kämen sie aus einem Radiosender.

Diese Gabe habe sie seit Teenagerzeiten begleitet, behauptete sie. Andere Mitglieder ihrer Familie besäßen sie ebenfalls, hätten es aber vorgezogen, sie nicht weiterzuentwickeln, weil sie ihnen unheimlich war. Sie selbst habe sie während einer langen Rekonvaleszenz nach einem Skiunfall entwickelt und zu nutzen gelernt. Sie gab sich große Mühe zu erklären, dass weder sie noch ein anderes Medium in die Zukunft «sehen» könnten, auch wenn ihre Sensibilität für bestimmte Verhaltensmuster den Sitzungen oder Lesungen diesen Anschein verlieh. Vor kurzem hatte sie angefangen, meine Romane zu lesen, und gewährte mir nun beiläufig und völlig sachlich tiefe psychologische Einblicke in mehrere meiner Charaktere, indem sie Eigenschaften und Motive beleuchtete, die ich während des Schreibprozesses eher instinktiv als analytisch entwickelt hatte. Ihre Ausbildung zur Schauspielerin trug möglicherweise zu ihren Fähigkeiten als Charakteranalytikerin bei, doch das spielte keine Rolle. Ich war beeindruckt. Sie war nicht nur hübscher, als ich erwartet hatte, sondern auch klüger.

Als wir nach dem Abendessen die paar Schritte zu meiner Wohnung zurückgingen, blieben wir unter einer Straßenlaterne stehen und küssten uns spontan. Im selben Augenblick erlosch das Licht. Lachen Sie ruhig – ich bin gern bereit, mich einem

Lügendetektortest zu unterziehen. Zu Hause küssten wir uns erneut, und jetzt waren die Küsse nicht mehr so geladen wie zuvor, aber süßer, tiefer und auf alle Fälle voller Nektar. An ihren Lippen kam ich mir vor wie eine berauschte Biene am Stempel einer Orchidee. Ich schlug vor, in den Whirlpool zu steigen.

Der Whirlpool wurde für mein Volleyballteam sauber gehalten und war stets beheizt. Nach einem Turnier oder einem Spiel holten sich die Fighting Vegetables ein paar Bier und versammelten sich zu einer Whirlpool-Party bei mir. Wir waren eine gemischte Mannschaft; die weiblichen Mitglieder hatten alle Freunde oder Ehemänner, aber die waren nicht eingeladen. Natürlich waren sie deswegen immer ein bisschen sauer, aber unsere Frauen, vor allem die, deren Partner Sportfans waren, schienen Spaß an diesem kleinen Zeichen von Aufsässigkeit zu haben, sodass wir an der Tradition festhielten. Ich möchte klarstellen, dass es nie zu irgendwelchen Techtelmechteln kam, obwohl wir alle splitternackt waren. Das gemeinsame Bad schien den Teamgeist und die Kameradschaft zu fördern, auch wenn ich es Ihnen nicht unbedingt für Ihre Belegschaft im Büro, Ihre Blaskapelle oder Bibelgruppe empfehlen würde.

Wie auch immer, Alexa meinte, dass ein Bad ohne eine Bande von verschwitzten Volleyballspielern keine schlechte Idee wäre. Und hier, lieber Leser, blenden wir aus, wie es der Anstand verlangt.

Am nächsten Morgen ging ich mit Alexa in eine Fernfahrerkneipe in Mount Vernon frühstücken. Seit meiner Konditionierung als Kind im wirtschaftlich vielschichtigen Blowing Rock fühle ich mich hin und her gerissen und habe sowohl Luxus als auch Armut kennengelernt. Meine Partnerin hatte das Restaurant mit seinen weißen Tischdecken wie auch den Cristal-Champagner mit gelassener Selbstsicherheit gemeistert; jetzt wollte ich wissen, wie sie mit *biscuits-and-gravy*,[15] Budweiser aus der Flasche und einer Jukebox voll Countrymusic zurechtkam, die zum Teil wahrscheinlich lange vor ihrer Geburt aufgenommen worden war. Warum ich sie testen wollte? Verdammt, wenn ich das nur selber wüsste! Zum Glück saß ich jemandem gegenüber, der meine unbewussten Intentionen durchschaute. Was immer mein verborgenes Ziel gewesen sein mochte, sie schien sich in diesem kumpelhaften Milieu auszukennen, als wäre sie auf einem Wohnwagenplatz irgendwo im Süden von Big Cherry Holler aufgewachsen. *Ich* war derjenige, der sich wie ein Trottel benahm.

Womöglich war dies das erste Mal, dass jemand das Thema Tarotkarten in Crane's Truck City zur Sprache brachte, doch während wir auf unser zweites Bud warteten, schlug ich ziemlich lässig vor, sie könne mir ja irgendwann die Karten legen. Sie lächelte. Es war ein kleines, aber wissendes Lächeln. In ihren grünen Augen leuchtete ein rätselhaftes Licht. «Das habe ich schon», sagte sie ruhig.

«Ach ja?» Ich war neugierig, aber nicht allzu sehr. Für mich war es eher Smalltalk. «Und was ist dabei herausgekommen?»

Wieder lächelte sie. «Herausgekommen», antwortete sie sachlich, «herausgekommen ist, dass du dein Herz verlieren wirst.»

Ich hob die Augenbrauen und richtete mich auf. Möglich, dass ich mich sogar ein bisschen auf*plusterte*. (Finden Sie es nicht auch grässlich, wenn Männer so eingebildet sind?) «Ach ja?», entgegnete ich spöttisch. «Sieh mal an. An wen denn?» Wenigstens war meine Grammatik korrekt, alles andere … nun ja, so lächerlich überheblich war ich, so selbstgefällig und unverletzlich in meinem frisch bestätigten Junggesellentum. Alexa lächelte weiter, antwortete aber nicht. Sie sah mich nur an und schüttelte leicht den Kopf, als wollte sie sagen: «Du Esel, du armer dummer Esel. Du hast keine Ahnung, was mit dir geschieht, stimmt's?»

Sie hatte recht. Ich war ein Esel. Ein sturer Trottel. Und ich hatte nicht die leiseste Ahnung, dass etwas Bedeutsames mit mir geschehen könnte. Aber irgendwas geschah. Und ich verlor tatsächlich mein Herz, und zwar so, dass ich es auch nach sechsundzwanzig Jahren noch nicht wiedergefunden habe. Von diesem Wochenende an waren Alexa und ich unzertrennlich, Tag und Nacht zusammen, bis nach Timbuktu und zurück. Im wahrsten Sinne des Wortes.

der fluch von timbuktu

W o liegt Timbuktu?» Seit vielen Jahren hatte ich unzähligen Menschen diese Frage gestellt, und die häufigste Antwort – sagen wir in fünfundneunzig Prozent der Fälle – lautete: «Timbuktu? Gibt es das denn wirklich?» Selbst nachdem 2012 islamistische Gotteskrieger die Stadt erobert, deren Schätze an historischen Manuskripten verbrannt und Timbuktu in die Schlagzeilen der Abendnachrichten katapultiert hatten, fehlte den meisten Menschen, die ich fragte, jedwede Ahnung, wo die Stadt lag und ob es sie wirklich gab.

Einst war Timbuktu ein Zentrum des Karawanenhandels (Gold, Salz, Elfenbein, Sklaven) und Sitz heiliger und säkularer Gelehrsamkeit gewesen, aber im Verlauf der Jahrhunderte wurde es zu einer derartigen Metapher für «Irgendwo im Nirgendwo», dass die Metapher längst die Realität überholt und verdrängt hat. In sandfarbene Schleier von Fabel und Geheimnis gehüllt, ist Timbuktu das Entfernte an sich, dahinter folgt nichts mehr außer Shangri-la und dem Mars; es ist unser globales absolutes Anderswo. Nimmt es daher wunder, dass diese Stadt in den Tagträumen eines Romantikers wie mir wie eine nach Gefahr duftende Kerze brannte?

Einen Großteil meines Lebens war ich damit zufrieden gewesen, Timbuktu in den Nischen meiner Fantasie vor sich hinglimmen zu lassen: Schließlich haben auch nur wenige Dichter und Lyriker, die vom Mond schwärmten, den Wunsch geäußert, an Bord eines Spaceshuttles zu gehen und dorthin zu fliegen. 1991 jedoch schwemmte mich ein Zusammenfließen esoterischer Fakten und literarischer Ideen sozusagen direkt dorthin, und zwar in einem Augenblick, in dem aus meiner Sicht das anhaltende weltweite Verschwinden der Frösche mit einem gleichzeitigen Schwund der Mittelschicht zusammenfiel und ihn gleichsam spiegelte. Die amphibischen Frösche bilden bekanntlich eine lebende Brücke zwischen Wasser und Land, zwischen Fischen und Reptilien und – wenn man den Überlieferungen der Dogon und Bozo, deren Dörfer südlich von Timbuktu liegen, Glauben schenken kann – vielleicht sogar zwischen dem Planeten Erde und den Sternen. Ganz ähnlich könnte man die Mittelschicht, trotz ihrer Sucht nach spießiger Oberflächlichkeit und trivialer Unterhaltung, als lebendige Brücke zwischen Mangel und Überfluss, zwischen dem Luxusleben der Reichen und dem elenden Dasein der Armen betrachten. Allen totalitären Staaten gemein ist die Abwesenheit einer Mittelschicht, allen ariden Landschaften (sei es aufgrund industrieller Umweltverschmutzung oder natürlicher Gegebenheiten) ist die Abwesenheit von Fröschen gemein.

Es gibt Dinge, für die hat die Wissenschaft keine Erklärung. Eines dieser Mysterien ist, wie die Dogon und Bozo im Nordwesten Afrikas imstande waren, mit bloßem Auge zu erkennen, dass der Sirius ein Doppelstern ist, und das rund fünfhundert Jahre ehe europäische Astronomen es nach der Erfindung des Teleskops bestätigten. Obendrein gelang es den Dogon trotz fehlender Objektive, Größe, Länge und Form der Umlaufbahn von Sirius' Begleiter akkurat zu bestimmen, was ihrer Kosmologie, die auf dem überlieferten Besuch einer Gruppe amphibischer Humanoiden von einem Planeten im Siriussystem beruht, einen verblüffenden Hauch von Glaubwürdigkeit verleiht. (Höre ich da etwa die klimpernde Erkennungsmelodie von *Twilight Zone*?)

Die Kenntnis der Dogon (so unerklärlich sie ist) scheint interessanterweise perfekt zu der größtenteils ignorierten Tatsache zu passen, dass wir an Land gestrandeten Primaten im Wesentlichen (von der Ursuppe bis zur Fruchtblase) aquatisch sind. Über dieses Detail improvisiere ich gelegentlich in einem Roman, der aus dem oben erwähnten Zusammenfließen von verrückten Fakten und kreativer Vorstellung entstand. Sein Titel *Halbschlaf im Froschpyjama* spielt auf den gegenwärtigen Zustand der menschlichen Entwicklung an, für die wir auf unserem evolutionären Weg so furchtbar lange brauchen.

Ich beschloss, *Halbschlaf im Froschpyjama*, möglicherweise mein ehrgeizigstes Werk, vor dem Hintergrund der Finanzmärkte spielen zu lassen, vor einem Konstrukt aus Verschleierungstaktiken, das, wenn man es auseinandernimmt, auch nicht mehr Sinn ergibt als eine auf einem freundschaftlichen Besuch von Amphibien aus dem Weltraum basierende Überlieferung. Und was hat das mit Timbuktu zu tun? Erstens liegt Timbuktu, wie bereits gesagt, unweit des Hoheitsgebiets der Dogon und Bozo, das ich bei meinen Recherchen natürlich aufsuchen musste, sodass es undenkbar gewesen wäre, die Stadt nicht in meine Reiseroute einzubeziehen. Und dann gibt es noch diesen Vergleich, diese Projektion: Timbuktu, das einst (hauptsächlich zwischen dem zwölften und sechzehnten Jahrhundert) ein quirliges und ungeheuer reiches Zentrum des freien Handels war, ist heute völlig verarmt, leidet an Entvölkerung und wird allmählich von der vorrückenden Sahara begraben. Man muss kein Hellseher sein, um zu folgern, dass auch die Wall Street irgendwann trostlos und verwüstet sein wird, Opfer eines gescheiterten Systems, nicht mit Sand, sondern mit Wasser bedeckt, nachdem sich das vergiftete, überhitzte Meer herangeschlichen hat, um uns Sauerstoffjunkies zurück in die Wiege zu bugsieren, «aus der wir alle entsprungen sind».

Es gab noch einen weiteren Grund, nach Timbuktu zu reisen, eine zusätzliche Verlockung: Alexa und ich waren – gleich zweimal – amtlicherseits gewarnt worden, dorthin zu fahren, fast immer ein sicheres Zeichen dafür, dass sich das Ziel als lebendig genug erweisen wird, um den Geschmack jener zu treffen, die Reisen nicht mit Tourismus und Abenteuer nicht mit Shoppen verwechseln.

Wo also liegt Timbuktu? Geografisch im nördlichen Teil von Mali, einem Land im Nordwesten Afrikas, dieses riesigen Kontinents, den Sarah Palin für einen Staat hielt. Selbst heute noch ist die Stadt nicht leicht zu erreichen: Wäre sie leichter zugänglich, wäre es nicht Timbuktu. Alexa und ich mussten zuerst nach Paris fliegen (nicht gerade schlimm) und ein paar Tage warten (wir genossen jede Minute dieser Verzögerung) bis zum Anschlussflug mit Air France nach Bamako, der Hauptstadt von Mali. Morgens Paris, nachmittags Bamako: ein echter Kulturschock. Bamakos Erde war rot und festgebacken, die Luft dunstig, feucht und dick. Es fühlte sich an, als ächzte die ganze Stadt mit ihren im Schneckentempo vorankommenden Minibussen und wildwuchernden Kolonien einstöckiger Hütten, die vor billigen Waren aus allen Nähten platzten, unter dem Vermächtnis ihres Juju. Bei der Ankunft auf dem Flughafen hatten wir durch die Sicherheitskontrolle gehen müssen. Der Flughafen in Bamako verfügte über ein Durchleuchtungsgerät, das kaputt und außer Betrieb war; trotzdem hatten wir unser Gepäck auf das Band stellen und es durchlaufen lassen müssen. War diese sinnlose Prozedur dem Protokoll geschuldet – oder war es Juju? Wer braucht schon Röntgengeräte oder Teleskope? Willkommen in Mali.

Von unserem Hotel aus buchte ich telefonisch einen Flug bei Air Mali, die zweimal wöchentlich in die Stadt Gao fliegt. Diese Prozedur erfolgte vollständig auf Französisch, eine Sprache, die ich nicht wirklich gut beherrsche. (Flüge nach Gao, so erfuhr ich, machen in Mopti oder Timbuktu nur dann einen Zwischenstopp, wenn es Passagiere gibt, die dorthin wollen.) Unsere Maschine, ein russisches Fabrikat und ziemlich klapprig, flog in einer Höhe von knapp über tausend Fuß, was in Ordnung war, denn das Land unter uns sah aus wie ein riesiger flacher Sandkasten und war, mit Ausnahme einer gelegentlichen Düne, komplett platt. Das Innere der Maschine war mit grünem Haushaltslack gestrichen, und ich meine, komplett, einfach alles: Kabinenwände, Decke, Fußboden, sogar die Sitze: Jede noch so kleine Fläche (ich fragte mich, ob auch das Instrumentenpanel) war grün, grün, grün. Es hätte Muammar Gaddafis Privatjet sein können. Zu den Mitreisenden zählten auch vier oder fünf männliche Tuareg, die, wie bei all diesen nicht negroiden Nomaden üblich, ein langes Schwert in der Schärpe trugen. Offenbar lösen Schwerter bei der Juju-Sicherheit keinen Alarm aus.

Nachdem wir in Timbuktu gelandet waren, sah ich aus unserem praktischerweise nicht überstrichenen Fenster Dutzende von eifrig wirkenden Männern (keine Tuareg, sondern schwarze Malis) am Maschendrahtzaun warten, der das Terminal von der Rollbahn trennte. Ich war bereits lange genug in Mali gewesen, um zu wissen, dass sich jeder von ihnen wünschte, als Führer engagiert zu werden, und dass sie uns praktisch in Stücke reißen würden, während sie hektisch darum wetteiferten, den Job zu kriegen. Was ich nicht wusste: Im Dezember waren zehn Touristen in Timbuktu ums Leben gekommen (jetzt war es Februar), als sie ins Kreuzfeuer zwischen Regierungstruppen und aufständischen Tuareg gerieten (das erklärte die Warnung des State Department), und für die nächsten acht Tage würden wir die einzigen westlichen Touristen sein, mit anderen Worten, die einzige Einkommensquelle in der Stadt.

Wie auch immer, ich sagte zu Alexa, wir wären gut beraten, uns einen Führer auszusuchen, noch ehe wir die Rollbahn verlassen hätten; am besten nähmen wir einen aufs Korn und gingen direkt auf ihn zu, als hätten wir ihn im Voraus engagiert. Sie stimmte zu. Wir sahen uns die Typen an und entschieden uns für einen, der Anfang zwanzig sein mochte und genauso aussah wie Magic Johnson[16]. Er war kleiner, keine Frage, hatte aber dieselben fröhlichen Augen und ein so breites Grinsen, dass er die Nachtschicht in einer Bleimine in einen dreiwöchigen Urlaub hätte verwandeln können. Nun, als Fan der Seattle Sonics verachte ich die Los Angeles Lakers; trotzdem wollte ich Magic Johnsons Doppelgänger mit im Team haben, zum Teufel mit der Loyalität, und wie sich herausstellte, diente uns Pasquale als vorzüglicher Führer, weit über seine Pflichten hinaus.

Timbuktu war gelbbraun, flach und organisch, hermetisch verschlossen, schmucklos und stellenweise bröcklig. Es schien aus Plätzchenteig und Sternenlicht gemacht; wie rohe Ingwer-Popovers quoll es aus den Magma speienden Öfen der Unterwelt und öffnete sich erst dem strahlenden Karussell der wuseligen Nacht. Diese Stadt war irdisch und überirdisch zugleich. Antike Völker hatten sie aus der Wüste erschaffen, in der sie träumten, sie mit Gold und Salz bereichert, mit (heiliger, astronomischer) Weisheit aus nah und fern geschmückt – und müssen heute aus dem Grabe stumm mit ansehen, wie die Wüste sie zurückerobert.

Pasquale und seine Entourage von Teenagern führten Alexa und mich durch schmale, sandige Gassen, in denen es weder Neonlichter noch Werbetafeln, ja nicht einmal Straßennamen gab, vorbei an verriegelten Türen, geschlossenen Fenstern und einem Gemeinschaftsofen unter freiem Himmel, dessen Brot zwischen den Zähnen knirscht und manchmal sogar funkelt, wenn man hineinbeißt, weil es nie ganz frei von Sand ist, zu einem einstöckigen Hotel im westlichen Stil. Das Hotel war sauber und gemütlich (was keineswegs dasselbe ist wie sandfrei) und hatte vierzig Zimmer, von denen neununddreißig während unseres gesamten Aufenthalts leer standen.

Warum Pasquale seine Jungs dabeihatte, wurde uns nie erklärt. Vielleicht waren sie so etwas wie Azubis, die sich zu Touristenführern ausbilden ließen; vielleicht aber fühlten sie sich auch nur von seinem Wissen und seinem fröhlichen Temperament angezogen. Vielleicht lag es sogar daran, dass er uns im Schlepptau hatte und wir die einzige Attraktion in der Stadt waren. Jedenfalls waren die Jungs intelligent, süß und fürsorglich. Sie folgten uns überallhin und beschützten uns vor dem ständigen – *ständigen* – Ansturm von Straßenhändlern (meistens Tuareg), die versuchten, uns «antike» Gegenstände anzudrehen, von denen ich vermutete (und Pasquale bestätigte es verlegen), dass sie frühestens vorgestern hergestellt worden waren. Wie Pasquale sprachen die Jungs – neben Französisch (Malis offizieller Sprache) und dem lokalen Koyra Chiini – ziemlich gut Englisch, ein bisschen Italienisch, Spanisch, Deutsch und sogar ein paar Brocken Japanisch. Die vielen Sprachen hatten sie nicht etwa in der Schule, sondern im Kino gelernt.

Das Kino von Timbuktu war, wie wir bald erfahren sollten, ein Fernseher mit 36-Zoll-Bildschirm, der auf einem Tisch im sandigen (was sonst) Hof eines Privathauses thronte. Der Besitzer verlangte von seinen Kunden einen kleinen Betrag dafür, dass sie auf Holzbänken vor dem Kasten saßen, der weder über eine Antenne noch eine Satellitenschüssel verfügte: Sendesignale kannten den Weg nach Timbuktu nicht. Dafür besaß der Mann einen Videorecorder und hatte Beziehungen nach Bamako, die wiederum Beziehungen nach Paris hatten, sodass via Air Mali regelmäßig ein Stapel von ausgeliehenen Filmen in verschiedenen Sprachen eintraf und gegen den vorigen Stapel ausgetauscht wurde. Bis zum nächsten Austausch hatten unsere Jungs den ersten Stapel bereits mehrmals gesehen und sich inzwischen alle möglichen Fremdwörter und Sätze daraus angeeignet.

Der Einfluss der Filme auf einen dieser Jungs war komisch und rührend zugleich: Jeder in der Stadt kannte ihn unter seinem angenommenen Spitznamen «John Travolta». Er war schlank und schwarz, sah also keineswegs aus wie sein Namensvetter, besaß aber eine Lederjacke mit der Skyline von New York auf dem Rücken. Die schwere Jacke trug er den lieben langen Tag von morgens bis abends, trotz der hohen Temperaturen, die regelmäßig über vierzig Grad lagen. Die Hitze hier war so trocken, dass sie dem Körper schon zwei Liter Wasser entzog, wenn man nur reglos im Schatten saß. Dieser «John Travolta» hatte den Ehrgeiz, eines Tages Medizin zu studieren, und ich wünsche ihm nichts mehr, als dass er es geschafft hat.

Trotz der bewaffneten Auseinandersetzungen im Dezember und ungeachtet dessen, dass wir die einzigen Menschen in Timbuktu waren, die genetisch zu einem Sonnenstich neigten, fühlten wir uns mit Pasquale, «John Travolta» (der, falls er Scientologe war, es uns auf Koyra Chiini erzählt haben muss) und der Teenager-Gang völlig sicher, wenn wir langsam von der antiken Moschee zu der antiken Bücherei trotteten und eines Tages zur Bank, wo der Manager, nachdem er sich nur höchst widerwillig bereitgefunden hatte, meine Reiseschecks anzunehmen, einen Schrank voller Schuhe öffnete und sein Möglichstes versuchte, um Alexa ein Paar Sandalen anzudrehen. An unserem letzten Tag jedoch ereignete sich etwas, dass uns alle auf eine harte Probe stellte.

In der relativen Kühle des Morgens hatten Alexa und ich beiläufig Interesse an einem Angebot bekundet, auf Kamelen zu einem Lager der Tuareg zu reiten, das zwei oder drei Kilometer von der Stadt entfernt lag. Die Tuareg sind Nomaden, mit den Berbern verwandt, daher leben sie nicht in Timbuktu oder in anderen Städten. Trotzdem lassen es sich ihre Vertreter nicht nehmen, aus den Lagern in der Wüste in die Stadt zu kommen, wenn sie ein Geschäft wittern. Während der Tag voranschritt und die Hitze drückender wurde, sahen wir ein, dass wir zwei Täubchen aus dem von der Sonne gegrillten Lager der Tuareg so lange nicht wieder wegkommen würden, bis sie uns sämtliche Federn ausgerupft hatten: Wir würden für den Ritt auf den Kamelen bezahlen müssen, für Verpflegung, Wasser, Unterhaltung (Tanzmädchen) und jeden eine Woche alten «antiken» Gegenstand, den sie uns andrehen konnten. Während wir also immer erhitzter und vernünftiger wurden, entschieden wir uns um. Doch der Kamelcowboy der Tuareg hatte unser flüchtig geäußertes Interesse als verbindliche Zusage verstanden. Als er im Lauf des Tages mit einem zusätzlichen Tier zurückkehrte und abgewiesen wurde, tobte er vor Wut.

Männliche Tuareg tragen blaue Schleier, ein einzigartiges modisches Statement, das beträchtlich zu ihrem geheimnisvollen Nimbus beiträgt (ihre Frauen tragen keinen Schleier, lassen sich allerdings nur selten in der Öffentlichkeit blicken), und dieser Herr war derart erzürnt, dass sein Schleier zuckte wie der spastische Flügel eines verendenden Blauhähers. Um ihn zu beschwichtigen, zahlte ich ihm schließlich den Preis für einen Ritt auf dem Kamel. Er nahm das Geld und trollte sich, nur um ein zweites Mal zurückzukehren, als wir gerade unser Abendessen im Speisesaal des Hotels beendeten (Nigerflussbarsch und Knirschbrot), und bis dahin hatte sich seine Wut derart aufgestaut, dass er in die Luft ging. Obwohl es bereits dunkel wurde, bestand er gnadenlos darauf, dass wir ihn zu seinem Lager begleiteten. Beunruhigt schickten wir nach Pasquale.

Es wird schon daran ersichtlich, welches Geschlecht den Schleier trägt: In diesem Teil der Welt, wo drei aggressive patriarchalische Religionen entstanden sind, haben nur die animistischen Tuareg eine matriarchalische Gesellschaft. Pasquale vermutete, dass die Frauen (die sich angesichts der Aussicht, uns zu schröpfen, schon den ganzen Tag die Hände gerieben hatten) unserem Emissär gedroht hatten, ihn gewisser Rechte zu berauben und ihm vielleicht sogar die Eier abzuschneiden, nachdem er schon das zweite Mal ohne die reichen Ungläubigen ins Lager zurückgekehrt war. Die Drohung, wie auch immer sie ausgesehen hatte, musste einen gewaltigen Eindruck auf ihn gemacht haben, denn der Kerl lungerte die ganze Nacht (die ganze Nacht!) vor unserem Hotel herum, wütete (auf Französisch und Hassaniya-Arabisch) und schwang sein langes Schwert. Zum Glück standen in unserem Zimmer mehrere alte Möbel im Kolonialstil, mit denen wir die Tür verbarrikadierten.

Trotzdem taten wir kein Auge zu – und der arme Pasquale auch nicht. Als ich irgendwann nach Sonnenaufgang die Tür einen Spaltbreit öffnete, sah ich, dass der wütende Belagerer schließlich abgezogen war und unser Lebensretter «Magic Johnson», der die ganze Nacht Wache gestanden hatte, im Tiefschlaf (zumindest hatte er seinen Kopf noch, und ich bemerkte auch kein Blut) auf einer schmalen Holzbank lag. Das genügte, um meinen Hass auf die Lakers – wenn auch nur vorübergehend – zu beschwichtigen.

Da wir an diesem Vormittag abreisten, packten wir unsere Siebensachen und begaben uns schnurstracks zu dem kleinen Flughafen, zum Teil aus Angst vor einer Zugabe des schwertschwingenden Hausierers, aber auch um sicherzustellen, dass irgendwer aus dem Flughafen daran erinnert wurde, auf das Rollfeld zu laufen und unsere Maschine vermittels einer Flagge zum

Landen aufzufordern, weil das Flugzeug von Gao nach Bamako in Timbuktu nur dann eine Zwischenlandung einlegte, wenn der Pilot sah, dass jemand da unten mit den Armen herumfuchtelte.

In dem sogenannten Warteraum umgab uns bald eine Riege von einem halben Dutzend Tuareg, die entschlossen waren, uns noch mehr Souvenirs anzudrehen, ehe wir uns aus dem Staub machten. (Ich hatte bereits einen Brocken Salzstein aus der Wüste und einen geschnitzten Flaschenkürbis erstanden.) Sie redeten auf uns ein, schubsten und bedrängten uns dermaßen, dass wir keine Chance hatten, uns von Pasquale zu verabschieden und uns seine genaue Postanschrift aufzuschreiben, damit wir ihm ein Paar Sportschuhe von Nike schicken konnten, wie ich sie trug. Schließlich hatte ich die Nase so voll, dass ich aufstand und in einem Geistesblitz mit lauter Stimme rief: «Ich will keine Souvenirs! Ich will Haschisch!»

Die Tuareg sahen mich völlig verdattert an, also wiederholte ich es. «Nein, nein», riefen sie, «Haschisch schlecht. Haschisch schlecht.» Offenbar hatte meine Bitte sie aus der Fassung gebracht, deshalb fing ich jetzt auch noch an, wild herumzuhopsen wie ein Pavian, dessen Hintern Feuer gefangen hat, und wedelte mit den Armen wie ein vielarmiger Hindu-Gott, der das Sphärenorchester dirigiert oder den Verkehr in Kalkutta. Die Händler wichen zurück. In Mali bringt es sehr böses Juju, einem Irren in die Augen zu sehen, und je mehr ich mich aufspielte, desto mehr Abstand legten sie zwischen sich und mich, bis sie schließlich, mitten in einer besonders krampfartigen Pirouette – «Haschisch! Haschisch!» – ihre gefälschten Artefakte einpackten, aus dem Terminal schlichen und sich nicht wieder blicken ließen.

Nach erfolgreicher Zeichengebung landete schließlich eine Maschine der Air Mali, und wir kletterten an Bord. In Mopti würden wir wieder aussteigen, um die Sirius-bewussten Dogon und Bozo zu besuchen, aber mit Timbuktu waren wir fertig. Timbuktu mit uns allerdings noch nicht.

Die ersten Symptome ereilten uns in Paris, wo wir ein paar Tage *joi de vivre* einlegen wollten, ehe wir in die Vereinigten Staaten zurückflogen. Wir aßen gerade in einem elsässischen Restaurant in der Rue de Buci zu Abend, als Alexa und ich gleichzeitig von einer Art Hitzewallung erfasst wurden. Ich sage Wallung, doch es war ungefähr so, als stünden wir gegen unseren Willen vor der offenen Tür eines Hochofens. Das Ganze dauerte eine Viertelstunde. Niemand außer uns schien davon befallen zu sein, und die Quelle der Hitze lag eindeutig in uns selbst. Am nächsten Tag passierte während des Flugs dasselbe wieder. Unsere Gesichter verfärbten sich erdbeerrot, und die Maschine hätte sich unser Plasma ausleihen können, falls ihr der Sprit ausgegangen wäre.

Zurück in Seattle, ließen wir uns auf Malaria testen. Das Ergebnis war negativ, unsere Erleichterung allerdings nur von kurzer Dauer. Während der nächsten zehn Monate – so lange waren wir krank – litten wir unter einer ganzen Reihe von Symptomen, einschließlich chronischer Mattigkeit und spontaner Panikattacken, die uns oft mitten in der Nacht heimsuchten. Die Hitzewallungen kehrten ebenfalls in regelmäßigen Abständen wieder, Alexa fielen die Haare aus, ihre Eierstöcke schmerzten, meine Hoden ebenfalls. Das hartnäckigste und beunruhigendste Merkmal jedoch war der Schmerz, der sämtliche Gelenke in unserem Körper befiel und dazu führte, dass wir vorübergehend die Diagnose Denguefieber erhielten, eine Erkrankung, die im Volksmund genau aus diesem Grund «Knochenbrecherfieber» genannt wird. Doch als die Abteilung für Tropenkrankheiten im Krankenhaus der University of Washington, wo wir Stammgäste wurden, unser Blut ans Tropeninstitut in San Juan, Puerto Rico, schickte, fanden die Experten dort keinen Hinweis auf Dengue.

Da die University of Washington völlig ratlos war, testete man uns sogar auf HIV.

Katharine Hepburn hat einmal gesagt: «Männer und Frauen sind nicht dazu gemacht, zusammenzuleben. Sie sollten auf verschiedenen Straßenseiten wohnen.» In den ersten Jahren unserer Beziehung, ehe wir in den mit Zuckerguss versüßten sauren Apfel der Ehe bissen, beherzigten Alexa und ich genau das. In den späten achtziger und frühen neunziger Jahren hatte ich eine Wohnung unweit von Seattles berühmtem Pike Place Market (und verbrachte nur zwei Tage pro Woche in meinem Haus in La Conner). Alexa wohnte einen Muschelwurf entfernt auf der Western Avenue. Unsere Symptome kamen und gingen, blieben jedoch seltsam koordiniert. Sobald ich etwas merkte, rief ich Alexa auf der anderen Straßenseite an und fragte: «Hast du …?» Unweigerlich antwortete sie: «Ja, es hat gerade angefangen.» Es war ein bisschen wie Synchronschwimmen in einem Becken der Pathologie.

Nach etwa sechs Monaten bat ich den Arzt des Papstes um Rat. Die Praxis von Dr. Kevin Cahill befand sich in Manhattan, wo er sich um die gesundheitlichen Probleme von Kardinälen, Bischöfen, Priestern und anderen großen Fischen der Diözese New York kümmerte und medizinischer Berater von Johannes Paul gewesen war, als der Pontifex Amerika besucht hatte. Zufällig war Dr. Cahill auch der weltweit angesehenste Experte für westafrikanische Krankheiten. Ich wurde zwar nie von ihm persönlich untersucht oder diagnostiziert, aber während eines Telefongesprächs erklärte er mir: «Wir haben nur für etwa ein Achtel der Viren, die man sich in Westafrika einfangen kann, Namen oder medizinische Profile.» Da Alexa und ich allem Anschein nach eins dieser anonymen sieben Achtel hatten, beschloss ich, es «Dschiggiebombo» zu taufen nach dem Dorf, wo wir, halb tot vor Hitze, haltgemacht hatten, ehe wir den Steilhang von Bandiagara ins Dogon-Gebiet hinuntergeklettert waren. Nachdem er einen Namen hatte, konnte ich besser mit dem Virus umgehen: Ich konnte mit ihm sprechen, ihm schmeicheln und ihn ermuntern, doch auch einmal auf Wanderschaft zu gehen.

Gleichwohl machte Dschiggiebombo keinerlei Anstalten, sich zu verkrümeln, und es vergingen weitere drei Monate, ehe ein anderes Telefongespräch mit einem anderen New Yorker eine erstaunliche Lösung brachte. Diesmal hatte ich mit Jonathan Cott gesprochen, einem Journalisten, der für den *Rolling Stone* schrieb. Jon war vor kurzem aus dem Niger zurückgekehrt, einem Nachbarstaat von Mali, wo er über die Dreharbeiten zu *Himmel über der Wüste* berichtet hatte, Bernardo Bertoluccis Verfilmung von Paul Bowles' erschütterndem Roman. Während seines Aufenthaltes im Niger hatte Jon unbeabsichtigt einen der dortigen Medizinmänner beleidigt, und der hatte ihn mit einem Zauber belegt. Daraufhin hatte Jon, ein überaus netter, kultivierter und weltgewandter Mensch, sich drei Tage lang im heißen Sand gewälzt und die Tuareg-Statisten angefleht, ihm mit ihren Schwertern den Kopf abzuschlagen: ein mächtiges böses Juju. Jon versicherte mir, dass schwarze Magie in Westafrika eine weitverbreitete Realität ist, über die nur Dummköpfe spotten. Gleichzeitig ermunterte er mich, dies als mögliche Ursache unseres sogenannten Dschiggiebombo in Betracht zu ziehen.

Das tat ich, und irgendwann spuckte meine Gedächtnisbank tatsächlich wie ein klemmender Automat eine einzige, leicht angelaufene, aber gültige Münze aus. Ich drehte sie immer wieder um, und dann sträubten sich mir plötzlich die Nackenhaare und sahen sich vergeblich nach einem Ausgang um. Ein Vorfall in Timbuktu, den ich damals unter der Rubrik «Interessantes, aber unbedeutendes Lokalkolorit» verbucht hatte, verlangte plötzlich nach einer Schlagzeile auf dem Titelblatt meines Erinnerungsmagazins.

In jener Nacht war Vollmond gewesen – und glauben Sie mir, Timbuktu bei Vollmond macht seinem Ruf als Metropole des Mysteriums alle Ehre. Überall um uns herum war das Mysterium so dick, dass man es mit einem Tuaregschwert in Stücke hätte hauen können. Ohne Berge, Wolkenkratzer oder gar Bäume, die seinen Aufgang hätten behindern können, war der Mond so rasch emporgestiegen wie ein von einem Magier aus dem Hut gezaubertes plattnasiges Kaninchen, und als der Phantomliebhaber der Erde bereits hoch am Himmel stand und seinen betörenden, unheilvollen Glanz verstrahlte, unterbrachen Pasquale und die Jungs unser frühes Abendessen, um uns zu einem Tanzabend einzuladen. In solch einer Nacht hätte nur ein Schlappschwanz gekniffen.

Ganz nach dem Geschmack des Mondes handelte es sich um eine Freiluftveranstaltung auf einer Betonplattform, die etwa so groß wie ein Tennisplatz war. Rechts davon wärmte sich eine Gruppe von Musikern auf, sie hatten ein paar westliche Gitarren und einen Haufen seltsame afrikanische Blas- und Perkussionsinstrumente aus Flaschenkürbissen, Ziegenknochen, Drähten, Flaschen und Stöcken, alle blitzblank poliert und bemalt, die fachmännisch gespielt wurden und dem Publikum höchsten Respekt abverlangten. Neben der Band saßen die heiratsfähigen Junggesellen von Timbuktu. Auf der anderen Seite der Tanzfläche, gegenüber von den Männern, hatten sich etwa fünfundzwanzig junge Frauen versammelt und strahlten genau die Gelassenheit und das Selbstvertrauen aus, die den Männern offenbar fehlten. Groß, würdevoll, feingliedrig, von Kopf bis Fuß in westafrikanische Gewänder gehüllt, die einen Regenbogen vor Scham hätten erblassen lassen, sahen die Frauen ausnahmslos wie Models aus. Kein Wunder, dass sie die Männer einschüchterten.

Als die Band dann ernsthaft loslegte, traten einige der Frauen, die nicht darauf warten wollten, dass sich die jungen Männer ein Herz fassten, auf die Bühne und fingen an, miteinander zu tanzen. Das erinnerte mich an meinen Abschlussball im ländlichen Virginia. Wir Schaulustigen kauerten also am Ende der Tanzfläche und saugten alles auf, als eine dieser klassischen Schönheiten auf uns zukam und mich zum Tanz aufforderte. Als ich Pasquale hilfesuchend ansah, bedeutete er mir, die Aufforderung anzunehmen. Also tanzte ich eine Weile, dann kam eine andere Frau und löste die erste ab. Danach eine dritte. Die Band hörte nicht auf zu spielen, denn individuelle Stücke gab es nicht. Ich fragte meine dritte Partnerin, warum die anderen Frauen über uns lachten – ich dachte, sie könnten vielleicht meine Bewegungen unbeholfen, zu westlich, zu weiß finden –, doch sie antwortete, Partnerin Nummer zwei habe erklärt, dass sie mich heiraten würde. (Alexa! Hilfe!)

Mittlerweile hatten die Männer ihre Schüchternheit überwunden, die Tanzfläche war gepackt voll, und die ganze Zeit über lief eine ältere Frau zwischen den Paaren umher. Sie tanzte nicht, sondern spazierte nur im Zickzack über die Tanzfläche – und sah ziemlich verrückt aus. Niemand schenkte ihr Aufmerksamkeit, nicht einmal wenn sie im Weg stand. Die Tänzer taten so, als wäre sie unsichtbar. Das ist in diesem Teil der Welt natürlich gang und gäbe. Bei seltsamem Verhalten tun alle einfach so, als existierte es nicht. Wenn sich jemand danebenbenimmt, drücken die anderen einfach auf die Löschtaste.

Irgendwann empfahl ich mich und gesellte mich wieder zu meiner kleinen Gruppe von Zuschauern. Als ich mich neben Alexa setzte, bemerkte ich, dass die alte Hexe mir gefolgt war. Sie warf uns beiden einen schiefen Blick zu, zischte und machte eine hastige, kryptische Bewegung mit beiden Händen, bevor sie sich jäh umwandte und erneut im Gewusel der Tänzer verschwand.

Weder Alexa noch ich dachten damals großartig darüber nach, aber wir fühlten uns zunehmend unwohler und meinten, wir Außenstehenden hätten uns nun lange genug in die privaten Rituale einer fremden Kultur eingemischt. Als wir Pasquale, «John Travolta» und ihrem Anhang sagten, wir würden jetzt gehen, nickten sie. So wie Kinder sich gern selbst in Angst versetzen, stellten wir uns alle möglichen exotischen Gefahren vor – Dschinns, Löwen, Entführer, sitzengelassene Tuareg-Organisatoren, Geister von längst verstorbenen Sklavenhaltern auf bleichen Kamelen –, als wir uns durch die samtweichen Schatten bewegten, die die uralten Moscheen und Bibliotheken aus Lehm in dem noch älteren Mondlicht warfen. An die gestikulierende Hexe jedoch dachten wir nicht. Sie kam uns erst wieder in den Sinn, als Jonathan Cott neun Monate später das Juju aufs Tapet brachte.

Da unsere Krankheit in all den Monaten nicht hatte diagnostiziert werden können, die westliche Medizin es nicht geschafft hatte, unsere Symptome zu lindern, und wir tatsächlich etwas verwundbar gewesen waren in einer Kultur, in der Juju eine Tatsache war und wo es Dinge gab, bei denen die Wissenschaft lieber nicht so genau hinschaute (die detaillierten Kenntnisse der Dogon über das Siriussystem zum Beispiel), schien der Gedanke, dass es sich bei unserem Dschiggiebombo um einen Fluch handeln könnte, nicht ganz abwegig. Aber wie sollten wir ihn dann neutralisieren und letztendlich von uns abwenden?

Während Jons Samen weiter keimte und ich stundenlang überlegte, ersann ich einen Aktionsplan. Jeden Tag, manchmal zwei- oder dreimal, legte ich mich irgendwo flach auf die Erde. In La Conner hatte ich einen Garten, in Seattle fand ich ein Plätzchen im Myrtle Edwards Park. Sobald ich so etwas Ähnliches wie eine Verbindung zur Erde hergestellt und meine Gedanken von dem gewöhnlichen Alltagsballast befreit hatte, schloss ich die Augen und konzentrierte mich auf die alte Hexe. Ich versuchte, sie mir als kleines Mädchen vorzustellen, das in Timbuktu aufwuchs, und wie das Leben damals wohl ausgesehen hatte. Als Nächstes stellte ich sie mir als junge Frau vor, die vielleicht an ähnlichen Tanzveranstaltungen teilnahm wie jene, in die wir hineingeplatzt waren, und sich bei einer solchen Gelegenheit verliebt hatte. Ich sah sie als Braut vor mir, vielleicht auch als Mutter, und dann versuchte ich, mir auszumalen, was sie möglicherweise so verletzt hatte, dass sie sich der schwarzen Magie zuwandte. Hatte sie erst angefangen, Juju auszuüben, nachdem sie aus dem seelischen Gleichgewicht geraten war? Oder hatte das Juju selbst sie durcheinandergebracht?

Im nächsten Schritt entschuldigte ich mich bei ihr und bat sie um Vergebung, sollte unsere Anwesenheit sie beleidigt haben. Ich sagte ihr, dass ich die Frauen respektiert und nur aus Spaß mit ihnen getanzt hätte und dass das Gekicher um eine mögliche Hochzeit nur das typische Herumgealber junger Mädchen gewesen sei. Ich drückte meine Bewunderung aus für ihre Stadt und deren Bewohner, und da ich ein echter Romantiker bin, meinte ich das alles vollkommen ernst. Ich beglückwünschte sie zu Timbuktus reicher Vergangenheit und verlieh meiner Hoffnung für eine friedliche Zukunft Ausdruck. All das tat ich Tag für Tag, und obwohl ich gestehen muss, dass ich mir zuweilen ganz schön dämlich vorkam, war keine meiner Sitzungen scherzhaft gemeint. Wir waren leicht verzweifelt. Dschiggiebombo pisste in unsere Bowle. Dschiggiebombo machte uns mürbe.

Und was geschah dann? Möglich, dass es an der makrobiotischen Diät lag, die wir vorübergehend, aber rigoros befolgten, oder an der Shiatsu-Therapie, die wir bei einem anerkannten Heiler in Seattle namens Yasuo Mori machten. Vielleicht hatte die Alte endlich meine täglichen Appelle wahrgenommen und positiv darauf reagiert; vielleicht ging der Krankheit schließlich die Puste aus, so wie es manchmal bei Viren ist, die einen Namen haben oder auch nicht. Wie auch immer, innerhalb weniger Wochen nach meiner ersten psychischen Nachricht nach Westafrika flauten unsere Symptome, Alexas und meine, (natürlich gleichzeitig) ab. Und eines schönen Tages – nachdem fast ein Jahr lang Chaos in unserem Doppelkörpersystem geherrscht hatte – sattelte Dschiggiebombo sein Dromedar, ritt in den Sonnenuntergang und ward nie wieder gesehen. *Au revoir,* du Miststück! Und Gott segne Timbuktu.

tusch für two bunch

W ährend ich auf mein Leben zurückblicke, so wie ich es auf diesen Seiten getan habe, werde ich einmal mehr daran erinnert, wie viel Glück ich hatte, im goldenen Zeitalter des amerikanischen Verlagswesens Schriftsteller gewesen zu sein. Doch wenn ich es mir recht überlege, umfasste das goldene Zeitalter des amerikanischen Verlagswesens vielleicht doch eher die zwanziger bis vierziger Jahre, als Maxwell Perkins Fitzgerald, Wolfe und Hemingway veröffentlichte, nicht zu vergessen James Jones und Faulkner, die schon über den Horizont ragten, Sie wissen schon, damals, bevor das Fernsehen dem Lesen dasselbe antat wie Strumpfhosen dem ungehinderten Fummeln. Die Phase meiner Spitzenproduktion – späte Siebziger bis Neunziger – sollte treffender als das «goldene Zeitalter der Spesenabrechnung» bezeichnet werden.

Während dieser Jahre wurden meine Romane und die vieler anderer Autoren mit aufwendigen Partys in New Yorker Clubs vorgestellt. Auf Lesereisen brachte man mich in geräumigen Suiten und den besten Hotels unter, ich speiste in teuren Restaurants, und wenn Terry Bromberg und Barry Dennenberg aus der Marketingabteilung mit von der Partie waren, bestellten wir sämtliche Nachspeisen, die auf der Karte standen. Barry las sie uns vor, eine nach der anderen, wobei Tonfall und Inbrunst es mit James Earl Jones' Verlesung der Emanzipationserklärung hätten aufnehmen können. (Wir nannten es «The Barrysburg Address».)

Ich bin mir immer noch nicht sicher, woher meine Agentin Phoebe und ich den Mut nahmen oder wie wir es zuwege brachten, doch irgendwie machten wir Bantam Books klar, dass ich absolut dagegen war, Manuskriptseiten eines in Bearbeitung befindlichen Buches zur Prüfung per Post nach New York zu schicken. Phoebe persönlich lieferte ein oder zwei Anfangskapitel ab, woraufhin ich gewöhnlich einen Vertrag und einen Vorschuss auf die zukünftigen Verkäufe erhielt. Wenn der Verlag später das Bedürfnis verspürte, zu überprüfen, wie weit ich war, mussten ein oder mehrere Lektoren zu *mir* kommen und sich an einem Ort meiner Wahl mit mir treffen. Nachdem sie es sich gemütlich gemacht und die New Yorker Hektik abgeschüttelt hatten, aber erst dann, bekamen sie frische Seiten zum Lesen. Sie machten sich Notizen, stellten Fragen, wir besprachen ihre Vorschläge, und sie gaben mir die Seiten zurück. Das Ganze nannte sich «Redaktionskonferenz» und fand für jeden Roman mindestens zwei Mal statt, manchmal auch häufiger.

Wenn Ihnen das als etwas anmaßend meinerseits erscheint, pfeifen Sie wahrscheinlich auch auf Sinatra. Andererseits waren die Räumlichkeiten der Verlage nicht ausreichend isoliert von der permanenten Hektik in Manhattan. Möglich, dass der physische und psychische Trubel, der ganze Rummel dort, eine passende Begleitung für die Begutachtung von tempogeladenen Thrillern oder auch von Schmökern mit einem Unterton jüdischer, irischer oder episkopaler Angst ist. Eine sinnvolle Bewertung meiner Texte, die in mancherlei Hinsicht schräg sind, allerdings in einem anderen Sinne als das, was man an der Ostküste unter Schrägheit versteht, erforderte einen Lektor, der, wenn er schon nicht die Sensibilität der Westküste besaß, doch zumindest ein

Bewusstsein haben musste, das entspannt genug war, um den Flöten des Zauberers weg von den vertrauten, gut gepflasterten Straßen von Syntax und Plot in ein grünes, neodruidisches Wäldchen zu folgen, in dem es wilden Mohn, phosphoreszierende Leuchterscheinungen und Pantherpilze gibt sowie eine bunte Pagode, in der das Sprachrad angeschlagen wird wie ein Gong und kein Creative-Writing-Lehrer von der Ivy League jemals lächelnd anzutreffen wäre, geschweige denn tot.

Der Ort, den ich für fast all diese Redaktionskonferenzen auswählte, war Two Bunch Palms, ein Kurort in der Nähe von Desert Hot Springs, etwa hundertfünfzig Kilometer östlich von Los Angeles. Wie Timbuktu ist Two Bunch eine Oase. Anders als der Quell, aus dem Timbuktu entsprang, ist der von Two Bunch heiß, mit Mineralien versetzt und versprudelt nach Baden-Baden das zweitbeste therapeutische Wasser der Erde, wie Tests ergeben haben. Diese natürliche Mineralquelle liegt, umgeben von üppigen Palmen und anderen subtropischen Gewächsen, in einer schlichten Grotte und grenzt im Mondlicht an echte Magie.

Zu Beginn seiner Geschichte war Two Bunch Palms das Wüstenversteck des Gangsters Al Capone, der dort ein privates Kasino unterhielt. In den Räumen unter dem einstigen Kasino, wo heutzutage die besten Masseure von ganz Amerika ihre wohltuende Arbeit tun, waren zu Capones Amtszeit die Prostituierten untergebracht. Diese Vergangenheit verleiht dem ansonsten gnadenlos erbaulichen Ort einen Hauch von Laszivität und dient als Schutz gegen übertriebenes Esoterikgeschwafel.

Wer sich in Two Bunch Palms nicht entspannen kann, schafft es nirgendwo; trotzdem sträubten sich meine Bantam-Lektoren anfangs hartnäckig dagegen. Als Steve Rubin und Matthew Shear beispielsweise eines Abends dort ankamen, knisterten sie nicht nur hörbar vor New Yorker Hochspannung, sondern strahlten kaum verhohlenen Unmut aus: Sie waren nicht gerade begeistert über dieses allzu fremdartige Ambiente, in das man sie gelockt hatte. Obwohl sie sich im Flugzeug mit Martinis gewappnet hatten, wollten sie sich unverzüglich an die Arbeit machen. Doch ich verweigerte ihnen jeden Blick in das Manuskript, bis sie mindestens eine Massage und ein Bad im Pool hinter sich hatten.

Die Lektoren stimmten grummelnd zu, und schon am zweiten Tag schwebten sie etwa fünf Zentimeter über dem Boden, als wären sie an einem Grinsen aufgehängt. In ihrem zentralen Nervensystem hätte man eine Stecknadel fallen hören können. Steve, der noch nie eine Massage bekommen hatte und anfangs sehr skeptisch gewesen war, kehrte nach New York zurück und ließ sich anschließend zweimal pro Woche von einer Masseurin in die Mangel nehmen. Unsere Redaktionssitzungen liefen wie mit Massageöl geschmiert, und seitdem musste ich nie wieder darum kämpfen, dass wir uns in Two Bunch trafen. Natürlich machte die Nachricht bei Bantam Books schnell die Runde und rief einen gewissen Neid hervor, sodass ich nun regelmäßig Anrufe von Matthew, Steve oder einem Nachfolger bekam, mit der Frage, wie ich mit meinem neuen Buch vorankäme und ob es nicht höchste Zeit für eine Konferenz in Two Bunch wäre.

Sie müssen bedenken, dass Bantam Books für die Spesen solcher Treffen aufkam, inklusive Transport, Unterkunft, Verpflegung und Anwendungen (gewöhnlich zwei am Tag) für den Lektor oder die Lektoren, für mich, meine Agentin sowie meine weibliche Begleitung. Man kann mit Sicherheit sagen, dass in der heutigen Wirtschaft ein derartig herrlicher Luxus auf Spesen ein Ding der Vergangenheit ist, vor allem seit die beiden schäbigen Ziffernschnösel – die unbedeutende 0 und die kaum bedeutendere 1 – im E-Train in die Verlagswelt eingefahren sind und sie mitsamt ihren Buchstaben- und Wörterwelten, ihren Lagern voller Zellstoff und Druckertinte um und um gekehrt haben.

Als es 2000 Zeit wurde, *Völker dieser Welt, relaxt!* zu redigieren – meinen Roman über die CIA, die Jungfrau Maria und den schrägen Agenten, der beide liebt, hasst und neu erfindet –, tja, da hatten sich die Dinge bereits geändert, und ich schickte das ganze Manuskript via FedEx nach New York, massierte meiner Frau den Nacken und stieg in den Whirlpool. Der *Tibetische Pfirsichstrudel*? Wenn ich überzeugt bin, dass er wirklich fertig ist, werde ich wehmütig und etwas ängstlich zugleich auf die Senden-Taste des Computers drücken und ihn der 0 und der 1 überlassen.

schwanengesang

Seit Jahrzehnten schreibe ich meine Manuskripte mit der Hand (gelber Notizblock, Kugelschreiber), und auch dieses hier macht da keine Ausnahme. Am Wochenende diktiere ich die bis dahin entstandenen Absätze meiner Sekretärin Julie, die sie anschließend in den Computer überträgt. Daher schwebt nun Julies Hand über der Senden-Taste und wartet auf das Zeichen, dass ich mit diesem Affenzirkus namens *Tibetischer Pfirsichstrudel* endlich fertig bin. Warte, Julie. Noch nicht. Wie du weißt, arbeite ich sehr langsam. Trotz der komischen Untertöne betreibe ich mein Handwerk nicht weniger gewissenhaft als James Joyce, Virginia Woolfe oder jeder andere von Literatur besessene Autor, der einem einfällt, und es gibt ein paar Geschichten, die ich noch zum Besten geben will.

Anfang der Achtziger war ich mal ein bisschen in Linda Ronstadt verknallt. Ich kannte Linda Ronstadt nicht, verstehen Sie, noch war ich je in einem ihrer Konzerte gewesen. Sie war nur so furchtbar süß auf den Fotos (das war, bevor *enchiladas* und Wiener Schnitzel mit vereinten Kräften ihre Konfektionsgröße beträchtlich ausgedehnt hatten), vor allem aber war ich in die Art verknallt, wie sie gewisse Worte und Sätze sang: «sweetie pie», zum Beispiel in ihrer Version von «I've Got a Crush on You» (wie passend!).

Eines Tages sagte meine Exfrau Terrie: «Wenn du Linda Ronstadt so toll findest, dann visualisier sie dir doch einfach!» Ich erklärte ihr, warum ich das nicht tun würde; tatsächlich sagte ich, dass man noch in jeder Schulcafeteria von Amerika anständig Leber mit Zwiebeln serviert hatte, bis die Leute anfingen, die Objekte ihrer Begierde zu «visualisieren»; dass wir den Weltfrieden längst hätten und die Hälfte der New-Age-Idioten in Kalifornien pfefferminzfarbene Helikopter und Millionen Morgen große Sprossenfarmen besäßen, wenn solche «Visualisierungen» funktionierten. Die Kraft des positiven Denkens habe zwar etwas für sich, aber das, wofür sie plädiere, sei Juju für Amateure. Trotzdem versprach ich, einen Versuch zu unternehmen. Und auf halbherzige Art tat ich das auch.

Es verging ein Jahr, und wir schrieben 1984, als ich eine Einladung zu Joseph Campbells Geburtstagsfeier erhielt. Der angesehene Mythologe, mit dem ich durch Lateinamerika gereist war und dessen Werke so oft den Spieß in meinem kognitiven Barbecue gedreht hatten, wurde achtzig, und das sollte mit einem Abendessen in San Francisco gefeiert werden. Natürlich sagte ich zu. Mein Flug hatte sich etwas verspätet, und als ich den Saal im oberen Stock eines italienischen Restaurants direkt an der Uferpromenade betrat, saßen die meisten Gäste bereits am Tisch. Ich studierte die Tischkärtchen und entdeckte meinen Platz am Ende der zwei langen Tische. Der Stuhl zu meiner Rechten war noch leer. Als ich einen Blick auf das Tischkärtchen warf, um zu sehen, wer meine Tischnachbarin wäre, las ich voller Schreck «Linda Ronstadt».

Visualisierung? Zufall? Ein Jux? Ich war dermaßen abgelenkt, während ich versuchte, mir einen Reim darauf zu machen, dass ich den Mann, der mir gegenübersaß, um ein Haar nicht verstanden hätte, als er sich mir vorstellte. Es war George Lucas, der einen Augenblick lang den Anschein erweckte, als spräche er aus einer weit, weit entfernten Galaxie. Nun wusste ich, dass Joseph Campbell ein Gelehrter war, der ausschließlich auf zeitlose Universalien fixiert war. Er las weder die Zeitung, noch sah er fern, und behauptete, seit dreißig Jahren nicht mehr im Kino gewesen zu sein. Es war daher die zweite große Überraschung des Tages zu erfahren, dass Campbell den Tag – seinen achtzigsten Geburtstag, nicht zu vergessen – auf Lucas' Skywalker-Ranch verbracht hatte, wo er sich vormittags *Krieg der Sterne*, nach dem Mittagessen *Die Rückkehr der Jedi-Ritter* und am Nachmittag *Das Empire schlägt zurück* angesehen hatte. Ich war so überrascht und begeistert von dieser Information, dass ich ein paar Minuten brauchte, um eine Verbindung zu Linda Ronstadt zu ziehen. Sie hatte, wenn man der Gerüchteküche glauben darf, eine Affäre mit George Lucas.

Was immer es bedeuten mochte, Ms. Ronstadt blieb ihrem Platz an diesem Abend fern (und ich erwähnte ihre Abwesenheit weder, noch fragte ich, wo sie sei, da ich Lucas nicht in Verlegenheit bringen wollte; möglicherweise hatten sie sich ja zerstritten). Ich muss zugeben, dass es gut so war. Was hätte es gebracht? Erstens war die Vorstellung, dass sie einem visionären und wohlhabenden Filmmogul um meinetwillen den Laufpass geben und *mich* «sweetie pie» nennen würde, lächerlich. Und zweitens zähle ich mich nicht zu den vielen Millionen Amerikanern, die in puncto Promis derart gaga sind, dass sie ihre Seele für einen Hundekeks aus Gummi verkaufen würden, nur um von einer bekannten Filmdiva geküsst oder – noch besser – in der Öffentlichkeit an ihrem Arm gesehen zu werden. Vorsicht, Leute! Viele, wenn nicht die meisten Kultfiguren schleppen tonnenweise emotionalen Ballast mit sich herum, und weder ihr Talent noch ihr Erfolg werden im Bett auf euch abfärben.

Abgesehen davon wäre es gelogen, wenn ich behauptete, dass ich während der langen Dinnerparty (es war fast Mitternacht, als Joseph Campbell zusammen mit seinen Gästen eine heidnische Parodie auf «Gimme That Ol' Time Religion» schmetterte) kein einziges Mal nach rechts geschielt und gedacht hätte, dass ich neben einer sexy Linda Ronstadt hätte sitzen können statt neben einem leeren Stuhl und einem blöden kleinen Kärtchen mit ihrem Namen, wenn ich mich beim Visualisieren ein kleines bisschen mehr ins Zeug gelegt hätte.

Ich habe das Thema Prominenz angesprochen, weil ich als abgefahrener Prosaschriftsteller aus den Hügeln von North Carolina, der sich dafür entschieden hat, sein Leben abseits der Zentren von Macht und Ehrgeiz zu verbringen, einer ungewöhnlichen Anzahl berühmter Leute begegnet bin (Malern, Fotografen, Schriftstellern, Schauspielern, Regisseuren und Rockstars), mit denen ich teilweise enge Freundschaft schloss. Ich weiß, dass manche Leser enttäuscht sein werden, weil ich nicht mehr über diese Leute geschrieben habe. Tut mir leid. Hätte ich es getan, wäre ich das Risiko eingegangen, ihre Privatsphäre zu verletzen (die ohnehin ständig unter Beschuss steht), und solange ich keine guten Geschichten zu erzählen habe, könnte man mir ihre bloße Erwähnung als unpassendes exhibitionistisches Namedropping vorwerfen. Deshalb habe ich mich bemüht, es auf ein Mindestmaß zu begrenzen.

Was nicht weiter überraschend sein dürfte, ist die Tatsache, dass ich der Mehrzahl dieser Berühmtheiten während oder wegen irgendwelcher Dreharbeiten begegnet bin. Ich habe in mehreren Filmen von Alan Rudolph kleine Sprechrollen übernommen und zwei Wochen am Set verbracht, als Gus Van Sant *Sissy – Schicksalsjahre einer Tramperin* drehte. Dazu kamen Meetings, in denen über die Verfilmung anderer meiner Werke verhandelt wurde. Manche Schauspieler, mit denen ich zu tun hatte, entpuppten sich als ebenso interessant und nett wie begabt, aber der Typ aus der Traumfabrik, der bei mir den tiefsten Eindruck hinterlassen hat, war ein wenig erfolgreicher Drehbuchautor, an dessen Namen ich mich nicht einmal mehr erinnern kann.

Wie viele Vietnamveteranen war er psychisch traumatisiert aus diesem skandalösen und gänzlich überflüssigen Krieg zurückgekehrt, hatte sich aber selbst geheilt, indem er ein Drehbuch über seine Jugend verfasste. Clint Eastwood machte aus diesem Drehbuch einen sehenswerten Film, und jetzt hatte jemand anders den Mann beauftragt, das Drehbuch zu *Buntspecht* zu schreiben. Leider war er der Aufgabe nicht gewachsen, doch während unseres Treffens fiel mir auf, dass er immer eine Zahnbürste in der linken Brusttasche seines Sportjacketts trug.

Eines Tages ging die Neugier mit mir durch, und ich sprach ihn darauf an, da ich den Verdacht hatte, dass er an posttraumatischen Störungen litt und nicht wusste, wo er die nächste Nacht verbringen würde. Und da erzählte er mir, dass ihn seine Freundin vor ein paar Monaten verlassen hatte und die alte Zahnbürste das Einzige war, was von ihr zurückgeblieben war. Seitdem schleppte er diesen intimen Gegenstand persönlicher Hygiene in der Brusttasche, nah am Herzen, mit sich herum. Ich stellte mir vor, wie er in besonders einsamen Nächten seine Zähne damit bürstete, sodass er das Gefühl haben konnte, von ihr geküsst zu werden. Kein Autor von Liebesromanen hätte etwas erfinden können, das auch nur annähernd so rührend ist. Aber ich schweife – ein letztes Mal – ab.

Abgesehen von der Gelegenheit, zu erläutern, warum ich nicht über Prominente schreibe, hatte ich ein zusätzliches Motiv, mein nicht zustande gekommenes Treffen mit Linda Ronstadt zu erwähnen. Das Thema Visualisierung liefert mir nämlich einen ziemlich eleganten Übergang zum Thema Vorstellungskraft, die immerhin eine gewichtige Rolle in meinem Leben spielt, ganz zu schweigen vom Titel dieses Buches.

Auf den ersten Blick mag die Trennlinie zwischen ihnen sehr fein sein, doch gibt es signifikante Unterschiede zwischen dem Versuch, seinen Willen auf irgendeine magische Art auf die konkrete Realität zu übertragen (Visualisierung), und der Inspiration, sich eine ganz neue Realität vorzustellen (manchmal um dem düsteren Walzer der Existenz Farbe und Schwung zu verleihen, manchmal um das Erkennen eines Wunders zu erleichtern, manchmal einfach nur so). Mit anderen Worten, zwischen dem Versuch, das Glück mental zu erzwingen und seine Richtung zum eigenen Vorteil zu ändern (sagen wir, indem man sechs Richtige im Lotto visualisiert), und der geistigen Leichtigkeit und Geistesfreiheit, so zu leben, als wäre das nichts im Vergleich zu dem, was man regelmäßig erlebt, wenn man am Klavier, an der Staffelei und vor dem Schreibblock sitzt, das Muster der in die Regenrinne gefallenen Blätter betrachtet und wider alle Erwartungen so lebt, als wäre das Glück bereits da.

Eines späten Morgens wachte ich in Washington, D. C., auf, wo ich auf einer meiner Lesereisen quer durch das Land einen Stopp eingelegt hatte, und machte mich nach einer Katzenwäsche auf die Suche nach Frühstück. In dem ruhigen Viertel, in dem mein Hotel lag, war ich noch keinen Block weit gekommen, als ich etwas ziemlich Merkwürdiges bemerkte. In der Nacht hatte es wie aus Kübeln gegossen, und ein paar Meter vor mir hockte ein Mann auf dem Gehweg und starrte auf eine Pfütze. Was zum Teufel …? Ein Abgeordneter konnte es nicht sein, weil sie selten auf eine so interessante Art verwirrt sind, obwohl viele von ihnen einen Ruf als Psychopathen weghaben; und außerdem stammte dieser Mann, das erkannte ich, als ich näher kam, aus dem Nahen Osten.

Ich verlangsamte meinen Schritt, um einen besseren Blick auf ihn zu erhaschen, und als er mich bemerkte, brach der Kerl in ein breites – offenbar konspiratives – Grinsen aus. Er zeigte auf die Regenpfütze vor sich und sagte begeistert: «*The swan!*» Ich muss ihn ziemlich verdutzt angesehen haben, denn er wiederholte es immer wieder, ohne den Blick von der Pfütze zu nehmen: «Der Schwan, der Schwan, der schwarze Schwan.»

Er hatte ein freundliches Gesicht, seine Stimme war nicht schrill, in seinem Blick deutete nichts darauf hin, dass er nicht ganz bei Trost war. Was also blieb mir anderes übrig, als mich neben ihn zu hocken? Ich hockte mich neben ihn. Ich starrte. Und ich muss sagen, er war so überzeugend, dass ich halbwegs (vielleicht auch *sicher*) erwartete, dort einen Schwan zu sehen, einen Wasservogel (jedenfalls meinte er gewiss keine Ballerina), der in der Pfütze schwamm, so klein und schwarz wie ein Lakritzbonbon.

Zu seiner offensichtlichen Enttäuschung entdeckte ich erst einmal gar nichts, aber als ich ihm einen fragenden Blick zuwarf, schaute er mich an, als wäre ich vernagelt. «Der schwarze Schwan», wiederholte er. Jetzt war sein Ton geduldig, als spräche er mit einem Kind. «Der Schwan ist tot.» Oh? Der Schwan war tot! Vielleicht war das ja das Problem: Der arme Schwan war vielleicht teilweise untergetaucht oder trieb kopfüber in der Pfütze, sodass man ihn nicht sofort erkannte. Ich blickte erneut in die Pfütze, und diesmal konnte ich tatsächlich etwas Dunkles erkennen, einen Schatten im Regenwasser, ich konnte etwas sehen, das der ertrunkene Körper eines winzigen Schwans hätte sein können, direkt unter der Oberfläche. Und die Frage, die mir dann in den Sinn kam, war nicht, was ein klitzekleiner schwarzer Schwan in einer Regenpfütze in Washington, D. C., zu suchen hatte, sondern, warum er gestorben war.

Erst da fiel mir auf, dass der Mann mit der rechten Hand auf die Pfütze und mit der linken auf den Himmel gezeigt hatte. Und in diesem Augenblick – *bing!* – geschah etwas anderes mit mir.

Ich erinnerte mich, in den Nachrichten gehört zu haben, dass es an dem Tag eine Sonnenfinsternis geben würde. Dieser nette Herr aus dem Libanon oder dem Iran oder irgendeinem anderen fremden Land wusste, dass es den Augen schaden konnte, wenn man direkt in die Sonne blickte, und war so klug, ihre Reflexion, den schwarzen Schatten, in der Pfütze zu betrachten. Sein Akzent hatte mich getäuscht. Er hatte gar nicht «swan» gesagt, sondern «sun»: schwarze Sonne. Die Sonne ist tot.

Wir waren beide erleichtert, dass ich endlich begriffen hatte. Und während der Mond weiterzog und die Sonne wieder zum Vorschein kam, anscheinend unbeschadet von der kurzen, aber dramatischen Unterbrechung, war ich unwillkürlich irgendwie enttäuscht. Es hatte einen Augenblick gegeben, sogar noch nachdem mir die Sonnenfinsternis bewusst geworden war, in dem ich mir eingebildet hatte, tatsächlich so etwas wie einen kleinen Schwan in der Pfütze gesehen zu haben. Sehen Sie, so bin ich nun mal gestrickt, ich könnte mir beides, Sonnenfinsternis und Schwan, gleichzeitig vorstellen.

Wenn ich in diesem Leben ein Talent habe, dann ist es die Fähigkeit, in der rationalen Welt und im Reich der Fantasie zugleich zu leben. Ich bin jetzt über achtzig, und wenn es etwas gibt, worauf ich besonders stolz bin, dann dass ich es keiner Autorität (weder einer zivilen noch einer militärischen, weder einer institutionellen noch einer gesellschaftlichen) jemals erlaubt habe, mich mit Hilfe von Gewalt, Druck oder Spott dieser Gabe zu berauben. Von Anfang an war die Vorstellungskraft mein Joker, mein Generalschlüssel, mein Diener, mein Meister, meine Fledermaushöhle, mein häuslicher TV- und Hi-Fi-Schrank, meine Rettungsweste, mein Wahoo-Sirup; und ich gedenke, ihr bis zum Ende die Treue zu halten, wann und wo auch immer dieses Ende kommen mag und ungeachtet dessen, ob es danach noch einen weiteren Akt gibt oder nicht.

Die Franzosen sagen, das Beste an einer Affäre bestehe darin, die Treppen hinaufzusteigen. Ich würde sagen, es ist wahrscheinlich besser, sich den Himmel vorzustellen, als sich tatsächlich dort hinzubegeben.

nachbemerkung des autors

Aus dem einen oder anderen Grund werden einige meiner besten Freunde in diesem Buch nicht namentlich genannt. Zu denen sage ich: «Seid froh.»

Nennen, wenn auch nicht angemessen danken (so ein Buch ist das nicht) möchte ich: Louis R. Guzzo, Dr. James Dilley, Luther Nichols und Ted Solotaroff, Menschen, die meinen literarischen Fortschritt arglos unterstützt und gefördert haben. Zu denen sage ich: «Schon gut: Ihr konntet ja nicht wissen, was dabei herauskommen würde.»

Abgesehen von den Frauen, die hier genannt werden, gibt es viele andere (in alphabetischer Reihenfolge reichen sie von Libby Burke und E. Jean Carroll bis zu Reiko Watanabe und Theresa Zoro), die auf die eine oder andere Art einen wesentlichen Einfluss auf mein Leben hatten. Zu denen sage ich: «Ohne euch wäre die Soße verdammt klumpig und der Champagner nur Spülwasser gewesen.»

Meine kleine Hündin Blini kommt in diesem Buch nicht vor, obgleich ich ihr meinen letzten Roman gewidmet habe, aber sie kann ja sowieso nicht lesen. (Mir ist wirklich schleierhaft, wie sie dazu kam, die dramatischen Verse aus dem *Beowolf* zu zitieren.)

In Dankbarkeit verneige ich mich vor meinem verständnisvollen und extrem mutigen Verleger Daniel Halpern, zum einen

weil er sich dazu bekannt hat, etwas Schmackhaftes, ja sogar Ge-
haltvolles in meinen Geschichten zu finden, und zum anderen
weil er mich immer ermutigte, alles auszuplaudern.

Tom Robbins
La Conner, Washington
September 2013

ein paar endnötchen

1 Paul Reubens, ein US-amerikanischer Schauspieler und
   Designer, schrieb das Drehbuch für seinen ersten Langfilm
   Pee-Wee's irre Abenteuer, der das Fünffache seiner Kosten
   einspielte und zum Kultfilm wurde. In den Jahren 1986 bis
   1991 trat Reubens als Pee-wee Herman in der Fernsehserie
   «Pee-wee's Playhouse» auf; außerdem entwarf er Titel, führte Regie und schrieb das Drehbuch einiger Folgen. Reubens
   wurde 1991 wegen Erregung öffentlichen Ärgernisses festgenommen. Der Fall wurde in den Medien breit kommentiert.
   Im Jahr 2001 wurde er wegen Pornografiebesitzes erneut an-
   geklagt, ein Teil der Fotos sollen laut Staatsanwaltschaft aus
   Aufnahmen von Kindern bestanden haben. Es handelte sich
   dabei um älteres Material, das zum Zeitpunkt der Veröffentlichung laut Reubens legal war. Der Fall wurde auf «Obszö-
   nität» heruntergestuft und Reubens zu einer Geldstrafe von
   135 US-Dollar verurteilt.

2 Als Jim Crow Laws (Jim-Crow-Gesetze) werden in den USA
   Gesetze bezeichnet, die von 1876 bis 1964 eine Rassentrennung (vor allem zwischen Afroamerikanern und Weißen)
   vorschrieben. Die Zeit, in der diese Gesetze entstanden, wird
   entsprechend als Jim-Crow-Periode oder -Ära bezeichnet.

3 Joan Rivers (1933–2014) war eine bekannte amerikanische

Komikerin und Entertainerin, die bis kurz vor ihrem Tod zahlreiche TV- und Radio-Talkshows moderierte.

4   In Amerika wird normalerweise ein Schulnotensystem mit fünf Buchstaben verwendet: A (Höchstnote, hervorragend), B (über dem Durchschnitt, gut), C (Durchschnitt, mittelmäßig), D (ausreichend) und F («failure», durchgefallen, nicht bestanden).

5   «Außer Hunden sind Bücher die besten Freunde des Menschen, in Hunden dagegen ist es zum Lesen zu dunkel.» Groucho Marx.

6   Robert Anderson (1770–1833), schottischer Dichter, Anmerkung zu den Balladen.

7   John Hancock war ein US-amerikanischer Kaufmann und einer der Führer des Aufstands der dreizehn Kolonien gegen das britische Mutterland. Er war der dritte Präsident des Kontinentalkongresses und Mitunterzeichner der Unabhängigkeitserklärung.

8   Seattle Super Sonics, ehemalige NBA-Basketballmannschaft.

9   Lindsay Dee Lohan ist eine US-amerikanische Schauspielerin, Popsängerin und Model, bekannt vor allem durch eine Reihe von Disney-Filmkomödien.

10   Betty Ford war die Frau des 38. US-Präsidenten Gerald Ford und First Lady der Vereinigten Staaten von 1974 bis 1977. Nachdem sie sich aufgrund ihrer Alkohol- und Morphinabhängigkeit erfolgreich einer längeren Entziehungskur unterzogen hatte, gründete sie 1982 in Kalifornien das Betty Ford Center, eine Drogen- und Alkoholentziehungsklinik.

11   Lucille Desirée Ball war eine US-amerikanische Schauspielerin. Nach ihren Anfängen als Nebendarstellerin in Hollywood in den dreißiger und vierziger Jahren wurde sie in den Fünfzigern als Star der Fernsehsendung *I Love Lucy* zu einer der beliebtesten Fernsehkomikerinnen Amerikas.

12 Markenzeichen des amerikanischen Babynahrungsherstellers Gerber Products Company.

13 Vgl. «Ein Schrei in der Dunkelheit», US-amerikanisch-australisches Filmdrama (1988) über ein verschwundenes Baby, das auf einer wahren Begebenheit beruht. Meryl Streep erhielt dafür den Preis des New York Film Critics Circle als beste Hauptdarstellerin.

14 Vgl. Anmerkung 1.

15 Kleine Brötchen mit Soße und Würstchen aus den Südstaaten der USA. Hier gibt es ein Rezept: http://whatscooking-america.net/Bread/MomBiscuitsGravy.htm.

16 Earvin «Magic» Johnson jun., ehemaliger amerikanischer Basketballspieler, u. a. bei den Los Angeles Lakers.

Weitere Titel von Tom Robbins

B wie Bier

Buntspecht

Chop Suey

Ein Platz für Hot Dogs

Halbschlaf im Froschpyjama

Pan Aroma

Salomes siebter Schleier

Sissy – Schicksalsjahre einer Tramperin

Tibetischer Pfirsichstrudel

Villa Incognito

Völker dieser Welt, relaxt!